漢字・仮名・記号テキスト

[付録:印刷関連用語集・葉書・カード他]

佐々木　光朗

はじめに

　印刷業のクライアントは、個人・法人を問わず多種多様である。自分史・詩歌集・記念誌・写真集・エッセィから始まって、法文農理工医等の学術書・報告書、企業に関係するあらゆるDM・チラシ・テキスト類、あるいは古文書等々、その範囲は非常に広いものがある。

　印刷業は、組版〜製版〜印刷〜製本と各分野の集合体であるが、各部署は互いに緻密な連携を必要とする。

　各部署に配置される個人にとっては、他部署の概要はもちろん、直接関係する事項については十分な知識を持っていることが必要である。従って、印刷に関する用語をある程度知らなければ仕事も進行せず、また、おたがいの連携も進まない。

　これらの業務の最初に必要なのが文字である。ところが、我々が義務教育で習う漢字は、数万もあるといわれる漢字のなかのわずか1千字にすぎない。ということは、義務教育だけの知識だけではクライアントの要望には応えられないことになり、また、数千数万の文字のなかで、わずか1文字のミスで、致命的な事故となり得る。それだけ学習が必要になる。

　「印刷物は一人歩きする」という言葉がある。チラシ等は当然であるが、特定のクライアントに納入したはずの本が全く違う環境のところで読まれていることがあり、どこのだれが印刷したものかが万人から評価されるのである。

　このためには継続的な、また広範囲な学習が必要である。本書は、主として組版に従事する者が必要とする知識の一端をまとめたものである。

■漢字・仮名・記号テキスト

はじめに

第1章　漢字・仮名・記号概説
- I　漢字 ……………………………… 3
  1. 漢字の歴史　3
  2. 部首（ぶしゅ）　5
  3. 書体　6
  4. 常用漢字　7
  5. JIS文字　8
  6. 類字　9
  7. 熟語　10
- II　仮名（かな・カナ）……………… 11
  1. 仮名文字の発生　11
  2. 歴史的仮名遣い　13
  3. 現代仮名まじり文　13
- III　記号 ……………………………… 15
  1. 文字に関する記号　15
  2. 技術・学術に関する記号　15
- IV　その他 ……………………………… 16

第2章　常用漢字・JIS文字・類字
- I　五十音別常用漢字一覧 ………… 19
- II　常用漢字付表 …………………… 30
- III　常用漢字のうち、名詞と動詞等で送り仮名の違う漢字 ……………… 31
- IV　新旧漢字の比較 ………………… 32
  1. 新旧で大きく変わった常用漢字　33
  2. 新旧で少々変わった常用漢字　34
  3. 新旧で僅かに変わった常用漢字　37
  4. 俗字　42
  5. 表外漢字とJIS漢字　43
- V　類似漢字 ………………………… 44

第3章　熟語
- I　同音異義熟語 …………………… 55
- II　読みが違っても意味が同じ熟語 … 223
- III　読み方で多少とも意味の違う熟語 … 227
- IV　当て字・変わり読み・読み間違いやすい熟語（抄） ……………… 235
- V　四字熟語 ………………………… 242
- VI　外来語の漢字表現 ……………… 269
- VII　漢字による外国名・都市名 …… 271
- VIII　漢字による動植物名 …………… 273

第4章　仮名
- I　送り仮名の付け方 ……………… 281
  - 単独の語　282
    1. 活用のある語　282
       - 通則1　282
       - 通則2　282
    2. 活用のない語　284
       - 通則3　284
       - 通則4　284
       - 通則5　285
  - 複合の語　286
       - 通則6　286
       - 通則7　287
  - その他　290
  - 紛らわしい送り仮名　290
  - 送り仮名の付け方用例　292
- II　現代仮名遣い …………………… 294
- III　外来語のカタ仮名表現 ………… 297
  - 新聞報道における助数詞適用基準 …………………………… 316

第5章　記号
- I　文章に用いる記号ほか　…………321
- II　建設関係でよく使う記号　………323
- III　単位記号　………………………324
  - 1　SI単位及び準用単位記号　324
  - 2　用途限定の単位記号　324
  - 3　SI単位とは関係なく、普段使われる単位記号　325
- IV　その他の記号　……………………326

第6章　その他
- I　十二カ月の異称　………………329
- II　二十四節季　……………………329
- III　雑節　……………………………330
- IV　六曜　……………………………330
- V　干支　……………………………331
- VI　人生の節目　……………………331
- VII　結婚記念日　……………………332

印刷関連用語集1 ………………………333
印刷関連用語集2 ………………………367
参考資料
- I　葉書・カード　……………………383
  - 1　葉書の利用　383
  - 2　葉書・カードの大きさ及び版面　383
  - 3　縦書き・横書き　384
  - 4　文字の大きさ・書体　384
  - 5　文章　385
  - 6　往復葉書の注意　387
  - 7　葉書の表面　387
  - 8　諸会合出欠返信用文書　389
  - 9　洋封筒　390
  - 10　カスタマバーコード　390
  - 11　特殊郵便　391
  - 12　葉書見本　394
- II　日本図書コード・書籍JANコード（抄）……………………………403
  - 1　日本図書コードの作り方　403
  - 2　日本図書コードから書籍JANコードへの変換　403
  - 3　表示の場所・かたち　403
  - 4　書籍の外側（表4側）のコード表示の標準　404
  - 5　注文スリップの標準仕様　404
- III　表外漢字の印刷標準字体　………407

参考文献
あとがき

第1章

漢字・仮名・記号
概　説

1　組版の基本は漢字・仮名の文字である。これらの概説を記す。詳細については各頁を参照のこと。

2　内閣省庁名は 2000 年 12 月現在。

I 漢　　字

1　漢字の歴史

1）漢字の出現

　漢字がいつ発明されたかはよく分かっていないが、現存する中国の最古の文字は、殷（いん）時代の後半（BC 1339 ? ～1112 ?）のものであるといわれている。これらの文字は、牛の骨などに刻まれていたので甲骨文字（こうこつもじ）と呼ばれている。

　その後、移り変わりがあったが、中国を統一した秦（しん）の始皇帝が字体の統一に着手して作ったのが小篆（しょうてん）といわれる文字である。それ以前の文字は大篆といわれている。

　だが、次の漢の時代に小篆を簡単にした隷書（れいしょ）がつくられ普及した。次に隷書を更に簡単にした楷書（かいしょ）がつくられ、続いて行書（ぎょうしょ）、草書（そうしょ）が現われ現代に至っている。これらのことから、今我々が使っている字が漢字といわれるようになったといわれる。

　漢字の数は5万とも7万ともいわれているが、我々日本人が普段使う漢字の数は数千以内といわれている。なお、普通使われている漢字字典には約1万字が採用されている。

　　漢字の変遷の大略
　　　甲骨文字→大篆→小篆→隷書→楷書→行書→草書

2）国字

　我が国で使われている漢字の大多数は、中国から輸入されたものであるが、我が国でつくられたものも多い。その数は約一千字あるともいわれており、これを国字というが、我々が普段使うときは漢字と一緒に扱っている。

　　＊例：働・椿・涅・哩・笹・糀

3）音（オン）・訓（くん）

① 漢字には原則として音と訓がある。

　漢字が輸入されたときの中国の発音が「音」であり、その文字につけた当時の日本語を「訓」という。

　　＊例：花　　中国の発音「クワ→カ」　　日本語の発音「はな」

　この中国の発音「クワ→カ」が「音」であり、日本の発音「はな」が「訓」である。

② ただし、漢字のなかには「音」しかないもの、「訓」しかないものもある。

　　＊例：「音」のみ　　　　　　蝶・象・肺・脳・腎
　　＊例：「訓」のみ（多くが国字）　峠・畑・辻・枠・鰯

③ 多くの漢字には、いくつかの「音」や「訓」を持つものがある。しかし、常用漢

3

字では、その数を制限しているのが多い。
 *例「音」しか示されていないが「訓」もある常用漢字
   医(イ)〔いやす〕 遺(イ)〔のこす〕 意(イ)〔こころ〕 威(イ)〔おどす〕
  「訓」しか示されていないが「音」もある常用漢字
   芋(いも)〔ウ〕 貝(かい)〔バイ〕 垣(かき)〔エン〕 株(かぶ)〔シュ〕
 *御は常用漢字としては(ギョ、ゴ、おん)の音訓のみ。
4) 音(オン)
① 5～6世紀に中国南部の〝呉〟地方の漢字の音が伝えられた。〝呉音(ゴオン)〟である。
 *例：人(ニン) 人間、上人、商人
② 8世紀、中国北部の〝漢〟地方の発音が伝えられた。〝漢音(カンオン)〟である。
 *例：人(ジン) 人生、人物、日本人

	一	二	三	四	五	六	七	八	九	拾
呉音	イチ	ニ	サン	シ	ゴ	ロク	シチ	ハチ	ク	ジュウ
漢音	イツ	ジ				リク	シツ	ハツ	キュウ	シュウ
例	統一	二郎				六朝	七宝	八方	九州	拾得

③ 日本では呉音が先に普及したが、漢音が入るや、時の朝廷は漢音に変えるよう勅語まで出したが、なかなか普及しなかったという。特に、仏教関係は、ほとんど呉音のまま現在に至っているという。
 *呉音の例：殺生(セッショウ) 修業(シュギョウ)
 *呉音と漢音の読み ┌呉音→(ナンニョ) (ニョショウ) (ジキドウ)
            　　　　　　　男女   女性   食堂
            　　　　　└漢音→(ダンジョ) (ジョセイ) (ショクドウ)
④ 11世紀以後に伝えられた中国の発音を〝唐音(トウオン)〟という。
 *例：行灯(アンドン)、炭団(タドン)、瓶(ビン)
  現在、唐音で発音する漢字は多くはない。また、呉・漢・唐の三音を備えている漢字は少ないが、下記はその例である。

	呉音	漢音	唐音
木	木魚(モク)	木刀(ボク)	木綿(モ)
行	行列(ギョウ)	行進(コウ)	行宮(アン)
頭	頭脳(ズ)	頭領(トウ)	饅頭(ジュウ)
請	起請(ショウ)	請求(セイ)	普請(シン)

⑤ 呉音・漢音・唐音のいずれでもなく、誤読などによって生まれ定着した音がある。これを慣用音という。輸出の輸(ユ)も慣用音である。
 *以上のように、現代の我が国における漢字の「音」は古い中国のものを混用し、なおかつ日本的発音になっている。従って、現代の中国語の発音とはほとんど一致していない。また、漢字そのものの意味も多くが違うものになっている。

5) 訓（くん）

　　日本語では、同じ発音でも意味の違う言葉がある。従って、漢字も違う字を使う。これを〝同訓異字・同訓異義語〟という。
　　　＊例：①帽子に花を挿す　②刀を差す　③刀で人を刺す　④山の方を指す
　　　　　　①国を治める　②学を修める　③税金を納める
　　　　　　①うまく計られた　②距離を測る　③便宜を図る　④委員会に諮る

6 ）俗字・誤字・略字

　①　漢字の長い変遷ののち、現在正式な文字とされている漢字を「正字」という。これに対して、少し違うが今もなんとなく使われている漢字を「異体字」、通称「俗字」という。
　　　＊例：正字富・多に対して、冨・夛が俗字
　　　ただし、漢字の歴史からみれば、現在は俗字といわれている漢字も昔は正字だったということもあり得る。
　②　正字に対して、似ているが誤りといわれているのが誤字。
　　　＊例：正字曳に対して、曵は誤字といわれている。また、武の点のないのは誤字とされる。しかし、個人名では、占いなどによりあえて誤字を使う人がいるので、名刺・年賀状などでは注意が必要である。

7 ）当て字

　　当て字とは、語の意味にかかわらず、同音であれば使う漢字。
　①　明治以後、欧米語の単位に対応させた漢字（主として国字）
　　　＊例：米（メートル）、立（リットル）、瓦（グラム）、弗（ドル）、哩（マイル）
　②　名詞
　　　＊例：莫迦（ばか）、出鱈目（でたらめ）、野暮天（やぼてん）
　③　動詞
　　　＊例：胡麻化す（ごまかす）
　④　形容詞
　　　＊例：一寸（ちょっと）
　⑤　形容動詞
　　　＊例：御座います、お目出度う
　⑥　副詞
　　　＊例：兎に角（とにかく）、沢山（たくさん）、成程（なるほど）、態々（わざわざ）
　　　＊これらは、戦前では普通に使われていたが、現在では「かな書き」が多い。

2　部首（ぶしゅ）

　　漢字は約三千年の歴史をかけてつくられてきたものであり、その間にいろいろと変化してきているが、ほとんどの文字は、いくつかの部首で分類されている。

部首とは、漢字を形成する一部分のことで、扁(へん)、旁(つくり)、冠(かんむり)、脚(あし)、垂(たれ)、繞(にょう)、構(かまえ)などがあり、それぞれに意味をもっている。
　例えば、さんずい扁は水を意味し、この扁のつく漢字は、何らかの形で水と関係がある。
　＊例：海、波、沼、池、湖、酒、泳
　現在の漢字は、そのほとんどが百数十の部首に分類される。
　漢字字典をひくときは、この部首でひくのが基本となっている。

3　書体

　一般に書体といわれるものには大別して三種類がある。

１）楷書・行書・草書

　楷書とは、省略・連続のない文字。
　行書とは、楷書を少し省略し連続のある筆文字。
　草書とは、行書を更に省略し連続のある筆文字。

外　　外　　お
楷書　　行書　　草書

２）明朝体・ゴシック体・ナール体他

　明朝体とは、横線が細く縦線が太い文字のひとつ。現代の書籍類に最も多く使われている。ただし、これにも何種類(岩田明朝・石井明朝など)もある。一般にＭで現す。
　ゴシック体とは、横縦の線の太さが同じ文字。これも何種類もある。一般にＧで現す。
　ナール体とは、デザイン化した文字の一種。
　現在も、あるルールのもとにいろいろな書体がつくられている。

３）正体・長体・平体他

　正体は一つの正方形のなかに納まるようにつくられているが、縦長や横長の文字も使われる。前者を長体、後者を平体という。また、斜体や影付きの文字も使われる。

明　　明　　明　　明
正体　　長体　　平体　　斜体

＊文字の大きさ
　現在の活字は「ポイントＰ」または「級（きゅう）Ｑ」で表す。
「1ポイント」は0.3514 mm、「1級」は0.25 mmである。
＊文字メーカーの漢字
　写植機械・文字プリンターを作っているメーカーは、そのメーカーなりの、あるいは文字メーカーの書体文字を搭載している。従って、メーカーが変われば同じ書体でもわずかに違う。

4　常用漢字

1）常用漢字の制定　＊別表（P 19）参照

　漢字をたくさん覚えることは、一つのことをいろいろな言い回しで表現することができ良いことではあるが、その学習に時間と労力をとられるという欠点がある。そのため、**文部省**は昭和21年11月に、日常使用する漢字として1850字の「当用漢字」を定め、その音訓(オンくん)を決め、一部の漢字を簡略化した。

　その後、昭和56年10月に、「当用漢字」を改定し「常用漢字」として1945字の音訓を定めた。

　　＊簡略化した漢字を**新字体**、もとの字を**旧字体**という。
　　＊常用漢字でない漢字を表外漢字という。
　　＊人の名前にだけ用いても良いとされる「人名漢字」を別に設けた。現今は、人名
　　　に用いる漢字は「常用漢字」と「人名漢字」のなかから選出しなければならない。

　この常用漢字は、あくまでも一般社会生活にて使用する漢字の目安として制定されたものであるが、日本語の性質からいって、この常用漢字だけですべての文章を書き表すには少々不足である。しかし、官庁・新聞などでは、これを使うことを原則としており、一般も、できるだけ使うよう薦められている。

　ただし、常用漢字の使用には下記の条件がついている。

① 　科学・技術・芸術などの各専門書や個人が好みにより、常用漢字以外の文字を使ってかまわない。
② 　従来の文献などに用いられている漢字を否定するものではない。
③ 　地名・人名などの固有名詞に用いられている漢字は対象としない。
④ 　人名に使う漢字については法務省にゆだねる。

　　＊新聞は一部の常用漢字については使用しない、また新聞社独自の漢字を使うこと
　　　にしている。

　義務教育で教わるのは常用漢字のうちの約１千字であり、これを教育漢字と呼んでいる。義務教育後も少し勉強するだけで他の常用漢字を覚えると、日常に使う漢字にはそれほど不自由ではない。しかし、文学や技術関係では表外漢字も多く使われている。

数千もの漢字を正確に覚えることは困難であるが、印刷関連には必要なことであるので、機会あるごとに学習して覚える必要がある。
　なお、小・中学校で習う教育漢字とその読みは、学年によって概ね定められている。従って、児童向けの文章をつくるときは、何年生向けに書くかでどの漢字を用いるべきかを知る必要がある。

2）常用漢字の特徴　＊別項（P 32）参照

① 画数の多い難しい漢字を大幅に簡略化した漢字。
　＊例：櫻→桜、禮→礼、鐵→鉄、邊→辺　など。

② 少々難しい漢字の一部を簡略化した漢字。
　＊例　參が参、亞が亜に、來が来　など。

③ ほんの一部を修正または削除した漢字。
　＊例：・者の旧字体には日の上に「、」がついていた。従って都の者にも「、」がついていた。しかし、新字体にはない。また、隆の生の上にも横バーがあったが、新字体ではそれもなくなった。
　・四画の草冠を三画にした。
　・"しんにゅう"の点二つを一つにした。
　・筆返しを取った。分、交など。
　・巳を己にした。港、包など。

④ 従来の漢字をそのまま採用した漢字。
　＊例：百、千、万、白、位　など。

⑤ 音訓を制限した。
　漢字にはいくつもの音訓をもつ文字があるが、これを制限した。

⑥ 許容
　音訓を制限したが、旧来の習慣のため、特殊な読みを認めているいくつかの熟語（常用漢字付表……別表）がある。
　＊例：お母さん、大人、一人、七夕、浴衣、雪崩

⑦ 漢字によっては、名詞と動詞の場合、訓の違うものがある。
　＊例：赤恥⟵⟶恥ずかしい、先生の話を聞く⟵⟶話し合う

5　JIS 文字

1）JIS 文字の制定

　コンピュータの出現によって、そのソフトに載せる文字・記号を統一する必要にせまられた通産省は、文字や記号を JIS 化した。これがいわゆる JIS 文字である。
　この JIS 文字は、

① 常用漢字は、そのまま採用した。

② 大幅に簡略化したはずの旧字体も採用している。
　＊例：會(会)、國(国)、禮(礼)、鐵(鉄)
③ やや簡略化したはずの旧字体も採用した。
　＊例：參(参)、亞(亜)、來(来)
④ わずかに簡略化した旧字体は原則として採用していない。
⑤ 表外漢字も多く採用しているが、一部の表外漢字を常用漢字制定時のルールに基づき簡略化して採用した。この場合、もとの表外漢字を採用していない。
　＊例：辻、葛、躯、啄、樽
⑥ 俗字の一部も採用している。
　＊例：烟(煙)、孝(学)、囡(国)、舩(船)、泪(涙)
⑦ 各種記号も採用している。
　＊例：〔 〕〒＋°C×％

2）常用漢字とJIS漢字の矛盾

　通産省はJIS文字を制定するにあたり、文部省のつくった常用漢字を拡大解釈して、表外漢字の一部まで簡略化した。

　従って、一つの漢字に文部省式と通産省式の二つがあるという矛盾が生じている。

　常用漢字のしんにゅうは点が一つである。従って、辺、送、近、などの常用漢字のしんにゅうは点が一つである。ところが、辻、迄、逢、などは常用漢字でないのに点が一つである。これが常用漢字制定時のルールで作ったJIS文字である。

　しかし、JIS文字のなかには辷、邁、邂、遒などのように点が二つのものがある。これらは、あまり使われないだろうと考え点を二つのままにしたものと思われる。一般には、しんにゅうの点は一つと思っており、また、一つと二つがあると知っても、どの漢字のが一つでどれのが二つか覚えるのは難しい。

　會は会の旧字体である。これに木へんをつけると檜(ひのき)となる。ところがこの檜は常用漢字ではない。ところが、通産省は、會が会になるならと会に木へんをつけて檜の簡略字としての桧を作った。従って、文部省式では檜山支庁としか書けないが、通産省式なら桧山支庁とも書けるということになる。

　このように、JIS漢字には、あえて言えば統一性がなく、また、常用漢字との矛盾が大きい。

6　類字

　漢字には、似ているものが多々ある。漢字は表意(それだけで何かの意味をもつ)文字であるから、これらの区別を知らないと、意味の通じない文章ができ上がる。

　＊例　千〜干、未〜末、天〜夫、孝〜考、堀〜掘、遺〜遣

　別表に類字一覧を示す。

7　熟語

漢字は1字だけでも意味をもっているが、2字以上を使っていろいろな言葉をつくり出している。これを熟語という。

1）普通の熟語
① 二字とも「音」で読む。
　＊例：文学、経済、教育、社会
② 二字とも「訓」で読む
　＊例：花見、大雪、輪切
③ 二字とも「音」でも読むし「訓」でも読む。
　＊例：春風、顔色、山道、北国、悪口
④ 一字目を「音」で、二字目を「訓」で読む……重箱(じゅうばこ)読み。
　＊例：両替、半襟、紋付、仕事、王様、台所
⑤ 一字目を「訓」で、二字目を「音」で読む……湯桶(ゆとう)読み。
　＊例：掛算、家賃、小判、赤字、場所、夕刊
⑥ 三字以上の熟語でも重箱読みや湯桶読みに似た読みがある。
　＊例：貧乏神、労働組合、大雨警報
⑦ 三字以上の熟語では「音」「訓」が入り乱れて読むものがある
　＊例：奥座敷、大盤振舞

2）同音異義語　＊別項（P55）参照
熟語のなかには、同じ発音でも意味の違う熟語が非常に多い。
ワープロ入力では、特に留意しなければならない。
　＊例：悪臭〜悪習、意志〜意思、叔父〜伯父、園芸〜演芸

3）熟字訓　＊別項（P223）参照
漢字の「音」「訓」と違った読みをする熟語がある。これを熟字訓という。
一種の当て字である。
① 熟字訓の例1　常用漢字付表（常用漢字の許容によるもの）にあるもの
　明日(あす)、小豆(あずき)、海女(あま)、田舎(いなか)、大人(おとな)、
② 熟字訓の例2　常用漢字付表以外のもの
　欠伸(あくび)、飛鳥(あすか)、十六夜(いざよい)、飛白(かすり)

4）新しい熟語
漢字は表意文字であるから、そのときの意にかなった漢字を使うべきである。しかし、常用漢字だけでは意を表しきれないことが多い。従って、このときは「言いかえる」か「常用漢字を使って新しい熟語」をつくるしかない。

なお、漢字の意味からは必ずしも正しいとは言えないが、すでに市民権を得ている熟語も多い。
　＊例：交差点(交叉点)、注文(註文)、溶接(熔接)………（　　）内が本来の熟語

5）異訓・異義語　＊別項（P 227）参照

　熟語のなかには、二つ以上の読み方があり、その読みによって意味が全く違うものがある。

　　＊例：心中　①「しんちゅう」と読むと「心のなか」
　　　　　　　　②「しんじゅう」と読むと「二人で死ぬ」意味になる。

6）外来語の熟語　＊別項（P 269）参照

　現在は、外来語はカタ仮名で表記するのが一般的だが、昔は漢字で表現していた。今でも一部で使われている。

　　＊例：合羽(カッパ)、煙草(タバコ)、硝子(ガラス)、酒精(アルコール)、麦酒(ビール)、燐寸(マッチ)

7）外国名・外国地名　＊別項（P 271）参照

8）動植物名の熟字訓　＊別項（P 273）参照

　動植物の名前は、一般には常用漢字で書けるもの以外はカタ仮名で書くことになっているが、当て字で書くことがある。

　　＊例：薔薇(バラ)、水仙(スイセン)、麒麟(キリン)、獅子(シシ)、海苔(ノリ)、海豚(イルカ)、雲丹(ウニ)、海鼠(ナマコ)

　外国名や外国地名はカタ仮名で書くのが原則である。しかし、明治維新前後から漢字で書くようになり、その一部が現在も使われることがある。

　　＊例：アメリカ(亜米利加→米国)、イギリス(英古利→英国)

II　仮名（かな・カナ）

1　仮名文字の発生

1）万葉仮名

　当初伝来した漢字を日本語の「発音(オン)……アイウエオ」に流用した使い方をしたのが「万葉仮名」である。例えば、「な」の発音には「奈」、「と」には「等」などをあてていた。

2）ひら仮名

　その後、その漢字を草書体で書くうちに、平安時代に「ひら仮名」がつくられた。なお、ひら仮名の原字はいくつかあったが、それが統一されたのは明治33年になってからといわれる。

　　＊ひら仮名のもとになった漢字
　　　「あ」安、「い」以、「う」宇、「え」衣、「お」於

3）カタ仮名

① 漢文は、日本語の順序と違う文字の配列になっているので、これを読むときに返り点・仮名などを小さく書き入れる必要が生じてきた。そこで必要な字音を有する漢字の一部を略体化する知恵を生み「カタ仮名」がつくられた。なお、現在の「カタ仮名」に統一されたのは明治45年といわれる。

　　＊カタ仮名のもとになった漢字
　　　「ア」阿、「イ」伊、「ウ」宇、「エ」江、「オ」於

② 動植物名は、常用漢字にあるものを除きカタ仮名で書くのが原則。＊別項参照

③ 外来語もカタ仮名で書くのが一般的である。しかし、外来語をカタ仮名で正しく表現することは難しい。「ー」と「ウ」の違い、濁点か半濁点で意味するものがまったく違ってくるので注意が必要。　＊別項P297参照

　　＊例：ボーリング〜ボウリング、バック〜バッグ、ドック〜ドッグ、
　　　　　カート〜カード〜ガード、ケージ〜ゲージ、バレエ〜バレー、
　　　　　サイト〜サイド、ハイヤー〜バイヤー、ブレーン〜プレーン

④ 外来語表示の基準(抄)

　1　ヰ、ヱ、ヲ、ヂ、ヅは使わない。
　2　ヴァ、ヴィは使わず、バ、ビで表す。　　　　　　　　　例：バリュー
　3　はねる音は「ン」で表す。　　　　　　　　　　　　　　例：コンマ
　4　つまる音は右下に小さく「ッ」を書き添える。　　　　　例：エッセー
　5　拗音(ようおん)は右下に小さく「ャュョ」を書き添える。　例：ギャップ
　6　長音は「ー」を用いる。　　　　　　　　　　　　　　　例：ウィスキー
　　　　例外：バレエ(舞踏)、ボウリング(球転がし)
　7　原音で二重母音の「エイ、オウ」は原則として「ー」。　例：メード
　　　　例外：エイト、ステンレス、ペイント、ノウハウ
　8　英語の -er、-or、-ar などは原則として「ー」とする。　例：ドクター
　　　　例外：エンジニア、ジュニア、ギア
　9　原語語尾の -y は原則として「ー」とする。　　　　　　例：アカデミー
　　　　例外：サンクチュアリ、トライ、パセリ、ペイ、ボーイ
　10　イ・エ列の音の次のア、ヤは「ア」を原則とする。　　　例：アカシア
　　　　例外：カシミヤ、コンベヤー、ロイヤリティー
　11　原音でシェ・ジェは慣用以外は「シェ・ジェ」とする。　例：エージェント
　　　　例外：ミルクセーキ、エンゼル、ゼネラル、ゼリー
　12　原音でティ、ディ、テュ、デュの音で慣用の固定しているものは「チ、ジ、チュ、ジュ」とする。　　　　　　　　　　　　　　　　　例：モチーフ
　　　　例外：オーソリティー、パーティー、カーディガン、コンディション、ティナー、プロデューサー
　13　原音でトゥ、ドゥの音は「ト、ド」または「ツ、ズ」で表す。例：ツーリスト

14 原音でウィ、ウェ、ウォは「ウイ、ウエ、ウオ」と書く。　例：ウインドー
　　　例外：サンドイッチ、スイッチ、スイング
15 原音でクァ、クィ、クェ、クォの音は「カ、キ、ケ、コ」または「クア、ク
　　イ、クエ、クオ」と書く。　　　例：スカッシュ、アンケート、クイーン
16 語尾の -um は「ウム」と書く。　　　　　　　　　例：シンポジュウム
　　　例外：コロシアム、スタジアム、ミュージアム
17 語尾が ture の語は原則として「チャー」とする。　　　例：カルチャー
　　　例外：ミニチュア
　＊いずれも、会社名などの固有名詞を除く。
　＊コンピュータとコンピューターのように語尾に「ー」をつける人とつけない人
　　がいる。電気学会関係では「ー」をつけないことにしているが、文部省式では
　　つけるのを原則としている。

4）変体仮名（へんたいかな）

　統一されたひら仮名以外のひら仮名は「変体仮名」といわれ、現在では使用しないことにしているが、詩歌などでは使われており、また、年配者の名前にも使われている。
　　＊例：ゐ（い）、ゑ（え）、ヰ（イ）、ヱ（エ）

2　歴史的仮名遣い

　昔の日本語の発音は現在とはだいぶ違っていたようである。従って、仮名遣いも今とは随分と違っていた。
　　＊例1：乗（じょう）、上（じやう）、条（でう）、畳（でふ）、丈（ぢやう）、擾（ぜう）
　　＊例2：会いませう（しょう）、願ひます（願います）、使はず（使わず）、買ふ（買う）、
　　　　　思ふやうに（思うように）、云ふ（言う）、ねむごろに（ねんごろに）、をしむ（お
　　　　　しむ＝惜しむ）、さしゑ（さしえ＝挿絵）、ゐる（いる＝居る）、すまう（すもう＝
　　　　　相撲）、てふてふ（ちょうちょう＝蝶々）
　　＊現在も短歌・俳句に多くみられる。
　これらの昔の仮名遣いを「歴史的仮名遣い」という。これに対して、現在語られている発音どおりに仮名で書き表すルールが「現代仮名遣い」である。

3　現代仮名まじり文　＊第4章（P 279）参照

　現代の文章は、「漢字仮名まじり」が一般的である。
　「送り仮名の付け方」の内閣告示が昭和48年、「現代仮名遣い要領」の内閣告示が昭和61年に出された。常用漢字と同じく強制的なものではないが、公用語の一部を除き、学校教育及び新聞は、このルールに沿っている。

＊学校教育・新聞は原則どおりだが、公用語は一部許容を認めている。
1）**送り仮名の付け方**
　「活用のある語」「活用のない語」「複合の語」など、例をあげて詳細に示されている。
　動詞の送り仮名は、変化する語尾を送るのが原則。「許容」もあるが、正規のルールで統一して書くべきである。
　　　例：**落とす、変わる、終わる**
　　　　　＊落す　と書くと「許容」になる。
　　　　　＊映画の字幕などの「終」は「許容」されている。
　語尾変化のないものは、語尾を送らない。
　　　例：現れる、表す
2）**現代仮名遣い要領**
　「仮名の使い方はだいたい発音どおりにする」「ぢ・づは原則としてじ・ずと書く」などの要領が定められている。
　「ひら仮名」でなければ書けない、あるいは適当な表意漢字がない場合には、なるべく「ひら仮名」を使う。
　　　例：そう考えてみ〔見るではない〕ると。そうかもし〔知るとは関係ない〕れない。そのよう〔様ではない〕なこと。

III 記 号

1 文字に関する記号　＊別項（P 321）参照

1）漢字一字繰り返し　　　　　　々（漢字返し）
2）多数文字の繰り返し　　　　　〻（同じく、チョンチョン）表組の場合のみ
3）ひら仮名一字繰り返し　　　　ゝ（ひら仮名返し）濁点なしの場合
　　　　　　　　　　　　　　　　ゞ（ひら仮名返し）濁点ありの場合
4）カタ仮名一字繰り返し　　　　ヽ（カタ仮名返し）濁点なしの場合
　　　　　　　　　　　　　　　　ヾ（カタ仮名返し）濁点ありの場合
5）漢字・仮名二文字の繰り返し　〱（大返し、くの字点）
　＊3）4）5）は昔の文章には用いられていたが、現代では使わない。
6）約物（やくもの）
　　文字以外の記号類を一般に約物といっており、句読点・かっこほかがある。

2 技術・学術に関する記号　＊別項（P 323）参照

1）建設関係記号・略号
　　ローマ字のほかにギリシャ文字も使われている。
2）単位
　　国際単位(SI)及び準用単位を用いるのが原則。
　　数量：「千」の単位は小文字の「k」。ただし、コンピュータ関係でのキロは「K」
　　　　　を使っている。
　　質量：「kg」、力(重量)：「kgf」（1999年10月からはPaまたはNになった）
　　長さは小文字「m」　時間は小文字「s、min、h」
　　容量：原則は「l」だが、「ℓ」を使う場合もある。
　　人名などから採用した単位は大文字を使う。
　　　例：ボルト「V」、アンペア「A」、ワット「W」、メガ「M」、ギガ「G」
　　　　　キロワットアワー＝kWh

漢字・仮名・記号概説

Ⅳ　そ の 他

　普段あまり使われないが、文学・詩歌他にときに使われる言葉がある。　＊第 6 章(P 327)参照
- 十二カ月の異称
- 二十四節季
- 雑節
- 六曜
- 干支
- 人生の節目
- 結婚記念日

第 2 章

常用漢字・JIS 文字・類字

1　原則として、音(オン)、音のないものは訓(くん)の「五十音順」に並べた。
2　音が二つ以上ある場合、その全部を掲げた。
3　カタ仮名ルビは音(オン)。ひら仮名るびは訓(くん)(活用語尾を含まず)。
4　アンダーラインを引いてあるものは、特殊な場合に用いられる音訓。
　　　例：行(アン)　　脚(キャ)　　→行脚(アンギャ)
5　名詞の形だけで掲げてある訓は動詞には使わない。
　　　例：印(しるし)　　氷(こおり)
6　漢字書きできる熟字訓(常用漢字表の付表)は別途に示す。

I 五十音別常用漢字一覧

[あ]

亜ア　哀アイ/あわ　愛アイ　悪アク・オ/わる　握アク/にぎ
圧アツ　扱あつか　安アン/やす　案アン　暗アン/くら
行アン・コウ・ギョウ/い・ゆ・おこな

[い]

以イ　衣イ/ころも　位イ/くらい　囲イ/かこ　医イ
依イ・エ　委イ　易イ・エキ/やさ　威イ　胃イ
為イ　尉イ　異イ/こと　移イ/うつ　偉イ/えら　違イ/ちが
緯イ　意イ　維イ　慰イ/なぐさ　唯イ・ユイ
遺イ・ユイ　域イキ　育イク/そだ　一イチ・イツ/ひと
壱イチ　逸イツ　一イツ・イチ/ひと　芋いも　引イン/ひ
印イン/しるし　因イン/よ　音イン・オン/おと・ね　姻イン　員イン
院イン　陰イン/かげ　飲イン/の　隠イン/かく　韻イン

[う]

右ウ・ユウ/みぎ　有ウ・ユウ/あ　宇ウ　羽ウ/は・はね
雨ウ/あめ・あま　運ウン/はこ　雲ウン/くも

[え]

回エ・カイ/まわ　会エ・カイ/あ　依エ・イ　恵エ・ケイ/めぐ
絵エ・カイ　永エイ/なが　泳エイ/およ　映エイ/うつ・は　英エイ
栄エイ/さか・は　営エイ/いとな　詠エイ/よ　影エイ/かげ　鋭エイ/するど
衛エイ　役エキ・ヤク　易エキ・イ/やさ　疫エキ・ヤク
益エキ・ヤク　液エキ　駅エキ　悦エツ　越エツ/こ
謁エツ　閲エツ　煙エン/けむ・けむり　沿エン/そ
炎エン/ほのお　宴エン　援エン　園エン/その　猿エン/さる

遠エン・オン/とお　鉛エン/なまり　円エン/まる　延エン/の　塩エン/しお
演エン　縁エン/ふち

[お]

汚オ/けが・よご・きたな　悪オ・アク/わる　和オ・ワ/やわ・なご
王オウ　凹オウ　央オウ　応オウ　往オウ
押オウ/お　欧オウ　殴オウ/なぐ　桜オウ/さくら　翁オウ
黄オウ・コウ/き・こ　奥オウ/おく　横オウ/よこ　皇オウ・コウ
屋オク/や　億オク　憶オク　虞おそれ　乙オツ
卸おろし・おろ　音オン・イン/おと・ね　恩オン　温オン/あたた
遠とお・オン・エン　穏オン/おだ

[か]

下カ・ゲ/した・しも・もと・さ・くだ・お　化カ・ケ/ば　火カ/ひ・ほ
加カ/くわ　何カ/なに・なん　仮カ・ケ/かり　可カ　花カ/はな
佳カ　価カ/あたい　果カ/は　河カ/かわ　家カ・ケ/いえ・や
架カ/か　夏カ・ゲ/なつ　科カ　荷カ/に　華カ・ケ/はな　菓カ
貨カ　渦カ/うず　過カ/す・あやま　嫁カ/よめ・とつ
暇カ/ひま　禍カ　靴カ/くつ　寡カ　歌カ/うた　箇カ
個カ・コ　稼カ/かせ　課カ　蚊か　我ガ/わ・われ
画ガ・カク　芽ガ/め　賀ガ　雅ガ　餓ガ　介カイ
回カイ・エ/まわ　灰カイ/はい　会カイ・エ/あ　快カイ/こころよ
戒カイ/いまし　改カイ/あらた　怪カイ/あや　拐カイ　悔カイ/く・くや
界カイ　海カイ/うみ　皆カイ/みな　械カイ　絵カイ・エ
街カイ・ガイ/まち　開カイ/ひら・あ　階カイ　解カイ・ゲ/と
塊カイ/かたまり　壊カイ/こわ　懐カイ/ふところ・なつ　貝かい
外ガイ・ゲ/そと・ほか・はず　劾ガイ　害ガイ　涯ガイ

街 ガイ・カイ / まち　慨 ガイ　該 ガイ　概 ガイ　垣 かき
各 カク / おのおの　角 カク / かど・つの　拡 カク　画 カク・ガ
客 カク・キャク　革 カク / かわ　格 カク・コウ　核 カク
殻 カク / から　郭 カク　覚 カク / おぼ・さ　較 カク　隔 カク / へだ
閣 カク　確 カク / たし　獲 カク / え　嚇 カク　穫 カク
学 ガク / まな　岳 ガク / たけ　楽 ガク・ラク / たの　額 ガク / ひたい
掛 か・かかり　潟 かた　合 カツ・ガッ・ゴウ / あ　活 カツ
括 カツ　喝 カツ　渇 カツ / かわ　割 カツ / わ・わり・さ
滑 カツ / すべ・なめ　褐 カツ　轄 カツ　月 ガツ・ゲツ / つき
合 ガッ・カツ・ゴウ / あ　且 かつ　株 かぶ　刈 か
干 カン / ほ・ひ　刊 カン　甲 カン・コウ　甘 カン / あま　汗 カン / あせ
缶 カン　完 カン　肝 カン / きも　官 カン　冠 カン / かんむり
巻 カン / ま・まき　看 カン　陥 カン / おちい・おとしい　勘 カン
喚 カン　乾 カン / かわ　患 カン / わずら　貫 カン / つらぬ　寒 カン / さむ
堪 カン / た　換 カン / か　敢 カン　棺 カン　款 カン
間 カン・ケン / あいだ・ま　閑 カン　勧 カン / すす　寛 カン　幹 カン / みき
感 カン　漢 カン　慣 カン / な　管 カン / くだ　関 カン / せき
歓 カン　監 カン　緩 カン / ゆる　憾 カン　還 カン
館 カン　環 カン　簡 カン　観 カン　艦 カン
鑑 カン　丸 ガン / まる　元 ガン・ゲン / もと　含 ガン / ふく　岸 ガン / きし
岩 ガン / いわ　眼 ガン・ゲン / まなこ　頑 ガン　顔 ガン / かお　願 ガン / ねが

[き]

己 キ・コ / おのれ　企 キ / くわだ　危 キ / あや・あぶ　机 キ / つくえ
気 キ・ケ　岐 キ　希 キ　忌 キ / い　汽 キ　奇 キ
祈 キ / いの　季 キ　紀 キ　軌 キ　既 キ / すで　記 キ / しる
起 キ / お　飢 キ / う　鬼 キ / おに　帰 キ / かえ　基 キ / もと・もとい
寄 キ / よ　規 キ　喜 キ / よろこ　幾 キ / いく　揮 キ
期 キ・ゴ　棋 キ　貴 キ / とうと・たっと　棄 キ　旗 キ / はた
器 キ / うつわ　輝 キ / かがや　機 キ / はた　騎 キ　技 ギ / わざ
宜 ギ　偽 ギ / にせ・いつわ　欺 ギ / あざむ　義 ギ　疑 ギ / うたが

儀 ギ　戯 ギ / たわむ　擬 ギ　犠 ギ　議 ギ　菊 キク
吉 キチ・キツ　喫 キツ　詰 キツ / つ　脚 キャ・キャク / あし
却 キャク　客 キャク・カク　逆 ギャク / さか　虐 ギャク / しいた
九 キュウ・ク / ここの　久 キュウ・ク / ひさ　及 キュウ / およ　弓 キュウ / ゆみ
丘 キュウ / おか　窮 キュウ / きわ　休 キュウ / やす　吸 キュウ / す
朽 キュウ / く　求 キュウ / もと　究 キュウ / きわ　泣 キュウ / な
急 キュウ / いそ　級 キュウ　糾 キュウ　宮 キュウ・グウ・ク / みや
救 キュウ / すく　球 キュウ / たま　給 キュウ　旧 キュウ
牛 ギュウ / うし　去 キョ・コ / さ　巨 キョ　居 キョ / い　拒 キョ / こば
拠 キョ・コ　挙 キョ / あ　虚 キョ・コ　許 キョ / ゆる　距 キョ
魚 ギョ / うお・さかな　御 ギョ・ゴ / おん　漁 ギョ・リョウ
凶 キョウ　兄 キョウ・ケイ / あに　共 キョウ / とも　叫 キョウ / さけ
狂 キョウ / くる　京 キョウ・ケイ　享 キョウ　供 キョウ・ク / そな・とも
協 キョウ　況 キョウ　峡 キョウ　狭 キョウ / せま・せば
挟 キョウ / はさ　香 キョウ・コウ / か・かお　恐 キョウ / おそ　恭 キョウ / うやうや
胸 キョウ / むね・むな　脅 キョウ / おど・おびや　強 キョウ・ゴウ / し・つよ
教 キョウ / おし・おそ　経 キョウ・ケイ / へ　郷 キョウ・ゴウ
境 キョウ・ケイ / さかい　橋 キョウ / はし　興 キョウ・コウ / おこ　矯 キョウ / た
響 キョウ / ひび　鏡 キョウ / かがみ　競 キョウ・ケイ / きそ・せ　驚 キョウ / おどろ
仰 ギョウ・コウ / あお・おお　行 ギョウ・コウ・アン / い・ゆ・おこな　形 ギョウ・ケイ / かた・かたち
暁 ギョウ / あかつき　業 ギョウ・ゴウ / わざ　凝 ギョウ / こ　曲 キョク / ま
局 キョク　極 キョク・ゴク / きわ　玉 ギョク / たま　今 キン・コン / いま
斤 キン　均 キン　近 キン / ちか　金 キン・コン / かね・かな　菌 キン
勤 キン・ゴン / つと　琴 キン / こと　筋 キン / すじ　禁 キン　緊 キン
謹 キン / つつし　襟 キン / えり　吟 ギン　銀 ギン

[く]

九 ク・キュウ / ここの　久 ク・キュウ / ひさ　口 ク・コウ / くち　工 ク・コウ
区 ク　句 ク　功 ク・コウ　供 ク・キョウ / そな・とも
苦 ク / くる・にが　紅 ク・コウ / べに・くれない　宮 ク・グウ・キュウ / みや
庫 ク・コ　貢 ク・コウ / みつ　駆 ク / か　具 グ　愚 グ / おろ

空（あ・そら・から）　宮（グウ・キュウ・ク）みや　偶（グウ）
遇（グウ）　隅（グウ）すみ　屈（クツ）　掘（クツ）ほ　繰（く）
君（クン）きみ　訓（クン）　勲（クン）　薫（クン）かお　軍（グン）
郡（グン）　群（グン）む・むら

[け]

化（ケ・カ）ば　仮（ケ・カ）かり　気（ケ・キ）　家（ケ・カ）いえ・や
華（ケ・カ）はな　懸（ケ・ケン）か　下（ゲ・カ）した・しも・もと・さ・お・くだ
外（ゲ・ガイ）そと・ほか・はず　夏（ゲ・カ）なつ　解（ゲ・カイ）と
兄（ケイ・キョウ）あに　刑（ケイ）　形（ケイ・ギョウ）かた・かたち　系（ケイ）
京（ケイ・キョウ）　径（ケイ）　茎（ケイ）くき　係（ケイ）かか・かかり
型（ケイ）かた　契（ケイ）ちぎ　計（ケイ）はか　恵（ケイ・エ）めぐ
啓（ケイ）　掲（ケイ）かか　渓（ケイ）　経（ケイ・キョウ）へ
蛍（ケイ）ほたる　敬（ケイ）うやま　景（ケイ）　軽（ケイ）かる・かろ
傾（ケイ）かたむ　携（ケイ）たずさ　継（ケイ）つ　境（ケイ・キョウ）さかい
慶（ケイ）　憩（ケイ）いこ　警（ケイ）　鶏（ケイ）にわとり
競（ケイ・キョウ）きそ・せ　芸（ゲイ）　迎（ゲイ）むか　鯨（ゲイ）くじら
劇（ゲキ）　激（ゲキ）はげ　撃（ゲキ）う　欠（ケツ）か　穴（ケツ）あな
血（ケツ）ち　決（ケツ）き　結（ケツ）むす・ゆ　傑（ケツ）　潔（ケツ）いさぎよ
月（ゲツ・ガツ）つき　犬（ケン）いぬ　件（ケン）　見（ケン）み　券（ケン）
肩（ケン）かた　建（ケン・コン）た　研（ケン）と　県（ケン）　倹（ケン）
兼（ケン）か　剣（ケン）つるぎ　軒（ケン）のき　健（ケン）すこ　険（ケン）けわ
圏（ケン）　堅（ケン）かた　検（ケン）　間（ケン・カン）あいだ・ま
嫌（ケン・ゲン）いや・きら　献（ケン・コン）　絹（ケン）きぬ　遣（ケン）つか
権（ケン・ゴン）　憲（ケン）　賢（ケン）かしこ　謙（ケン）　繭（ケン）まゆ
顕（ケン）　験（ケン・ゲン）　懸（ケン・ケ）か　元（ゲン・ガン）もと
幻（ゲン）まぼろし　玄（ゲン）　言（ゲン・ゴン）い・こと　弦（ゲン）つる
限（ゲン）かぎ　原（ゲン）はら　現（ゲン）あらわ　眼（ゲン・ガン）まなこ　減（ゲン）
源（ゲン）みなもと　験（ゲン・ケン）　嫌（ゲン・ケン）きら・いや
厳（ゲン・ゴン）おごそ・きび

[こ]

己（コ・キ）おのれ　戸（コ）と　去（コ・キョ）さ　古（コ）ふる　呼（コ）よ
固（コ）かた　拠（コ・キョ）　孤（コ）　個（コ・カ）　故（コ）ゆえ
枯（コ）か　弧（コ）　庫（コ・ク）　虚（コ・キョ）　湖（コ）みずうみ
雇（コ）やと　誇（コ）ほこ　鼓（コ）つづみ　顧（コ）かえり　五（ゴ）いつ
互（ゴ）たが　午（ゴ）　呉（ゴ）　後（ゴ・コウ）あと・のち・うし・おく
娯（ゴ）　悟（ゴ）さと　御（ゴ・ギョ）おん　期（ゴ・キ）　碁（ゴ）
語（ゴ）かた　誤（ゴ）あやま　護（ゴ）　口（コウ・ク）くち　工（コウ・ク）
公（コウ）おおやけ　孔（コウ）　功（コウ・ク）　巧（コウ）たく　広（コウ）ひろ
甲（コウ・カン）　交（コウ）か・まじ　仰（コウ・ギョウ）あお・おお
光（コウ）ひかり・ひか　向（コウ）む　后（コウ）　好（コウ）この・す
江（コウ）え　考（コウ）かんが　行（コウ・ギョウ・アン）い・ゆ・おこな　坑（コウ）
孝（コウ）　抗（コウ）　攻（コウ）せ　更（コウ）さら・ふ　効（コウ）き
拘（コウ）　幸（コウ）さち・さいわ・しあわ　肯（コウ）　侯（コウ）
厚（コウ）あつ　後（コウ・ゴ）のち・うし・あと・おく　恒（コウ）　洪（コウ）
皇（コウ・オウ）　紅（コウ・ク）べに・くれない　荒（コウ）あ・あら　郊（コウ）
香（コウ・キョウ）か・かお　候（コウ）そうろう　耕（コウ）たがや　校（コウ）
耗（コウ・モウ）　格（コウ・カク）　航（コウ）　貢（コウ・ク）みつ
降（コウ）お・ふ　高（コウ）たか　康（コウ）　控（コウ）ひか　黄（コウ・オウ）き・こ
慌（コウ）あわ　港（コウ）みなと　硬（コウ）かた　絞（コウ）し・しぼ　項（コウ）
溝（コウ）みぞ　鉱（コウ）　構（コウ）かま　綱（コウ）つな　酵（コウ）
稿（コウ）　興（コウ・キョウ）おこ　衡（コウ）　鋼（コウ）はがね
講（コウ）　購（コウ）　号（ゴウ）　合（ゴウ・ガツ・カツ）あ
拷（ゴウ）　剛（ゴウ）　強（ゴウ・キョウ）つよ・し　豪（ゴウ）
郷（ゴウ・キョウ）　業（ゴウ・ギョウ）わざ　石（コク・セキ・シャク）いし
克（コク）　告（コク）つ　谷（コク）たに　刻（コク）きざ　国（コク）くに
黒（コク）くろ　極（コク・キョク）きわ　酷（コク）　穀（コク）　獄（ゴク）
骨（コツ）ほね　込（こ）　今（コン・キン）いま　困（コン）こま　昆（コン）
建（コン・ケン）た　恨（コン）うら　根（コン）ね　婚（コン）　混（コン）ま
金（コン・キン）かね・かな　紺（コン）　献（コン・ケン）　魂（コン）たましい
墾（コン）　懇（コン）ねんご　言（ゴン・ゲン）い・こと　勤（ゴン・キン）つと

権 ゴン・ケン　厳 ゴン・ゲン／おごそ・きび

[さ]

左 サ／ひだり　再 サ・サイ／ふたた　佐 サ　作 サ・サク／つく
茶 サ・チャ　査 サ　砂 サ・シャ／すな　唆 サ／そそのか　差 サ／さ
詐 サ　鎖 サ／くさり　座 ザ／すわ　才 サイ　切 サイ・セツ／き
再 サイ・サ／ふたた　災 サイ／わざわ　西 サイ・セイ／にし　妻 サイ／つま
砕 サイ／くだ　宰 サイ　栽 サイ　殺 サイ・サツ・セツ／ころ
財 サイ・ザイ　彩 サイ／いろど　採 サイ／と　済 サイ／す　祭 サイ／まつ
斉 サイ　細 サイ／こま・ほそ　菜 サイ／な　最 サイ／もっと
裁 サイ／た・さば　債 サイ　催 サイ／もよお　歳 サイ・セイ
載 サイ／の　際 サイ／きわ　在 ザイ／あ　材 ザイ　剤 ザイ
財 ザイ・サイ　罪 ザイ／つみ　崎 さき　作 サク・サ／つく
削 サク／けず　昨 サク　索 サク　策 サク　酢 サク／す
搾 サク／しぼ　錯 サク　咲 さ　冊 サク・サツ
冊 サツ・サク　札 サツ／ふだ　早 サツ・ソウ／はや　刷 サツ／す
殺 サツ・サイ・セツ／ころ　察 サツ　撮 サツ　擦 サツ
雑 ザツ・ゾウ　皿 さら　三 サン／み・みっ　山 サン／やま
参 サン／まい　蚕 サン／かいこ　桟 サン　惨 サン・ザン／みじ
産 サン／う・うぶ　傘 サン／かさ　散 サン／ち　算 サン　酸 サン／す
賛 サン　暫 ザン　残 ザン／のこ　惨 ザン・サン／みじ

[し]

士 シ　子 シ・ス／こ　支 シ／ささ　止 シ／と　氏 シ／うじ
仕 シ・ジ／つか　史 シ　司 シ　市 シ／いち　四 シ／よ・よっ・よん
矢 シ／や　示 シ・ジ／しめ　旨 シ／むね　次 シ・ジ／つぎ　死 シ
私 シ／わたくし　糸 シ／いと　自 シ・ジ／みずか　至 シ／いた　伺 シ／うかが
志 シ／こころざし・こころざ　使 シ／つか　始 シ／はじ　刺 シ
姉 シ／あね　枝 シ／えだ　祉 シ　肢 シ　姿 シ／すがた
思 シ／おも　指 シ／ゆび・さ　施 シ・セ／ほどこ　師 シ　紙 シ／かみ
脂 シ／あぶら　視 シ　紫 シ／むらさき　詞 シ　歯 シ／は

嗣 シ　試 シ／ため・こころ　詩 シ　資 シ　飼 シ／か
諮 シ／はか　雌 シ／め・めす　賜 シ／たまわ　誌 シ　仕 ジ・シ／つか
示 ジ・シ／しめ　地 ジ・チ　字 ジ／あざ　寺 ジ／てら　次 ジ・シ／つぎ
自 ジ・シ／みずか　耳 ジ／みみ　似 ジ／に　児 ジ・ニ　事 ジ・ズ／こと
侍 ジ／さむらい　治 ジ・チ／おさ・なお　持 ジ／も　時 ジ／とき
除 ジ・ジョ／のぞ　滋 ジ　慈 ジ／いつく　辞 ジ／や　磁 ジ
璽 ジ　式 シキ　色 シキ・ショク／いろ　織 シキ・ショク／お
識 シキ　直 ジキ・チョク／ただ・なお　食 ジキ・ショク／く・た　軸 ジク
七 シチ／なな・なの　質 シチ・シツ・チ　失 シツ／うしな　疾 シツ
室 シツ／むろ　執 シツ・シュウ　湿 シツ／しめ　漆 シツ／うるし
質 シツ・シチ・チ　日 ジツ・ニチ／ひ・か　実 ジツ／み・みの
十 ジッ・ジュウ／と・とお　芝 しば　写 シャ／うつ　社 シャ／やしろ
車 シャ／くるま　舎 シャ　者 シャ／もの　砂 シャ・サ／すな　射 シャ／い
捨 シャ／す　赦 シャ　遮 シャ／さえぎ　斜 シャ／なな　煮 シャ／に
謝 シャ／あやま　蛇 ジャ・ダ／へび　邪 ジャ　勺 シャク
尺 シャク　石 シャク・セキ・コク／いし　赤 シャク・セキ／あか
昔 シャク・セキ／むかし　借 シャク／か　酌 シャク／く　釈 シャク
爵 シャク　若 ジャク・ニャク／わか・も　弱 ジャク／よわ
寂 ジャク・セキ／さび　着 ジャク・チャク／き・つ　手 シュ／て・た
主 シュ／ぬし・おも　守 シュ・ス／まも・も　朱 シュ　取 シュ／と
狩 シュ／か　修 シュ・シュウ／おさ　首 シュ／くび　殊 シュ／こと
酒 シュ／さけ・さか　珠 シュ　種 シュ／たね　趣 シュ／おもむき
衆 シュ・シュウ　寿 ジュ／ことぶき　受 ジュ／う
従 ジュ・ジュウ・ショウ／したが　需 ジュ　授 ジュ／さず
就 ジュ・シュウ／つ　儒 ジュ　樹 ジュ　収 シュウ／おさ
囚 シュウ　州 シュウ／す　舟 シュウ／ふね・ふな　秀 シュウ／ひい
周 シュウ／まわ　宗 シュウ・ソウ　拾 シュウ・ジュウ／ひろ
祝 シュウ・シュク／いわ　秋 シュウ／あき　臭 シュウ／くさ
修 シュウ・シュ／おさ　執 シュウ・シツ　終 シュウ／お　習 シュウ／なら
週 シュウ　就 シュウ・ジュ／つ　衆 シュウ・シュ
集 シュウ／あつ・つど　愁 シュウ／うれ　醜 シュウ／みにく　酬 シュウ

襲おそ	十と・とお	汁しる	充あ		衝ショウ	賞ショウ	償つぐな	礁ショウ
住す	拾ひろ・ジュウ	柔やわ・ニュウ			鐘かね	上うえ・うわ・かみ・あ・のぼ		丈たけ
重え・おも・かさ・チョウ	従したが・ショウ・ジュ	渋しぶ			冗ジョウ	成な・セイ	条ジョウ	定さだ・テイ
銃ジュウ	獣けもの	縦たて	叔シュク		状ジョウ	乗の	城しろ	浄ジョウ
淑シュク	祝いわ・シュウ	宿やど	粛シュク		剰ジョウ	常つね・とこ	情なさ・セイ	
縮ちぢ	塾ジュク	熟う	出で・だ・スイ		盛も・さか・セイ	場ば	畳たたみ・たた	蒸む
述の	術ジュツ	俊シュン	春はる		静しず・セイ	縄なわ	壌ジョウ	嬢ジョウ
瞬またた	旬ジュン	巡めぐ	盾たて		醸かも	譲ゆず	錠ジョウ	色いろ・シキ
准ジュン	殉ジュン	純ジュン	循ジュン		食く・た・ジキ	植う	殖ふ	飾かざ
順ジュン	準ジュン	潤うる・うるお	遵ジュン		触ふ・さわ	嘱ショク	織お・シキ	職ショク
初はつ・うい・そ・はじ	処ショ	所ところ	書か		辱はずかし	心こころ	申もう	伸の
庶ショ	暑あつ	署ショ	緒お・チョ		臣シン・ジン	身み	辛から	侵おか	信シン
女おんな・め・ニョ・ニョウ	諸ショ	如ジョ・ニョ			津つ	神かみ・かん・こう・ジン	唇くちびる	娠シン
助たす・すけ	序ジョ	叙ジョ	徐ジョ		振ふ	浸ひた	真ま	針はり	深ふか
除のぞ・ジ	小ちい・こ・お	升ます	少すく・すこ		紳シン	進すす	森もり	診シン	寝ね
上うえ・うわ・かみ・あ・のぼ・ショウ・ジョウ	井い・セイ				慎つつし	新あたら・あら・にい		審シン
声こえ・こわ・セイ	正ただ・まさ・セイ	召め			請こ・う・セイ	震ふる	薪たきぎ	親おや・した
生い・う・お・は・き・なま・セイ	匠ショウ	床とこ・ゆか			人ひと・ニン	刃は	仁ジン・ニ	尽つ
抄ショウ	尚ショウ	姓ショウ・セイ			迅ジン	甚はなは	臣ジン・シン	神かみ・かん・こう・ジン
性ショウ・セイ	肖ショウ	招まね	承うけたまわ		陣ジン	尋たず		
昇のぼ	松まつ	沼ぬま	青あお・セイ					
星ほし・セイ	政まつりごと・セイ	昭ショウ	宵よい					
従したが・ジュウ・ジュ	相あい・ソウ	省かえり・はぶ・セイ						
将ショウ	症ショウ	消け・き	祥ショウ					
称ショウ	笑わら・え	唱とな	商あきな					
渉ショウ	清きよ・セイ	章ショウ	紹ショウ					
訟ショウ	勝か・まさ	掌ショウ	晶ショウ					
焼や	焦こ・あせ	硝ショウ	粧ショウ					
装よそお・ソウ	詔みことのり	証ショウ						
象ショウ・ゾウ	傷きず・いた	奨ショウ	照て					
詳くわ	彰ショウ	精ショウ・セイ	障さわ					

[す]

子こ・シ	主ぬし・おも・シュ	守まも・も・シュ	素ス・ソ
数かず・かぞ・スウ	図はか・ズ・ト	頭あたま・かしら・ズ・トウ・ト	
豆まめ・ズ・トウ	事こと・ズ・ジ	水みず・スイ	出で・だ・スイ・シュツ
吹ふ	垂た	炊た	衰おとろ	帥スイ
粋スイ	推お	酔よ	遂と	睡スイ
穂ほ	錘つむ	随ズイ	髄ズイ	枢スウ
崇スウ	数かず・かぞ・スウ・ス	据す	杉すぎ	寸スン

[せ]

世 よ・セイ・セ　施 ほどこ・セ・シ　畝 せ・うね　瀬 せ
是 ぜ　井 い・セイ・ショウ　世 よ・セイ・セ　正 ただ・まさ・セイ・ショウ
生 い・う・お・は・き・なま・セイ・ショウ　成 な・セイ・ジョウ
西 にし・セイ・サイ　声 こえ・こわ・セイ・ショウ　制 セイ
姓 セイ・ショウ　征 セイ　性 セイ・ショウ
青 あお・セイ・ショウ　斉 セイ　政 まつりごと・セイ・ショウ
星 ほし・セイ・ショウ　牲 セイ　省 かえり・はぶ・セイ・ショウ　逝 ゆ・セイ
情 なさ・セイ・ジョウ　清 きよ・セイ・ショウ　盛 も・さか・セイ・ジョウ
婿 むこ・セイ　晴 は・セイ　勢 いきお・セイ　聖 セイ　誠 まこと・セイ
精 セイ・ショウ　製 セイ　誓 ちか・セイ　静 しず・セイ・ジョウ
請 こ・う・セイ・シン　整 ととの・セイ　歳 セイ・サイ　税 ゼイ
斥 セキ　説 と・セツ・ゼイ　夕 ゆう・セキ　石 いし・セキ・シャク・コク
赤 あか・セキ・シャク　昔 むかし・セキ・シャク　析 セキ　隻 セキ
寂 さび・セキ・ジャク　席 セキ　惜 お・セキ　責 せ・セキ　跡 あと・セキ
積 つ・セキ　績 セキ　籍 セキ　節 ふし・セチ・セツ
折 お・おり・セツ　切 き・セツ・サイ　拙 セツ　窃 セツ
殺 ころ・セツ・サイ・サツ　接 つ・セツ　設 もう・セツ　雪 ゆき・セツ
摂 セツ　節 ふし・セツ・セチ　説 と・セツ・ゼイ　舌 した・ゼツ
絶 た・ゼツ　千 ち・セン　川 かわ・セン　仙 セン　宣 セン
浅 あさ・セン　洗 あら・セン　占 し・うらな・セン　先 さき・セン　専 もっぱ・セン
泉 いずみ・セン　染 し・そ・セン　践 セン　銭 ぜに・セン　銑 セン
扇 おうぎ・セン　栓 セン　旋 セン　船 ふね・ふな・セン
戦 いくさ・たたか・セン　線 セン　遷 セン　選 えら・セン
潜 もぐ・ひそ・セン　薦 すす・セン　繊 セン　鮮 あざ・セン　全 まった・ゼン
前 まえ・ゼン　善 よ・ゼン　然 ゼン・ネン　禅 ゼン　漸 ゼン
繕 つくろ・ゼン

[そ]

阻 はば・ソ　祖 ソ　租 ソ　素 ソ・ス　措 ソ　粗 あら・ソ
組 く・くみ・ソ　疎 うと・ソ　塑 ソ　訴 うった・ソ　想 ソ・ソウ
礎 いしずえ・ソ　双 ふた・ソウ　壮 ソウ　早 はや・ソウ・サッ
争 あらそ・ソウ　走 はし・ソウ　宗 ソウ・シュウ　奏 かな・ソウ
相 あい・ソウ・ショウ　荘 ソウ　草 くさ・ソウ　送 おく・ソウ　倉 くら・ソウ
捜 さが・ソウ　挿 さ・ソウ　桑 くわ・ソウ　掃 は・ソウ　曹 ソウ
巣 す・ソウ　窓 まど・ソウ　創 ソウ　喪 も・ソウ　僧 ソウ
葬 ほうむ・ソウ　装 よそお・ソウ・ショウ　想 ソウ・ソ　層 ソウ
総 ソウ　遭 あ・ソウ　槽 ソウ　燥 ソウ　霜 しも・ソウ
操 あやつ・みさお・ソウ　贈 おく・ソウ・ゾウ　騒 さわ・ソウ　藻 も・ソウ
造 つく・ゾウ　象 ゾウ・ショウ　像 ゾウ　増 ま・ふ・ゾウ
憎 ニク・ゾウ　雑 ゾウ・ザツ　蔵 くら・ゾウ　贈 おく・ゾウ・ソウ
臓 ゾウ　即 ソク　束 たば・ソク　息 いき・ソク　則 ソク
促 うなが・ソク　速 はや・すみ・ソク　側 かわ・ソク　測 はか・ソク
足 あし・た・ソク　俗 ゾク　族 ゾク　属 ゾク　賊 ゾク
続 つづ・ゾク　卒 ソツ　率 ひき・ソツ・リツ　存 ソン・ゾン
村 むら・ソン　孫 まご・ソン　尊 たっと・とうと・ソン　損 そこ・ソン
存 ゾン・ソン

[た]

他 タ　多 おお・タ　太 ふと・タ・タイ　打 う・ダ　妥 ダ
蛇 へび・ダ・ジャ　堕 ダ　惰 ダ　駄 ダ　大 おお・タイ・ダイ
太 ふと・タイ・タ　代 か・よ・しろ・タイ・ダイ　台 タイ・ダイ
対 タイ・ツイ　体 からだ・タイ・テイ　耐 た・タイ　待 ま・タイ
怠 おこた・なま・タイ　胎 タイ　退 しりぞ・タイ　帯 お・おび・タイ
泰 タイ　袋 ふくろ・タイ　逮 タイ　替 か・タイ　貸 か・タイ
隊 タイ　滞 とどこお・タイ　態 タイ　大 おお・タイ・ダイ
内 うち・ダイ・ナイ　代 か・よ・しろ・ダイ・タイ　弟 おとうと・ダイ・デ・テイ
台 タイ・ダイ　第 ダイ　題 ダイ　滝 たき　宅 タク
択 タク　沢 さわ・タク　卓 タク　拓 タク　託 タク
度 たび・タク・ド・ト　濯 タク　諾 ダク　濁 にご・ダク　但 ただ
達 タツ　脱 ぬ・ダツ　奪 うば・ダツ　丹 タン　棚 たな
反 そ・タン・ハン・ホン　担 かつ・にな・タン　単 タン　炭 すみ・タン

胆(タン) 探(タン・さぐ・さが) 淡(タン・あわ) 短(タン・みじか) 嘆(タン・なげ)
端(タン・は・はし・はた) 誕(タン) 壇(タン・ダン) 鍛(タン・きた)
団(ダン・トン) 男(ダン・ナン・おとこ) 段(ダン) 断(ダン・た・ことわ)
弾(ダン・ひ・はず・たま) 暖(ダン・あたた) 談(ダン) 壇(ダン・タン)

[ち]

地(チ・ジ) 池(チ・いけ) 知(チ・し) 治(チ・ジ・おさ・なお)
値(チ・ね・あたい) 恥(チ・は・はじ) 痴(チ) 稚(チ)
遅(チ・おく・おそ) 致(チ・いた) 置(チ・お) 質(チ・シツ・シチ)
竹(チク・たけ) 畜(チク) 築(チク・きず) 蓄(チク・たくわ) 逐(チク)
秩(チツ) 窒(チツ) 茶(チャ・サ) 着(チャク・ジャク・き・つ)
嫡(チャク) 中(チュウ・なか) 仲(チュウ・なか) 虫(チュウ・むし)
沖(チュウ・おき) 宙(チュウ) 忠(チュウ) 抽(チュウ)
注(チュウ・そそ) 昼(チュウ・ひる) 柱(チュウ・はしら) 衷(チュウ)
鋳(チュウ・い) 駐(チュウ) 著(チョ・あらわ・いちじる) 貯(チョ)
緒(チョ・ショ・お) 丁(チョウ・テイ) 弔(チョウ・とむら) 庁(チョウ)
兆(チョウ・きざ) 町(チョウ・まち) 長(チョウ・なが) 挑(チョウ・いど)
重(チョウ・ジュウ・え・おも・かさ) 帳(チョウ) 張(チョウ・は) 彫(チョウ・ほ)
眺(チョウ・なが) 釣(チョウ・つ) 頂(チョウ・いただ・いただき) 鳥(チョウ・とり)
朝(チョウ・あさ) 脹(チョウ) 超(チョウ・こ) 腸(チョウ)
跳(チョウ・は・と) 徴(チョウ) 潮(チョウ・しお) 澄(チョウ・す)
調(チョウ・しら・ととの) 聴(チョウ・き) 懲(チョウ・こ) 直(チョク・ジキ・ただ・なお)
勅(チョク) 沈(チン・しず) 珍(チン・めずら) 朕(チン) 陳(チン)
賃(チン) 鎮(チン・しず)

[つ]

都(ツ・ト・みやこ) 通(ツ・ツウ・とお・かよ) 対(ツイ・タイ) 追(ツイ・お)
墜(ツイ) 通(ツウ・ツ・とお・かよ) 痛(ツウ・いた) 塚(つか) 漬(つ)
坪(つぼ)

[て]

弟(デ・テイ・ダイ・おとうと) 丁(テイ・チョウ) 体(テイ・タイ・からだ)
廷(テイ) 低(テイ・ひく) 呈(テイ) 弟(テイ・ダイ・デ・おとうと)
定(テイ・ジョウ・さだ) 底(テイ・そこ) 抵(テイ) 邸(テイ) 亭(テイ)
貞(テイ) 帝(テイ) 訂(テイ) 庭(テイ・にわ) 逓(テイ)
停(テイ) 偵(テイ) 堤(テイ・つつみ) 提(テイ・さ) 程(テイ・ほど)
艇(テイ) 締(テイ・し) 泥(デイ・どろ) 的(テキ・まと) 摘(テキ・つ)
笛(テキ・ふえ) 滴(テキ・しずく・したた) 適(テキ) 敵(テキ・かたき)
迭(テツ) 哲(テツ) 鉄(テツ) 徹(テツ) 撤(テツ)
天(テン・あめ・あま) 典(テン) 店(テン・みせ) 点(テン) 展(テン)
添(テン・そ) 転(テン・ころ) 殿(テン・デン・との・どの) 田(デン・た) 伝(デン・つた)
殿(デン・テン・との・どの) 電(デン)

[と]

土(ト・ド・つち) 斗(ト) 吐(ト・は) 図(ト・ズ・はか) 度(ト・ド・タク・たび)
徒(ト) 途(ト) 都(ト・ツ・みやこ) 塗(ト・ぬ) 登(ト・トウ・のぼ)
渡(ト・わた) 頭(ト・トウ・ズ・あたま・かしら) 土(ド・ト・つち) 努(ド・つと)
度(ド・ト・タク・たび) 怒(ド・いか・おこ) 奴(ド) 刀(トウ・かたな)
冬(トウ・ふゆ) 灯(トウ・ひ) 当(トウ・あ) 投(トウ・な) 豆(トウ・ズ・まめ)
逃(トウ・に・のが) 到(トウ) 東(トウ・ひがし) 倒(トウ・たお)
凍(トウ・こお・こご) 唐(トウ・から) 島(トウ・しま) 桃(トウ・もも) 討(トウ・う)
透(トウ・す) 党(トウ) 納(トウ・ノウ・ナッ・ナ・ナン・おさ)
悼(トウ・いた) 盗(トウ・ぬす) 陶(トウ) 塔(トウ) 棟(トウ・むね・むな)
道(トウ・ドウ・みち) 稲(トウ・いね・いな) 湯(トウ・ゆ) 登(トウ・ト・のぼ)
答(トウ・こた) 等(トウ・ひと) 筒(トウ・つつ) 統(トウ・す) 搭(トウ)
痘(トウ) 読(トウ・ドク・トク・よ) 踏(トウ・ふ) 糖(トウ)
頭(トウ・ズ・ト・あたま・かしら) 謄(トウ) 闘(トウ・たたか) 騰(トウ)
同(ドウ・おな) 洞(ドウ・ほら) 胴(ドウ) 動(ドウ・うご) 堂(ドウ)
童(ドウ・わらべ) 道(ドウ・トウ・みち) 銅(ドウ) 働(ドウ・はたら)
導(ドウ・みちび) 峠(とうげ) 匿(トク) 特(トク) 督(トク)
徳(トク) 得(トク・え・う) 読(トク・ドク・トウ・よ) 篤(トク)

毒 ドク　独 ドク・ひと　読 ドク・トク・トウ　凸 トツ
突 トツ・つ　届 とど　豚 トン・ぶた　屯 トン　団 トン・ダン
鈍 ドン・にぶ　曇 ドン・くも

[な]

南 ナ・ナン・みなみ　納 ナ・ナッ・ナン・ノウ・トウ　内 ナイ・ダイ・うち
納 ナッ・ナ・ナン・ノウ・トウ　男 ナン・ダン・おとこ　南 ナン・ナ・みなみ
納 ナン・ナッ・ナ・ノウ・トウ　軟 ナン・やわ　難 ナン・かた・むずか

[に]

二 ニ・ふた　仁 ニ・ジン　尼 ニ・あま　弐 ニ　児 ニ・ジ
肉 ニク　日 ニチ・ジツ・ひ・か　若 ニャク・ジャク・わか・も　入 ニュウ・い・はい
乳 ニュウ・ち・ちち　柔 ニュウ・ジュウ・やわ　女 ニョ・ニョウ・ジョ・おんな・め
如 ニョ・ジョ　女 ニョウ・ニョ・ジョ・おんな・め　尿 ニョウ
人 ニン・ジン・ひと　任 ニン・まか　妊 ニン　忍 ニン・しの　認 ニン・みと

[ね]

寧 ネイ　熱 ネツ・あつ　年 ネン・とし　念 ネン　粘 ネン・ねば
然 ネン・ゼン　燃 ネン・も

[の]

悩 ノウ・なや　納 ノウ・おさ・ナッ・ナ・ナン・トウ　能 ノウ
脳 ノウ　農 ノウ　濃 ノウ・こ

[は]

把 ハ　波 ハ・なみ　派 ハ　破 ハ・やぶ　覇 ハ
馬 バ・うま・ま　婆 バ　杯 ハイ・さかずき　拝 ハイ・おが
背 ハイ・せ・せい・そむ　肺 ハイ　俳 ハイ　配 ハイ・くば
排 ハイ　敗 ハイ・やぶ　廃 ハイ・すた　輩 ハイ　売 バイ・う
倍 バイ　梅 バイ・うめ　培 バイ・つちか　陪 バイ　媒 バイ
買 バイ・か　賠 バイ　白 ハク・ビャク・しろ・しら　伯 ハク

拍 ハク・ヒョウ　泊 ハク・と　迫 ハク・せま　舶 ハク
博 ハク・バク　薄 ハク・うす　麦 バク・むぎ　博 バク・ハク
幕 バク・マク　漠 バク　縛 バク・しば　爆 バク　箱 はこ
畑 はた・はたけ　暴 バク・ボウ・あば　肌 はだ
八 ハチ・や・やっ・よう　鉢 ハチ・ハツ　罰 バチ・バツ
法 ハツ・ホウ・ホッ　発 ハツ・ホツ　鉢 ハツ・ハチ
髪 ハツ・かみ　末 バツ・マツ・すえ　伐 バツ　抜 バツ・ぬ
罰 バツ・バチ　閥 バツ　凡 ハン・ボン　半 ハン・なか
犯 ハン・おか　反 ハン・ホン・タン・そ　帆 ハン・ほ　判 ハン・バン
坂 ハン・さか　板 ハン・バン・いた　版 ハン　班 ハン　畔 ハン
飯 ハン・めし　伴 ハン・バン・ともな　販 ハン　般 ハン　搬 ハン
煩 ハン・ボン・わずら　頒 ハン　範 ハン　繁 ハン　藩 ハン
晩 バン　番 バン　蛮 バン　盤 バン　万 バン・マン
伴 バン・ハン・ともな　判 バン・ハン　板 バン・ハン・いた

[ひ]

比 ヒ・くら　皮 ヒ・かわ　妃 ヒ　否 ヒ・いな　批 ヒ
彼 ヒ・かれ・かの　披 ヒ　肥 ヒ・こえ・こ　泌 ヒ・ヒツ
非 ヒ　卑 ヒ・いや　飛 ヒ・と　疲 ヒ・つか　秘 ヒ・ひ
被 ヒ・こうむ　悲 ヒ・かな　碑 ヒ　扉 ヒ・とびら　費 ヒ・つい
罷 ヒ　避 ヒ・さ　尾 ビ・お　美 ビ・うつく　備 ビ・そな　鼻 ビ・はな
微 ビ　匹 ヒツ・ひき　必 ヒツ・かなら　泌 ヒツ・ヒ　筆 ヒツ・ふで
姫 ひめ　百 ヒャク　白 ビャク・ハク・しろ・しら　氷 ヒョウ・こおり・ひ
兵 ヒョウ・ヘイ　拍 ヒョウ・ハク　表 ヒョウ・おもて・あらわ
俵 ヒョウ・たわら　票 ヒョウ　評 ヒョウ　標 ヒョウ
漂 ヒョウ・ただよ　平 ビョウ・ヘイ・たい・ひら　苗 ビョウ・なえ・なわ　秒 ビョウ
病 ビョウ・ヘイ・や・やまい　描 ビョウ・えが　猫 ビョウ・ねこ　賓 ヒン
品 ヒン・しな　浜 ヒン・はま　頻 ヒン　貧 ヒン・ビン・まず
便 ビン・ベン・たよ　敏 ビン　貧 ビン・ヒン・まず　瓶 ビン

[ふ]

不 フ・ブ　夫 フ・フウ/おっと　父 フ/ちち　付 フ/つ　布 フ/ぬの
扶 フ　府 フ　怖 フ/こわ　附 フ　歩 フ・ホ・ブ/ある・あゆ
負 フ/ま・お　赴 フ/おもむ　風 フ・フウ/かぜ・かざ　浮 フ/う　婦 フ
符 フ　敷 フ/し　普 フ　腐 フ/くさ　富 フ・フウ/と・とみ　膚 フ
賦 フ　譜 フ　不 ブ・フ　分 ブ・ブン・フン/わ
武 ブ・ム　歩 ブ・ホ・フ/ある・あゆ　侮 ブ/あなど　部 ブ
無 ブ・ム/な　舞 ブ/ま・まい　夫 フウ・フ/おっと　奉 ブ・ホウ/たてまつ
風 フウ・フ/かぜ・かざ　封 フウ・ホウ　富 フウ・フ/と・とみ　伏 フク/ふ
服 フク　副 フク　幅 フク/はば　覆 フク/おお・くつがえ
福 フク　腹 フク/はら　複 フク　復 フク　払 フツ/はら
沸 フツ/わ　仏 ブツ/ほとけ　物 ブツ・モツ/もの　霧 フン
分 フン・ブン・ブ/わ　粉 フン/こ・こな　紛 フン/まぎ　噴 フン/ふ
墳 フン　憤 フン/いきどお　奮 フン/ふる　文 ブン・モン/ふみ
聞 ブン・モン/き　分 ブン・フン・ブ/わ

[へ]

丙 ヘイ　平 ヘイ・ビョウ/たい・ひら　兵 ヘイ・ヒョウ　併 ヘイ/あわ
並 ヘイ/なみ・なら　柄 ヘイ/え・がら　病 ヘイ・ビョウ/や・やまい　陛 ヘイ
閉 ヘイ/と・し　塀 ヘイ　幣 ヘイ　弊 ヘイ　米 ベイ・マイ/こめ
壁 ヘキ/かべ　癖 ヘキ/くせ　別 ベツ/わか　片 ヘン/かた　辺 ヘン/あた・べ
返 ヘン/かえ　変 ヘン/か　偏 ヘン/かたよ　遍 ヘン　編 ヘン/あ
便 ベン・ビン/たよ　弁 ベン　勉 ベン

[ほ]

歩 ホ・ブ・フ/ある・あゆ　保 ホ/たも　捕 ホ/と・つか　浦 ホ/うら
補 ホ/おぎな　舗 ホ　母 ボ/はは　模 ボ・モ　墓 ボ/はか
慕 ボ/した　暮 ボ/く　募 ボ/つの　簿 ボ　奉 ホウ・ブ/たてまつ
宝 ホウ/たから　芳 ホウ/かんば　方 ホウ/かた　包 ホウ/つつ　邦 ホウ
抱 ホウ/だ・いだ・かか　放 ホウ/はな　法 ホウ・ハッ・ホッ
泡 ホウ/あわ　胞 ホウ　封 ホウ・フウ　俸 ホウ　倣 ホウ/なら
峰 ホウ/みね　豊 ホウ/ゆた　崩 ホウ/くず　訪 ホウ/たず・おとず　報 ホウ/むく
砲 ホウ　飽 ホウ/あ　褒 ホウ/ほ　縫 ホウ/ぬ　亡 ボウ・モウ/な
乏 ボウ/とぼ　妄 ボウ・モウ　忙 ボウ/いそが　坊 ボウ・ボッ
妨 ボウ/さまた　忘 ボウ/わす　防 ボウ/ふせ　房 ボウ/ふさ　肪 ボウ
某 ボウ　帽 ボウ　剖 ボウ　紡 ボウ/つむ　望 ボウ・モウ/のぞ
傍 ボウ/かたわ　冒 ボウ/おか　棒 ボウ　貿 ボウ　暴 ボウ・バク/あば
膨 ボウ/ふく　謀 ボウ・ム/はか　北 ホク/きた　木 ボク・モク/き・こ
目 ボク・モク/め・ま　朴 ボク　牧 ボク/まき　僕 ボク　墨 ボク/すみ
撲 ボク　法 ホッ・ホウ・ハッ　発 ホツ・ハツ
坊 ボッ・ボウ　没 ボツ　堀 ほり　反 ホン・ハン・タン/そ
本 ホン/もと　翻 ホン/ひるがえ　奔 ホン　凡 ボン・ハン
盆 ボン　煩 ボン・ハン/わずら

[ま]

麻 マ/あさ　摩 マ　磨 マ/みが　魔 マ　毎 マイ
米 マイ・ベイ/こめ　妹 マイ/いもうと　枚 マイ　埋 マイ/う
幕 マク・バク　膜 マク　又 また　末 マツ・バツ/すえ
抹 マツ　万 マン・バン　満 マン/み　慢 マン　漫 マン

[み]

未 ミ　味 ミ/あじ　魅 ミ　岬 みさき　密 ミツ
脈 ミャク　名 ミョウ・メイ/な　妙 ミョウ　命 ミョウ・メイ/いのち
明 ミョウ・メイ/あ・あか・あき　民 ミン/たみ　眠 ミン/ねむ

[む]

矛 ム/ほこ　武 ム・ブ　務 ム/つと　無 ム・ブ/な　夢 ム/ゆめ
謀 ム・ボウ/はか　霧 ム/きり　娘 むすめ

[め]

名 メイ・ミョウ/な　命 メイ・ミョウ/いのち　明 メイ・ミョウ/あ・あか・あき
迷 メイ/まよ　盟 メイ　銘 メイ　鳴 メイ/な　滅 メツ/ほろ

免 メン／まぬか　面 メン／おも・おもて・つら　綿 メン／わた

[も]
茂 モ／しげ　模 モ・ボ　亡 モウ・ボウ／な　毛 モウ／け
妄 モウ・ボウ　盲 モウ　耗 モウ・コウ　望 モウ・ボウ／のぞ
猛 モウ　網 モウ／あみ　木 モク・ボク／き・こ　目 モク・ボク／め・ま
黙 モク／だま　物 モツ・ブツ／もの　文 モン・ブン／ふみ　門 モン／かど
紋 モン　問 モン／と・とん　聞 モン・ブン／き　匁 もんめ

[や]
夜 ヤ／よ・よる　野 ヤ／の　厄 ヤク　役 ヤク・エキ
疫 ヤク・エキ　約 ヤク　益 ヤク・エキ　訳 ヤク／わけ
躍 ヤク／おど　薬 ヤク／くすり

[ゆ]
由 ユ・ユウ・ユイ／よし　油 ユ／あぶら　愉 ユ　諭 ユ／さと　輸 ユ
遊 ユ・ユウ／あそ　癒 ユ　由 ユイ・ユウ・ユ／よし　唯 ユイ・イ
遺 ユイ・イ　友 ユウ／とも　右 ユウ・ウ／みぎ　由 ユウ・ユ・ユイ／よし
有 ユウ・ウ／あ　勇 ユウ／いさ　幽 ユウ　悠 ユウ　郵 ユウ
猶 ユウ　裕 ユウ　遊 ユウ・ユ／あそ　雄 ユウ／お・おす　誘 ユウ／さそ
憂 ユウ／う・うれ　優 ユウ／すぐ・やさ　融 ユウ

[よ]
与 ヨ／あた　予 ヨ　余 ヨ／あま　誉 ヨ／ほま　預 ヨ／あず
幼 ヨウ／おさな　用 ヨウ／もち　羊 ヨウ／ひつじ　洋 ヨウ　要 ヨウ／い
容 ヨウ　庸 ヨウ　揚 ヨウ／あ　揺 ヨウ／ゆ　葉 ヨウ／は
陽 ヨウ　溶 ヨウ／と　腰 ヨウ／こし　様 ヨウ／さま　踊 ヨウ／おど
窯 ヨウ／かま　養 ヨウ／やしな　擁 ヨウ　謡 ヨウ／うたい・うた
曜 ヨウ　抑 ヨク／おさ　浴 ヨク／あ　欲 ヨク／ほ・ほっ　翌 ヨク
翼 ヨク／つばさ

[ら]
裸 ラ／はだか　羅 ラ　礼 ライ・レイ　来 ライ／き・きた・く・こ
雷 ライ／かみなり　頼 ライ／たの・たよ　絡 ラク／から　落 ラク／お
楽 ラク・ガク／たの　酪 ラク　乱 ラン／みだ　卵 ラン／たまご　覧 ラン
濫 ラン　欄 ラン

[り]
吏 リ　利 リ／き　里 リ／さと　理 リ　痢 リ　裏 リ／うら
履 リ／は　離 リ／はな　力 リキ・リョク／ちから　陸 リク
律 リチ・リツ　立 リツ・リュウ／た　律 リツ・リチ
率 リツ・ソツ／ひき　略 リャク　立 リュウ・リツ／た　柳 リュウ／やなぎ
留 リュウ・ル／と　流 リュウ・ル／なが　竜 リュウ／たつ　粒 リュウ／つぶ
隆 リュウ　硫 リュウ　旅 リョ／たび　虜 リョ　慮 リョ
了 リョウ　両 リョウ　良 リョウ／よ　料 リョウ
涼 リョウ／すず　猟 リョウ　陵 リョウ／みささぎ　量 リョウ／はか
僚 リョウ　漁 リョウ・ギョ　領 リョウ　寮 リョウ
療 リョウ　霊 リョウ・レイ／たま　糧 リョウ・ロウ／かて
力 リョク・リキ／ちから　緑 リョク・ロク／みどり　林 リン／はやし　厘 リン
倫 リン　鈴 リン・レイ／すず　輪 リン／わ　隣 リン／となり・とな
臨 リン／のぞ

[る]
流 ル・リュウ／なが　留 ル・リュウ／と　涙 ルイ／なみだ　累 ルイ
塁 ルイ　類 ルイ

[れ]
令 レイ　礼 レイ・ライ　冷 レイ／つめ・ひ・さ　励 レイ／はげ
戻 レイ／もど　例 レイ／たと　鈴 レイ・リン／すず　零 レイ
霊 レイ・リョウ／たま　隷 レイ　齢 レイ　麗 レイ／うるわ
暦 レキ／こよみ　歴 レキ　列 レツ　劣 レツ／おと　烈 レツ
裂 レツ／さ　恋 レン／こ・こい　連 レン／つ・つら　廉 レン　練 レン／ね

錬レン

[ろ]

炉ロ　路ロ/じ　露ロ・ロウ/つゆ　老ロウ/お・ふ　労ロウ

郎ロウ　朗ロウ/ほが　浪ロウ　廊ロウ　楼ロウ

漏ロウ/も　糧ロウ・リョウ/かて　露ロウ・ロ/つゆ

六ロク/む・むっ・むい　緑ロク・リョク/みどり　録ロク　論ロン

[わ]

和ワ・オ/やわ・なご　話ワ/はなし・はな　賄ワイ/まかな　惑ワク/まど

枠わく　湾ワン　腕ワン/うで

II 常用漢字付表

明日：あす	早乙女：さおとめ	友達：ともだち
小豆：あずき	雑魚：ざこ	仲人：なこうど
海女：あま	桟敷：さじき	名残：なごり
硫黄：いおう	差し支える：さしつかえる	雪崩：なだれ
意気地：いくじ	五月晴れ：さつきばれ	兄さん：にいさん
一言居士：いちげんこじ	早苗：さなえ	姉さん：ねえさん
田舎：いなか	五月雨：さみだれ	野良：のら
息吹：いぶき	時雨：しぐれ	祝詞：のりと
海原：うなばら	竹刀：しない	博士：はかせ
乳母：うば	芝生：しばふ	二十(歳)：はたち
浮気：うわき	清水：しみず	二十日：はつか
浮つく：うわつく	三味線：しゃみせん	波止場：はとば
笑顔：えがお	砂利：じゃり	一人：ひとり
お母さん：おかあさん	数珠：じゅず	日和：ひより
伯父・叔父：おじ	上手：じょうず	二人：ふたり
お父さん：おとうさん	白髪：しらが	二日：ふつか
大人：おとな	素人：しろうと	吹雪：ふぶき
乙女：おとめ	師走：しわす	下手：へた
伯母・叔母：おば	数寄屋：すきや	部屋：へや
お巡りさん：おまわりさん	相撲：すもう	迷子：まいご
お神酒：おみき	草履：ぞうり	真っ赤：まっか
母屋：おもや	山車：だし	真っ青：まっさお
神楽：かぐら	太刀：たち	土産：みやげ
河岸：かし	立ち退く：たちのく	息子：むすこ
風邪：かぜ	七夕：たなばた	眼鏡：めがね
仮名：かな	足袋：たび	猛者：もさ
蚊帳：かや	稚児：ちご	紅葉：もみじ
為替：かわせ	一日：ついたち	木綿：もめん
河原：かわら	築山：つきやま	最寄り：もより
昨日：きのう	梅雨：つゆ	八百長：やおちょう
今日：きょう	凸凹：でこぼこ	八百屋：やおや
果物：くだもの	手伝う：てつだう	大和(絵)：やまと(え)
玄人：くろうと	伝馬船：てんません	浴衣：ゆかた
今朝：けさ	投網：とあみ	行方：ゆくえ
景色：けしき	十重二十重：とえはたえ	寄席：よせ
心地：ここち	読経：どきょう	若人：わこうど
今年：ことし	時計：とけい	

III　常用漢字のうち、名詞と動詞等で送り仮名の違う漢字

		（音）	名詞の訓	例	動詞等の訓	例
〔エ〕	煙	エン	けむり	火事の煙	けむ	煙る
〔オ〕	卸	－	おろし	卸売	おろ	商品を卸す
〔カ〕	掛	－	かかり	運転掛	か	掛ける
	我	ガ	われ	我は海の子	わ	我が国
	割	カツ	わり	水割	わ、さ	割る、割く
	巻	カン	まき	巻物	ま	巻く
〔キ〕	基	キ	もと、もとい		もと	基づく
〔ケ〕	係	ケイ	かかり	動力係	かか	係る
〔コ〕	光	コウ	ひかり	電気の光	ひか	星が光る
〔シ〕	志	シ	こころざし	志	こころざ	上級を志す
	次	シ、ジ	つぎ	次の人	つ	次ぐ
	実	ジツ	み	木の実	みの	桃が実った
	畳	ジョウ	たたみ	畳の部屋	たたむ	店を畳む
〔セ〕	折	セツ	おり	非常の折	お	木を折る
〔ソ〕	組	ソ	くみ	赤組	く	列を組む
〔タ〕	帯	タイ	おび	博多帯	お	刀を帯びる
〔チ〕	恥	チ	はじ	赤恥	は	恥ずかしい
	頂	チョウ	いただき	山の頂	いただ	土産を頂く
〔ヒ〕	病	ビョウ、ヘイ	やまい	不治の病	や	心を病む
	肥	ヒ	こえ	畑の肥	こ	畑を肥やす
〔フ〕	富	フ、フウ	とみ	多くの富	と	富んだ人
	舞	ブ	まい	獅子舞	ま	……を舞う
〔ヘ〕	並	ヘイ	なみ、なら	並木、人並み	なら	並べる
〔ヨ〕	謡	ヨウ	うたい	謡	うた	謡う
〔リ〕	隣	リン	となり	隣の家	とな	隣り合う
〔レ〕	恋	レン	こい	恋人	こ	人を恋う
〔ワ〕	話	ワ	はなし	話声	はな	話し合う

使い方の間違いやすい漢字

印	イン	しるし	名詞のみ（動詞はない）	
氷	ヒョウ	こおり、ひ	名詞のみ（動詞はない）	
凍	トウ	こお、こご	動詞のみ（名詞はない）	凍る（こおる） 凍える（こごえる）
並	ヘイ	なみ、なら		

　　　　　ただし、「**人並み、家並み**」のように、「**並**」が語末にくる複合名詞には、すべて送り仮名「**み**」をつける。

Ⅳ　新旧漢字の比較

　常用漢字が制定されたとき、難しい字体は簡単な字体に変えられた。また、それほど難しくない字体でも、その一部をわずかに変えたものが多い。もちろん、「山」「川」「王」などのように全く変えていないものもある。

1　本項では、**1**に常用漢字及び人名用漢字で大きく変わったと思われる漢字を、**2**に少々変わった、かつ旧字体も JIS にある漢字を、**3**にわずかに変わった漢字を示す。
　（大きくとか少々というのは、あくまでも編者の主観的なものである）
2　**4**に、JIS にある俗字を示す。
3　旧字体から新字体に変えられた漢字は常用漢字と一部の人名漢字だけである。
　しかるに、JIS 漢字のなかには、常用漢字の変更要領を用いて変えた表外漢字がある。例えば、「辻」は表外漢字であるから、しんにょうの点は二つのはずだが、JIS 漢字では一つになっている。この例を**5**に示す。なお、すべての表外漢字が変更されてはいないので注意が必要である。
4　一つの漢字で、一カ所だけ変わったものもあれば二カ所以上変わったのもある。二カ所以上変わった漢字にアンダーラインをひいてある。
5　（　）は旧字体。〔ルビ〕内は人名用漢字。(ルビ)及び｛　｝内は表外漢字。
6　漢字は「角川新字典239版」による。

※旧字体についていた筆返しが常用漢字では無くなった。
　だが、組版編集機のなかには一部筆返しがついたままの漢字を採用している機種がある。
　本書もその機種を使っている。

1　新旧で大きく変わった常用漢字

*比較的大きな変更のあったもののみ
*右（　）内が旧字体

- [あ] 圧(壓)ｱﾂ
- [い] 囲(圍)ｲ/かこ　医(醫)ｲ　壱(壹)ｲﾁ
- [え] 円(圓)ｴﾝ/まる　塩(鹽)ｴﾝ/しお
- [お] 応(應)ｵｳ
- [か] 仮(假)ｶ・ｹ/かり　価(價)ｶ/あたい
  画(畫)ｶﾞ・ｶｸ　岳(嶽)ｶﾞｸ/たけ
  缶(罐)ｶﾝ
- [き] 帰(歸)ｷ/かえ　亀(龜)〔ｷ/かめ〕
  旧(舊)ｷｭｳ　拠(據)ｷｮ・ｺ
- [け] 芸(藝)ｹﾞｲ　欠(缺)ｹﾂ/か
  県(縣)ｹﾝ　献(獻)ｹﾝ・ｺﾝ
- [こ] 号(號)ｺﾞｳ　国(國)ｺｸ/くに
- [さ] 蚕(蠶)ｻﾝ/かいこ
- [し] 糸(絲)ｼ/いと　辞(辭)ｼﾞ/や
  実(實)ｼﾞﾂ/み・みの　写(寫)ｼｬ/うつ
  粛(肅)ｼｭｸ　処(處)ｼｮ
  称(稱)ｼｮｳ　証(證)ｼｮｳ
  条(條)ｼﾞｮｳ　尽(盡)ｼﾞﾝ/つ
- [す] 図(圖)ｽﾞ・ﾄ/はか
- [せ] 声(聲)ｾｲ・ｼｮｳ/こえ・こわ　窃(竊)ｾﾂ
- [そ] 双(雙)ｿｳ/ふた
- [た] 台(臺)ﾀｲ・ﾀﾞｲ　対(對)ﾀｲ・ﾂｲ
  体(體)ﾀｲ・ﾃｲ/からだ　滝(瀧)たき
  団(團)ﾀﾞﾝ・ﾄﾝ
- [ち] 昼(晝)ﾁｭｳ/ひる　虫(蟲)ﾁｭｳ/むし
  庁(廳)ﾁｮｳ
- [て] 鉄(鐵)ﾃﾂ　点(點)ﾃﾝ
- [と] 当(當)ﾄｳ/あ　灯(燈)ﾄｳ/ひ
  党(黨)ﾄｳ
- [は] 拝(拜)ﾊｲ/おが　麦(麥)ﾊﾞｸ/むぎ
- [ひ] 浜(濱)ﾋﾝ/はま　弥(彌)〔ﾋﾞ・ﾐ/いや〕
- [へ] 並(竝)ﾍｲ/なみ・なら　辺(邊)ﾍﾝ・ﾍﾞ/あた
  弁(辨)ﾍﾞﾝ
- [ほ] 宝(寶)ﾎｳ/たから
- [ま] 万(萬)ﾏﾝ・ﾊﾞﾝ
- [よ] 与(與)ﾖ/あた　予(豫)ﾖ　余(餘)ﾖ/あま
- [ら] 乱(亂)ﾗﾝ/みだ
- [り] 竜(龍)ﾘｭｳ/たつ　猟(獵)ﾘｮｳ
- [れ] 励(勵)ﾚｲ/はげ　礼(禮)ﾚｲ・ﾗｲ
- [ろ] 炉(爐)ﾛ

2　新旧で少々変わった常用漢字

*右（　）内が旧字体
*〔ルビ〕は人名用漢字
*旧字体も JIS 文字

1）（口）が ツ に。
厳（嚴）ゲン・ゴン きび・おごそ　獣（獸）ジュウ けもの
戦（戰）セン いくさ・たたか　禅（禪）ゼン
単（單）タン　弾（彈）ダン ひ・はず・たま
巌（巖）〔ガン いわお〕

2）（區）が 区 に。
欧（歐）オウ　殴（毆）オウ なぐ　区（區）ク
駆（驅）ク か　枢（樞）スウ

3）（戔）が 戋 に。
桟（棧）サン　残（殘）ザン のこ　践（踐）セン
浅（淺）セン あさ　銭（錢）セン ぜに

4）（僉）が 佥 に。
検（檢）ケン　倹（儉）ケン　険（險）ケン けわ
験（驗）ケン・ゲン　剣（劍）ケン つるぎ

5）（睪）が 尺 に。
駅（驛）エキ　釈（釋）シャク　沢（澤）タク さわ
択（擇）タク　訳（譯）ヤク わけ

6）（襄）が 襄 に。
嬢（孃）ジョウ　壌（壤）ジョウ　譲（讓）ジョウ ゆず
醸（釀）ジョウ かも　穣（穰）〔ジョウ ゆた〕

7）（雚）が 隺 に。
勧（勸）カン すす　歓（歡）カン　観（觀）カン
権（權）ケン・ゴン

8）（巠）が 圣 に。
茎（莖）ケイ くき　径（徑）ケイ　経（經）ケイ・キョウ へ
軽（輕）ケイ かる・かろ

9）（炏）が ツ に。
営（營）エイ いとな　栄（榮）エイ さか・は　蛍（螢）ケイ ほたる
労（勞）ロウ

10）（䜌）が 亦 に。
蛮（蠻）バン　変（變）ヘン か　恋（戀）レン こ・こい
湾（灣）ワン

11）（卒）が 卆 に。
砕（碎）サイ くだ　粋（粹）スイ　酔（醉）スイ よ

12）（黃）が ム に。
拡（擴）カク　広（廣）コウ ひろ　鉱（鑛）コウ

13）（臼）が 旧 に。
陥（陷）カン おちい・おとしい　児（兒）ジ・ニ
稲（稻）トウ いね・いな

14）（叀）が 击 に。
恵（惠）ケイ・エ めぐ　穂（穗）スイ ほ
専（專）セン もっぱ

15）（夾）が 夹 に。
狭（狹）キョウ せま・せば　挟（挾）キョウ はさ
峡（峽）キョウ

16）（爭）が 争 に。
浄（淨）ジョウ　静（靜）セイ・ジョウ しず
争（爭）ソウ あらそ

17）（眞）が 真 に。
真（眞）シン ま　慎（愼）シン つつし　鎮（鎭）チン しず

18）（肯）が 有 に。
随（隨）ズイ　髄（髄）ズイ　堕（墮）ダ

19）（賣）が 売 に。
続（續）ゾク つづ　読（讀）トク・ドク・トウ よ
売（賣）バイ う

20）（齊）が 斉 に。
済（濟）サイ す　剤（劑）ザイ　斉（齊）セイ

21) (井)が井に。
瓶(瓶)ビン 併(倂)ヘイ/あわ 塀(塀)ヘイ

22) (㡭)が迷に。
継(繼)ケイ/つ 断(斷)ダン/た・ことわ

23) (夕)が⺌に。
揺(搖)ヨウ/ゆ 謡(謠)ヨウ/うた・うたい

24) (將)が将に。
将(將)ショウ 奨(奬)ショウ

25) (亞)が亜に。
亜(亞)ア 悪(惡)アク・オ/わる

26) (兩)が両に。
満(滿)マン/み 両(兩)リョウ

27) (奚)が奚に。
渓(溪)ケイ 鶏(鷄)ケイ/にわとり

28) (藏)が蔵に。
蔵(藏)ゾウ/くら 臓(臟)ゾウ

29) (從)が従に。
従(從)ジュウ・ジュ・ショウ/したが 縦(縱)ジュウ/たて

30) (㐮)が㐮に。
隠(隱)イン/かく 穏(穩)オン/おだ

31) (帶)が帯に。
帯(帶)タイ/お・おび 滞(滯)タイ/とどこお

32) (甾)が甾に。
悩(惱)ノウ/なや 脳(腦)ノウ

33) (犮)が友に。
髪(髮)ハツ/かみ 抜(拔)バツ/ぬ

34) (裏)が裏に。
懐(懷)カイ/なつ・ふところ 壊(壞)カイ/こわ

35) (乘)が乗に。
乗(乘)ジョウ/の 剰(剩)ジョウ

36) (婁)が娄に。
数(數)スウ・ス/かず・かぞ 楼(樓)ロウ

37) (甶)が申に。
挿(插)ソウ/さ 捜(搜)ソウ/さが

38) (爲)が為に。
為(爲)イ 偽(僞)ギ/にせ・いつわ

39) (屬)が属に。
嘱(囑)ショク 属(屬)ゾク

40) (㬎)が显に。
顕(顯)ケン 湿(濕)シツ/しめ

41) (夊)が力に。
効(效)コウ/き 勅(敕)チョク

42) (蜀)が虫に。
触(觸)ショク/ふ・さわ 独(獨)ドク/ひと

43) (堯)が尭に。
暁(曉)ギョウ/あかつき 焼(燒)ショウ/や

44) (齒)が歯に。
歯(齒)シ/は 齢(齡)レイ

45) (𦥑)が⺍に。
覚(覺)カク/さ・おぼ 学(學)ガク/まな

46) (會)が会に。
会(會)カイ・エ/あ 絵(繪)カイ・エ

47) (與)が⺍に。
挙(擧)キョ/あ 誉(譽)ヨ/ほま

48) (詹)が旦に。
担(擔)タン/かつ・にな 胆(膽)タン

49) (專)が云に。
転(轉)テン/ころ 伝(傳)デン/つた

50) (發)が発に。
廃(廢)ハイ/すた 発(發)ハツ・ホツ

51) （弗）がムに。
払(拂)フツ・はら　仏(佛)ブツ・ほとけ

52) （壽）が寿に。
寿(壽)ジュ・ことぶき
鋳(鑄)チュウ・い

53) （參）が参に。
参(參)サン・まい
惨(慘)サン・ザン・みじ

54) （豐）が豊に。
豊(豐)ホウ・ゆた　艶(艷)〔エン・つや〕

55) （樂）が楽に。
楽(樂)ガク・ラク・たの
薬(藥)ヤク・くすり

56)
衛(衞)エイ

57)
桜(櫻)オウ・さくら

58)
関(關)カン・せき

59)
気(氣)キ・ケ

60)
犠(犧)ギ

61)
戯(戲)ギ・たわ

62)
勲(勳)クン

63)
恒(恆)コウ

64)
斎(齋)サイ

65)
冊(册)サク・サツ

66)
雑(雜)ザツ・ゾウ

67)
賛(贊)サン

68)
収(收)シュウ・おさ

69)
渋(澁)ジュウ・しぶ

70)
叙(敍)ジョ

71)
縄(繩)ジョウ・なわ

72)
畳(疊)ジョウ・たた・たたみ

73)
唇(脣)シン・くちびる

74)
婿(壻)セイ・むこ

75)
摂(攝)セツ

76)
潜(潛)セン・ひそ・もぐ

77)
繊(纖)セン

78)
総(總)ソウ

79)
遅(遲)チ・おそ・おく

80)
痴(癡)チ

81)
聴(聽)チョウ・き

82)
逓(遞)テイ

83)
闘(鬪)トウ・たたか

84)
届(屆)とど

85)
弐(貳)ニ

86)
秘(祕)ヒ・ひ

87)
様(樣)ヨウ・さま

88)
来(來)ライ・く・き・こ・きた

89)
覧(覽)ラン

90)
塁(壘)ルイ

91)
隷(隸)レイ

92)
霊(靈)レイ・リョウ・たま

93)
晋(晉)〔シン・すすむ〕

3　新旧で僅かに変わった常用漢字

＊新旧で、ほんの僅か変わった漢字。ただし、全漢字を網羅したとは限らない。
＊JIS文字には旧字体のない文字もある。

1）「草冠（くさかんむり）」

　旧字体の草冠は四画だが、新字体は三画になった。

　従って、表外字の「くさかんむり」は、すべて四画である。

　ただし、JIS漢字の「くさかんむり」は、ほとんどが三画である。

　例：花　芳　英

　なお、組版編集機のなかには、書体によっては四画「くさかんむり」の旧字体を搭載しているのもある。

2）「しんにょ（ゅ）う」

　旧字体の「しんにょう」は点が二つであるが、新字体では一つになった。

　従って、旧字体の「しんにょう」はすべて二点である。しかしJIS漢字のなかには表外字であっても一点のものがある。

　例：辻　迄　逢

＊しんにょうの点が一つになった常用漢字

遺イ・ユイ　違イ・ちが　逸イツ　運ウン・はこ
遠エン・オン・とお　過カ・す・あやま　還カン
逆ギャク・さか　近キン・ちか　遇グウ　迎ゲイ・むか　遣ケン・つか
込こ　遮シャ・さえぎ　週シュウ　巡ジュン・めぐ　述ジュツ
遵ジュン　進シン・すす　迅ジン　遂スイ・と　随ズイ
髄ズイ　送ソウ・おく　選セン・えら　遷セン　遭ソウ・あ
造ゾウ・つく　速ソク・はや・すみ　退タイ・しりぞ　逮タイ　達タツ
遅チ・おく・おそ　逐チク　追ツイ　通ツウ・とお・かよ
逓テイ　適テキ　迭テツ　途ト　透トウ・す

逃トウ・に・のが　道ドウ・トウ・みち　導ドウ・みちび　迫ハク・せま
避ヒ・さ　返ヘン・かえ　辺ヘン・あた・べ　遍ヘン　縫ホウ・ぬ
迷メイ・まよ　遊ユ・ユウ・あそ　連レン・つ・つら

3）（ハ）（八）が ʾʾ になった。

（ハ）　巻(卷)カン　券ケン　圏ケン
鎖サ・くさり　削サク・けず　尚ショウ　肖ショウ
宵ショウ・よい　消ショウ・き・け　硝ショウ　勝ショウ・か・まさ
坪つぼ　謄トウ　騰トウ　半ハン・なか
伴ハン・バン・ともな　畔ハン　判ハン・バン
評ヒョウ　平(平)ヘイ・ビョウ・たい・ひら　幣ヘイ
弊ヘイ　藤〔トウ〕・ふじ

（八）　鋭(銳)エイ・するど　悦エツ　閲エツ
咲さ　遵ジュン　遂スイ・と　税ゼイ
説セツ・ゼイ・と　僧ソウ　送ソウ・おく　尊ソン・たっと・とうと
隊タイ　脱ダツ・ぬ　朕チン　墜ツイ　猶ユウ

4）（二）が 一 になった。

暗アン　意イ　韻イン　億オク　憶オク
音オン・イン・おと・ね　劾ガイ　該ガイ　核カク　響キョウ・ひび
鏡キョウ・かがみ　境キョウ・ケイ・さかい　刻コク・きざ　襲シュウ・おそ
商ショウ・あきな　章ショウ　彰ショウ　鐘ショウ・かね
障ショウ・さわ　織ショク・シキ・お　職ショク　接セツ・つ
嫡チャク　駐チュウ　帝テイ　締テイ・し　敵テキ・かたき
滴テキ　適テキ　摘テキ・つ　童ドウ・わらべ　陪バイ
培バイ・つちか　倍バイ　賠バイ　部ブ　剖ボウ
傍ボウ・かたわ

＊偏の「言」はそのままである。

　例：計ケイ・はか　識シキ　訂テイ

5）旧字体のなかにあった「なみだ点」（、）が、無くなった。

逸イツ　寛カン　器キ・うつわ　殺サツ・サイ・セツ・ころ
者(者)シャ・もの　煮シャ・に　臭シュウ・くさ　暑ショ・あつ

署ショ　緒ショ・チョ　諸ショ　著チョ・あらわ・いちじる
塚(塚)つか　都ト・みやこ　突トツ・つ　涙ルイ・なみだ
類ルイ　戻レイ・もど　渚〔ショ〕　琢〔タク〕　猪〔チョ〕

*表外漢字の「なみだ点」は全て残されている。ただし、JIS漢字のなかには、表外漢字の「なみだ点」をも取った漢字がある。
　例：啄

6) 筆返しがなくなった。(八)がハに。(乀)が丶になった。

(八)　沿エン・そ　鉛エン・なまり　翁オウ　穴ケツ・あな
　公コウ・おおやけ　松ショウ・まつ　訟ショウ　船セン・ふね・ふな
　頒ハン　貧ヒン・ビン・まず　分(分)ブ・フン・ブン・わ
　紛フン・まぎ　粉フン・こ・こな　霧フン　盆ボン
(乀)　延エン・の　蚊か　較カク　技ギ・わざ
　建ケン・コン・た　健ケン・すこ　交コウ・ま・まじ・か　校コウ
　更コウ・さら・ふ　硬コウ・かた　絞コウ・し　史シ　支シ・ささ
　丈(丈)ジョウ・たけ　隻セキ　誕タン　廷テイ
　艇テイ　庭テイ・にわ　便ビン・ベン・たよ　父フ・ちち
　文ブン・モン・ふみ　没ボツ　又また
　紋モン　吏リ

*旧字体についていた筆返しが常用漢字では無くなった。だが、組版編集機のなかには一部筆返しがついたままの漢字を採用している機種がある。
本書もその機種を使っている。

7) (貝)が𠔉または艮に変わった。

飲(飲)イン・の　餓ガ　概ガイ　慨ガイ　館カン
飢キ・う　既キ・すで　郷キョウ・ゴウ　響キョウ・ひび
飼シ　爵シャク　飾ショク・かざ　節セツ・セチ・ふし　即ソク
飯ハン・めし　飽ホウ・あ

8) (戸)が戸になった。

啓ケイ　肩ケン・かた　戸(戸)コ・と　雇コ・やと　顧コ・かえり
所ショ・ところ　扇セン・おうぎ　扉ヒ・とびら　編ヘン・あ　遍ヘン
偏ヘン・かたよ　房ボウ・ふさ　涙ルイ・なみだ　戻レイ・もど　炉ロ

9) (巳)が己になった。

起キ・お　港コウ・みなと　遷セン　選セン・えら　包(包)ホウ・つつ
泡ホウ・あわ　胞ホウ　砲ホウ　抱ホウ・だ・いだ・かか
飽ホウ・あき

*もともと「己」であった漢字
　記キ・しる　紀キ　配ハイ・くば　妃ヒ

10) (示)がネになった。

禍カ　祈キ・いの　祉シ　視シ　社(社)シャ・やしろ
祝シュク・シュウ・いわ　祥ショウ　神シン・ジン・かみ・かん・こう
禅ゼン　祖ソ　福フク　禎〔テイ〕　祐〔ユウ〕
禄〔ロク〕

11) 爫が⺌になった。

援エン　緩カン・ゆる　菜サイ・な　採サイ・と　彩サイ・いろど
爵シャク　妥(妥)ダ　暖ダン・あたた　稲トウ・いね・いな
乳ニュウ・ち・ちち　浮フ・う

12) (一)がなくなった。

穀(穀)コク　殻(殻)コク・から　聴(聽)チョウ・き
徴(徵)チョウ　懲(懲)チョウ・こ　徳(德)トク
微ビ　隆(隆)リュウ

13) ①(舍)が舎、②(𠂉)が土、③(串)が串になった。

① 舎(舍)シャ　捨シャ・す　舗(舖)ホ
② 告(吿)コク・つ　酷コク　週シュウ
　　周シュウ・まわ　造ゾウ・つく　彫チョウ・ほ
　　調チョウ・しら・ととの　浩〔コウ〕・ひろ
③ 唐トウ・から　糖トウ

14) (円)が月になった。
情 ジョウ・セイ なさ　青(靑) セイ・ショウ あお　清 セイ・ショウ きよ
晴 セイ は　精 セイ・ショウ　請 セイ・シン こ・う
静 セイ・ジョウ しず

15) (⸝)がヨになった。
虐 ギャク しいた　急 キュウ いそ　侵 シン おか　浸 シン ひた　寝 シン ね
尋 ジン たず　雪 セツ ゆき　掃 ソウ はく　婦 フ

16) (亡)が亡になった。
荒 コウ あ・あら　慌 コウ あわ　亡 ボウ・モウ な　妄 ボウ・モウ
忘 ボウ わす　忙 ボウ いそ　望 ボウ・モウ のぞ　盲 モウ　網 モウ あみ

17) (一)が、になった。
恐 キョウ おそ　勺(勺) シャク　酌 シャク く　築 チク きず
釣 チョウ つ　的 テキ まと　凡 ハン・ボン　帆 ハン ほ　約 ヤク

18) (丰)が主または王になった。
害(害) ガイ　轄 カツ　割 カツ わ・わり・さ　憲 ケン
聖 セイ　呈 テイ　程 テイ ほど　望 ボウ・モウ のぞ

19) (母)が毋になった。
海 カイ うみ　悔 カイ く・くや　梅 バイ うめ　繁 ハン　敏 ビン
侮 ブ あな　毎(每) マイ

20) (中)が中になった。
緯 イ　違 イ ちが　偉 イ えら　傑 ケツ　降 コウ お・ふ
瞬 シュン また　舞 ブ ま・まい　隣 リン と・となり

21) (㐫)が㐫になった。
育 イク そだ　棄 キ　充 ジュウ あ　銃 ジュウ　統 トウ す
流 リュウ・ル なが　硫 リュウ

22) (羽)が羽またはヨになった。
① 羽(羽) ウ は・はね　翁 オウ　弱 ジャク よわ
習 シュウ なら　扇 セン おうぎ　翻 ホン ひるがえ　翌 ヨク
翼 ヨク つばさ　翔 ショウ　翠 スイ みどり
② 濯 タク　躍(躍) ヤク おど　曜 ヨウ

23) (兼)が兼になった。
兼 ケン か　嫌 ケン・ゲン いや・きら　謙 ケン　廉 レン　鎌 〔レン〕 かま

24) (少)の、は増えたもの。
少(少) ショウ すく・すこ　渉 ショウ　頻 ヒン　賓 ヒン
歩 ホ・フ・ブ ある・あゆ

25) (月)が丬になった。
状 ジョウ　寝 シン ね　壮(壯) ソウ　荘 ソウ
装 ソウ・ショウ よそお

26) (正)が正になった。
延 エン の　卸 おろ・おろし　御 ギョ・ゴ おん
政 セイ・ショウ まつりごと　誕 タン

27) (丁)がフになった。
城 ジョウ しろ　成 セイ・ジョウ な　盛 セイ・ジョウ も・さか　誠 セイ まこと

28) (廿)が艹になった。
漢 カン　謹 キン つつし　勤 キン・ゴン つと　嘆(嘆) タン なげ
難 ナン かた・むずか

29) (主)が主になった。
往 オウ　主(主) シュ・ス ぬし・おも　住 ジュウ す　柱 チュウ はしら
注 チュウ そそ

30) (曾)が曽になった。
増(增) ゾウ ま・ふ　贈 ゾウ・ソウ おく　僧 ソウ　憎 ゾウ にく
層 ソウ

31) (匃)がヒになった。
謁 エツ　喝(喝) カツ　渇 カツ かわ　褐 カツ　掲 ケイ かか

32) (襾)が覀になった。
覇 ハ　覆 フク おお・くつがえ　要(要) ヨウ い　腰 ヨウ こし

33) (彑)がヨになった。
縁(緣) エン ふち　緑 リョク・ロク みどり　録 ロク　禄 〔ロク〕

34) (甫)が甫になった。
薄 ハク うす　博 ハク・バク　縛 バク しば　敷 フ し　簿 ボ

35) (丱)が 卉 になった。
憤ᶠᴺいきどお 墳ᶠᴺ 噴ᶠᴺふ 奔ᴴᴼᴺ

36) (次)が 次 になった。
資ˢ 姿ˢすがた 諮ˢはか 次(次)ジ:シつぎ

37) (及)が 及 になった。
扱あつか 及(及)キュウおよ 吸キュウす 級キュウ

38) (兪)が 俞 になった。
愉(愉)ユ 輸ユ 諭ユさと 癒ユ

39) (林)が 林 になった。
麻(麻)マあさ 摩マ 磨マみが 魔マ

40) (冓)が 冓 になった。
購コウ 講コウ 溝コウみぞ 構コウかま

41) (吳)が 呉 になった。
虞おそれ 呉(呉)ゴ 誤ゴあやま 娯ゴ

42) (柬)が 柬 になった。
欄ラン 錬(鍊)レン 練レンね 蘭〔ラン〕

43) (产)が 产 になった。
顔(顏)ガンかお 産サンう・うぶ 彦〔ゲン〕ひこ

44) (里)が 里 になった。
黒(黑)コクくろ 墨ボクすみ 黙(默)モクだま

45) (化)が 化 になった。
化カ・ケば 花カはな 貨カ 靴カくつ

46) (免)が 免 になった。
逸イツ 晩(晚)バン 勉ベン 免メンまぬか

47) (袁)が 袁 になった。
遠(遠)エン・オンとお 還カン 環カン

48) (氏)が 氏 になった。
派ハ 脈ミャク 旅(旅)リョたび

49) (虍)が 虍 になった。
虚(虛)キョ・コ 普フ 譜フ

50) (良)が 良 になった。
郎(郞)ロウ 朗ロウほが 廊ロウ

51) (冫)が 冫 になった。
寒カンさむ 終シュウお 冬(冬)トウふゆ

52) (巨)が 巨 になった。
巨(巨)キョ 距キョ 拒キョこば

53) (刃)が 刃 になった。
刃(刃)ジンは 忍ニンしの 認ニンみと

54) (茲)が 茲 になった。
滋(滋)ジ 磁ジ 慈ジいつく

55) (丰)が 㞢 になった。
喫キツ 契ケイちぎ 潔ケツいさぎよ

56) (耒)が 耒 になった。
籍セキ 耕コウたがや 耗モウ・コウ

57) (牙)が 牙 になった。
芽ガめ 雅ガ 邪(邪)ジャ

58) (象)が 象 になった。
象(象)ゾウ・ショウ 像ゾウ

59) (朮)が 朮 になった。
術(術)ジュツ 述ジュツの

60) (黄)が 黄 になった。
黄(黃)コウ・オウき・こ 横オウよこ

61) (頁)が 頁 になった。
瀬せ 頼(賴)ライたの・たよ

62) (巳)が 己 になった。
巻(卷)カンま・まき 圏ケン

63) (禾)が 木 になった。
歴(歷)レキ 暦レキこよみ

64) (日)が 曰 になった。
冒ボウおか 帽ボウ

65) (丩)が丷になった。
糾(糾)キュウ　叫さけキョウ

66) (八)が丷になった。
空(空)クウ/あ・から・そら　控ひかコウ

67) (灰)が灰になった。
灰(灰)カイ/はい　炭タン/すみ

68) (全)が全になった。
全(全)ゼン/まった　栓セン

69) (卑)が卑になった。
卑(卑)ヒ/いや　碑ヒ

70) (刀)がヶになった。
絶ゼツ/た　免(免)メン/まぬか

71) (匚)が匸になった。
匿トク　匹(匹)ヒツ/ひき

72) (艮)が良になった。
食(食)ショク・ジキ/く・た　養ヨウ/やしな

73) (瓜)が瓜になった。
弧コ　孤コ

74) (內)が内になった。
内(內)ナイ　納ノウ

75) (旣)が既になった。
概ガイ　慨ガイ

76)
益(益)エキ・ヤク

77)
煙(煙)エン/けむ・けむり

78)
奥(奧)オウ/おく

79)
温(溫)オン/あたた

80)
隔(隔)カク/へだ

81)
教(敎)キョウ/おし・おそ

82)
強(强)キョウ・ゴウ/し・つよ

83)
具(具)グ

84)
薫(薰)クン/かお

85)
撃(擊)ゲキ/う

86)
研(硏)ケン/と

87)
歳(歲)サイ・セイ

88)
衰(衰)スイ/おとろ

89)
巣(巢)ソウ/す

90)
騒(騷)ソウ/さわ

91)
賊(賊)ゾク

92)
添(添)テン/そ

93)
盗(盜)トウ/ぬす

94)
寧(寧)ネイ

95)
姫(姬)ひめ

96)
鼻(鼻)ビ/はな

97)
邦(邦)ホウ

98)
没(歿)ボツ

99)
勇(勇)ユウ/いさ

100)
有(有)ユウ・ウ/あ

101)
率(率)リツ・ソツ/ひき

102)
虜(虜)リョ

103)
那(那)〔ダ・ナ〕

4 俗字

* いくつかの漢字のなかには、一般に俗字といわれる古字・別体・異体字などがある。
* たくさんある俗字のなかで、普段使われることの多いと思われる俗字のうち、JIS文字にある俗字のいくつかを示す。
* 左が常用漢字、右{ }内が俗字。
* (ルビ)は表外字。[ルビ]は人名漢字。

[え] 煙{烟}エン・けむ・けむり　淵{渕}(エン)ふち

[お] 往{徃}(オウ)

[か] 刈{苅}か　界{堺}カイ
　　 崖{崕}(ガイ)がけ　解{觧}カイ・ゲと
　　 学{斈}ガクまな　函{凾}(カン)はこ
　　 館{舘}カン

[き] 器{噐}キうつわ　喜{憙}キよろこ
　　 鞠{毱}(キク)まり

[く] 駆{駈}クか

[け] 憩{憇}ケイいこ　齧{囓}(ケツ)か
　　 剣{劍}{劔}ケンつるぎ

[こ] 鼓{皷}(コ)つづみ　岡{崗}(コウ)おか
　　 国{圀}コクくに　剋{尅}(コク)か
　　 鉱{礦}{砿}コウ

[さ] 酢{醋}サクす

[し] 事{亊}ジ・ズこと　爾{尓}[ジ・ニ・マ]なんじ・しか
　　 写{寫}シャうつ　準{準}ジュン
　　 薯{藷}(ショ)いも　場{塲}ジョウば
　　 刃{刄}ジンは

[す] 悴{忰}(スイ)せがれ　翠{翆}[スイ]みどり

[せ] 棲{栖}(セイ)す　畝{畞}せ・うね
　　 船{舩}センふね

[そ] 曾{曽}(ソ)かつ　走{赱}ソウはし

卒{卆}ソツ

[た] 多{夛}タおお　体{躰}タイ・テイからだ

[ち] 恥{耻}チは・はじ　沖{冲}チュウおき
　　 珍{珎}チンめずら

[と] 島{嶋}{嶌}トウしま　同{仝}ドウ
　　 徳{悳}トク

[に] 妊{姙}ニン

[は] 杯{盃}ハイさかずき　罰{罸}バツ・バチ
　　 範{笵}ハン

[ふ] 富{冨}フ・フウと・とむ

[へ] 辺{邉}ヘンべ・あた

[ほ] 舗{鋪}ホ　萌{萠}[ホウ]
　　 宝{寶}ホウたから　冒{冐}ボウおか
　　 卯{夘}(ボウ)

[や] 野{埜}ヤの

[り] 略{畧}リャク　留{㽞}リュウと
　　 裏{裡}リうら　涼{凉}リョウすず
　　 稟{禀}(リン)

[る] 涙{泪}ルイなみだ

[ろ] 蘆{芦}(ロ)あし

5　表外漢字とJIS漢字

　JIS漢字のなかには、常用漢字の<u>新字体</u><u>を作ったルールを準用し、いくつかの表外漢字を新字体風に作ったもの</u>がある。

　例えば、常用漢字では眞を真に直した新字体は、真(眞)・鎮(鎭)・慎(愼)の3文字だけであるが、JISでは表外漢字の塡も同じルールで填に作りかえた。しかし、同じ表外漢字の瞋や嗔には、このルールを適用せず、表外字のままにしてある。

　下表に、表外漢字で新字体風に作りかえられたJIS漢字のいくつかを示す。
＊左が表外漢字(一部に人名漢字もある)、
　{ }内がJIS漢字

- [い] 溢{溢}(イツ・あふ)
- [お] 鷗{鴎}(オウ・かもめ)
- [か] 檜{桧}(カイ・ひのき)　摑{掴}(カク・つか)
　　　葛{葛}(カツ・くず・つづら)　翰{翰}(カン・ふで・はね)
　　　諫{諌}(カン・いさ)　巖{巌}(ガン・いわお)
- [き] 麴{麹}(キク・こうじ)　迄{迄}(キツ・まで)
　　　饗{饗}(キョウ・もてな)
- [く] 櫟{櫟}(くぬぎ)　軀{躯}(ク・からだ)
- [け] 頸{頚}(ケイ・くび)
　　　拳{拳}(ケン・こぶし)　諺{諺}(ゲン・ことわざ)
　　　捲{捲}(ケン・ま)　譴{譴}(ゲン・はう)
- [さ] 榊{榊}(さかき)　薩{薩}(サツ)
- [し] 茨{茨}(シ・いばら)　飴{飴}(シ・エ・あめ)
　　　祇{祇}(シ・ギ)　餌{餌}(ジ・えさ)
　　　櫛{櫛}(シツ・くし)　灼{灼}(シャク・や)
　　　酋{酋}(シュウ・おさ)　渚{渚}(ショ・なぎさ)
　　　薯{薯}(ショ・いも)　醬{醤}(ショウ)
　　　蔣{蒋}(ショウ)　蝕{蝕}(ショク・むしば)
- [す] 摺{摺}(す・ひだ)
- [せ] 鯖{鯖}(セイ・さば)　屑{屑}(セン・くず)
　　　蟬{蝉}(セン・せみ)　賤{賎}(セン・いや)
- [そ] 鼠{鼡}(ソ・ねずみ)　搔{掻}(ソウ・か)
　　　藪{薮}(ソウ・やぶ)　樽{樽}(ソン・たる)
　　　噂{噂}(ソン・うわさ)
- [た] 啄{啄}(タク・ついば)　箪{箪}(タン・はこ)
- [ち] 捗{捗}(チョク・はかど)　箸{箸}(チョ・はし)
- [つ] 辻{辻}(つじ)
- [て] 溺{溺}(デキ・おぼ)　塡{填}(テン・うず・は)
　　　辿{辿}(テン・たど)
- [と] 賭{賭}(ト・か・かけ)　屠{屠}(ト・チョ・ほう)
　　　濤{涛}(トウ・なみ)　遁{遁}(トン・のが)
- [な] 楢{楢}(なら)
- [は] 醱{醗}(ハツ・かも)　剝{剥}(ハク・は)
- [ひ] 樋{樋}(ヒ・とい)　杓{杓}(ひしゃく)
　　　豹{豹}(ヒョウ)
- [ふ] 麩{麩}(フ・ふすま)
- [へ] 餅{餅}(ヘイ・もち)　瞥{瞥}(ベツ)
- [ほ] 逢{逢}(ホウ・あ・むか)　蓬{蓬}(ホウ・よもぎ)
- [め] 麺{麺}(メン)
- [ゆ] 愈{愈}(ユ・いよいよ)
- [よ] 蠅{蝿}(ヨウ・はえ)
- [り] 輛{輌}(リョウ)
- [る] 屢{屡}(ル・しばしば)
- [れ] 蠣{蛎}(レイ・かき)　煉{煉}(レン・ね)
　　　蓮{蓮}(レン・はす)
- [ろ] 籠{篭}(ロウ・かご)　臘{蝋}(ロウ)

V　類似漢字

1　漢字には類似していて間違いやすいものが多くある。
2　本項では、一般に多く使われる漢字で類似しているものを列挙し意味のいくつかと用例を示す。
3　カタ仮名ルビは常用漢字としての音（オン）を、ひら仮名るびは訓（くん）を示す。
　　ただし、〔　〕内は人名漢字、（　）は表外漢字の音（オン）並びに訓（くん）である。
4　列挙した漢字の最初のものの音（オン）で五十音順に並べるのを原則とした。
5　動植物名はカタ仮名で示した。

[あ]
哀 アイ／あわ　（かなしい、あわれ：哀悼）
衷 チュウ　（うち、まごころ：衷心）
衰 スイ／おとろ　（おとろえる：衰弱）
喪 ソウ／も　（うしなう、ほろびる：喪中）
握 アク／にぎ　（にぎる：掌握）
幄 (アク)　（とばり：幄舎）

[い]
以 イ　（ゆえに、もって：以降）
似 ジ／に　（にる：類似）
胃 イ　（いぶくろ：胃腸）
冑 (チュウ)　（かぶと、よろい：甲冑）
遺 イ・ユイ　（のこす：遺産、遺言）
遣 ケン／つか　（つかわす：派遣、言葉遣い）
偉 イ／えら　（えらい：偉人）
緯 イ　（よこいと：経緯）
違 イ／ちが　（ちがう：違反）
威 イ　（おどす：権威）
咸 (かん)　（みな：咸臨丸）
隠 イン／かく　（かくす：隠居）
穏 オン／おだ　（おだやか：穏便）

[う]
因 イン／よ　（よる：原因）
困 コン／こま　（こまる：困難）
囚 シュウ　（とらえる：囚人）

[う]
宇 ウ　（いえ：宇宙）
字 ジ／あざ　（あざな、ふえる、もじ：漢字）

[え]
永 エイ／なが　（ながい、とこしえ：永遠）
氷 ヒョウ／ひ・こおり　（こおり：結氷、氷雨、薄氷）
泳 エイ／およ　（およぐ：水泳）
詠 エイ　（よむ、ながめる：朗詠）
円 エン／まる　（まる：円周）
丹 タン　（しゅ、まごころ：丹精）
縁 エン／ふち　（ふち、ゆかり：縁側、額縁）
緑 リョク・ロク／みどり　（みどり：緑陰、緑青、緑色）
録 ロク　（しるす：記録）
禄 〔ロク〕　（ふち、さいわい：貫禄）
延 エン／の　（のばす、ひく：延長）
廷 テイ　（にわ：宮廷）

[お]
王 オウ　（おうさま：王座）
玉 ギョク／たま　（たま：宝玉）
欧 オウ　（うたう：欧州）
殴 オウ／なぐ　（なぐる：殴打）
押 オウ／お　（おす：押売）
岬 コウ／みさき　（みさき）
狎 (コウ)　（なれる、あなどる）
坤 (コン)　（大地：乾坤一擲）
央 オウ　（なか：中央）
史 シ　（ふみ：歴史）
吏 リ　（やくにん：官吏）
鴨 (オウ)／かも　（鳥の名：カモ）
鴫 （しぎ）　（鳥の名：シギ）
憶 オク　（おぼえる、おもう：記憶）
億 オク　（おしはかる：億兆）
臆 (オク)　（おくする：臆病）

[か]
加 カ／くわ　（くわえる：加盟）
如 ジョ・ニョ　（ごとし：突如、如意）

44

何 カ/なに (なに、いくばく：幾何、何者)	喝 カツ (大声を出す：喝采)	紀 キ (しるす：紀要、日本書紀)
伺 シ/うかが (うかがう：伺候)	渇 カツ/かわ (かわく：渇望)	記 キ (しるす：記録、古事記)
向 コウ/む (むく：方向)	褐 カツ (粗末な衣：褐色)	季 キ (すえ、とき：季節)
佳 カ (よい：佳作)	官 カン (つかさ、おおやけ：官邸)	委 イ (ゆだねる：委任状)
住 ジュウ/す (すむ：住所)	宮 ク・グウ・キュウ/みや (いえ、みや：宮内庁、宮司、宮城)	李 (リ) (樹木の名：スモモ)
往 オウ (ゆく、いにしえ：往復)	管 カン/くだ (ふえ、くだ：配管)	幾 キ/いく (いくら：幾何)
科 カ (とが：科学)	菅 (カン) (すげ：菅笠)	畿 (キ) (みやこ：近畿)
料 リョウ (はかる：料理)	環 カン (めぐる：環境)	磯 〔キ〕 (いそ)
貨 カ (たから：貨物)	還 カン (かえる：還暦)	己 キ・コ (おのれ：知己)
貸 タイ/か (かす：貸与)	感 カン (かんじる：感激)	已 (イ) (すでに：一已(地名：いっちゃん))
渦 カ/うず (うず：渦中)	惑 ワク/まど (まどう：迷惑)	巳 〔シ〕 (み、ヘビ)
禍 カ (わざわい：水禍)	勘 カン (かんがえる：勘定)	宜 ギ (よろしい：便宜)
瓜 (カ)/うり (ウリ：西瓜)	堪 カン/た (たえる：堪忍)	宣 セン (のべる：宣言)
爪 (ソウ)/つめ (つめ：爪印)	刊 カン (けずる、出版する：発刊)	技 ギ/わざ (わざ：技術)
会 カイ・エ/あ (あう、あつまる：会見)	刑 ケイ (おきて、しおき：刑罰)	枝 シ/えだ (えだ：枝葉)
合 ゴウ・カツ・ガツ/あ (あう：合意、合唱)	歓 カン (よろこぶ：歓迎)	義 ギ (よい：講義)
壊 カイ/こわ (こわす：破壊)	観 カン (みる：観光)	議 ギ (論じ合う：議論)
懐 カイ/なつ・ふところ (おもう、なつく：懐古)	勧 カン/すす (すすめる：勧誘)	儀 ギ (よい、法：儀礼)
海 カイ/うみ (うみ：海岸)	汗 カン/あせ (あせ：汗顔)	犠 ギ (いけにえ：犠牲)
悔 カイ/く・くや (くいる、くやしい：後悔)	肝 カン/きも (きも：肝臓)	疑 ギ/うたが (うたがう：疑問)
侮 ブ/あなど (あなどる：侮辱)	汁 ジュウ/しる (しる：果汁)	擬 ギ (もどき：擬態)
該 ガイ (その：該当)	館 カン (やかた：旅館)	凝 ギョウ/こ (こる：凝固)
核 カク (たね：核心)	舘 (館の俗字)	祇 (ギ・キ・シ) (地の神：祇園)
劾 ガイ (さばく：弾劾)	看 カン (みる：看板)	祇 (シ) (つつしむ：祇候)
慨 ガイ (なげく：慨嘆)	着 チャク/き・つ (つく：到着、着付け)	却 キャク (しりぞける、かえって：返却)
概 ガイ (おおむね：概算)	巻 カン/ま・まき (まく：巻頭、巻鮨)	卸 おろ・おろし (おろし：卸値)
漑 (カイ・ガイ) (そそぐ：潅漑)	巷 (コウ) (ちまた：巷間)	客 キャク・カク (きゃく：顧客)
殻 カク/から (から：甲殻類)	券 ケン (わりふ、てがた：債券)	容 ヨウ (ゆるす、かたち：容認、容姿)
穀 コク (こくもつ：穀物)	幹 カン/みき (みき：幹部)	休 キュウ/やす (やすむ：休暇)
穫 カク (かる、とりいれる：収穫)	斡 (アツ) (めぐる：斡旋)	体 タイ・テイ/からだ (からだ：体験、体裁)
獲 カク/え (える：捕獲、獲物)	眼 ガン・ゲン/まなこ (め：眼帯、開眼)	九 キュウ・ク/ここの (九州)
学 ガク/まな (まなぶ：学校)	眠 ミン/ねむ (ねむる：睡眠)	丸 ガン/まる (弾丸、丸裸)
栄 エイ/さか・は (さかえる：栄光)		牛 ギュウ/うし (ウシ)
活 カツ (いきる：生活)	**[き]**	午 ゴ (十二支のうま：正午)
括 カツ (くくる：括弧)	基 キ/もと・もとい (もと：基準)	巨 キョ (おおきい：巨人)
話 ワ/はな・はなし (はなし：話題)	碁 ゴ (ご：囲碁)	臣 シン・ジン (けらい：家臣、大臣)
	揮 キ (ふるう：発揮)	距 キョ (へだてる：距離)
	輝 キ/かがや (かがやく：光輝、光り輝く)	拒 キョ/こば (こばむ、ふせぐ：拒絶)

常用漢字・JIS文字・類字

45

- 魚 ギョ／うお・さかな (さかな：鮮魚)
- 漁 ギョ・リョウ (魚をとる：漁網、大漁)
- 興 キョウ・コウ／おこす (おこす：興味、興業)
- 與 ヨ／あた (与の旧字、あたえる、くみする 参与)
- 輿 ヨ (こし：神輿)
- 矯 キョウ／た (ためる、いつわる：矯正)
- 嬌 (キョウ) (なまめかしい：嬌名)
- 狭 キョウ／せま・せば (せまい：狭量)
- 挟 キョウ／はさ (はさむ：挟撃)
- 峡 キョウ (はざま：海峡)
- 鋏 (キョウ) (はさみ)
- 享 キョウ (すすめる、身にうける：享楽)
- 亨 〔キョウ〕 (とおる、たてまつる)
- 亭 テイ (あずまや、とどまる：亭主)
- 亮 (リョウ) (あきら)
- 教 キョウ／おし・おそ (おしえる：教授)
- 数 スウ・ス／かず・かぞ (かぞえる：多数)
- 仰 ギョウ・コウ／あお・おお (あおぐ：仰視、信仰)
- 迎 ゲイ／むか (むかえる：送迎)
- 抑 ヨク／おさ (おさえる：抑圧)
- 杏 (キョウ・コウ) (樹木の名：アンズ)
- 杳 (ヨウ) (はるか、くらい)
- 沓 (トウ) (くつ)
- 斤 キン (おの、重さの単位 1斤≒600g)
- 斥 セキ (しりぞける：排斥)

[く]

- 句 ク (俳句)
- 旬 シュン (しゅん：旬日)
- 勾 (コウ) (かぎ、とらえる：勾留)
- 匂 (にお) (におい)
- 勺 シャク (容積単位1/10合、面積単位1/100坪)
- 芍 (シャク) (芍薬)
- 苦 ク／にが・くる (にがい、くるしい：苦言)
- 苫 (セン) (とま)
- 笞 (セン) (むち)
- 具 グ (そなえる、うつわ：家具)
- 貝 かい (かい)

- 遇 グウ (あう、もてなす：待遇)
- 偶 グウ (たまたま：偶然)
- 隅 グウ／すみ (すみ：一隅)
- 屈 クツ (かがむ：屈折)
- 届 とど (とどける：出生届)
- 掘 クツ／ほ (ほる：掘削、掘る…動詞)
- 堀 ほり (ほり、あな：お堀端…名詞)
- 群 グン／む・むら (むれ、むらがる：群衆)
- 郡 グン (ぐん、行政区画：石狩郡)

[け]

- 経 ケイ・キョウ／へ (たていと、法：経緯)
- 径 ケイ (みち、さしわたし：直径)
- 継 ケイ／つ (つぐ：中継)
- 断 ダン／た・ことわ (たつ、きめる、ことわる：断行)
- 絹 ケン／きぬ (きぬ：絹糸)
- 損 ソン／そこ (へる、そこなう：損害)
- 捐 (エン) (すてる、与える：義捐金)
- 撃 ゲキ／う (うつ：攻撃)
- 繋 (ケイ) (つなぐ：繋留)
- 血 ケツ／ち (ち：血縁、生き血)
- 皿 さら (さら)
- 堅 ケン／かた (かたい：堅持)
- 竪 (ジュ)／た (豎の俗字、たて：竪琴)
- 健 ケン／すこ (すこやか：健康)
- 建 ケン・コン／た (たてる：建築、建立)
- 険 ケン／けわ (けわしい：危険)
- 検 ケン (しらべる：検討)
- 倹 ケン (つつましい：倹約)
- 剣 ケン／つるぎ (つるぎ：剣舞)
- 減 ゲン／へ (へる：減産)
- 滅 メツ／ほろ (ほろびる：幻滅)
- 厳 ゲン・ゴン／おごそ・きび (おごそか、きびしい：厳重、荘厳)
- 巌 〔ガン〕 (けわしい、いわお：巌窟王)

[こ]

- 故 コ／ゆえ (ふるい、もと、ゆえ：事故)
- 放 ホウ／はな (はなす、ゆるす：放射)

- 弧 コ (木で作った弓：括弧)
- 孤 コ (ひとり：孤独)
- 狐 (コ) (キツネ：狐狸)
- 固 コ／かた (かたい：固辞)
- 個 コ (ひとつ：個別)
- 箇 カ (これ、あれ：箇所)
- 涸 (コ) (かれる：涸渇)
- 互 ゴ／たが (たがい：互角)
- 亘 (コウ) (わたる)
- 瓦 (ガ)／かわら (かわら)
- 吾 (ゴ) (われ)
- 伍 〔ゴ〕 (くみ：隊伍)
- 衡 コウ (はかり：平衡)
- 衝 ショウ (かなめ、突く：衝突)
- 孝 コウ (親につくす：孝行)
- 考 コウ／かんが (かんがえる：考慮)
- 抗 コウ (はむかう、ふせぐ：抗議)
- 坑 コウ (あな：坑道)
- 杭 (コウ) (くい：杭木)
- 功 コウ・ク (てがら：功罪、功徳)
- 切 セツ・サイ／き (きる：切断)
- 巧 コウ／たく (たくみ：巧妙)
- 甲 コウ・カン (よろい、かぶと：甲虫、甲板)
- 申 シン／もう (述べる：申請)
- 項 コウ (ことがら：条項)
- 頃 (ケイ) (ころ)
- 頂 チョウ／いただ・いただき (いただく、いただき：頂戴)
- 候 コウ／そうろう (うかがう、待つ：候補者)
- 侯 コウ (まと、きみ：王侯)
- 購 コウ (かう：購入)
- 講 コウ (講義)
- 構 コウ／かま (かまえる：構造)
- 溝 コウ／みぞ (みぞ：排水溝)
- 綱 コウ／つな (つな：綱領)
- 網 モウ／あみ (あみ：魚網)
- 鋼 コウ／はがね (はがね：鉄鋼)
- 銅 ドウ (あかがね：銅像)

口	コウ・ク くち	（くち：口実、口伝）
ロ		（カタ仮名）
墾	コン	（ひらく：開墾）
懇	コン ねんご	（ねんごろ：懇談）
根	コン ね	（ね：球根）
恨	コン うら	（うらむ：怨恨）

[さ]

左	サ ひだり	（ひだり：左遷）
在	ザイ あ	（ある：在学）
右	ユウ・ウ みぎ	（みぎ、たすける：左右、右翼）
石	セキ・コク・シャク いし	（いし：石炭、磁石）
西	サイ・セイ にし	（にし：関西、西洋）
酉	〔ユウ〕	（十二支のとり、みのる：酉の市）
載	サイ の	（のせる：記載）
戴	タイ いただ	（いただく：戴冠式）
才	サイ	（わずか：天才）
戈	（カ）	（ほこ：干戈）
済	サイ す	（わたる、すくう、すむ：救済）
剤	ザイ	（そろえる、まぜる：薬剤）
裁	サイ た・さば	（さばく、たつ：裁判）
栽	サイ	（うえる：栽培）
殺	サツ・セツ・サイ ころ	（ころす、けずる：殺傷、殺生、相殺）
刹	（セツ・サツ）	（短い時間、寺：刹那、古刹）
桟	サン	（かけはし：桟橋）
残	ザン のこ	（のこす：残念）

[し]

私	シ わたくし	（わたくし：私語）
和	ワ・オ やわ・なご	（やわらぐ：和解、和尚）
知	シ し	（しる：知識）
施	シ・セ ほどこ	（ほどこす：施行、施主）
旋	セン	（めぐる：旋回）
思	シ おも	（おもう：思索）
恩	オン	（めぐむ、いつくしむ：恩師）
糸	シ いと	（いと：絹糸）
系	ケイ	（つなぐ、すじ：系図）

紫	シ むらさき	（むらさき）
柴	（サイ・シ）	（しば）
師	シ	（かしら、いくさ：師匠）
帥	スイ	（ひきいる：統帥）
刺	シ さ	（さす、とげ：刺客）
剌	（ラツ）	（もとる：溌剌）
祉	シ	（さいわい：福祉）
社	シャ やしろ	（やしろ、くみあい：神社）
侍	ジ さむらい	（はべる：侍医）
待	タイ ま	（まつ、遇する：待遇）
持	ジ も	（もつ：持続）
時	ジ とき	（とき：時代）
峙	（ジ）	（そばだつ：対峙）
七	シチ なな	（なな：七星）
匕	（ヒ）	（さじ、あいくち：匕首）
ヒ		（カタ仮名）
失	シツ うしな	（うしなう：失格）
矢	シ や	（や、つらねる：弓矢）
日	ジツ・ニチ ひ・か	（元日、日誌）
白	ハク・ビャク しろ	（白状、白夜、白黒）
曰	（エツ）	（いわく）
臼	（キュウ）	（うす：石臼）
実	ジツ み・みの	（み、みのる、まこと：確実）
美	ビ うつく	（うつくしい、よい：美術）
蛇	ジャ・ダ へび	（へび：大蛇、蛇行）
虻	（ボウ）	（アブ）
虹	（コウ）	（にじ）
殊	シュ こと	（とりわけ：特殊）
珠	シュ	（たま：珠玉）
株	かぶ	（きりかぶ：株式）
侏	（シュ）	（みじかい：侏儒）
誅	（チュウ）	（せめる、ころす：天誅）
酒	シュ さけ	（さけ：日本酒）
洒	（シャ・セイ）	（あらう：洒落）
終	シュウ お	（おわる：最終）
絡	ラク から	（からむ、つながる：連絡）
拾	シュウ・ジュウ ひろ	（ひろう：拾得）
捨	シャ す	（すてる：取捨）

萩	（シュウ）	（植物の名：ハギ）
荻	（テキ）	（植物の名：オギ）
熟	ジュク	（にる、じゅくす：熟語）
塾	ジュク	（まなびや：私塾）
熱	ネツ あつ	（あつい：熱血）
順	ジュン	（すなお、したがう：順序）
須	ス・シュ	（ひげ、もとめる：必須）
潤	ジュン うるお・うる	（うるおう：潤滑）
澗	（カン・ケン）	「ま」と発音して海岸の地名などに多く使われる
緒	ショ・チョ お	（いとぐち：由緒、情緒）
諸	ショ	（もろもろ、これ：諸君）
渚	〔ショ〕	（なぎさ）
堵	（ト）	（かきね：安堵）
賭	（ト）	（かけ：賭博）
暑	ショ あつ	（あつい、あつさ：残暑）
署	ショ	（やくわり、しるす：署名）
助	ジョ たす・すけ	（たす：助成）
肋	（ロク）	（あばら：肋骨）
徐	ジョ	（おもむろ：徐行）
除	ジョ・ジ のぞ	（のぞく、はらう：排除）
抄	ショウ	（かきうつす：抄録）
砂	サ・シャ すな	（すな：砂塵）
紗	〔サ〕	（うすぎぬ：袱紗）
沙	〔サ〕	（すな、えらびわける：沙汰）
小	ショウ ちい・こ・お	（ちいさい：小児、小春）
少	ショウ すく・すこ	（すくない、すこし、わかい：幼少）
昭	ショウ	（あきらか：昭和）
招	ショウ まね	（まねく：招待）
紹	ショウ	（つぐ、とりもつ：紹介）
詔	ショウ みことのり	（みことのり：大詔）
沼	ショウ ぬま	（ぬま：湖沼）
沿	エン そ	（そう：沿海）
晶	ショウ	（あきらか：結晶）
唱	ショウ とな	（となえる、うたう：復唱）
詳	ショウ くわ	（つまびらか：詳細）
評	ヒョウ	（はかる：評価）
許	キョ ゆる	（ゆるす：免許）

常用漢字・JIS文字・類字

昇 ショウ のぼ	(のぼる：昇降)	
昴 ボウ	(すばる)	
昂 〔コウ〕	(あがる、たかい：昂然)	
症 ショウ	(病気の様子：炎症)	
疸 〔タン〕	(病名：黄疸)	
疽 〔ソ・ショ〕 かさ	(はれもの：壊疽)	
鐘 ショウ かね	(かね：鐘樓)	
鍾 〔ショウ〕	(さかずき、あつめる：鍾馗)	
譲 ジョウ ゆず	(ゆずる：譲渡)	
醸 ジョウ かも	(発酵させる：醸造)	
嬢 ジョウ	(むすめ：令嬢)	
壌 ジョウ	(つち、土地：土壌)	
穣 〔ジョウ〕	(ゆたか、わら：豊穣)	
茸 〔ジョウ〕	(しげる、きのこ、たけ：椎茸)	
葺 〔シュウ〕	(ふく：茅葺き屋根)	
上 ジョウ・ショウ うえ・かみ・あ・のぼ	(うえ、あがる、のぼる)	
士 シ	(さむらい：兵士)	
土 ト・ド つち	(つち：土地、土木)	
工 コウ・ク	(たくみ、わざ：工芸、大工)	
エ	(カタ仮名)	
職 ショク	(つとめ、つかさどる：就職)	
織 シキ・ショク お	(おる：組織、織女)	
識 シキ	(しる：知識)	
幟 〔シ〕	(のぼり：旗幟)	
植 ショク う	(うえる：誤植)	
殖 ショク ふ	(ふやす：利殖)	
埴 〔ショク〕	(はに、つち：埴輪)	
浸 シン ひた	(ひたす：浸水)	
侵 シン おか	(おかす：侵略)	
慎 シン つつし	(つつしむ：慎重)	
槙 〔シン・テン〕	(こずえ)	
伸 シン の	(のびる：伸縮)	
仲 チュウ なか	(なか：仲秋、仲人)	
沖 チュウ おき	(わく、おき：沖天)	
津 シン つ	(みなと：興味津々、津波)	
律 リツ・リチ	(おきて、きまり：法律、律儀)	
陣 ジン	(軍隊の配列、にわか：陣地)	
陳 チン	(つらねる、のべる：陳情)	

[す]

崇 スウ	(あがめる：崇拝)	
祟 〔スイ〕	(たたり)	
遂 スイ と	(とげる、ついに：未遂)	
逐 チク	(おいかける、はしる：逐電)	
推 スイ お	(おす：推薦)	
椎 〔スイ・ツイ〕	(樹木の名：シイ：椎茸)	
稚 チ	(おさない：稚児)	
雅 ガ	(みやびやか：優雅)	
堆 〔タイ・ツイ〕	(うずたかい：堆積)	
准 ジュン	(なぞらえる：批准)	

[せ]

斉 セイ	(そろう、ひとしい：一斉)	
斎 サイ	(ものいみ：斎場)	
清 セイ・ショウ きよ	(きよい：清潔、清聴)	
靖 〔セイ〕	(やすんじる：靖国神社)	
晴 セイ は	(はれ：晴天、秋晴)	
睛 〔セイ〕	(ひとみ：画竜点睛)	
井 セイ・ショウ い	(いど、まち：油井、天井、井戸)	
丼 〔セイ・ショウ・トン〕	(どんぶり：天丼)	
性 セイ・ショウ	(うまれつき：性別、性分)	
姓 セイ・ショウ	(みょうじ：姓名、百姓)	
牲 セイ	(いけにえ：犠牲)	
夕 セキ ゆう	(よる：一朝一夕、夕方)	
タ	(カタ仮名)	
責 セキ せ	(せめる、しかる、つとめ：責任)	
貴 キ たっと・とうと	(とうとい：貴重)	
績 セキ	(つむぐ、てがら：功績)	
積 セキ つ	(つむ、たくわえる：積算)	
析 セキ	(わける：分析)	
折 セツ お・おり	(おる：折半)	
柝 〔タク〕	(ひょうしぎ)	
説 セツ・ゼイ と	(とく：説明、遊説)	
設 セツ もう	(もうける：設備)	
千 セン ち	(千人、千鳥)	
干 カン ほ・ひ	(ほす、たて：干潮、干し草、干物)	
于 〔ウ・ク〕		

[そ]

船 セン ふね	(ふね：船舶)	
般 ハン	(めぐる：一般)	
浅 セン あさ	(あさい：浅慮)	
践 セン	(ふむ、おこなう：実践)	
銭 セン ぜに	(すき、ぜに：賽銭)	
桟 サン	(かけはし、たな：桟橋)	
餞 〔セン〕	(はなむけ：餞別)	
賤 〔セン〕	(いやしい：貴賤)	
全 ゼン まった	(まったく：全国)	
金 キン・コン かね	(きん、かね：金貨、金色、黄金)	
善 ゼン よ	(よい：善悪)	
喜 キ よろこ	(よろこぶ：喜劇)	
繕 ゼン つくろ	(つくろう：修繕)	
膳 〔セン・ゼン〕	(おぜん：食膳)	

[そ]

祖 ソ	(はじめ：祖先)	
租 ソ	(みつぎ：租税)	
阻 ソ はば	(けわしい、はばむ：阻止)	
粗 ソ あら	(あらい、そまつな：粗品)	
組 ソ く・くみ	(くむ：組織、組合)	
狙 〔ソ〕	(ねらう：狙撃)	
奏 ソウ かな	(すすめる、かなでる：合奏)	
泰 タイ	(やすい、おおきい：泰然)	
秦 〔シン〕	(中国古代国家名)	
奉 ホウ・ブ たてまつ	(たてまつる：奉祝、供奉)	
操 ソウ みさお・あやつ	(みさお、あやつる：操縦)	
繰 く	(糸をくる：繰り延べ)	
燥 ソウ	(かわく：乾燥)	
送 ソウ おく	(おくる：送別)	
迭 テツ	(かわる：更迭)	
僧 ソウ	(僧侶)	
増 ゾウ ま・ふ	(ふえる：増減)	
憎 ゾウ にく	(にくむ：憎悪)	
贈 ゾウ・ソウ おく	(おくる：寄贈)	
則 ソク	(きまり：規則)	
測 ソク はか	(はかる：測量)	
側 ソク かわ	(かたわら：側面)	

| 促ソクうなが （うながす：催促）
| 捉(ソク) （とらえる：捕捉）
| 卒ソツ （おわる、にわか：卒業）
　　＊卆は卒の俗字
| 率リツ・ソツひき （ひきいる、わりあい：円周率、引率）
| 存ソン・ゾン （たもつ、ある：存在、保存）
| 在ザイあ （いる：健在）
| 圧アツ （おす：圧力）

[た]

| 詫(タ) （わびる）
| 侘(タ) （わびしい：侘住まい）
| 陀(タ・ダ) （梵語ダの音訳字：仏陀）
| 妥ダ （おだやか：妥協）
| 采(サイ) （とる、すがた、つかさ：采配）
| 代タイ・ダイか・よ・しろ （よ、かわる：代理）
| 伐バツ （うつ、きる、ほこる：伐採）
| 大タイ・ダイおお （おおきい：大局、大学）
| 太タ・タイふと （ふとい：太鼓）
| 犬(ケン)いぬ （イヌ）
| 丈ジョウたけ （たけ：丈夫）
| 態タイ （さま：態度）
| 熊〔くま〕 （クマ）
| 託タク （たのむ：委託）
| 托(タク) （手に載せる：托鉢）
| 琢(タク) （みがく：切磋琢磨）
| 啄(タク) （ついばむ：啄木）
| 豚トンぶた （ブタ：豚汁）
| 担タンかつ・にな （かつぐ、になう：担当）
| 但ただ （ただし）
| 胆タン （きも：胆汁）
| 坦(タン) （たいら、ひろい：平坦）
| 端タンは・はし・はた （ただしい、はし、はじめ：末端）
| 瑞〔ズイ〕 （しるし、めでたい：瑞雲）
| 旦〔タン〕 （あした：元旦、旦那）
| 且かつ （かつ）
| 短タンみじか （みじかい：短所）
| 矩〔ク〕 （さしがね、おきて）

[ち]

| 池チいけ （いけ：池畔）
| 地チ・ジ （つち、じ：地位、地主）
| 他タ （ほか：他言）
| 治チ・ジおさ・なお （おさめる：治山、退治）
| 冶(ヤ・ジ) （鋳る、ねりあげる、なまめく：鍛冶屋）
| 畜チク （たくわえる、飼う：牧畜）
| 蓄チクたくわ （たくわえる：貯蓄）
| 着チャクき・つ （きる、つく：到着）
| 看カン （みる：看病）
| 柱チュウはしら （はしら：電柱）
| 桂〔ケイ〕かつら （樹木の名：カツラ）
| 注チュウそそ （そそぐ：注意）
| 註(チュウ・チュ) （ときあかす）
| 昼チュウひる （ひる：昼夜）
| 尽ジンつ （つきる：理不尽）
| 著チョあらわ・いちじる （あらわす：著作）
| 箸(チョ) （はし）
| 鳥チョウとり （とり：白鳥）
| 烏(ウ・オ) （からす：烏鷺）
| 挑チョウいど （いどむ：挑戦）
| 桃トウもも （樹木の名：モモ：白桃）
| 跳チョウは・と （はねる：跳躍）
| 眺チョウなが （ながめる：眺望）
| 張チョウは （はる：緊張）
| 帳チョウ （とばり、きろく：帳簿）
| 超チョウこ （こえる：超越）
| 起キお （おきる、おこす：起伏）
| 越エツこ （こえる：越境）
| 徴チョウ （しるし、めしだす：象徴）
| 微ビ （かすか：微熱）
| 徽〔キ〕 （しるし：徽章）

| 壇ダン・タン （だん：花壇）
| 擅(セン・ゼン) （ほしいまま）
| 檀(ダン・タン) （香木の総称：檀家）

| 蝶(チョウ) （チョウ）
| 諜(チョウ) （さぐる：間諜）
| 牒(チョウ) （ふだ：通牒）
| 喋(チョウ・トウ) （しゃべる）
| 渫(セツ・チョウ) （さらう：浚渫）

[て]

| 貞テイ （ただしい、みさお：貞節）
| 頁(ケツ・ケチ) （ひさじ、岩石の一種。俗にページとも読む）
| 抵テイ （こばむ、あてはめる：抵抗）
| 低テイひく （ひくい：低迷）
| 提テイさ （かかげる、さしだす：提出）
| 堤テイつつみ （どて：堤防）
| 摘テキつ （つむ、あばく：指摘）
| 適テキ （かなう：適当）
| 滴テキしずく・した （したたる：点滴）
| 嫡チャク （よつぎ：嫡子）
| 撤テツ （すてる、ひきあげる：撤去）
| 徹テツ （とおる：徹底）
| 轍(テツ) （わだち）
| 天テンあめ・あま （そら：天気）
| 夫フ・フウおっと （おっと、おとこ、それ：夫妻、夫婦）
| 夭(ヨウ) （わかじに：夭折）
| 元ゲン・ガンもと （あたま、もと：復元、元日）
| 田デンた （たんぼ）
| 由ユ・ユウ・ユイよし （わけ：由来、自由、由緒）

[と]

| 徒ト （歩く、むだ、でし：徒労）
| 従ジュウ・ショウ・ジュしたが （したがう：従順、従容、従三位）
| 討トウ （たずねる、うつ：討議）
| 計ケイはか （かぞえる、はかる：計算）
| 訂テイ （ただす：訂正）
| 刀トウかたな （かたな：短刀）
| 力リキ・リョクちから （ちから：力量、気力）
| カ （カタ仮名）
| 刃ジンは （やいば：凶刃）
| 刄 （刃の俗字）

倒 トウ/たお	(たおれる：倒産)	背 ハイ/せ・せい・そむ	(せなか、そむく：背任)	牝 (ヒン)	(めす)
到 トウ	(いたる：到着)	脊 (セキ)	(せなか：脊椎動物)	牡 (ボ・ボウ)	(おす)
至 シ/いた	(いたる、きわみ：至急)	薄 ハク/うす	(うすい、せまる：軽薄)		
搭 トウ	(のる：搭乗)	簿 ボ	(ちょうめん：帳簿)	**[ふ]**	
塔 トウ	(そとば：五重塔)	泊 ハク/と	(とまる：停泊)	布 フ/ぬの	(ぬの、しく、ほどこす：配布)
悼 トウ/いた	(いたむ：哀悼)	伯 ハク	(おじ、一芸に秀でた人：画伯)	希 キ	(まれ、ねがう：希望)
棹 (トウ・タク)	(さお)	拍 (ハク・ヒョウ)	(うつ：拍手、拍子)	普 フ	(あまねく：普通)
掉 (トウ・チョウ)	(ふる：掉尾)	柏 (ハク)	(樹木の名：カシワ)	晋 〔シン〕	(すすむ)
騰 トウ	(のぼる、あがる：高騰)	舶 ハク	(大きなふね：船舶)	芙 〔フ〕	(ハス：芙蓉)
謄 トウ	(うつす：謄写)	迫 ハク/せま	(せまる、おどす：迫害)	茉 〔マツ〕	
東 トウ/ひがし	(ひがし：東西)	髪 ハツ/かみ	(頭のかみ)	幅 フク/はば	(はば：幅員)
束 ソク/たば	(たば、つか、そく：束髪、拘束)	髯 (ゼン)	(ほほのひげ)	福 フク	(さいわい：幸福)
藤 トウ	(植物の名：フジ：葛藤)	髭 (シ)	(口の上のひげ)	輻 (フク)	(矢：輻射)
籐 (トウ)	(つる状植物の名：籐椅子)	鬚 (シュ)	(あごひげ)	復 フク	(かえる、また：復旧)
動 ドウ/うご	(うごく：活動)	発 ハツ・ホツ	(はなつ、あばく：発見)	複 フク	(かさねる、ふたたび：複写)
働 ドウ/はたら	(はたらく：労働)	葵 〔キ〕	(植物の名：アオイ)	腹 フク/はら	(はら：腹案)
読 トク・ドク・トウ/よ	(よむ：読書)	癸 〔キ〕	(十干のみずのと)	蝮 (フク)	(マムシ)
続 ゾク/つづ	(つづく：継続)	頒 ハン	(わける：頒布)	沸 フツ/わ	(わく：沸騰)
		領 リョウ	(えり、おさめる：受領)	彿 (フツ)	(さまよう：彷彿)
[に]		般 ハン	(めぐる、おおいに：諸般)	仏 ブツ/ほとけ	(ほとけ：仏像)
入 ニュウ/い・はい	(はいる：入学)	搬 ハン	(うつす、はこぶ：運搬)	払 フツ/はら	(はらう：払拭、支払い)
人 ニン・ジン/ひと	(ひと：人間、人格)	坂 ハン/さか	(さか：急坂)	雰 フン	(大気、きり：雰囲気)
任 ニン/まか	(まかせる：適任)	阪 (ハン)/さか	(坂の本字：阪急、大阪)	零 レイ	(ふる、こぼれる、ゼロ：零細)
妊 ニン	(はらむ：妊娠)	板 ハン・バン/いた	(いた：活板)	噴 フン/ふ	(ふく、はく：噴火)
		鈑 (ハン)	(いた)	墳 フン	(はか：墳墓)
[の]		盤 バン	(おおざら、たらい：地盤)	憤 フン/いきどお	(いきどおる：憤激)
脳 ノウ	(あたま、のう：脳溢血)	磐 (ハン・バン)	(いわ：磐石)	粉 フン/こ・こな	(こな：粉砕)
悩 ノウ/なや	(なやむ：苦悩)			紛 フン/まぎ	(みだれる、まぎれる：紛失)
		[ひ]		文 ブン・モン/ふみ	(ふみ、かざる：文学、文句)
[は]		披 ヒ	(ひらく、わける：披露宴)	丈 ジョウ/たけ	(たけ：丈夫)
波 ハ/なみ	(なみ：波及)	被 ヒ/こうむ	(おおう、こうむる、かぶる：被爆)	支 シ/ささ	(ささえる、あたえる：支持)
破 ハ/やぶ	(やぶる：破棄)	泌 ヒ・ヒツ	(ながれる、にじむ：分泌)	交 コウ/ま・まじ・か	(まぜる、かわす、こもごも：交換)
抜 バツ/ぬ	(ぬく：抜粋)	沁 (シン)	(しみる)		
祓 (フツ・ハイ)	(身のけがれをはらう：修祓式)	票 ヒョウ	(ふだ：伝票)	**[へ]**	
俳 ハイ	(たわむれる：俳優)	漂 ヒョウ/ただよ	(ただよう、さらす：漂流)	陛 ヘイ	(かいだん：陛下)
徘 (ハイ)	(さまよう：徘徊)	標 ヒョウ	(しるし：標識)	階 カイ	(かいだん、はしご：階段)
排 ハイ	(おしだす：排出)	貧 ヒン・ビン/まず	(まずしい：貧血、貧乏)	弊 ヘイ	(つかれる、やぶれる：疲弊)
		貪 (ドン)	(むさぼる：貪欲)	幣 ヘイ	(ごへい、ぜに：貨幣)

- 偏 ヘン かたよ (かたよる、ひとえに：偏見)
- 編 ヘン あぁ (あむ、とじいと：編成)
- 遍 ヘン (あまねく：遍歴)
- 壁 ヘキ かべ (かべ：壁画)
- 璧 〔ヘキ〕 (たま：完璧)

[ほ]
- 舗 ホ (しく、みせ：舗装、店舗)
- 補 ホ おぎな (おぎなう：補充)
- 捕 ホ と・つか (とらえる：捕獲)
- 戊 〔ボ〕 (十干のつちのえ：戊申の役)
- 戍 〔ジュ〕 (まもる：衛戍)
- 戌 〔ジュツ〕 (十二支のいぬ)
- 模 ボ・モ (かた、のっとる：規模、模型)
- 膜 マク (まく：鼓膜)
- 暮 ボ く (くれる、くらす：薄暮)
- 慕 ボ した (したう：敬慕)
- 墓 ボ はか (おはか：墓碑)
- 募 ボ つの (つのる：募集)
- 邦 ホウ (くに：邦人)
- 那 〔ダ・ナ〕 (なに、なんぞ：旦那)
- 冒 ボウ おか (おかす：冒険)
- 昌 〔ショウ〕 (さかん：繁昌)
- 峰 ホウ みね (みね：連峰)
- 蜂 ホウ (ハチ：蜂起)
- 鋒 〔ホウ〕 (ほこ：先鋒)
- 妨 ボウ さまた (さまたげる：妨害)
- 防 ボウ ふせ (つつみ、ふせぐ：防備)
- 紡 ボウ つむ (つむぐ：紡績)
- 坊 ボウ・ボッ (まち、へや、てら：僧坊、坊ちゃん)
- 北 ホク きた (きた：北海)
- 比 ヒ くら (ならべる、くらべる：比較)
- 此 〔シ〕 (ここ、これ、この：此岸)
- 凡 ボン・ハン (すべて、およそ：凡人、凡例)
- 几 〔キ〕 (つくえ：几帳面)

[ま]
- 摩 マ (こする：摩擦)
- 磨 マ みが (みがく：研磨)
- 魔 マ (あくま：悪魔)
- 麿 〔まろ〕 (まろ)
- 又 また (また)
- 叉 〔シャ・サ〕 (音叉)
- 抹 マツ (こする、はらう：抹殺)
- 沫 〔マツ・バツ〕 (あわ、つばき：飛沫)
- 漫 マン (そぞろに、とりとめなく：漫画)
- 慢 マン (おこたる、おごる：怠慢)
- 万 マン・バン (よろず：百万、万事)
- 方 ホウ かた (むき：方角)

[み]
- 未 ミ (いまだ：未完)
- 末 マツ・バツ すえ (すえ、くず：末席)
- 味 ミ あじ (あじ、あじわう：味覚)
- 昧 〔マイ・バイ〕 (くらい、おろかな：無知蒙昧)
- 密 ミツ (ひそかに：こみあってる：秘密)
- 蜜 〔ミツ〕 (みつ：蜂蜜)

[め]
- 名 メイ・ミョウ な (なまえ、すぐれた：名案、名字)
- 各 カク おのおの (おのおの：各位)
- 鳴 メイ な (なく、なる：共鳴)
- 嗚 〔オ・ウ〕 (ああ：嗚咽、嗚呼)
- 免 メン まぬか (まぬがれる、ゆるす：免除)
- 兎 〔ト〕 (ウサギ：脱兎)
- 綿 メン わた (つらなる、こまかい、ワタ：綿密)
- 棉 〔メン〕 (ワタの木)

[も]
- 盲 モウ (めくら、くらい：盲点)
- 肓 〔コウ〕 (むなもと：膏肓)
- 耗 モウ・コウ (へる：消耗、心神耗弱)
- 粍 (国字：ミリメートル)

[目]
- 目 モク・ボク め・ま (まなこ：目標、面目)
- 且 かつ (かつ)
- 自 シ・ジ みずか (みずから、……より：自然、自営)
- 木 モク・ボク き・こ (キ：樹木、木石、木陰)
- 本 ホン もと (もと、ほん：本質)
- 門 モン かど (もん：凱旋門)
- 問 モン と・とん (とい：問題、問屋)
- 間 カン・ケン あいだ・ま (あいだ、ひそか：間隔、人間)
- 聞 ブン・モン き (きく：新聞、聴聞会)
- 関 カン せき (かんぬき、せき、かかわる：関係)
- 開 カイ ひら・ぁ (ひらく：開幕)
- 閉 ヘイ と・し (とじる：閉鎖)
- 閑 カン (しずか：閑職)
- 閣 カク (かんぬき、たかどの：内閣)
- 閤 〔コウ〕 (くぐりど：大閤)
- 閏 〔ジュン〕 (うるう、あまり：閏年)
- 閨 〔ケイ〕 (ねや)
- 閃 〔セン〕 (ひらめく：閃光)
- 紋 モン (あや、もんどころ：紋服)
- 絞 コウ し・しぼ (しめる、しぼる：絞殺)

[ゆ]
- 輸 ユ (おくる：輸送)
- 諭 ユ さと (さとす：説諭)
- 愉 ユ (たのしむ：愉快)
- 友 ユウ とも (ともだち：友情)
- 反 ハン・ホン・タン そ (かえす、もどす：反省、謀反、反物)
- 佑 〔ユウ〕 (たすける：天佑)
- 祐 〔ユウ〕 (たすける：祐筆)

[よ]
- 幼 ヨウ おさな (おさない：幼少)
- 幻 ゲン まぼろし (まぼろし：幻惑)
- 踊 ヨウ おど (おどる：舞踊)
- 桶 〔トウ・ヨウ〕 (おけ)
- 蛹 〔ヨウ〕 (サナギ)

常用漢字・JIS文字・類字

┌ 陽 ヨウ　（ひ、あらわれる：太陽）
├ 揚 ヨウ・あ　（あげる：高揚）
├ 湯 トウ・ゆ　（ゆ：熱湯）
├ 腸 チョウ　（はらわた：胃腸）
├ 暢 〔チョウ〕　（のびる：流暢）
└ 楊 （ヨウ）　（樹木の名：カワヤナギ：楊貴妃）

[ら]
┌ 羅 ラ　（あみ、つらねる：網羅）
├ 罹 （リ）　（かかる：罹災）
├ 雷 ライ・かみなり　（かみなり：雷鳴）
├ 電 デン　（いなずま：電気）
├ 酪 ラク　（ちち：酪農）
├ 酩 （メイ）　（よう：酩酊）
├ 嵐 （ラン）　（あらし）
├ 颪 （おろし）　（おろし：赤城颪）
├ 卵 ラン・たまご　（たまご：鶏卵）
└ 卯 〔ボウ〕　（十二支のう）

[り]
┌ 理 リ　（すじ、ことわり、おさめる：理解）
├ 埋 マイ・う　（うずめる：埋蔵金）
├ 陸 リク　（おか：海陸）
├ 睦 〔ボク・モク〕　（むつまじい：親睦）
├ 栗 〔リツ〕　（樹木の名：クリ）
├ 粟 （ゾク）　（アワ、モミ）
├ 旅 リョ・たび　（たび：旅行）
├ 族 ゾク　（なかま：親族）
├ 良 リョウ・よ　（よい：良心）
├ 艮 （コン）　（八卦のうしとら）
├ 莨 （ロウ）　（マグサ、タバコ）
├ 陵 リョウ・みささぎ　（しのぐ、おか、みささぎ：丘陵）
└ 綾 〔リョウ〕　（あやぎぬ）

[れ]
┌ 礼 レイ・ライ　（れい：礼状、礼拝）
└ 札 サツ・ふだ　（ふだ、さつ：改札）

┌ 麗 レイ・うるわ　（うるわしい：華麗）
└ 麓 （ロク）　（ふもと：山麓）

┌ 令 レイ　（つげる、おさ：政令）
└ 今 コン・キン・いま　（今回、今上）

┌ 歴 レキ　（すぎる、つぎつぎにみる：歴訪）
└ 暦 レキ・こよみ　（こよみ：暦年）

┌ 列 レツ　（ならぶ、順序：列席）
└ 別 ベツ・わか　（わける：別格）

┌ 錬 レン　（ねる：鍛錬）
├ 練 レン・ね　（ねる：練習）
└ 諫 （カン）　（いさめる：諫言）

┌ 連 レン・つら　（つらなる、つづけて、なかま：連続）
└ 蓮 （レン）　（ハス：蓮根）

＊風連町：風蓮湖

[ろ]
┌ 郎 ロウ　（おとこ：新郎）
├ 朗 ロウ・ほが　（あきらか、ほがらか：朗報）
├ 蠟 （ロウ）　（ろう：蠟燭）
└ 臘 （ロウ）　（年の暮れ、旧暦12月の別名：旧臘）

┌ 論 ロン　（さだめる、かんがえ：論議）
├ 諭 ユ・さと　（さとす：諭旨）
├ 輪 リン・わ　（わ、りん：車輪）
└ 輸 ユ　（おくる：輸送）

第3章

熟　語

1　漢字熟語には、同じ発音でも意味の違うものが多い。本項は、同音異義熟語を五十音順に掲載した。ただし、あまりにも普遍的な熟語は記載しないものもあるが、普段あまり使われないが、ワープロソフトにあるものは、できるだけ記載するようにした。
2　なお、高校卒業であれば当然承知していると思われる熟語では、解説を省略した。
3　漢字熟語には、二つ以上の意味を持つものがある。また、当初の意味から転じて少し違う意味になっているものもある。本項では、原則として一般に多用されている意味のみを掲載している。
4　熟語の意味は、主に広辞苑(第5版)による。
5　原則として、地名は記載しない。
6　熟語のなかには仏教語が多い。特に仏教に関係するものは(仏)と注記した。
7　動植物類は、(動)(植)(鳥)のように注記した。
8　反対・対照語を↔で示した。
9　使用例を＊で示した。

Ⅰ　同音異義熟語

[あ]

あいいん　愛飲(好んで飲むこと)
　　　　　合印(書類を他の書類と引き合わせたしるしに押す印)

あいかん　哀感(もの悲しい感じ)
　　　　　哀歓(悲しみと喜び)

あいがん　愛玩(大切にして可愛がること)
　　　　　哀願(相手の情に訴えて切に願うこと)

あいしゅう　哀愁(ものがなしいこと)
　　　　　　愛執(欲望にとらわれて執着すること)

あいしょう　相(合)性(互いに性質のよく合うこと)
　　　　　　哀傷(悲しみいたむこと)
　　　　　　愛称(親愛の気持ちをこめていう呼び名)
　　　　　　愛唱(誦)(ある歌を好んで歌うこと)

あいせき　哀惜(哀しむこと)
　　　　　愛惜(惜しむこと)
　　　　　相席(他人と席を同じくすること)

あいそ　哀訴(同情を求め訴えること)
　　　　愛想(人あしらいのよさ)

あいぞう　愛憎(愛することと憎むこと)
　　　　　愛蔵(だいじにしまっておくこと)

あいびき　合挽(牛・豚肉半々のひき肉)
　　　　　逢引(男女の密会)

あいりん　哀憐(悲しみ哀れむこと)
　　　　　愛憐(慈しみ哀れむこと)

あくしゅう　悪臭
　　　　　　悪習

あくせい　悪性(性質の悪いこと)
　　　　　悪政(民意にそわない政治)
　　　　　悪声

あくせん　悪銭(不正な手段で得たお金)
　　　　　悪戦(苦しい戦い。＊悪戦苦闘)

あっか　悪化(だんだん悪くなること)
　　　　悪貨(質の悪い貨幣)

あっかん　圧巻(事物のなかで最も優れた部分)
　　　　　悪漢(わるもの)

あっせい　圧政(権力でおさえつける政治)
　　　　　圧制(無理やり押しつけること)

あなた　貴方(相手を敬っていう語)
　　　　貴女(女性を敬っていう語)
　　　　彼方(あちら)

あま　亜麻((植)アマ)
　　　海女(海に入って貝などを取る女性)

あんか　安価
　　　　案下(宛て名の脇付に用いる語)
　　　　行火(火を入れて手足を温める具)

あんき　暗記
　　　　暗鬼(不安妄想から起きる不安)
　　　　安危(安全か危険かということ)

あんざん　暗算(頭のなかで計算すること)
　　　　　安産(無事に子どもを生むこと)

あんしょう　暗唱(誦)(頭で覚えていて唱えること)
　　　　　　暗証(登録しておいた秘密の数字)
　　　　　　暗礁(海中に隠れていて見えない岩)

あんぜん　安全
　　　　　暗然(悲しくて心のふさぐ様)

55

あんぶ	暗部 鞍部(山の稜線のくぼんだところ)		いき	意気(心もち。気力) 遺棄(捨てること)
あんぶん	案(按)分(基準に比例して分けること) 案文(下書きの文書)		いぎ	意義(意味) 異義(異なった意味) 異議(他人と異なる意見) 威儀(作法にかなった起居振舞)
[い]			いきょう	異郷(故郷から遠く離れた土地) 異境(母国を離れた土地) 異教(自分の宗教とは違う宗教)
いあい	遺愛(個人が後世まで残した、いつくしみ) 居合(すばやく刀を抜く技)		いぎょう	偉業(偉大な事業・業績) 異形(普通とは違った形) 医業(医者の職業) 遺業(個人が残した、または、やりかけたままの事業)
いいん	委員(団体などで特定事項を処理するため任命された人) 医員(病院に勤務する医師) 医院(小規模の診療所)		いきょく	医局(医師が詰め控えている室) 委曲(詳しく細やかなこと)
いえい	遺影(個人の肖像・写真) 遺詠(個人の残した詩歌)		いくじ	育児 意気地(物事をやり抜こうとする気力)
いえん	胃炎(胃の炎症疾患の総称) 以遠(そこから先)		いくん	偉勲(すぐれた手柄) 遺訓(個人の言い残した教え)
いおう	硫黄 以往(あるときから後)		いけい	畏敬(かしこみ敬うこと) 異形(型)(普通とは変わった形)
いか	以下 医科(医術に関する学科) 烏賊((魚)イカ)		いけん	意見 異見(異なった意見・見解) 違憲(憲法の規定に反すること) 遺賢(民間にいる有能な人物)
いかい	位階(地位・身分の序列・等級) 遺戒(後人のために残したい訓戒)		いご	囲碁(碁) 以後
いがい	以外(そのほか) 意外(思いのほか) 遺骸(なきがら)		いこう	遺稿(死後に残した原稿) 遺構(古い建築の残っているもの) 偉功(すぐれた手柄) 威光(犯し難い威厳) 意向(おもわく。考え) 衣桁(着物などを掛ける家具) 移項(一辺の項を他の辺に移すこと) 移行(移り行くこと) 以降
いかん	偉観(偉大な眺め) 異観(珍しい眺め) 移管(管轄を移すこと) 遺憾(残念。気の毒) 衣冠(衣と冠) 尉官(大尉・中尉・少尉の総称) 如何(ことの次第)			
いがん	依願(本人の願いによること) 胃癌(胃に生ずる癌)			

いさい	異彩(きわだって優れた様子) 委細(詳しい事情) 異(偉)才(優れた才能。その人)	いじょう	異常(↔正常) 異状(平常でない状態) 委譲(権限等を他にゆだねること) 移譲(権限等を譲り移すこと…官庁用語) 以上
いさん	胃散(胃病に用いる散薬) 胃酸(胃液中に含まれる酸) 遺産(死後に残した財産) 違算(計算違い)	いしょく	異色(変わった特色のあること) 衣食(衣服と食物) 移植(移し植えること) 委嘱(ゆだね頼むこと)
いし	意志(こころざし) 意思(考え。思い) 遺志(故人の生前の志) 遺子(遺児) 遺址(遺跡) 縊死(首をつって死ぬこと) 医師	いしん	威信(威光と信頼) 維新(すべてが改まり新しくなること) 異心(謀反する心) 遺臣(主家滅亡後遺っている家来) 以心伝心(思うことが言葉によらず心から心に伝わること)
いじ	医事(医療に関する事務) 維持(そのままに持ち続けること) 意字(表意文字) 意地(心。気だて) 遺事(死者の遺した事柄) 遺児(親をなくした子)	いじん	偉人(優れた人) 異人(外国人。別人)
		いせい	異性(性質の違うこと。男女・雌雄の性を異にするもの。↔同性) 異姓(違う姓・名字。↔同姓) 威勢(勢いのあること) 為政(政治を行うこと)
いしつ	異質(性質の違うこと) 遺失(失うこと)		
いしゃ	医者 慰謝(藉)(なぐさめいたわること)	いせき	遺跡(蹟)(貝塚・古墳など) 偉績(優れた功績) 移籍(所属変更)
いしゅ	異種(異なった種類) 意趣(意向。意地。理由)	いせつ	移設(別の所へ移し設けること) 異説(人と違う説)
いしゅう	異臭 蝟集(多く寄り集まること) 異宗(異なった宗教や宗派) 遺習(昔からの風俗習慣)	いぜん	依然(もとのままである様) 以前 已然形(文語活用形の一つ)
いしゅく	萎縮(ちぢこまること) 畏縮(恐れちぢまること)	いそう	位相(地域等の違いから起きる言葉の違い) 異相(変わった人相・姿) 意想(思い) 移送(移し送ること)
いしょ	遺書 医書(医学関係書籍)		
いしょう	衣装(裳)(衣服) 異称(別の名) 意匠(美術工芸等で工夫をこらすこと)		

熟語

いぞん	異存(他人とは違う考え) 依存(他によりかかって存在すること)
いたい	異体(同一でない身体。＊異体同心) 遺体(なきがら)
いたく	委託(人に頼んで代わりにしてもらうこと) 依託(頼ること。預けること。＊依託学生)
いち	位置 位地(地位。くらい)
いちぐん	一軍 一群(ひとむれ)
いちげん	一言(ひとつの言葉) 一元(事物の根源が唯一であること) 一見(初対面)
いちじ	一時 一次 一事 一字
いちどう	一同(皆々。そこにいる人々) 一堂(同じ会場。同じ場所)
いちねん	一年 一念(一筋に思うこと)
いちべつ	一瞥(ちらと見ること) 一別(別れ)
いちまつ	一抹(多少) 市松(市松模様の略)
いちもつ	一物(一つのたくらみ) 逸物(群を抜いて優れているもの)
いちょう	胃腸 医長(医者グループの長) 銀杏＝公孫樹((植)イチョウ) 移牒(他の官庁への文書による通知)
いちり	一理 一利 一里(約4km)
いっかつ	一喝(大きな声で叱ること) 一括(一纏めにすること)
いっかん	一環(まるく繋がったものの一部) 一貫(一筋に貫くこと)
いっき	一期 一気 一騎 一揆(農民の武装蜂起)
いっきょく	一曲 一局(碁・将棋の一勝負)
いっけん	一見(ちょっと見たところ) 一件
いっこ	一個 一顧(ちょっと振り返ってみること)
いっこう	一行 一向(ひたすらなこと) 一考(一度考えてみること)
いっさい	一歳 一切(すべて) 一再(一、二度。一両度)
いっし	一子 一指(一本のゆび) 一糸(極めてわずかな事の例え) 一死(一命を捨てること) 逸史(正史にもれた史実)
いっしゅう	一周 一週 一蹴(はねつけること。簡単に相手を負かすこと)
いっしょう	一生 一升(昔の容積の単位。約1.8ℓ) 一笑(＊破顔一笑) 一勝

いっしん	一心(心を一つに集中すること)		いど	井戸
	一身(自分。全身。自分のからだ)			緯度(地球を南北に測る座標)
	一新(古い事を改め、すべて新たにすること)		いどう	異同(違いのあること)
				異動(地位・勤務の変わること。＊人事異動)
いっすい	一睡(ひとねむり)			移動
	溢水(水があふれ出すこと。その水)		いとこ	従兄弟(父母の兄弟姉妹の息子)
				従姉妹(父母の兄弟姉妹の娘)
いっせい	一世(移民初代の人。初代)		いはい	位牌(死者の戒名を書いた木牌)
	一声			違背(命令などに背くこと)
	一斉(いちどき)		いはつ	衣鉢(袈裟(けさ)と鉢)
いっせき	一席(演芸・宴会などの一回・一場)			遺髪(故人のかたみの頭髪)
	一石(一つの石)		いぶ	威武(威光と武力)
	一隻			慰撫(慰めいたわること)
	一夕(ひと晩。ある夜)		いふう	威風(威厳のある様。＊威風堂々)
いっそう	一層(ひときわ)			遺風(前代から伝わる風習)
	一掃(残らず払い除けること)		いふく	衣服
	一双(二つで一対をなすもの)			異腹(腹違い)
	逸走(それて走ること)			畏伏(服)(おそれ従うこと)
いったん	一旦(ひとたび)		いぶつ	異物(普段とは違ったもの)
	一端(一部分。かたはし)			遺物(故人が残したもの)
いっちょう	一丁(昔の長さの単位。一回)		いほう	違法(法律・命令に背くこと)
	一朝(わずかな間。＊一朝一夕)			医方(医術)
いってん	一転(がらりとかわること)			異邦(異国)
	一点(一つ。わずか)			彙報(分類した報告)
	一天(大空)		いめい	威名(威勢のよい名声)
いっぱく	一泊			異名(別名。あだな)
	一拍(手を一回打つこと)			依命(命令によること)
いっぱつ	一発(＊一発勝負)			違命(命令にそむくこと)
	一髪(＊危機一髪)			遺命(死後に残した命令)
いっぴん	一品(＊一品料理)		いやく	医薬(医薬品。医術と薬品)
	逸品(すぐれた品)			違約(約束をたがえること)
いっぷく	一服(一休みすること。粉薬の一包)			意訳(意味に重点をおいて翻訳すること)
	一幅(書画の掛物一つの称)		いよう	異様(普通と違ったさま)
いっぺん	一変(物事のすっかり変わること)			異容(かわった姿)
	一片(ひときれ)			偉容(すぐれてりっぱな姿)
	一遍(一度。一回)			威容(威厳のある姿)
	一辺倒(一方のみに傾倒すること)			

熟語

いらい	以来
	依頼(人に頼むこと)
いりあい	入相(夕暮れ。*入相の鐘)
	入会(共同用益すること。*入会権)
いりゅう	慰留(慰めとどまらせること)
	遺留(置き忘れること)
いりょう	衣料(衣服とその材料の総称)
	衣糧(衣料と食糧)
	医療(医術で病を治すこと)
いりょく	威力(他を圧倒させる強い力)
	意力(精神力)
	偉力(すぐれて大きな力)
いれい	慰霊(死者の霊をなぐさめること)
	違令(法令に違反すること)
	異例(前例のないこと)
いろう	慰労(苦労をねぎらうこと)
	遺漏(もれること)
いんえい	印影(紙等におされた印のあと)
	陰影(薄暗いかげ)
いんが	因果(原因と結果)
	陰画(実物と明暗が逆の画像)
	印画(焼き付けられた陽画)
いんきょ	隠居
	允許(認め許すこと)
いんけん	陰険(陰気で意地悪いこと)
	引見(引き入れて対面すること)
	隠見(隠れたり見えたりすること)
いんご	隠語(かくし言葉)
	韻語(漢文で韻(いん)を含んだ語)
いんこう	咽喉(咽頭と喉頭)
	淫行(みだらな行い)
いんごう	因業(頑固で無常なこと)
	院号(戒名に院の字のあるもの)
いんこく	印刻(印材に印を彫ること)
	陰刻(↔陽刻)
いんし	印紙
	因子(要因)
いんしょう	印象(強く感じ忘れられないこと)
	印章(印鑑)
いんせい	陰性(反応のないこと。陰気な性質)
	院政(院庁での政治)
	隠棲(栖)(世を逃れて閑居すること)
いんせき	引責(責任を引き受けること)
	姻戚(配偶者の血族)
	隕石(宇宙から落下した石)
いんたい	引退(地位から退くこと)
	隠退(活動の第一線から退くこと)
いんとう	咽頭(のど)
	淫蕩(酒色にふけって素行の悪いこと)
いんよう	引用(他の文章等を引いて、自分の説のよりどころにすること)
	飲用(飲むのに用いること)
	陰陽(易学でいう相反する性質をもつ気)

[う]

うかい	迂回(まわり道すること)
	鵜飼(鵜を使ってアユ等をとる漁)
うき	右記
	雨季(期)
	浮子(水に浮かべて目標とするものの総称)
うちわ	内輪(他人をまじえないこと)
	団扇(風を起こす具)
うろ	烏鷺(烏(からす)と鷺(さぎ)。黒と白)
	迂路(遠まわりの路)
	雨露(あめつゆ)

うんこう	運行(交通機関が路線を運転すること。天体が軌道上を運動すること)		えいめい	英明(優れて事理に明るいこと)
	運航(船・飛行機等が決まった行路を進むこと)			英名(すぐれた名声)
			えいよう	栄養
				栄耀(派手でぜいたくなこと)
			えいり	営利(金もうけ)
				鋭利(刃物がよく切れること。才気の鋭いこと)

[え]

えいが	映画		えいりん	営林(森林を経営すること)
	栄華(栄えること)			映倫(映画倫理規定管理委員会の略)
えいき	英気(優れた才気・気性)		えきか	液化(気体が液体に変わる現象)
	鋭気(鋭く強い気性)			腋下(わきの下)
えいこう	栄光(輝かしい誉れ)			腋窩(わきの下のくぼんだ所)
	曳航(船が他の船を曳くこと)		えきしゃ	駅舎(駅の建物)
えいし	英姿(立派な姿)			易者(易により占いをする者)
	衛士(宮門等を警護する兵士)		えきちょう	駅長
	衛視(国会の警備に従事する職員)			益鳥(人間に益する鳥)
えいじ	英字		えし	絵師(画家)
	嬰児(生まれたばかりの子)			壊死(体の一部が局部的に死ぬこと)
えいしん	栄進(上位の役職に進むこと)		えっけん	越権(権限を越えて事を運ぶこと)
	詠進(宮中歌会始の勅題に自作の歌を献ずること)			謁見(貴人に面接すること)
えいせい	永世(永代。＊永世中立)		えもの	獲物(漁猟でとった魚・鳥・獣。奪い取ったもの)
	衛生(健康増進をはかり、病気の予防につとめること)			得物(得意とする武器・物)
	衛星(惑星の周囲を回る星)		えんいん	遠因(遠い原因)
えいぞう	映像(光線によって映しだされる像)			延引(日時が予定よりも遅れること)
	影像(絵画や彫刻に現した神仏や人の姿)		えんか	円貨(円単位の貨幣)
えいだん	英断(すぐれた決断)			円価(円の貨幣価値)
	営団(経営財団。帝都高速交通営団の略)			煙火(煙と火。のろし。花火)
えいてん	栄転(従来より良い地位に転任すること)			煙霞(煙と霞)
	栄典(めでたい儀式。与えられた位階・勲章など)			嚥下(飲み下すこと)
えいほう	泳法(泳ぎ方)			塩化(塩化物であることを示す語)
	鋭鋒(鋭い矛先)			演(艶)歌(明治大正にはやり始めた流行歌)

熟語

えんかい	宴会(酒もり)		えんじん	円陣(円形をなす陣立て)
	沿海(陸地に沿った海)			厭人(人間嫌い)
	遠海(陸地を遠く離れた海)			猿人(初期人類)
えんがい	塩害		えんすい	円錐
	煙害			鉛錘(鉛製の重り)
	円蓋(ドーム)		えんせい	遠征(遠くへ出かけること)
	掩蓋(塹壕等の覆い)			厭世(世をはかなむこと)
えんかく	沿革(うつり変わり)			延性(物体の延びる性質)
	遠隔(遠くへだたっていること)		えんせき	宴席(酒宴の席)
えんかん	円環(まるい輪)			縁石(車歩道境界のふち石)
	煙管(ボイラーの火煙を通す管。きせる)			縁戚(親戚)
				遠戚(血縁の遠い親戚)
	鉛管(鉛製の管)		えんせん	沿線(線路・幹線道路に沿った土地)
えんき	延期			
	塩基(酸と反応して塩をつくる物質)			厭戦(戦争をいやに思うこと)
			えんたい	延滞(支払・納入等が期限日より遅れること)
えんぎ	演技(伎芸を演じ見せること)			
	縁起((仏)事物の起源)			援隊(救援の隊)
えんけい	円形		えんだい	演題(講演の題目)
	遠景			演台(弁士の前におく台)
えんげい	園芸(果樹・花などの栽培)			縁台(夕涼みになどに用いる腰掛け台)
	演芸(芸能)			
えんこ	縁故(血縁等のかかわりあい)			遠大(規模の大きいこと)
	塩湖(塩分を含んだ湖)		えんだん	縁談(結婚話)
	円弧(円周の一部分)			演壇(講演する人の立つ壇)
えんじ	園児		えんてい	堰堤(ダム)
	衍字(語句中に誤って入った不要な文字)			園丁(公園などの手入れをする人)
	臙脂(ベニバナからつくった紅)		えんてん	円転(まるく回ること)
えんじゃ	演者(芝居・講演等をする者)			炎天(夏の焼け付くような暑い空)
	縁者(縁続きの者)			
えんしゅう	演習(習熟するための練習)		えんとう	円筒(まるい筒)
	円周			煙筒(煙出し。煙突)
えんしょう	炎症(体の一部に発赤・熱等を起こす症状)			遠投(ボール等を遠くへ投げること)
	艶笑(色気のあるおかしみ)			遠島(遠く離れた島。島流し)
	延焼(火事の燃え広がること)		えんどう	沿道(進んで行く道路に沿った所)
	焔硝(火薬)			
				煙道(ボイラーの煙突の下部)

えんばん	円板(まるい平面板)
	円盤(円形で平たく板状のもの)
	鉛版(鉛で作った印刷用複製版)
えんぶ	演舞(舞って公衆に見せること)
	円舞(ワルツ)
	演武(武芸を練習すること)
えんぶん	塩分
	艶文(ラブレター)
	艶聞(情事に関するうわさ)
えんぼう	遠望(遠方を望み見ること)
	遠謀(将来まで考えたはかりごと)
えんよう	遠洋(陸地を遠く離れた大海)
	艶容(あでやかな顔・姿)
えんらい	遠来(遠方から来ること)
	遠雷(遠くでなる雷)

[お]

おうか	桜花
	謳歌(声をそろえて誉め称えること)
	欧化(ヨーロッパ風にすること)
おうかん	往還(往復)
	王冠(君主のかぶる冠。瓶の口金)
おうきゅう	応急(急場の間にあわせ)
	王宮
おうこう	王侯(王様と諸侯)
	横行(勝手気ままに振る舞うこと)
	往航(船・飛行機の往きの航行)
おうさつ	応札(入札に参加すること)
	鏖殺(皆殺しにすること)
	殴殺(殴り殺すこと)
おうし	牡牛(おすうし)
	横死(不慮の死)
おうじ	王子
	皇子(天皇の息子)
	往事(過去の事柄)
	往時(昔)
おうしゅう	欧州(ヨーロッパ)
	応酬(受け答えすること)
	押収(裁判所が差し押さえ・領置すること)
おうしょう	王将(将棋の駒の名の一つ)
	応召(召集に応ずること)
おうしん	往診(医師が患者の家に行き診察すること)
	往信(↔返信)
おうせい	王制(王が統治する政治制度)
	王政(王が行う政治)
	旺盛(非常に盛んなこと)
おうせん	応戦(敵の攻撃に応じて戦うこと)
	横線(横に引いた線。＊横線小切手)
おうたい	応対(相手になって受け応えすること)
	横隊(横にならんだ隊形)
	黄体(卵巣の一部の変化したもの)
おうだん	横断
	黄疸(皮膚他が黄色になる病気)
おうとう	応答(受け答え)
	桜桃((植)サクランボ)
おうぶん	応分(身分能力にふさわしいこと)
	欧文(欧州の文字や文章)
おうへん	往返(行きと帰り)
	応変(状況に応じ適宜処理すること。＊臨機応変)
おうほう	往訪(人を訪ねゆくこと)
	応報((仏)果報。＊因果応報)
おうよう	応用
	鷹揚(悠然としていること)
おじ	伯父(父母の兄)
	叔父(父母の弟)
おば	伯母(父母の姉)
	叔母(父母の妹)

熟語

おばな	雄花(↔雌花) 尾花((植)ススキ)
おんし	恩師(師に対する敬称) 恩賜(天皇から賜ること)
おんしつ	温室 音質(音の善し悪し)
おんしゃ	御社(相手の会社・神社の尊敬語) 恩赦(犯罪者の刑罰を消滅させること)
おんしゅう	温習(繰り返し復習すること) 恩讐(情けとあだ)
おんしょう	温床(囲いをして促成栽培する苗床) 恩賞(功を誉めて賞を与えること)
おんじょう	温情(思いやりのあるやさしい心) 恩情(目上と目下の間に生まれる慈しみ心)
おんちょう	音調(音の高低。音楽の曲節) 恩寵(めぐみ。いつくしみ)
おんど	温度 音頭(人の先にたって後に続かせること。民俗舞踊、またその歌)
おんとう	温湯 穏当(穏やかで道理にかなっていること)
おんびん	音便(もとの音とは違った音に変わること。*早く→早う。*知りて→知って) 穏便(穏やかなこと。秘密)
おんぷ	音符(音の高低・長短を示す記号) 音譜(楽譜)
おんりょう	音量(音のボリューム) 怨霊(怨みをだいてたたりをする霊) 温良(おだやかですなおなこと)
おんわ	温和(気候・人柄が穏やかな様) 穏和(人柄が穏やかな様)

[か]

かい	下位 下意(下々の者の意見)
がい	我意(わがまま) 賀意(祝い心)
かいい	怪異(あやしいこと) 介意(気にかけること) 魁偉(顔身体が人並みはずれて大きいこと)
かいいん	会員 海員(船の乗組員) 開院(国会、病院等を開くこと) 改印(別の印鑑に変えること)
かいうん	海運(船で貨物・旅客を運送すること) 開運(幸運に向かうこと)
かいえん	開演(演を始めること) 開宴(宴会を始めること) 開園(動物・植物園が業務を始めること)
かいか	開花(草木の花の開くこと) 階下 開化(人知が発達して思想・風俗の進歩すること) 怪火(原因の分からぬ火事)
がいか	外貨(外国の貨幣) 凱歌(勝利を祝う歌)
がいかい	外界(そとの世界) 外海(↔内海)
がいかく	外角(↔内角) 外郭(かこい。*外郭団体)
かいかつ	快活(はきはきとして元気なこと) 快闊(気性のはれやかなこと) 開豁(度量の広いこと)

かいかん	会館		かいけん	会見
	快漢(快男児)			改憲(憲法を改正すること)
	開館			懐剣(護身用の短刀)
	快感(快い感じ)		かいげん	改元(元号を改めること)
	怪漢(挙動の怪しい男)			開眼(新たにできた仏像等に魂を迎えいれること)
かいがん	海岸			戒厳(警戒を厳にすること。*戒厳令)
	開眼(眼が見えるようにすること)		かいこ	解雇(くびにすること)
がいかん	外観(外部から見たところ)			回顧(過去を顧みること)
	概観(全体をざっと見ること)			懐古(昔のことを懐かしく思うこと)
	外患(外部から被る心配事)		かいご	介護(病人等を介抱し助けること)
かいき	回帰(一周してもとへ帰ること)			戒護(戒め守ること)
	回忌(年回忌の略)			解悟(悟ること)
	快気(気分のさわやかなこと)			改(悔)悟(過去の過ちを改めること)
	会期		かいこう	開講(講義を始めること)
	怪奇(あやしく不思議なこと)			開口(口を開くこと)
	開基(寺院・宗派などを創立すること)			開港(港を開放して通商を許すこと)
	皆既食(皆既日・月食)			回航(船をある港に航行させること)
かいぎ	会議			改稿(原稿を書き直すこと)
	海技(海員として必要な技術)			邂逅(思いがけなく出会うこと)
	懐疑(疑いをもつこと)			海溝(大洋底の深い溝)
かいきゅう	階級(官職などの等級)		がいこう	外交
	懐旧(昔の事を懐かしく思い出すこと)			外港(↔内港)
かいきょう	回教(イスラム教)			外寇(外国から攻めいってくること)
	海峡			外向(関心が外部の物事に向かうこと)
	懐郷(故郷を懐かしく思うこと)			外航船(外国航路につく船)
かいぎょう	開業(営業を始めること、していること)		かいこく	開国(↔鎖国)
	改行(文章の行を変えること)			海国(四方を海に囲まれた国)
かいきん	解禁(禁止命令を解くこと)			戒(誡)告(公務員への処分の一つ)
	皆勤(休日以外休まないこと)			
	開襟(襟を開くこと)			
かいけつ	解決(事件などをうまく処理すること)			
	怪傑(不思議な力をもつ人物)			

熟語

かいこん	開墾(荒れ地をひらくこと)	かいしゅう	改修(改め直すこと)
	悔恨(後悔して残念に思うこと)		改宗(他の宗旨に改めること)
かいさい	開催		回収
	快哉(痛快なこと)	かいじゅう	怪獣
かいさく	改作(作り直すこと)		海獣(海にすむ哺乳類の総称)
	開削(鑿)(山野を切り開いて道路・運河等を通ずること)		懐柔(てなづけ抱き込むこと)
			晦渋(文章等の意味が分からないこと)
かいさつ	改札(駅等で乗車券等を改めること)	かいしゅん	改悛(前非を改め心を入れかえること)
	開札(封を開いて入札書を見ること)		回春(春が再び巡ってくること。老人が若返ること)
かいさん	解散	かいしょ	会所(集合するところ)
	海産物		回書(返書)
かいざん	海山(海中にそびえる千m以上の山)		楷書(書体の一つ)
	改竄(字句等を不当に改めること)	かいじょ	解除
			介助(そばに居て起居等を助けること)
かいし	開始	かいしょう	解消
	怪死(原因に疑いのある死)		快勝
	懐紙(ふところ紙)		改称(名称を改めること)
かいじ	開示(明らかに示すこと)		海嘯(満潮の際に起こる特殊な高波)
	快事(胸のすくような良いこと)		甲斐性(けなげな性質)
	怪事(あやしいこと)	がいしょう	外相(外務大臣)
	海事(海上の事柄に関すること)		外傷(外力で受けた傷)
がいし	外資(外国から輸入する資本)		外商(デパートなどで、売場でなく外で直接販売すること。その人)
	外紙(外国新聞。外字新聞)		
	外史(民間人が編纂した歴史)		街娼(街頭に立つ娼婦)
	碍子(陶磁器製の絶縁体)	かいしょく	会食
がいじ	外事(外国あるいは外部の事柄)		解職(職務をやめさせること)
	外耳(↔内耳)		海蝕(海岸・海底が侵食すること)
	外字(外国の文字。ある集合に含まれない字)	かいしん	改心(悪い心を改めること)
かいしゃ	会社		快心(きもちのよいこと)
	膾炙(広く世人に好まれ知れわたること)		会心(心に叶うこと)
			戒心(用心すること)
かいしゃく	解釈		戒慎(気をつけ用心すること)
	介錯(切腹する者の首を切ること)		

	改進(物事が改まり進むこと)
	改新(古いものを改めて新しくすること)
	回診(医者が病室を回って診察すること)
かいじん	怪人
	灰燼(灰と燃えさし)
かいせい	改正
	改姓(苗字を変えること)
	快晴
	開成(人知を開発し、事業を成し遂げさせること)
	回生(生きかえること)
かいせき	解析(細かく調べ理論に基づき研究すること)
	会席(会席料理の略)
	懐石(茶の湯で、茶を出す前に出す簡単な食事)
	海跡湖(外海から分離してできた湖)
かいせつ	開設(新たに開き設けること)
	解説(よく分かるよう説明すること)
がいせつ	概説(大体の説明)
	外接(↔内接)
かいせん	回線(電話などの信号が通る線路)
	改選(改めて選挙すること)
	疥癬(疥癬虫による伝染性皮膚病)
	海鮮(新鮮な海産物)
	開戦
	回船(沿岸航路で運送を業とすること。その船)
がいせん	外線(↔内線)
	凱旋(戦いに勝って帰ること)
かいそ	改組(組織を改めること)
	開祖(一派を開いた人)

かいそう	回想(過去の事を思い巡らすこと)
	回送(他の所へ回すこと)
	回漕(船舶によって運送すること)
	会葬(葬式に参会すること)
	改装(装いを改めること)
	海藻(海産の藻の総称)
	階層(建物の階。序列化された社会層)
	快走(気持ちよく速く走ること)
	潰走(負けて逃げること)
かいぞう	改造
	解像度(像の細部表現力)
がいそう	外装(外側の装い。↔内装)
	外層(外側の層)
かいそく	会則
	快速(すばらしく速いこと。＊快速列車)
	快足(足が速いこと)
かいたい	解体
	懐胎(みもごること)
	拐帯(委託された金品を持ち逃げすること)
かいだん	会談
	快談(きもちよい談話)
	怪談(ばけものに関する話)
	階段
	戒壇(僧に戒を授けるために設けた壇)
かいちゅう	回(蛔)虫(人体寄生虫の一つ)
	改鋳(改めて鋳造すること)
	懐中(ふところ)
がいちゅう	外注(外部へ注文すること)
	害虫
かいちょう	会長
	快調(思うように事が進行すること)
	諧調(明から暗までの明るさの段階)

熟語

	開帳(寺院等で特別に厨子(ずし)を開くこと)	かいひ	会費
	開張(市(いち)等を開くこと)		開扉
	海鳥		回避(身をかわして避けること)
かいてい	改定(運賃等を改め定めること)	かいひょう	海氷(海上にある氷)
	改訂(辞書等を改め訂正すること)		開票
			界標(土地境界を示すしるし)
	開廷(法廷で審理を始めること)		海豹((動)アザラシ)
	海底	かいふく	回(恢)復(もとのとおりになること)
	階梯(階段。入門書)		
がいてき	外敵		開腹(手術で腹を切開すること)
	外的(↔内的)		快復(病気のなおること)
かいてん	回転	かいへい	開閉
	開店		開平(平方根を求めること)
	回天(時勢を一変すること)		海兵(海軍の兵隊。海軍兵学校の略)
かいとう	回答(質問や要求に対する返事)		
	解答(問題の答え)		皆兵(全国民が兵役義務のあること)
	解凍(凍った物を解かすこと)	かいへん	改変(改めて違うものにすること)
	会頭(会の長)		
	快刀(きもちよく切れる刀)		改編(一度編集したものを改めること)
	怪盗(あやしい盗賊)		
かいどう	街道(江戸時代公用の主要道路)	かいほう	開放(戸などを開け放すこと)
	海道(海辺の諸地方に通ずる街道)		解放(解き放すこと。*人質解放)
	会堂(集会のための建物)		介抱(病人の世話をすること)
	怪童(並はずれて力の強い子ども)		快方(病気のよくなること)
			快報(嬉しい知らせ)
	海棠((植)カイドウ)		回報(回状。返信)
がいとう	外灯(屋外に設けた灯火)		会報(会の内容を報告する文書)
	街灯(街路に設けた灯火)	かいぼう	解剖
	街頭(まちかど)		海防(海の守り)
	外套(オーバー)	かいむ	皆無(少しもないこと)
	該当(あてはまること)		海霧(海上にたつ霧)
かいにん	解任(任務を解くこと)	かいめい	解明(ときあかすこと)
	懐妊(みもごること)		晦冥(日の光が隠れて暗くなること)
かいぬし	買主		
	飼主		開明(文明開化)
がいはく	外泊		改名(名前を改めること)
	該博(学問等に広く通ずること)		

かいめん	海面 海綿(海綿動物の総称。スポンジ) 界面(二つの物質の境の面)
かいゆう	会友(同じ会の会員である友人) 回遊(魚類が大移動すること)
がいゆう	外遊(外国に旅行すること) 外憂(外部に対する心配事)
かいよう	海洋(海の総称。広々とした海) 海容(寛大の心で人の罪を許すこと) 潰瘍(ただれた傷) 開陽丸
がいよう	外用(薬を身体の外部に用いること) 外洋(そと海) 概要(あらまし)
かいらい	界雷(寒冷前線で起きる雷) 傀儡(あやつり人形)
かいらく	快楽(気持ちよく楽しいこと) 偕楽園(水戸にある公園)
かいらん	回覧 潰乱(ちりぢりに崩れ乱れること) 壊乱(やぶれ乱れること) 解纜(船が出帆すること)
かいり	解離(解き放すこと) 乖離(そむき離れること) 海里＝浬(航海上の距離の単位。緯度1分の長さ。1浬＝1,852m)
かいりつ	開立(立方根を求めること) 戒律((仏)守るべき生活規律)
かいろ	回路(電流の通ずる路) 海路(船の行く海上の路) 懐炉(懐中に入れて胸・腹を暖める具)
かいろう	回廊(屋根つき廊下) 偕老(夫婦がともに老いるまで仲よく連れ添うこと。＊偕老同穴)
がか	画家 画架(絵を画く時にカンバスを支える台。イーゼル)
かがい	課外(規定の課程以外) 加害(他人に危害・損害を与えること) 花街(花柳街。遊廓)
かかく	価格 過客(来客)
かがく	科学 化学
かき	夏期(夏の期間) 夏季(夏の季節) 下記 火器(火を入れる器。火薬で弾丸を発射する兵器の総称) 火気 花器(花を活ける器) 牡蠣(二枚貝の一種。オイスター) 花卉(観賞のために栽培する植物)
かきゅう	下級(↔上級) 加給(増給) 火急(非常にさしせまっていること) 過給器(内燃機関吸気の圧を高める器)
かきょう	架橋(橋を架けること) 華僑(海外に移住した中国人) 佳境(景色のよい所。興味深いところ) 家郷(ふるさと)

熟語

読み	語（意味）
かぎょう	家業（一家の生計のための職業） 稼業（生活費を得るための仕事） 課業（学校での学科や作業）
かくい	各位（皆様） 隔意（心がうちとけないこと）
かくいん	各員（おのおの） 客員（特に迎えられて加わった人）
がくいん	楽員（楽団員） 学院（学校の異称）
かくげつ	各月 客月（先月） 隔月（ひと月おき）
かくげん	格言（いましめの言葉） 確言（はっきりと言い切ること。その言葉）
かくさ	格差（価格・等級などの差） 較差（比較したときの差）
がくさい	学才（学問の才能） 楽才（音楽の才能）
かくさん	拡散（広がり散ること） 核酸（細胞核から分離された高分子の有機化合物）
かくし	各紙（それぞれの新聞） 客死（旅先で死ぬこと）
がくし	学士（大学の学部の卒業者に与えられる称号） 学資（学門の修行に要する費用） 楽士（師）（音楽をつかさどる人）
かくしつ	確執（自分の意見を譲らないこと。そのため不和になること） 角質（生物体を被う硬質な外皮）
かくじつ	確実 隔日（一日おき）
かくしゅ	各種 鶴首（物事の到来を待ちわびること） 馘首（解雇すること）
かくしょう	各省（それぞれの内閣行政機関） 確証（確かな証拠）
がくしょう	楽匠（音楽の大家） 楽章（第1・2楽章など）
かくしん	確信（かたく信じて疑わないこと） 革新（組織・慣習などを新しくすること） 革進（改革して新しい方に進むこと） 隔心（へだてのある心） 核心（物事の中心）
かくせい	覚醒（目・迷いがさめること） 鶴声（相手の言葉の尊敬語） 隔世（世をへだてること。＊隔世遺伝） 拡声器
がくせい	学生 学制（学校に関する制度） 楽聖（音楽界の偉人）
かくちょう	格調（文章・演説等の体裁と調子） 拡張（おし広めること）
かくてい	確定（物事をはっきり決めること） 画定（土地等の区切りをつけること）
かくど	確度（確実さの程度） 角度（角の大きさ。物事を見る立場）
かくとう	確答（はっきりした返事） 格闘（とっくみあい）
かくねん	隔年（一年おき） 客年（昨年） 核燃料（原子炉の燃料）
かくはん	各般（もろもろ） 拡販（拡大販売の略） 撹拌（かきまぜること）

がくふ	楽譜(楽曲を記号を用いて書いたもの) 学府(学校) 岳父(妻の父)
かくりつ	確立(しっかりとうち立てること) 確率(可能性の程度を数量で表したもの)
かけい	家計(一家の暮らし向き) 家系(家の系統・血筋)
かげき	過激 歌劇(オペラ)
かげん	下限(下または終わりの限界) 下弦(満月から次の新月までの間の半月) 加減(プラスマイナス) 嘉言(戒めとなるよい言葉) 寡言(口数の少ないこと)
かこ	過去 水夫(すいふ)
かご	加護(神仏が力を加えて護ること) 訛語(なまった言葉) 過誤(あやまち) 駕籠(乗物の一種)
かこう	加工 下降(↔上昇) 火口(火山の漏斗状の開口部) 仮構(無いことを仮にあるとすること) 河口(河が海または湖に流れこむ所) 河港(河口にある港) 佳(嘉)肴(うまい御馳走) 花崗岩
かこく	過酷(きびしすぎること。＊過酷な試験) 苛酷(きびしいこと。＊苛酷な刑罰)
かさい	火災 家裁(家庭裁判所の略) 火砕流
かさく	佳作(できばえのよい作品) 家作(家を作ること。貸家) 寡作(作品を少ししか作らないこと)
かし	下肢(脚部) 下賜(下し賜ること) 可視(肉眼で見えること) 仮死(人事不省) 河岸(河川の岸。そこでの市場) 華氏(ファーレンハイトの定めた温度単位。↔摂氏) 瑕疵(きず) 菓子 歌詞
かじ	火事 家事 加持((仏)仏が衆生を加護すること) 鍛冶(金属を鍛えて器物を作ること)
がし	餓死(うえ死に) 賀詞(祝いの言葉)
かしつ	過失 加湿(空気中の水分を補うこと)
かじつ	果実 過日(過ぎた日。先日) 佳日(良い日。おめでたい日)
かしゃく	仮借(借りること。みのがすこと) 呵責(叱りさいなむこと)
かじゅう	荷重(物体に加わる力) 加重(加えて重くすること) 過重(重すぎること) 果汁

熟語

かしょう	過小(小さすぎること。＊過小評価)		かせい	苛性(＊苛性ソーダ)
	過少(少なすぎること。＊過少申告)			家政(一家のくらしむき)
				歌聖(和歌に最も優れた人)
	寡少(少ないこと)			河清(黄河の濁流が清く澄むこと)
	仮称(かりの名称)			
	歌唱(歌をうたうこと)		かぜい	課税(租税をわりあてること)
	華商(海外に移住している中国人商人)			寡勢(わずかな軍勢)
			かせつ	仮説
	火床(ボイラーの火を炊くところ)			仮設(仮りに設けること)
				架設(橋などを架け渡すこと)
	嘉賞(良いとして誉めること)			佳節(良い季節。めでたい日)
	河床(河底の地盤)		かせん	河川
	火傷(やけど)			寡占(広義の独占)
かじょう	過剰(多すぎること)			火線(砲火を交える最前線)
	顆状(つぶ状)			化繊(化学繊維)
	箇条(分けて示す条項)			歌仙(和歌に秀でた人)
				架線(架け渡された電線など)
がしょう	賀正(正は正月の意。賀詞の一つ)		かそ	過疎(↔過密)
	画商(絵画を売り買いする人)			可塑剤(高分子物質に可塑性を与えるための添加剤)
	臥床(床につくこと)			
がじょう	賀状		かそう	仮想(仮りに考えること)
	牙城(本拠)			仮装(仮りの扮装)
かしょく	過食			仮葬(仮りに葬ること)
	華燭(婚礼の席の華やかなともし火)			火葬
				家相(家の位置に関する吉凶)
				下層
かしん	家臣		かぞく	家族
	過信			華族(公・侯・伯・子・男の(旧憲法での)爵位のある族称)
かじん	家人(家の者)			
	歌人(うた読み)		かた	過多(多すぎること)
	華人(中国人)			夥多(非常に多いこと)
	佳人(美人)		かたい	下腿(膝から足首までの部分)
かせい	加勢			過怠(あやまち。過失)
	火勢		かだい	課題(題を課すこと)
	火成(マグマの活動によって生ずる意)			仮題(仮につけた題)
				過大
	火星			架台(足場として造った台)
	化成(化学的に合成すること)		かたぎ	堅気(まじめな職業)
	仮性(↔真性)			気質(特有な気風)

読み	熟語
かたく	火宅(煩悩が多く不安なことを、火災にかかった家にたとえていう語) 家宅(家。住まい) 仮託(ことよせること)
かたみ	肩身(肩と身。世間に対する面目) 片身(体の半分。半身) 形見(遺品)
かたん	下端 荷担(荷物を担ぐこと) 加担(味方すること)
かだん	花壇 歌壇(歌人の社会。和歌の社会) 果断(思いきって行うこと)
かちゅう	家中(家の中。家の全員) 渦中(混乱した事件の中) 火中(火の中)
かちょう	課長 家長 花鳥 課徴金(国が租税以外で徴収する金銭)
がっか	学科(学問の種類。＊法律学科) 学課(学業の課程)
がっかい	学会(学術研究者の団体) 学界(学問・学者の社会)
かっき	活気 画期的(新しい時代を開く様)
がっき	学期 楽器
がっきゅう	学級 学究(学問をきわめること。その人)
かっこ	各個 各戸 括弧 確固(乎)(しっかり固いこと)
かっこう	恰(格)好(姿形。体裁) 滑降(滑り降りること) 郭公((鳥)カッコウ)
かっしゃ	滑車(軸の周りに回転しうる溝付車) 活写(いきいきと写すこと)
がっしょう	合唱 合掌(両手を胸前で合わせ拝むこと)
かっぱ	河童(カッパ) 合羽(雨天用外套) 喝破(真理を説き明かすこと)
かっぷく	恰幅(からだつき) 割腹(切腹)
かてい	過程(経過したみちすじ) 課程(ある期間に割り当てて行う学習や仕事) 家庭 仮定
かでん	家電(家で使う電気製品) 荷電(電荷。帯電) 瓜田(瓜の畑。＊瓜田李下) 家伝(その家に伝来すること。そのもの)
かとう	下等 過当(分に過ぎること) 果糖(単糖の一種。果実に含む)
かどう	稼動(働)(生産に従事すること) 歌道(和歌の道) 華道(求道の面からとらえた生け花の称) 可動(動かすことの可能なこと)
かねつ	加熱 火熱 過熱
かねん	可燃(↔不燃) 加年(年を加えること) 過年度(過去の年度)

熟語

かのう	可能		かもく	科目(教科の単位)
	化膿(うみをもつ炎症)			課目(個々の学課)
	嘉納(他人の進言・献上物を喜んで受け入れること)			寡黙(言葉数の少ないこと)
かはん	過半(半分より多いこと)		かもん	家紋(各家々の紋所)
	過般(先ごろ)			渦紋(うずまきの模様)
	河畔(河のほとり)		かよう	火曜
かびん	過敏(感受性の強すぎること)			斯様(こんなふう)
	花瓶			歌謡(民謡・流行歌等の総称)
かふ	寡夫(妻に死別した男)			可溶(液体に溶解すること)
	寡婦(夫に死別した女)		かりゅう	下流
	家譜(一家の系譜)			顆粒(つぶ)
かぶ	下部			加硫(生ゴムに硫黄を混ぜること)
	歌舞(歌と舞)			渦流(うずまく流れ)
かぶん	可分(分割可能であること)			花柳(遊里)
	過分(分に過ぎること)		かりょう	過料(軽い禁令を犯した者が払うお金)
	寡聞(見聞の狭いこと)			科料(軽い犯罪に科す財産刑)
かへい	貨幣			佳良(良いこと)
	寡兵(小人数の軍隊)			加療(病気を治療すること)
かほう	家宝		がりょう	雅量(広くおおらかな度量)
	果報(前世の行いのむくい)			画竜(絵に書いた竜。*画竜点睛)
	加俸(本俸以外の給与)		かれい	加齢(誕生日がきて年齢を増すこと)
	火砲(大砲)			佳麗(美しいこと)
	下方			華麗(華やかで美しいこと)
	加法(たし算)		かろう	過労
	過飽和(溶解度以上に融けている状態)			家老(江戸時代、大名の重臣職の一つ)
がほう	画法(絵画のかきかた)		かんい	簡易(手軽なこと)
	画報(絵・写真を主とした本)			官位(官職と位階)
かみ	加味(味をつけ加えること)		かんか	感化(影響を与え心を変えさせること)
	佳味(美味)			看過(見のがすこと)
かめい	加盟(団体に加入すること)			換価(代価に見積ること)
	家名			管下(管轄する範囲内にあること)
	仮名(仮の名前)			閑暇(ひま)
	下命(命令を下すこと)			
かめん	下面			
	仮面			
	仮免(かりに許すこと)			

	干戈(盾と矛。いくさ)	がんきょう	頑強(てごわいこと)
がんか	眼科		眼鏡(めがね)
	眼下(下に見える方)	かんきん	監禁(ある所から出る自由のないこと)
	眼窩(目玉の入ってる穴)		
かんかい	官界(官吏の社会)		換金(物を売って金に換えること)
	勧戒(善をすすめ悪を戒めること)		
			桿菌(棒状細菌の総称)
	感懐(感想)	かんく	管区(管轄する区域)
かんがい	感慨(身にしみて感ずること)		甘苦(楽と苦)
	管外(管轄区域の外)		艱苦(艱難と苦労)
	灌漑(田畑に水を引くこと)	がんぐ	玩具(おもちゃ)
	寒害(寒さによる被害)		頑愚(愚かなこと)
	干(旱)害(ひでりによる被害)	かんけい	関係
かんかく	感覚(視覚・聴覚等。*感覚器官)		奸(姦)計(わるだくみ)
	間隔(へだたり)	かんげき	感激
かんき	喚起(よび起こすこと)		観劇(演劇を見ること)
	換気(空気を入れかえること)		間隙(すきま)
	勘気(父からのとがめ)	かんけつ	簡潔(簡単で要領をえていること)
	寒気		完結
	歓喜(よろこび)		間歇(欠)(一定の時間を隔てて起こること。*間歇泉)
	乾季(雨の少ない季節)		
かんきゃく	観客	かんげん	換言(言いかえること)
	閑却(なおざりにすること)		甘言(甘い言葉)
かんきゅう	緩急(遅いと早い)		諫言(目上の人を諫める言葉)
	感泣(感じて泣くこと)		還元(酸化された物質を元に戻すこと)
	官給(官から金・物を支給されること)		
			管弦(絃)(管楽器と弦楽器)
かんきょ	官許(政府の許可)	かんこ	歓呼(喜んで声を上げること)
	函渠(断面が長方形の暗渠)		鹹湖(塩分を含んだ湖)
	閑居(世間を離れてのんびり暮らすこと)	かんご	看護(看病)
			漢語(漢字音からなる語)
かんきょう	環境(四囲の外界。めぐり囲む区域)		監護(監督し保護すること)
		かんこう	刊行(出版)
	感興(興味を感ずること。その興味)		慣行(従来からの慣わし)
			敢行(押し切って行うこと)
かんぎょう	官業(政府が管理・経営する事業)		緩行(ゆっくり進むこと)
			完工(工事の完成)
	勧業(産業を勧めはげますこと)		緘口(口を閉じてものを言わないこと)
	寒行(寒中の修業)		

熟語

	観光		莞爾(にっこりほほ笑む様)
	勧降(降伏を勧めること)		完治(病気・怪我が完全に治ること)
	勘校(書物を校訂すること)	かんしき	乾式(↔湿式)
	感光(光やX線に感ずること)		鑑識(犯罪科学における鑑定)
	箝(鉗)口(ものを言わないこと。発言を封ずること。*箝口令)	かんしつ	乾湿(乾きと湿り。*乾湿計)
			乾漆(うるし液の塊状になったもの)
がんこう	眼光(眼の光)		
	雁行(空飛ぶ雁の行列)	かんしゃ	感謝
かんこく	勧告(ある事をするよう説き勧めること)		甘蔗(サトーキビの漢名)
			官舎(公務員の住宅)
	韓国	かんじゃ	患者
かんさ	監査(監督・検査すること)		冠者(若者)
	鑑査(適否・優劣を調べること)		間者(まわしもの。スパイ)
かんさい	関西(↔関東)	かんしゅ	看守(刑務所の法務事務官)
	簡裁(簡易裁判所の略)		監守(監督し守ること)
	完済(全部弁済すること)		艦首(軍艦の舳先)
	艦載機(軍艦に載せる飛行機)	かんじゅ	官需(↔民需)
かんさつ	観察(注意して詳しく見ること)		甘受(甘んじて受けること)
	監察(監督視察)		感受(外の刺激や印象を受け入れること)
	鑑札(免許証・許可証の類)		貫主(首)(かしらだつ人。各宗本山住持の敬称)
かんさん	閑散(静かでひっそりしていること)		
		かんしゅう	慣習(ならわし)
	換算(ある単位の量を他の単位の量になおすこと)		観衆(大勢の見物人)
			監修(本の著述・編集を監督すること)
かんし	監視(見張ること)		
	環視(多くの者が注目していること)	かんじゅく	完熟(果実等が十分に熟してる状態)
	諫止(いさめて思いとどまらせること)		慣熟(慣れて上手になること)
		かんしょ	漢書(漢文の書物)
	諫死(死んで諫めること)		寒暑(寒さと暑さ)
	漢詩(中国の詩)		甘藷(サツマイモ)
	鉗子(外科手術用具の一つ)	かんしょう	観賞(見て楽しむこと)
	冠詞(英語等で名詞の前に冠する語)		鑑賞(芸術作品を理解し味わうこと)
	干支(十干十二支)		干渉(立ち入ってかかわりあうこと)
かんじ	幹事		
	監事(理事等の業務を監督する人)		完勝
	漢字		

	冠省(手紙で前文を省略するときの語)
	勧奨(すすめ励ますこと)
	緩衝(衝撃をゆるめること)
	感傷(感じて心をいためること)
	管掌(つかさどること)
	環礁(環状の珊瑚礁)
	奸(姦)商(不正手段で利益を得る商人)
	観照(主観を交えず冷静な心で見ること)
かんじょう	環状(輪のような形)
	感状(感謝を表す文書)
	冠状(冠のような形)
	管状(くだのような形)
	勘定(金銭の計算)
	感情(物事に感じて起こる気持ち)
	勧請(神仏の分霊を迎え祭ること)
がんしょう	岩礁(水中にかくれている岩)
	岩漿(マグマ)
	翫賞(美術品等を味わい楽しむこと)
かんしょく	感触(外界の刺激にふれて感ずること)
	間食(おやつ)
	寒色(↔暖色)
	官職(公務員の職務)
	閑職(ひまな職務)
かんしん	感心
	関心(気がかり。あることに興味を持つこと)
	寒心(ぞっとすること)
	歓心(喜び嬉しいと思うこと)
	奸(姦)臣(心のねじれた家来)
かんじん	勧進(社寺建立等のための募金)
	肝心(腎)(たいせつなこと)
かんすい	冠水(洪水で水をかぶること)
	鹹水(海の水)
	灌水(水を注ぐこと)
	完遂(やりとげること)
かんすう	関(函)数
	巻数(冊数。本数)
	漢数字(一、二、三、……)
かんせい	慣性(物体が運動状態を維持すること)
	感性(刺激によって生ずる感受性)
	乾性(乾燥する性質)
	完成
	閑静(もの静かなこと)
	陥穽(おとしあな)
	歓声(喜びの声)
	喚声(ときの声。さけび声)
	官製(政府の製造。↔私製)
	官制(行政機関の組織・権限などの定め)
	管制(物事の管理や制限)
かんせつ	間接(↔直接)
	関節(骨と骨との連結部)
	冠雪(雪をかぶった山の様子)
かんせん	観戦(戦争・試合等を見ること)
	感染
	官選(↔民選)
	幹線(道路・鉄道などの主な線)
	汗腺(汗を分泌する線)
	艦船(軍艦と船舶)
かんぜん	完全
	勧善(良いことをすすめること)
	敢然(思いきってやること)
かんそう	感想
	乾燥
	乾草(ほし草)
	間奏(間奏曲)
	観相(人相見)
	完走

熟語

かんそん	歓送(よろこび励まして送り出すこと) 寒村(さびれた村) 官尊民卑(官を尊く民を卑しいとすること)	かんてん	艦艇(大小種々の軍艦の総称) 寒天(冬の空。テングサから取るゼラチン質) 旱(干)天(ひでりの空) 観点(見方)
かんたい	歓待(親切なもてなし) 緩怠(怠ること) 寒帯(南北緯度66.5度から極までの地帯) 艦隊(軍艦二隻以上の部隊)	かんとう	敢闘(勇敢にたたかうこと) 完投(投手が終わりまで投げとおすこと) 巻頭(物事のはじめ) 竿灯(提灯を下げたさお) 関東(↔関西) 関頭(わかれ目)
かんたん	簡単 感嘆(感心して誉めること) 肝胆(肝と胆。心の底)	かんどう	感動(深く物に感じて心を動かすこと) 勘当(親子の縁を切って追放すること) 間道(ぬけ道)
かんだん	歓談(打ち解けた話し合い) 閑談(無駄話) 間断(きれめ) 寒暖		
かんち	感知(感付くこと) 関知(あずかり知ること) 寒地 換地(土地を交換すること) 換置(置きかえること) 奸(姦)智(わるぢえ)	かんとく	監督 感得(感づくこと)
		かんにゅう	貫入(貫いて入ること) 嵌入(はめこむこと)
		かんのう	官能(感覚器官の機能) 堪能(深くその道に達して上手なこと) 完納(残らず納めること) 感応(心に感じて応えること)
かんちゅう	寒中 閑中(ひまなうち)		
かんちょう	官庁 館長 管長(一宗一派を管轄する長) 艦長 浣腸(肛門から薬物を入れること) 干潮(↔満潮) 間諜(スパイ) 勧懲(勧善懲悪の略)	かんぱ	寒波 看破(見破ること)
		かんばい	完売(全部売りつくすこと) 観梅(梅花を観賞すること) 寒梅(寒中に咲く梅)
		かんぱい	乾杯 完敗
		かんばつ	間伐(森林手入れ法の一つ) 干(旱)魃(ひでり)
かんつう	貫通(貫き通すこと) 姦通(男女の不義)	かんぱん	甲板(艦船の上部の広い床。デッキ) 乾板(写真感光板の一種)
かんてい	鑑定(物の真偽等を見極めること) 官邸(高級官吏の官宅)		

かんび	完備(完全に揃っていること) 完美(完全で美しいこと) 甘美(甘くて味のよいこと)		かんめい	感(肝)銘(深く感じて忘れぬこと) 簡明(簡単明瞭)
かんぶ	幹部(組織の中心となる者) 患部(病気や傷のある局部)		がんめい	頑迷(頑なで正しい判断ができないこと) 頑冥(頑なで道理にくらいこと)
かんぷ	還付(所有・租借したもの等を戻すこと) 乾布(乾いた布) 姦夫(有夫の女に通ずる男) 姦婦(夫以外の男に通ずる女) 完膚(傷のない皮膚)		がんめん	顔面 岩綿(珪酸塩を綿状にしたもの)
			かんもん	関門(通過するのが難しい所) 喚問(呼び出して問いただすこと)
かんぷう	寒風 観楓(もみじを観賞すること) 完封(投手が相手に全く点を与えないこと)		かんよう	慣用(つかい慣れること) 肝要(非常に大切なこと) 官窯(中国などの宮廷で築いた窯) 寛容(寛大) 涵養(徐々に養い育てること) 観葉植物(葉を観賞する植物)
かんぶつ	乾物(乾した食品の総称) 奸物(悪心のある者) 換物(金を物に換えること) 灌仏(仏像に香水をかけること)			
			かんらく	陥落(落ちいること) 歓楽(喜び楽しむこと) 乾酪(チーズ)
かんぺき	完璧(完全無欠) 痼癖(痼癖(かんしゃく))			
がんぺき	岸壁(船を横づけできる施設) 岩壁(けわしく切り立った岩肌)		かんらん	観覧(見物すること) 甘藍((植)キャベツ) 橄欖(オリーブに似た常緑木)
かんべん	簡便(簡単便利) 勘弁(過失を許すこと)		かんり	管理(取り仕切ること) 監理(取り締まること) 官吏(公務員) 監吏(監督する官吏)
かんぼう	感冒(風邪) 官房(内閣等の総務を担当する機関) 監房(刑務所で囚人を入れる部屋) 観望(眺めのぞむこと)			
			かんりゅう	還流(戻り流れること) 環流(めぐり流れること) 寒流(↔暖流) 乾留(溜)(空気を遮断して強熱し、揮発分を回収する操作) 貫流(つらぬき流れること)
かんぽう	官報(国の機関紙) 艦砲(軍艦に搭載している大砲) 漢方(中国伝来の医術)			
かんまん	緩慢(手ぬるいこと) 干満(干潮と満潮)		かんりょう	完了 官僚(公務員)
かんみ	甘味(甘い味) 鹹味(しおからい味)		かんれい	慣例(しきたり) 寒冷(寒く冷たいこと。*寒冷前線)

熟語

かんわ	緩和(ゆるめること)		きかい	機会(好都合なとき。チャンス)
	漢和(漢語と日本語。中国と日本)			機械(原動・伝導・作業の三機構を持つもの)
	閑話(無駄話。＊閑話休題)			器械(三機構の一つを欠くもの)
				奇怪(あやしいこと)

[き]

きい	奇異(あやしく不思議なこと)		きがい	危害(危険と損害)
	貴意(あなたのお考え)			気概(困難にくじけない強い意気)
	忌諱(いみきらうこと)			
ぎいん	議員(合議制の機関を構成する人)		きかく	企画(計画をたてること)
	議院(衆議院と参議院)			規格(標準ルール)
きうん	機運(時機)		きかん	気管(咽喉から肺に通ずる管)
	気運(時勢のなりゆき)			汽缶(ボイラー)
きえい	気鋭(意気込みの鋭いこと)			季刊(四季ごとに刊行すること)
	機影(飛行機の姿)			既刊(すでに出版されていること)
きえん	機縁(きっかけ。機会)			期間
	気炎(焔)(盛んな意気)			機関(蒸気・内燃・水力機関等の総称。個人・団体等がつくった組織)
	奇縁(不思議な因縁。＊合縁奇縁)			基幹(一番のおおもと)
ぎおん	擬音(人工的に作り出す音)			奇観(珍しい眺め)
	祇園(京都八坂神社の旧称。また、その付近の地名)			貴簡(翰)(相手からの手紙の尊敬語)
きか	気化(液体から気体に変わる現象)			亀鑑(模範)
	帰化(他国の国籍をとること。外来の生物がその土地に自生すること)			旗艦(艦隊の長が乗ってる軍艦)
				器官(生物体を構成する一部分)
	幾何(＊幾何学)			帰還(返ってくること)
	奇禍(思いがけない災難)			帰館(わが家に帰ること)
	奇貨(珍しい財貨)		きがん	祈願(神仏に祈り願うこと)
	机下(宛名に添えて敬意を表す語)			奇岩(珍しい形の大岩)
	貴下(相手への敬称の一つ)		ぎかん	技官(技術職の官吏)
	旗(麾)下(部下)			技監(技官の最高位)
きが	飢(饑)餓(うえること)		きき	危機(危険な状態)
	起臥(日常の生活)			器機(器具・機械の総称)
				忌諱(いみきらうこと)
				記紀(古事記と日本書紀)
				鬼気(恐ろしい気配)
				喜(嬉)々(嬉しそうに遊ぶ様)

80

きぎ	木々(多くの木)	きげん	期限
	機宜(時機に応じていること)		機嫌(心のうちにいだく思わく)
	嬉戯(楽しみ遊ぶこと)		紀元(歴史上の年を数える基準)
ききゅう	気球		起源(原)(はじまり)
	危急(危険が迫ること。*危急存亡)	きこ	旗鼓(軍旗と太鼓)
	希求(願い求めること)		騎虎(虎に乗ること。*騎虎の勢い)
	帰休(家に帰って休息すること)	きこう	奇行(奇抜な行い)
	企及(努力して追いつくこと)		紀行(旅の見聞等を記したもの)
ききょう	帰郷(故郷に帰ること)		気候
	帰京(都に帰ること)		機構(機械内部の仕組み)
	気胸(胸膜内に空気の溜る病気)		機甲(機械力利用の兵器で装備すること)
	桔梗((植)キキョウ)		気功(中国の保健養生法)
きぎょう	企業(生産営利事業を経営すること。その経営主体)		気孔(植物表皮にあるあな)
	起業(新しく事業を起こすこと)		寄稿(原稿を出版社等へ送ること)
ききん	基金(積立または準備しておく資金)		寄港(航海途中の船が立ち寄ること)
	飢(饑)饉(農作物実らず食物欠乏の様)		貴公(同輩以下の相手への呼び名)
	寄金(寄付金)		起稿(原稿を書き始めること)
きぐ	器具(道具)		起工(工事を始めること)
	機具(機械と器具)		希覯本(世間に流布するのが少ない本)
	危惧(危ぶみ恐れること)	きごう	記号
きぐう	奇遇(思いがけず出会うこと)		揮毫(書画を書くこと)
	寄寓(他人の家に身を寄せること)	ぎこう	技工(手で加工する技術)
きけい	貴兄(対等の相手への敬称)		技巧(技術の巧みなこと。テクニック)
	奇形(珍しい姿・形)	きこん	既婚
	奇景(珍しい景色)		気根(空気中に露出した根)
	奇計(巧みなはかりごと)	きさい	奇才(優れた才能。それを持った人)
	詭計(他人をだますはかりごと)		鬼才(人間とは思われないほどの才能)
ぎけい	義兄(義理の兄)		機才(機敏な才能)
	偽計(他人をあざむく計略)		既済(事がすでに済んでいること)
きけつ	帰結(おちつくところ)		記載(書物・書類に載せること)
	既決(すでに決定してること)		
きけん	危険		
	貴顕(身分高く名声あること。その人)		
	棄権		

熟語

	起債(公社債を募集すること)
きざい	機材(機械や材料)
	器材(器具や材料)
きさん	起算(数え始めること)
	帰参(長らく他所に行ってた人が戻ってくること)
きし	騎士(騎馬の武士。ナイト)
	棋士(囲碁・将棋を職業とする人)
	旗幟(旗とのぼり。*旗幟鮮明)
	起死(危機の事態を好転させること。*起死回生)
きじ	生地(自然のままの質。布の質)
	木地(木材のはだ。木目)
	記事
	雉子((鳥)キジ)
ぎし	技師(専門技術を職業とする人)
	義肢(義手や義足)
	義士(節義をかたく守る人)
	義歯(入れ歯)
	擬死(動物が死んだように動かなくなること)
ぎじ	議事(会合して相談すること)
	疑(擬)似(似ていて紛らわしいこと)
きじく	基軸(物事の基本・中心になるもの)
	機軸(車輪の軸。活動の中心。計画)
きしつ	気質(きだて。気性)
	気室(卵殻内にある空気の入った隙間)
きしゃ	汽車(蒸気動力で動く鉄道車両)
	貴社(相手方の会社等への尊敬語)
	記者
	帰社
	喜捨(喜んで寺等へ寄付すること)
きしゅ	機種(機械等の種類)
	機首(飛行機の頭部)
	期首(ある期間・期限のはじめ)
	起首(物事のはじめ)
	奇手(奇抜な手段)
	旗手(団体行進の際、団体旗を持つ人)
	騎手(馬の乗り手)
きしゅう	奇習(珍しい習慣)
	奇襲(不意打ち)
きじゅう	機銃(機関銃の略)
	起重機(クレーン)
きじゅつ	記述(書きしるすこと)
	既述(すでの述べたこと)
	奇術(手品)
きじゅん	規準(規範・標準となるもの)
	基準(基礎となる標準)
	帰順(反逆を改め服従すること)
きしょ	貴所
	貴書
	希書(世間に流布するのが少ない本)
きしょう	気象(大気の状態・諸現象)
	気性(生まれつきの気質)
	希(稀)少(まれで少ないこと)
	記(徽)章(職務・身分・名誉等を表すため衣服等につけるしるし)
	奇勝(すばらしい景色)
	毀傷(損ない傷つけること)
	起床(寝床から起き出ること)
	起請文(誓約書)
きじょう	机上
	機上(飛行機に乗っていること)
	貴状(相手からの文への敬語)
	軌条(レール)
	気丈(気持ちのしっかりしていること)
	騎乗(馬に乗ること)

ぎしょう	偽証(いつわって証明・証言すること)			棋聖(囲碁・将棋で特にすぐれた人)
	偽称(うその名称)		ぎ せ い	犠牲(身命を捧げて他のために尽くすこと。いけにえ)
	擬傷(地上営巣する鳥の擬態の一つ)			擬制(なぞらえること)
ぎじょう	議場			擬勢(強がり)
	議定(合議して決めたおきて)			擬声(他の声をまねた声)
	儀仗(儀式の際に用いる武器)		き せ き	軌跡(わだち。前人の行いの跡。幾何図形の一つ)
きしょく	貴職(役人などへの尊敬語)			鬼籍(死者の名を記す帳面)
	寄食(居候)			輝石(珪酸塩鉱物の一種)
	喜色(うれしそうな顔つき)			奇跡(蹟)(自然法則を超えた現象)
	気色(気持ちが顔色にあらわれること)		き せ つ	季節(四季のおりおり)
き し ん	帰心(故郷などに帰りたいと思う心)			既設(すでに設置してあること)
	寄進(社寺等に寄付すること)		き せ ん	基線(測量の基準となる線)
	貴信(あなたからの便り)			機先(事を行おうとするやさき)
き じ ん	奇人(かわりもの)			貴賤(身分の高い人と低い人)
	貴人(地位・身分の高い人)			機船(内燃機船の略)
	鬼神(死者の霊魂と天地の神霊)			汽船(蒸気機関で推進させる船)
ぎ し ん	義心(忠義の心)		ぎ ぜ ん	偽善(みせかけにする善事)
	疑心(疑う心。*疑心暗鬼)			巍然(高くそばだつ様)
ぎ じ ん	義人(正義を守る人)		き そ	基礎(いしずえ。土台)
	擬人(人でないものを人にみたてること)			起訴(検察官が公訴を提起すること)
き す う	奇数(↔偶数)		き そ う	寄贈(品物を他人に贈ること)
	基数(基礎として用いる数)			奇想(奇抜な考え)
	帰趨(最終的に落ち着くところ)			帰巣(動物が巣に帰ってくること)
き せ い	規制(規律で制限すること)			起草(文案をつくること)
	規正(悪い所を正しく直すこと)		ぎ そ う	偽装(あざむくこと。*偽装倒産)
	既製(できあい。*既製品)			擬装(あざむくこと。*擬装陣地)
	期成(ある物事を必ず成功させようと誓うこと)			艤装(船体ができてから後の仕上げ仕事)
	既成(すでに行われていること)		き そ く	規則(ルール)
	帰省(故郷に帰ること)			驥足(すぐれた才能)
	寄生(動植物が他の動植物に依存して生きること)			気息(呼吸。*気息奄々)
	奇声(頓狂な声)			
	気勢(意気込んだ気持ち)			

熟語

きぞく	帰属(したがうこと) 貴族(家柄・身分の高い人)
きそん	既存(すでに存在すること) 毀損(物をこわすこと。傷つけること)
きたい	期待 気体 機体(飛行機の胴体) 危殆(非常に危ないこと) 奇態(風変わりな様)
きだい	季題(俳句を作る題としての季語) 貴台(手紙で使う尊敬の二人称) 希(稀)代(世にまれな珍しいこと)
きたく	帰宅 寄託(あずけ頼むこと)
きたん	忌憚(遠慮) 奇譚(珍しく面白い物語)
きだん	気団(大気の大きな塊) 奇談(珍しく興味のある話)
きち	基地(行動の基点になる根拠地) 危地(危険な場所・立場・境遇) 既知(すでに知られていること) 奇知(智)(天才的な知恵) 機知(ウィット)
きちゅう	期中(一定期限の間) 忌中(近親に死者があり忌に服する期間)
きちょう	貴重 帰朝(外国から帰ってくること) 機長(飛行機搭乗員の長) 基調(基本的なテーマ) 几帳(昔のびょうぶの一種) 記帳(帳簿に記入すること)
きっこう	拮抗(勢力・力がほぼ等しく、相対して互いに屈せぬこと) 亀甲(亀の甲羅)
きっすい	生粋(まじりけのないこと) 吃(喫)水(船の水中に没してる部分の深さ)
きてい	規程(事務・行動の基準) 規定(規則や基準を定めること) 既定(すでに定まっていること) 基底(ものごとの基礎)
ぎてい	義弟(義理の弟) 議定(評議して事を決定すること)
きてん	起点(物事の始まるところ) 基点(距離をはかる時の基とする点) 気(機)転(とっさに心が働くこと)
きと	帰途(かえりみち) 企図(くわだて)
きど	木戸(庭園の開き戸。興業場等の見物人の出入口) 喜怒(喜びと怒り) 輝度(発光体の単位面積当たり明るさ)
きとう	祈禱(神仏に祈ること) 帰投(航空機等が基地に帰ること) 気筒(シリンダー)
きどう	軌道(電車等の走る道。天体運航の道) 気道(肺に流入する空気の通路) 機動(状況に応じたすばやい活動) 起動(動きを開始すること) 気動車(内燃機関をもつ客車)
きとく	危篤(病重く死にそうな状態) 奇特(すぐれて賞すべきこと) 既得(すでに自分のものとなってること)
きねん	祈念(祈り念ずること) 記念(思い出に残すもの)

きのう	昨日 帰農(離農した者が再び農業に従事すること) 機能(物のはたらき) 既納(すでに納めたこと) 帰納(推理・思考の手続きの一つ)
きば	騎馬(馬に乗ること) 木場(材木を貯えておく場所)
きはく	希薄(少なく薄いこと) 気迫(何ものにも屈せず立ち向かっていく強い精神力)
きはん	規範(模範。基準) 機帆船(発動機付きの帆船)
きばん	基盤(おおもとになるものごと) 基板(IC回路を写しこむ半導体の板)
きび	機微(容易には察せられない微妙な事情) 驥尾(駿馬の尾)
きひん	気品(どことなく感ずる上品さ) 貴賓(身分の高い客)
きふ	寄付 棋譜(対局の手順を示した記録)
きふう	気風(ある人々が共通に持ってる気質) 棋風(囲碁将棋の棋士の個性)
きぶん	気分 奇聞(珍しいうわさ)
きほう	気泡(あわ) 気胞(肺胞。魚の浮袋) 既報(すでに通知・報道したこと)
きぼう	希望 詭謀(人をだますはかりごと)
きみ	気味(けはい。様子。気持) 黄身(↔卵白)
きみつ	機密(政治・軍事上の大切な秘密) 気密(気体を通さぬこと)

きもん	鬼門(北東の方角) 旗門(スキー滑降競技に立てる旗) 気門(昆虫の体の側面にある呼吸口) 奇問(奇抜な質問)
きゃくせん	客船 脚線(脚の輪郭を表す線)
ぎゃっこう	逆行(法則や時の動きの逆に進むこと) 逆光(逆光線の略)
きゅういん	吸引(吸いこむこと) 吸飲(吸って飲むこと)
きゅうえん	救援(他人を救い助けること) 休演(興業や出演等を休むこと) 球宴(花形選手が多く集まる野球試合) 旧怨(昔のうらみ) 旧縁(古い縁故)
きゅうか	休暇 球果(松ボックリのたぐい) 旧家(由緒ある家。もと住んだ家)
きゅうかい	休会 球界(野球界) 旧懐(以前の事を懐かしく思う心)
きゅうかん	休刊(新聞等が発行を休むこと) 休館 急患(急病の患者) 旧慣(古い習慣) 休肝日(お酒を飲まない日) 休閑地(作物栽培を一時休んでる土地)
きゅうぎ	旧誼(古いよしみ) 球技(ボールを用いる競技) 球戯(ボールを用いる遊び)
きゅうきゅう	救急(急場の難儀を救うこと) 急々(急ぐ様) 汲々(あくせくと努めること)

熟語

きゅうきょ	旧居(以前住んでいた家) 急遽(急ぎあわてること)		きゅうしゃ	厩舎(馬小屋) 鳩舎(鳩小屋) 柩車(霊柩車)
きゅうきょう	旧教(カトリック教の日本での通称) 窮境(苦しい境遇)		きゅうしゅう	吸収 急襲(不意をついて敵を襲うこと) 旧習(古い習慣)
きゅうけい	休憩 弓形 球形 球茎(地下茎の一種) 求刑(検察官が刑を科すよう請求すること)		きゅうしょう	旧称(もとの呼び名) 求償(賠償・償還を求めること)
			きゅうじょう	球場 窮状(困り果てている状態) 弓状 臼状(臼(うす)のような形) 球状 宮城(天皇の平常の居所) 休場
きゅうげき	急撃(急に攻撃すること) 急激(劇)(行動や変化がはげしいこと)			
きゅうこう	急行 躬行(言うとおり自ら実行すること。*実践躬行) 休校 休講(講義の休み) 休耕(耕作を休むこと) 旧好(昔からのよしみ) 旧交(昔からの交際) 救荒(飢饉の際に救助すること)		きゅうしょく	給食 休職(身分保留のまま休むこと) 求職
			きゅうしん	休診(診察を休むこと) 休心(安心すること) 求心(中心に近づこうとすること) 急進(急いで進むこと) 急伸(売上等が急激にあがること) 球審(捕手の後ろにいる審判)
きゅうこく	急告(急いで告げ知らせること) 救国(国難を救うこと)			
きゅうこん	球根(球状の根の総称) 求婚(結婚の申し込み)		きゅうじん	求人 旧人(↔新人) 吸塵(ごみやちりを吸い取ること) 九仞(非常に高いこと。*九仞の功)
きゅうさい	救済(救い助けること) 休載(連載している記事を一時休むこと)			
きゅうし	休止 急死 九死(ほとんど死ぬほどの危険なこと) 旧址(趾)(有名な事件・建物のあった跡) 旧師(以前に教えを受けた先生) 給紙(紙を供給すること) 臼歯(奥にある歯)		きゅうせい	急性(病気等の進み方が速いこと) 急逝(急に死亡すること) 旧制(古い制度) 旧姓(縁組み前の姓) 救世(世の人々を救うこと)

86

きゅうせつ	急設(急いで設けること) / 旧説(↔新説)
きゅうぞう	急造(急いで造ること) / 急増(急に数量がふえること)
きゅうそく	急速(事物の進展が速やかなこと) / 休息 / 球速(投げたり打ったりした球の速さ)
きゅうたい	旧態(昔のままの状態) / 球体(球の形をした物体)
きゅうだい	及第 / 休題(話をやめること。＊閑話休題)
きゅうだん	球団(プロ野球チームを持つ団体) / 糾(糺)弾(罪状を問いただして非難すること)
きゅうち	窮地(追いつめられた苦しい立場) / 旧知(古い知りあい)
きゅうちょう	級長(クラスの代表) / 急潮(流れの早い潮) / 窮鳥(逃げ場を失った鳥)
きゅうてい	休廷(裁判途中で法廷を一時とじること) / 宮廷(天子・国王の居所)
きゅうてん	急転(成り行きが急に変わること) / 灸点(灸をすえるところ)
きゅうでん	宮殿 / 給電(電気を供給すること) / 休電(送電を中止すること)
きゅうとう	旧冬(前年末の冬) / 給湯 / 急騰(物価等が急激に上がること)
きゅうどう	弓道(武道の一つ。弓で矢をうつ術) / 旧道(↔新道) / 求道(真理を求めて修行すること)
きゅうなん	急難(にわかに起こった災難) / 救難(災難から人を救うこと)
きゅうはく	急迫(事のさし迫ること) / 窮迫(生活に困ること)
きゅうふ	給付(財物を供給交付すること) / 休符(休止符)
きゅうほう	急報 / 旧法(古い法令。古い方法)
きゅうみん	休眠(活動が休止すること) / 救民(苦しんでいる人を助けること) / 窮民(生活に困っている人)
きゅうめい	究明(道理を究め明らかにすること) / 糾明(罪状を明らかにすること) / 救命(＊救命胴衣)
きゅうやく	旧約(昔の約束。旧約聖書の略) / 旧訳(旧来の翻訳。↔新訳)
きゅうゆう	旧友(昔からの友だち) / 級友(クラスメート)
きゅうよ	給与 / 窮余(苦しまぎれ)
きゅうよう	休養 / 給養(物を与えて養うこと) / 急用
きゅうりょう	丘陵(なだらかな丘) / 給料 / 休漁(漁を休むこと)
きよう	起用(とりたてて用いること) / 器用(手先が巧みなこと) / 紀要(論文等を載せた定期刊行物)

きょうい	脅威(威力によりおどすこと)	きょうかん	共感(自分も同じように感じること)
	強意(文章表現上意味を強めること)		胸間(胸のあたり。心のなか)
	驚異(おどろきあやしむこと)		経巻(経文を記した巻物)
	胸囲		叫喚(大声でわめきさけぶこと)
きょうえい	共栄(ともに栄えること)		教官(教育・研究に従事する国家公務員)
	競泳(水泳競技)		凶(兇)漢(悪もの)
きょうえん	饗宴(もてなしの酒盛り)		郷関(ふるさと)
	嬌艶(なまめいて美しいこと)	きょうき	狂気(きちがい)
	競演(演技を競うこと)		狂喜(非常に喜ぶこと)
	共演(主役格が二人以上一緒に出演すること)		凶器(殺傷に使われる器具)
きょうおう	供(饗)応(酒食を供してもてなすこと)		俠気(強きをくじき弱きを助ける心)
	胸奥(胸の奥。心のなか)		驕気(おごりたかぶった気質)
きょうか	強化		驚喜(非常に喜ぶこと)
	教科		強記(記憶力のよいこと)
	教化(教え導くこと)		狭軌(レール間隔の標準より狭いもの)
	供花(仏前に花をそなえること)	きょうぎ	教義(宗教上の教えの趣旨)
	狂歌(ユーモアを詠んだ短歌)		狭義(同じ言葉の意味のうち狭い方の意)
きょうかい	境界(さかいめ)		共議(ともに相談すること)
	協会(会員が協力して設立・維持する会)		協議(寄り集まって相談すること)
	教会(信仰を同じくする人の集まり)		競技
	教誨(受刑者に対する教育活動)		経木(檜等を紙のように薄く削ったもの)
	教戒(誡)(教えいましめること)	きょうげき	矯激(言動が度はずれて過激なこと)
ぎょうかい	業界(同じ産業にたずさわる人々の社会)		夾(挟)撃(はさみうち)
	凝塊(こりかたまったもの)		京劇(中国の代表的古典劇)
	凝灰岩(火山砕屑岩の一種)	ぎょうけつ	凝結(こり固まること)
きょうかく	俠客(仁俠の徒)		凝血(血液が固まること)
	胸郭(胸部の骨格)	きょうけん	強肩(肩が強いこと。*強肩外野手)
きょうがく	共学		強権(強い権力。*強権発動)
	教学(教育と学問)		強健(身体が丈夫で強いこと)
	驚愕(非常に驚くこと)		教権(宗教上の権力)
ぎょうかく	行革(行政改革の略)		
	仰角(高所にある物を見る観測者の視線と水平面とのなす角度)		

	狂犬(狂犬病にかかっている犬)	きょうし	教師
	恭倹(慎み深いこと)		教士(全日本剣道連盟が与える称号の一つ)
きょうこう	強硬(手ごわいこと。＊強硬手段)		嬌姿(あでやかでなまめかしい姿)
	強行(無理を押して行うこと)		狂死(くるい死に)
	凶荒(農作物が実らぬこと)		驕恣(肆)(心が驕って気ままなこと)
	教皇(ローマ教皇)	きょうじ	教示(教え示すこと)
	胸高(立木を測る基準の高さ)		矜持(自負。プライド)
	胸腔(胸部にある体腔)		驕児(わがままな子供)
	恐慌(恐れてあわてること。＊金融恐慌)		脇侍(本尊の両脇に安置される像)
	恐惶(恐れかしこむこと)		凶事(縁起の悪い事)
	凶(兇)行(凶悪な行い)		経師(経巻・襖等の表具をする人)
	強行軍(無理な日程で事を進めること)	ぎょうし	凝視(じっと見つめること)
きょうごう	競合(きそいあうこと)		仰視(仰ぎ見ること)
	驕傲(おごりたかぶること)		凝脂(こり固まった脂肪)
	強剛(手ごわいこと)	ぎょうじ	行司(相撲の審判者)
	強豪(強く手ごわいこと。その人)		行事(恒例として事をとり行うこと)
ぎょうこう	行幸(天皇の外出)	きょうしゃ	強者
	暁光(明け方の光)		驕奢(権勢におごること)
	僥倖(偶然の幸運)		香車(将棋の駒の一つ)
きょうこく	峡谷(幅の割に深く細長い谷)	きょうしゅ	興趣(おもむき)
	強国(軍備・経済力にすぐれた国)		教主(宗教の一派を始めた人)
きょうさい	共催(共同で主催すること)		梟首(さらし首)
	共済(共同して助け合うこと)	きょうじゅ	教授(高等教育の学校で研究し教える人)
	恐妻(夫が妻に恐れていう語)		享受(受け入れて味わい楽しむこと)
きょうさく	凶作(作物の実りが非常に悪いこと)	きょうしゅう	郷愁(他郷にいて故郷に寄せる思い)
	狭窄(狭いこと)		強襲(敵を激しく攻撃すること)
	競作(作品等を競いあって作ること)		教習(教え教わること)
きょうさん	協賛(事業趣旨に賛同して協力すること)	きょうしょう	胸章(胸につける徽章の類)
	強酸(塩酸・硝酸・硫酸の類)		嬌笑(色っぽい笑い)
	共産(資産・生産手段等をその社会の構成員が共有すること)		狭小(狭く小さいこと)

熟語

きょうじょう	教条(信仰箇条)		きょうだい	兄弟
	教場(教室)			姉妹
きょうしん	強震(震度5以上の地震)			鏡台
	狂信(異常なまでの信仰)			橋台(橋の両端を支える台)
	共振(外からの刺激で固有振動を起こすこと)			強大
	強心剤(心臓の働きを強める薬剤)		きょうたく	供託(提供寄託)
				教卓(教室で使う教師の机)
	狭心症(心臓の病気の一つ)		きょうだん	凶(兇)弾(凶漢が放った銃弾)
	共進会(産業振興の目的で開催する会)			教団(宗教団体)
				教壇
きょうじん	強靭(強くねばりのあること)		きょうちょう	凶兆(凶事の前兆)
	狂人(正気を失った人)			強調
	凶(兇)刃(凶行に用いる刃物)			協調(協力して互いの問題を解決しようとすること)
きょうせい	強制		きょうつう	共通
	矯正(欠点をなおし正しくすること)			胸痛(胸部の痛み)
	強勢(強い勢い)		きょうてい	協定(協議して決定すること)
	嬌声(女のなまめかしい声)			競艇(モーターボートの競争)
	共生(ともに所を同じくして生きること)			教程(教える順序・方式)
	教生(教育実習生)			胸底(心中の思い)
ぎょうせい	行政(国の機関が行う政務)		きょうてん	教典(教育上の基本となる書物)
	暁星(明けの明星。金星)			経典(宗教の基本となる文献。聖書・コーランの類)
ぎょうせき	業績(事業などでなした仕事)			驚天動地(世間をひどく驚かすこと)
	行跡(人の行為のあと)		ぎょうてん	仰天(非常に驚くこと)
きょうそう	競争(勝負を競うこと)			暁天(夜明けの空)
	競走(走り比べること)		きょうと	教徒(宗教の信徒)
	競漕(ボート競技)			凶(兇)徒(凶行を働く悪者の仲間)
	強壮(身体が健康で強いこと)		きょうど	郷土
	狂騒(躁)(狂ったように騒ぎ立てること)			強度(強さの程度)
	協奏曲(コンチェルト)		きょうとう	共闘(共同闘争の略)
	狂想曲(カプリッチオ)			郷党(同郷の人々)
きょうだ	強打(強く打ちつけること。強烈な打撃)			狂濤(荒れ狂う大波)
				教頭(小・中・高校の校長の次位)
	怯懦(臆病で意志の弱いこと)			驚倒(ひどく驚くこと)
きょうたい	狂態(正気でないような態度)			
	嬌態(色っぽい態度)			

きょうどう	共同	きょうり	郷里
	嚮導(先に立って導くこと)		教理(真理と認めている教えの体系)
	協同(助け合って仕事をすること)		胸裏(裡)(胸のうち)
	教導(教え導くこと)	きょうりょう	狭量(受け入れる心の狭いこと)
きょうねん	享年(亡くなった年齢)		橋梁(橋)
	凶年(不作の年)	きょうりょく	協力(力を合わせて物事をすること)
きょうはく	脅迫(おどかし…刑法。＊脅迫罪)		強力(力強いこと)
	強迫(おどかし…民法。＊強迫観念)	きょうわ	協和(心をあわせ仲よくすること)
きょうはん	共犯(二人以上で犯罪をおかすこと)		共和(合議制による政治形態)
	教範(教育の手本)	きょか	許可
	橋畔(橋のたもと)		炬火(たいまつ。かがり火)
きょうふう	強風	きょくげん	極限(限り。果て)
	矯風(悪い風俗を改め直すこと)		曲言(遠まわしに言うこと)
きょうべん	教鞭(教師の持つむち)		局限(範囲を一部に限ること)
	強弁(強く言いわけすること)		極言(極端な言い方をすること)
きょうぼう	凶暴(凶悪で乱暴なこと)	きょくしょう	極小
	強暴(強く荒々しいこと)		極少
	狂暴(狂ったように暴れること)	きょくち	局地(限られた範囲の土地)
	共謀(共同謀議の略)		極地(果ての土地。両極地方)
きょうほん	教本(教科書)		極致(この上もない趣。＊美の極致)
	狂奔(狂気のように走り回ること)	きょくろん	極論(極端な議論)
きょうめい	共鳴(共振。他人の意見に同感すること)		曲論(正しくない議論)
	嬌名(芸者等の高い評判)	きょこう	挙行(儀式や行事を行うこと)
きょうゆう	共有(物を共同して所有すること)		虚構(つくり事。フィクション)
	享有(権利・才能などの生まれながらに身に持ってるもの)	きょせい	虚勢(からいばり)
きょうよう	共用(共同で使うこと)		去勢(動物の精巣を除去すること)
	供用(使用に供すること)		巨星(光度の大きい星。偉大な人物)
	強要(無理じいすること)	きょっこう	極光(オーロラ)
	教養		旭光(朝日の光)
きょうらん	狂乱(きわめて異常なこと)	きょとう	巨頭(団体等で主だった人)
	狂瀾(荒れ狂う大波。＊狂瀾怒濤)		挙党(一つの政党全体)
	供覧(観覧に供すること)		

熟語

きょひ	拒否 許否(許すか許さないか) 巨費(多額の費用)
きょほう	虚報(いつわりの知らせ) 巨峰(ブドウの一品種) 巨砲(大きな大砲)
きょよう	許容(許しいれること) 挙用(人を取り立てて用いること)
きょり	距離 巨利(大きな利益)
きょれい	虚礼(無用の礼儀) 挙例(例をあげること)
きらい	機雷(機械水雷の略) 帰来(帰ってくること)
きりつ	規(紀)律(おきて。きまり) 起立
きりゅう	気流(大気の流れ) 旗旒(艦船同士に使われる信号旗) 寄留(他家に一時的に住むこと)
きりょく	気力(元気) 汽力(蒸気の力) 棋力(囲碁・将棋の技量)
きろ	帰路 岐路(わかれ道)
きんいん	近因(近い原因) 金員(金額。金銭) 金印(黄金製の印)
きんえん	近縁(血のつながりの近いこと) 禁煙
きんか	金貨 近火
きんかい	近海 襟懐(心のなか) 金塊(精錬した金の塊) 欣快(喜ばしく気持ちが良いこと)
きんかん	近刊(近々刊行すること) 金冠(金で作った冠。歯にかぶせた金) 金柑((植)ミカンの一種) 金管(金管楽器の略) 金環(金製の輪) 金環食(日食の一種)
きんき	欣喜(大喜びすること) 禁忌(忌むべきものとして禁ずること。そのもの)
きんけい	謹啓(手紙の起筆語。謹んで申し上げるの意) 近景
きんけん	金権(金銭による権力。*金権政治) 金券(金銭の代わりに通用する券) 勤倹(勤勉で倹約すること)
きんげん	金言(古人の残した模範となる言葉) 謹言(手紙の末尾に用いる敬意を表す語) 謹厳(慎み深く厳格なこと)
きんこ	金庫 禁固(刑務所に拘置するだけの刑)
きんこう	均衡(つりあいのとれていること) 欣幸(喜び、幸せに思うこと) 金鉱(金を産出する鉱山) 近郊(都市に近い郊外)
きんこん	緊褌(褌をしっかりしめること) 金婚式(結婚五十周年)
きんし	禁止 近視(近眼) 金鵄(金色のトビ。*金鵄勲章) 菌糸(菌類の繊細な糸状の細胞)

きんじ	近似(非常によく似通っていること)
	近時(ちかごろ)
	矜持(侍)(自負)
きんしつ	均質(性質の同じこと)
	琴瑟相和す(夫婦間の睦まじいこと)
きんしゅ	禁酒
	筋腫(筋肉の腫瘍)
きんしゅう	錦秋(紅葉が錦のようになる秋)
	錦繡(錦と刺繡をした美しい衣服)
きんしょ	禁書(発行禁止された書物)
	謹書(謹んで書くこと。その書)
きんじょう	近情(状)(最近の状態)
	今上(当代の天皇)
	金城(防備堅固な城)
	謹上(書状の名宛に添える語)
きんしん	近親(血統の近い親族)
	謹慎(言行をつつしむこと)
きんせい	金星
	近世(古代・中世のあとの時代)
	均整(つりあい)
	謹製(謹んで製造すること)
	禁制(ある行為をさしとめること)
きんせん	金銭
	琴線(琴の糸。感じやすい心情)
きんそく	禁足(外出を禁ずること)
	禁則(規則として禁ずること)
きんぞく	金属
	勤続(同じ所に継続的に勤めること)
きんちゃく	近着(最近到着したこと)
	巾着(布等で作ったお金入れの袋)
きんちょう	緊張
	禁鳥(捕獲してはならない鳥)
	謹聴(謹んでよく聞くこと)

きんとう	均等(平等で差のないこと)
	近東(旧オスマン帝国領に対するヨーロッパでの呼称)
きんのう	勤皇(王)(幕府打倒をはかった政治運動)
	金納(租税等を金銭で納めること)
きんぱく	金箔(薄紙のように薄く延ばした金)
	謹白(手紙の結びにつけて敬意を表す語)
	緊迫(きびしく差しせまること)
きんり	金利(利子)
	禁裏(裡)(皇居)
きんりょう	禁漁(漁を禁ずること)
	禁猟(猟を禁ずること)

[く]

くうほう	空砲(実弾をこめない銃砲)
	空包(音だけの出る演習用の弾薬)
くかい	句会(俳句を作り発表し批評する会)
	苦海(界)((仏)苦しみの絶えない人間の世界。遊女のつらい境遇)
くきょう	苦境(苦しい境遇・立場)
	苦況(苦しい状況)
くぎょう	苦行(苦しい修行)
	公卿(公家。三位以上の高官)
ぐこう	愚行(おろかな行い)
	愚考(おろかな考え)
ぐさく	愚策(おろかな策略)
	愚作(つまらぬ作品。自作品の謙譲語)
くじゅう	苦渋(苦しみ悩むこと)
	苦汁(苦い汁。苦しい経験)
ぐそく	愚息(自分の息子の謙譲語)
	具足(甲冑)

熟語

くだもの	果物
	管物(菊の園芸品種の一種)
くちゅう	苦衷(苦しい心のなか)
	駆虫(寄生虫・害虫を駆除すること)
くちょう	口調(ことばの調子)
	区長(区の長)
くっきょう	屈強(きわめて力の強いこと)
	究竟(つまるところ)
くっしん	屈伸(のびちぢみ)
	掘進(掘って進むこと)
くとう	苦闘(難儀なたたかい)
	句読点(句点と読点)
ぐろう	愚弄(人をあなどり、からかうこと)
	愚老(老人の謙称)
くんいく	訓育(教え育てること)
	薫育(徳をもって人を導き育てること)
ぐんか	軍歌(軍隊で士気高揚のための歌)
	軍靴(軍人用の靴)
ぐんき	軍記(いくさ物語)
	軍紀(軍隊の規律)
	軍機(軍事上の機密)
	軍旗(軍隊の旗)
ぐんこう	軍功(いくさの手柄)
	軍港(艦隊の根拠地)
くんじ	訓示(教え示すこと)
	訓辞(教え戒める言葉)
ぐんし	軍師(巧みに策略をめぐらす人)
	軍使(敵軍に赴く使者)
くんしゅ	君主(世襲による国家の統治者)
	葷酒(臭気の強い野菜と酒)
ぐんしゅう	群衆(群がり集まった大勢の人)
	群集(群がり集まること。＊群集心理)

ぐんせい	軍政(軍事上の政務)
	群棲(同種類の動物が群がりすむこと)
	群生(植物が一カ所に群をなして生えること)
くんとう	薫陶(徳をもって人を感化しすぐれた人間をつくること)
	勲等(国に勲功ある者に与える栄典)
ぐんとう	群島(むらがっている島々)
	群盗(多くの盗賊)
	軍刀(軍人の持つ刀)
ぐんぶ	郡部(郡に属する地域)
	群舞(大勢で舞い踊ること)
	軍部(軍の当局)

[け]

けいい	敬意(うやまう気持ち)
	経緯(いきさつ。経度と緯度)
	軽易(手軽なこと)
けいえい	経営(継続的に事業を遂行すること)
	警衛(警戒し護衛すること)
けいか	経過(なりゆき)
	珪化(岩石のなかに珪酸が浸入すること)
けいかい	警戒
	軽快
けいがい	形骸(中身が失われて外形だけ残っているもの)
	警咳(せき払い)
けいかん	警官
	鶏冠(ニワトリのとさか)
	径間(さしわたしの距離)
	景観(けしき)
	桂冠(月桂冠。月桂樹の枝葉の輪)
けいがん	慧眼(鋭い洞察力)
	炯眼(鋭い目つき)

94

けいき	景気
	契機(きっかけ)
	刑期(刑を受ける期間)
	軽機(軽機関銃)
	計器
けいけい	軽々(かるがるしいこと)
	炯々(鋭く光り輝く様。＊眼光炯々)
けいけん	経験
	敬虔(敬い謹むこと)
けいご	敬語
	警固(非常に備えて守り固めること)
	警護(警戒し守ること)
けいこう	携行(携えて行くこと)
	経行(経過すること)
	径行(思うことを曲げずに行うこと。＊直情径行)
	経口(薬等を口から与えること)
	傾向
	蛍光(蛍の光)
けいこく	警告(注意を促すこと)
	渓谷(谷)
	傾国(遊女)
	経国(国を治めること)
けいし	軽視(軽んじて見下げること)
	継子(ままこ)
	継嗣(あとつぎ)
	警視(警察官の階級の一つ)
	刑死(刑に処せられ死ぬこと)
	罫紙(罫をひいた紙)
けいじ	掲示(掲げ示すこと)
	啓示(あらわし示すこと)
	形似(形が似ていること)
	計時(競技等で所要時間を計ること)
	刑事(↔民事。犯罪捜査に従事する私服の警察官)
	慶事(喜びごと)
	形而上(抽象的なこと)
	形而下(具体的なこと)
けいしゃ	傾斜
	鶏舎(ニワトリ小屋)
	珪砂(珪酸分に富む石英砂の総称)
げいしゃ	芸者(歌舞等を行い酒席にはべる女性)
	迎車(迎えの車)
けいしょう	軽傷(軽いきず)
	軽症(軽い症状)
	軽少(わずかなこと)
	形象(表にあらわれた形)
	敬称
	警鐘(危険のあることを告げる鐘)
	継承(うけつぐこと)
	軽捷(身軽ですばやいこと)
	景勝(優れた景色)
	形勝(地勢や風景のよいこと)
けいじょう	計上(数えて書き上げること)
	啓上(申し上げること。＊一筆啓上)
	形状(物の形)
	経常(継続して変わらぬこと)
	刑場(死刑執行の場)
	警乗(列車に乗り込み警戒すること)
けいすう	係数(理数に用いる比例定数等)
	計数(数を数えること。その結果)
けいせい	形成(形づくること。＊形成外科)
	形勢(様子。情勢)
	警醒(警告して人の迷いをさますこと)
	警世(世人に対し警告を発すること)
	経世(世を治めること)
	傾城(遊女。美人)

熟語

けいせん	罫線(文字の行間などに引く線)
	経専(経済専門学校)
	係(繋)船(船舶をつなぎとめること)
けいそう	軽装(身軽な服装)
	係(繋)争(法廷での争い)
	珪藻(褐色藻類の総称)
	継走(リレーレース)
けいぞく	継続
	係属(つながりつくこと)
けいたい	形態(ありさま)
	敬体(です体)
	携帯(たずさえ持つこと)
けいちょう	慶弔(喜び事と弔い事)
	敬弔(謹んで弔うこと)
	軽重
	慶兆(めでたいことの前兆)
	軽佻(かるはずみな様。*軽佻浮薄)
	傾聴(熱心に聞くこと)
けいど	軽度
	経度(地球上の東西の位置を表す座標。↔緯度)
けいとう	系統(順をおって統一されていること)
	継投(野球で投手が交代して投げること)
	傾倒(熱中すること)
	鶏頭((植)ケイトウ。ニワトリの頭)
けいはい	珪肺(肺をむしばむ職業病の一つ)
	軽輩(身分の低い者)
けいはく	敬(啓)白(手紙の末尾に用いる語)
	軽薄(軽々しい様。*軽薄短小)
けいばつ	刑罰(罪をおかした者に対する罰)
	閨閥(妻の一族を中心に結ばれた人のつながり)
けいひ	経費(平常の費用)
	桂皮(肉桂(ニッケイ)の樹皮)
けいび	警備
	軽微
けいふ	系譜(系図)
	継父(ままちち)
けいぶ	警部(警察官の階級の一つ)
	軽侮(軽んじ侮ること)
	頸部(首の部分)
けいふく	敬服(敬い慕うこと)
	景福(大きな幸い)
	慶福(めでたいこと)
けいぼ	敬慕(敬い慕うこと)
	継母(ままはは)
けいほう	警報
	刑法(刑罰の法則)
けいぼう	警棒(警官の持つ棒)
	警防(災害を警戒して防ぐこと)
	閨房(寝室)
けいゆ	経由
	軽油
けいよ	恵与(物を贈られることの尊敬語)
	刑余(前科のあること)
けいよう	形容(事物のかたち)
	茎葉(茎と葉)
	京葉(東京と千葉)
	掲揚(高くかかげること)
けいり	経理(会計に関する事務)
	刑吏(刑の執行にあたる官吏)
けいりゃく	計略(はかりごど)
	経略(国家を経営統治すること)
けいりゅう	渓流(谷川)
	係(繋)留(つなぎとめること)
けいりょう	軽量(目方の軽いこと)
	計量(物の量をはかること)

読み	熟語
けいりん	競輪(自転車競技法による自転車競争)
	経綸(国家を治めること)
けいろ	経路(通過する道すじ)
	径路(道。小道)
げかい	下界(高い所から見た地上)
	外科医
げきじょう	劇場(演劇・映画等を見せる建物)
	激情(激しい感情)
げこう	下向(都から田舎に行くこと)
	下校(↔登校)
けさ	今朝
	袈裟(僧侶の衣服の一つ)
けしき	景色(ながめ。風景)
	気色(様子。前兆)
けっかい	決壊(潰)(堤防等が切れて崩れること)
	結界((仏)寺院の内と外との間)
けっかく	欠格(必要な資格を欠くこと)
	結核(肺の病気の一つ)
けっかん	欠陥(欠けて足りないもの)
	血管
げっかん	月間
	月刊(毎月1回定期的に刊行すること)
けっき	血気(激しやすい意気)
	決(蹶)起(決然と行動を起こすこと)
げっけい	月経(女性の生理)
	月桂冠(月桂樹の冠)
けっこう	血行(血のめぐり)
	決行(決意して実行すること)
	欠航
	結構(よいこと)
げっこう	月光
	激昂(高)(いきりたつこと)
けっこん	結婚
	血痕(血のついたあと)
けっさい	決済(支払いにより売買取引を終了させること)
	決裁(部下の提出した案の採否を決めること)
	潔斎(心身を清めること)
けっしょう	決勝
	血漿(血液の液状成分)
	結晶
	血小板(血液中の有形成分の一つ)
けつじょう	欠場
	楔状(くさび形)
けっしょく	血色
	欠食
けっしん	決心
	結審(審理を終えること)
けっせい	結成(組織等をつくり上げること)
	血清(血液が凝固する時に出る液体)
けっせき	欠席
	結石(体内臓器内にできる石)
けっせん	決選(最終的な選考。*決選投票)
	決戦(最後の勝敗を決める戦い)
	血栓(血管内で血液が固まったもの)
	結線(電線等を繋ぐこと)
	血戦(血みどろになって戦うこと)
けつだん	決断
	結団(団体を結成すること)
けっとう	血統(血筋)
	血糖(血液に含まれる糖類)
	決闘(はたしあい)
	結党(党派を結成すること)
げっぽう	月報(月々の報告)
	月俸(月給)

げつれい	月例(毎月きまって行われること) 月齢(新月の時を零として起算する日数)
けつろ	血路(敵の囲みを破って逃げる道) 結露(空中の水分が凝結して壁等に水滴がつく現象)
けんいん	検印(検査済みの印) 牽引(引っ張ること)
げんいん	原因 減員(人を減らす、減ること) 現員(現在の人員)
けんえき	権益(権利と利益) 検疫(伝染病を予防するための行政処置)
げんえき	現役 減益(↔増益) 原液(製造・加工のもとになる液体)
けんえん	犬猿 嫌煙(喫煙をきらうこと) 倦厭(あきていやになること)
けんか	献花(霊前等に花を供えること) 喧嘩(あらそい) 鹸化(エステルを分解する反応) 顕花植物(種を造る植物)
げんか	言下(言葉の終わるか終わらぬかの時) 現下(ただいま。目下) 弦(絃)歌(琴・三味線をひき歌うこと) 原価(もとの値段) 減価(価格を減らすこと。*減価償却) 現価(現在の値段)
けんがい	圏外(ある範囲の外) 懸崖(切り立った崖。盆栽の一種)
げんかい	限界(物事のぎりぎりのさかい) 言海(大槻文彦編集の国語辞書) 厳戒(厳重に警戒すること)
げんがい	言外(言葉に出さないところ) 限外(限界の外)
けんがく	見学 建学(学校を創立すること)
げんかく	厳格(きびしいこと) 幻覚(対象のない知覚)
げんがく	減額 弦(絃)楽(弦楽器で奏すること)
げんかん	玄関 減感(感度を下げること) 厳寒(厳しい寒さ)
けんぎ	建議(意見を申し立てること) 県議(県会議員) 嫌疑(容疑)
げんき	元気 原器(度量衡の元になる器)
げんきゅう	言及(言い及ぽすこと) 減給(給料の額を減らすこと) 原級(もとの学年)
けんきょ	検挙(被疑者を捕らえること) 謙虚(控えめで素直なこと)
けんぎょう	兼業(本業以外の業を兼ねること) 検校(盲人の最上級の官名)
げんきょう	現況(現在のありさま) 元凶(兇)(悪者のかしら)
げんきん	現金 厳禁
げんくん	元勲(明治維新に大きな勲功のあった人) 厳訓(厳しい訓戒)
げんけい	減刑(刑罰を軽くすること) 厳刑(厳しい刑罰) 現形 原形(以前の形態) 原型(出来上がりのもとになる型)

けんげき	剣劇（ちゃんばら劇） 剣戟（剣と矛。切りあうこと）		けんざん	検算 見参（対面すること） 剣山（華道用具の一つ）
けんげん	権限（国・公共団体の職権の範囲） 権原（権利の発生する原因） 建言（意見を申し立てること。その意見） 顕現（はっきり現れること）		げんさん	減産 原産
			けんし	検死（屍）（死体を調べること） 検視（事実を見届けること） 献詞（献辞） 犬歯（いときり歯） 絹糸（きぬいと）
げんご	言語 原語（翻訳の元になった外国語） 諺語（俗語。ことわざ）		けんじ	堅持（固く守って譲らないこと） 顕示（はっきり示すこと） 検事（検察官の官名の一つ） 健児（血気盛んな男） 献辞（著作物を献呈するために記す言葉）
けんこう	健康 軒昂（気持ちがふるいたつこと。＊意気軒昂） 兼行（急ぎ行うこと。＊昼夜兼行） 権衡（つりあい）			
			げんし	元始（はじめ） 原始（自然のままで進化しない様。もののはじめ） 原了 原資（資金源） 減資（会社の資本金を減らすこと） 原紙（もとの紙） 幻視（存在しない者が存在するように見えること）
げんこう	現行（現在行われていること） 言行（言葉と行い） 原稿 元寇（鎌倉時代、元軍が来襲した事件）			
けんざい	健在（元気で暮らしていること） 顕在（形に現れて存在すること） 建材（建築材料）			
げんざい	現在 原罪（アダムの犯した人類はじめの罪）		げんしゅ	厳守 元首（君主。大統領） 原種（改良以前の動植物。育成種の種子） 原酒（醸造したままの清酒。熟成中のウイスキー等の原液）
けんさく	検索（文書やデータのなかから必要な物を探し出すこと） 献策（策を上の者に述べること） 研削（砥石で平滑に削り取ること）			
			けんしゅう	研修 検収（確かめて受け取ること） 献酬（盃をやりとりすること）
げんさく	原作 減作（収穫高の減ること）			
けんさつ	検察（犯罪を捜査して証拠を集めること） 検札（車内改札） 賢察（相手の推察の尊敬語）		げんしゅう	現収（現在の収入） 減収（収入・収穫の減ること）

熟語

げんしょ	原書(原本)	けんせい	権勢(権力と威勢)
	原初(いちばん初め)		憲政(憲法に基づいて行う政治)
	厳暑(厳しい暑さ)		牽制(相手に自由に行動させないこと)
けんしょう	検証(実際に調べて証明すること)	げんせい	厳正(厳格で公正なること)
	顕彰(表彰すること)		現世
	憲章(重要なきまり)		原生(原始)
	肩章(文武官の肩につける飾章)	げんせき	原石(原鉱)
	謙称(へりくだった言い方)		原籍(本籍)
	懸賞(ある事のために賞金・賞品をかけること)	げんせん	源泉(水等の湧き出るもと)
	健勝(健康がすぐれていること)		厳選(厳重な基準で選ぶこと)
	腱鞘炎(腱鞘におきる炎症)		原潜(原子力潜水艦の略)
けんじょう	献上(差し上げること)	けんそ	倹素(倹約と質素)
	堅城(防備の堅固な城)		険阻(けわしいところ)
	謙譲(へりくだり譲ること)	けんそう	険相(けんまく)
げんしょう	現象(観察され得るあらゆる事実)		喧騒(噪)(やかましいこと)
	減少	げんそう	舷窓(舷側に設けた窓)
げんじょう	現状(現在の状態)		幻想(現実にないことをあるように感ずる想念。*幻想曲)
	原状(もとのままの有り様)	げんぞう	現像
げんしょく	現職		幻像(実際にはないのにあるように見える像。幻影)
	原色(他の色を生み出すもととなる色)	げんそく	原則
	減食(食事の量を減らすこと)		舷側(船の側面)
けんしん	検診(病気かどうか診察すること)		減速
	検針(メーターの目盛りを調べること)	げんぞん	現存(現に存在すること)
	献身(一身を捧げて尽くすこと)		厳存(厳然と存在すること)
	健診(健康診断の略)		減損(減ること)
けんじん	賢人(かしこい人)	けんたい	倦怠(疲れてだるいこと)
	堅陣(防備のかたい陣)		兼帯(かけもち。兼用)
けんすい	懸垂(たれ下がること)		剣帯(剣を吊る帯)
	建水(茶の湯に使う水こぼし)		検体(検査分析しようとする物)
げんすい	減衰(次第に減少していくこと)		献体(研究用に提供された遺体)
	元帥(元帥府に列せられた大将)	げんだい	現代
			原題(原作の題名)
		けんたん	検痰(痰を検査すること)
			健啖(多く食べること。おおぐい)

読み	熟語
けんち	見(検)知(実地に検査すること) 検地(豊臣・徳川政権下での田畑の測量)
げんち	現地 言質(証拠となる言葉)
けんちょう	県庁 堅調(相場が上昇傾向にあること) 健聴者(聴覚の正常な者)
けんてい	検定(一定の基準に照らし検査すること) 献呈(物を差し上げること)
げんてい	限定(範囲や数量を限り定めること) 舷梯(船舶の外側にある乗下船用梯子)
げんてん	原点 原典(もとの書物) 減点
けんとう	健闘(がんばってたたかうこと) 拳闘(ボクシング) 検討(詳しく調べ当否を決めること) 見当(見込み。刷り位置を決めるための目印) 献灯(社寺等に灯明を奉納すること) 遣唐使(唐へつかわした使節)
げんとう	厳冬 舷灯(船舶が掲げる航海灯) 幻灯(フィルム等に光をあて、その透過光または反射光を拡大映写すること)
げんどう	言動 原動(運動・活動を起こすもと)
けんにん	兼任 堅忍(我慢強いこと。＊堅忍不抜)
けんばん	鍵盤(キー) 検(見)番(芸者屋の取り締まりをする所)
げんばん	原板(写真の焼き付け・伸ばしに用いるガラス、フィルム) 原版(もとになる活字組版) 原盤(録音に用いたもとのレコード)
けんび	兼備(二つ以上の物事をかねそなえること) 顕微鏡
けんぶん	見聞(見たり聞いたりすること) 検(見)分(立ち会って検査し、見届けること)
げんぶん	原文(もとの文章) 言文(話し言葉と文章)
けんぺい	憲兵(軍事警察の兵士) 建蔽率(敷地面積に対する建物面積の率)
けんぽう	憲法(国の基本的条件をきめた根本法) 剣法(剣術) 拳法(拳で突いたり蹴ることを主にした武術)
けんめい	賢明(賢く道理に明るいこと) 懸命(いのちがけ。＊一所懸命)
げんもう	減耗(減ること) 原毛(獣毛)
げんめい	言明(明白に言いきること) 厳命(きびしい命令)
けんもん	検問(問いただし調べること) 権門(官位高く権威のある家柄)
げんりょう	原料 減量
げんろん	言論(言葉や文章で考えを発表し論ずること) 原論(根本になる理論を論じたもの)

熟語

[こ]

- ごい
  - 語意(言葉の意味)
  - 語彙(一つの表現に対する用語数)
- こうあつ
  - 高圧
  - 降圧剤(血圧を下げる薬)
- こうあん
  - 考案(考え出すこと)
  - 公安(社会が安らかに治まること)
  - 公案(公文書の下書き)
- こうい
  - 皇位(天皇の地位)
  - 高位(高い地位)
  - 厚意(思いやりのある心)
  - 好意(好きな気持。親切な心)
  - 校医(学校医)
  - 更衣(衣服を着替えること)
  - 行為
  - 後遺症(病後に残る機能障害)
- こういん
  - 光陰(歳月)
  - 公印(官公署の印)
  - 後胤(子孫)
  - 工員
  - 行員(銀行員)
  - 拘(勾)引(被告人等を一定の場所に引致する強制処分)
  - 荒淫(度をすぎて情欲にふけること)
- こううん
  - 幸(好)運(良い運)
  - 行雲(空を動いていく雲)
  - 耕運(耘)(田畑を耕すこと)
- こうえい
  - 光栄
  - 公営(公けの機関が経営すること)
  - 後衛(後方を援護する人・部隊)
  - 後裔(子孫)
- こうえき
  - 公益(公共の利益)
  - 交易(品物を交換して商いすること)
- こうえん
  - 公演(公衆の前で音楽等を演ずること)
  - 講演(ある項目について聴衆に話すこと)
  - 公園
  - 後援(後方から援助すること)
  - 広遠(広く遠いこと)
  - 高遠(高くて遠いこと)
  - 香煙(香をたいた煙)
  - 口演(口で述べたり演芸すること)
  - 好塩菌(食塩の存在下で増殖する菌)
- こうおん
  - 恒温(温度が一定なこと)
  - 高温
  - 高音
  - 高(厚)(鴻)恩(大きな恩恵)
- ごうおん
  - 轟音(大きく響きわたる音)
  - 号音(合図の音)
- こうか
  - 硬化(物の硬くなること。意見・態度が強硬になること。↔軟化)
  - 効果(ききめ)
  - 考課(営業成績等を調べること)
  - 工科
  - 高架(高く架け渡すこと)
  - 後架(禅寺のトイレ)
  - 降下(降りる、下がること)
  - 高価
  - 降嫁(皇・王女が一般の者に嫁ぐこと)
  - 硬貨(金属製の貨幣)
- ごうか
  - 豪華
  - 業火(悪業が身を害すること。罪人を焼く地獄の火)
  - 劫火(世界を焼きつくすという大火)

こうかい	更改(改め変えること)
	後悔(後になって悔いること)
	公海(おおやけの海)
	航海(船で海上を航行すること)
	黄海(中国と朝鮮の間の海)
	公開(公衆に開放すること)
こうがい	口外(秘密などを他人にもらすこと)
	口蓋(口の中の上壁)
	公害(企業活動による環境災害)
	鉱害(鉱業活動により起きる災害)
	慷慨(うれい嘆くこと。*悲憤慷慨)
	梗概(大略)
	郊外(まちはずれ)
	構外(かこいのそと)
こうかく	口角(口の左右のあたり)
	交角
	広角
	降格(地位を下げること。↔昇格)
	甲殻(節足動物甲殻類の外骨格)
こうがく	高額
	向学(学問に心を向けること)
	好学(学問を好むこと)
	工学(応用的科学技術の総称)
	後学(今後自分のためになる知識)
	光学(光を研究する物理学)
こうかん	好感(好ましい感じ)
	交感(心や感情が通い合うこと)
	公刊(おおやけに刊行すること)
	公館(大公使館等の称)
	向寒(寒さに向かうこと)
	巷間(世間)
	好漢(好い男)
	後患(後々の心配)
	交換
	交歓(うちとけて共に楽しむこと)

こうがん	厚顔(あつかましいこと)
	紅顔(若年の血色のよい顔)
	睾丸(哺乳類の精巣の別称)
こうき	好機(よい機会。チャンス)
	好期(よい時期)
	後期
	後記
	広軌(レール間隔が標準より広いもの)
	綱紀(国家の大法)
	皇紀(神武天皇即位を元年とする紀元)
	高貴(官位・身分の高いこと)
	興起(勢いの盛んになること)
	香気(よい匂い)
	光輝(ひかり。かがやき)
	好奇(珍しい物事にひかれること)
こうぎ	交誼(交際のよしみ)
	厚誼(手厚いよしみ)
	高誼(並々ならぬ親しい交わり)
	講義
	広義(範囲の広い解釈。↔狭義)
	抗議
ごうき	剛(豪)毅(すぐれて強いこと)
	剛(豪)気(強くて屈しない意気)
こうきゅう	恒久(永久)
	考究(深く掘り下げて考えること)
	後宮(宮中奥向きの殿舎。皇后・妃)
	公休(日曜・祝日以外の公けの休み)
	硬球(硬式の球)
	高級
ごうきゅう	号泣(大声をあげて泣くこと)
	剛球(早くて力強い球)
こうきょ	皇居(天皇の平常の住まい)
	薨去(皇族または三位以上の人の死去)

熟語

こうきょう	公共(一般社会) 好況(経済活動が活発なこと) 鋼橋(鋼製の橋) 口供(口頭で述べること) 交響曲(シンフォニー)
こうぎょう	興業(新たに事業を起こすこと) 興行(催すこと。*相撲興行) 工業(加工して有用な物を作る産業)
こうきん	抗菌(細菌の繁殖を抑制すること) 公金(国等の所有に属する金銭) 拘禁(被疑者等を継続的に拘束すること)
こうぐ	工具 耕具(耕作の用具) 香具(香道に用いる器具)
こうくう	航空(空中を飛行すること) 口腔外科(口のなかを外科的に治療する医科。*医学界では「こうくう」と発音)
こうけい	光景(様子。景色) 後景(背景。バック) 後継(あとつぎ) 口径(孔や筒の口の直径)
こうけつ	高潔(高尚で潔白なこと) 膏血(人のあぶらと血)
こうけん	後見(人の後ろ盾となって補佐すること。*後見人) 高見(すぐれた意見) 公権(公法上認められた権利) 貢献(力を尽くすこと) 効験(ききめ)
こうげん	公言(おもてだって言うこと) 広言(大きなことを言うこと) 巧言(言葉を飾って巧みに言うこと) 光源(光を発するみなもと) 荒原(荒れ果てた野原) 高原(高地にある平原) 抗原(体内に入って抗体を形成するもの)
ごうけん	合憲(憲法に違反しないこと) 剛健(たくましくすこやかなこと)
こうこ	後顧(あとに心のひかれること) 好個(ちょうど良いこと) 好古(昔の物事を好むこと) 公庫(公共目的の政府金融機関) 考古学(人類史を研究する学問)
こうご	交互(かわるがわる) 口語(↔文語) 向後(今後)
こうこう	孝行 航行(船で水上を渡ること) 膏肓(ここが病気になると容易に治らないという箇所。*病い膏肓に入る) 口腔(口から咽頭に至る部分) 好好爺(人のよい老人)
こうこく	広告 抗告(上訴。不服の申し立て) 公告(国や公共団体が一般に知らせること) 公国(君主を公と呼ぶ小国) 興国(国勢の盛んな国) 鴻鵠(大きな鳥。大人物)
こうこつ	硬骨(かたい骨。↔軟骨) 恍惚(ぼんやりしてはっきりしないこと) 甲骨文字(骨等に刻まれた文字)
こうさ	交差(叉)(十文字に交わること) 公差(許される誤差) 考査(考え調べること) 黄砂(中国北西部で発生する黄色の砂塵)

読み	熟語
こうざ	講座(学部学科を構成する単位) 高座(僧が説教するための高い位置の席。寄席で演ずる席) 口座(金融機関で加入者ごとに記入計算する区分)
こうさい	交際 公債(国・自治体等が発行する債券) 光彩(美しい輝き) 虹彩(眼球の一部) 鉱滓(鉱石を溶錬する際に出る滓)
こうざい	功罪(手柄と罪) 鋼材(鋼製の材料)
こうさく	工作 耕作(田畑を耕し栽培すること) 交錯(幾つかのものが入り混じること) 鋼索(鋼線をより合わせて作った綱)
こうさつ	考察(よく調べて考えること) 絞殺(首を締めて殺すこと) 高札(おきて等を記して高く掲げた板札)
こうさん	公算(確からしさ) 恒産(定まった財産) 降参(お手あげ)
こうざん	高山 鉱山(有用な鉱物を産する事業場)
こうし	公私(おおやけと私) 公使(外交官の一階級) 皓歯(白い歯。*明眸皓歯) 行使(権利等を実際に使うこと) 講師(講演・講義をする人) 格子(細い角材を縦横に組んだもの) 孝子(孝行な子) 後嗣(あとつぎ) 後肢(うしろ足) 厚志(親切な志) 嚆矢(かぶら矢。物事の最初)
こうじ	好事(好いこと。めでたいこと) 好餌(よいえさ) 公示(公の機関が一般に示すこと) 小路 高次(程度の高いこと) 後事(あとあとのこと) 工事 公事(おおやけの仕事)
ごうし	合祀(二柱以上の神を合わせ祭ること) 合資(資本を出し合うこと)
こうしき	公式 硬式(硬い球を使う方式)
こうしつ	皇室(天皇家) 後室(身分ある家の未亡人) 高湿(湿度の高いこと) 硬質(かたい性質) 膠質(にかわ・寒天等の水溶液の類)
こうじつ	口実(いいわけ) 好日(よい日) 向日性(光の方へ曲がる性質)
こうしゃ	後者(↔前者) 校舎 降車 公社(公共企業体の別称) 向斜(褶曲した地層の谷の部分) 巧者(事に熟練している人)
こうしゃく	講釈(文章等の意味を説明すること) 公爵(五等爵(公・侯・伯・子・男)の第一) 侯爵(五等爵の第二)

熟語

こうしゅ	攻守(攻めることと守ること)	こうしょく	公職(公の職務)
	好守(野球等での良い守り)		好色(色好みの男・女)
	好手(好い手段)		降職(下級の役職に下ろすこと)
	甲種(幾つかの種類の第一)	こうしん	後進(後から進むこと。後輩)
	絞首(首を締めること)		亢(高・昂)進(高ぶり進むこと)
こうしゅう	講習		更新(あらためること)
	公衆		交信(通信をとりかわすこと)
	口臭(呼気のいやな匂い)		降神(神を来臨せしめること)
	高周波(高い振動数)		口唇(くちびる)
こうじゅつ	口述(口で述べること)		庚申(干支(えと)の一つ。かのえさる)
	公述(公聴会で意見を述べること)		興信所(商事・人事を調べて報告する機関)
	後述(後で述べること)		香辛料(辛み等を付与する調味料)
こうしょう	考証(昔の事を調べ証拠を示して説明すること)	こうじん	後塵(車馬の走ったあとに立つ塵)
	口証(口で述べて証明すること)		黄塵(黄色の土煙)
	口承(口づてに伝承すること)		幸甚(何よりの幸せ。手紙用語)
	公証(公に証明する行政行為。＊公証人)		荒神(かまどの神)
	公傷(仕事中に受けた負傷)		公人(公職にある人)
	公娼(公認された娼妓)		好人物(気だてのよい人)
	公称(一般に発表されていること)	こうすい	香水(香りのよい化粧品の一種)
	好尚(このみ。流行)		降水(地上に降った水)
	厚相(厚生大臣)		硬水(塩基を多く含む天然水。↔軟水)
	哄笑(おおわらい)	こうせい	厚生(健康を保ち体力を増すこと)
	高尚(学問趣味等の程度の高いこと)		後生(後から生まれてきた人)
	高唱(大声で歌うこと)		後世(のちの世)
	交渉		更正(正しく改める)
こうじょう	向上(より優れた状態に達すること)		更生(あらため正すこと。よみがえること。＊更生会社)
	口上(口頭で伝えること。興行等で出演者を紹介をすること)		抗生(微生物の分泌物質。＊抗生物質)
	恒常(定まって変わらないこと)		恒星(位置を変えず発光する天体)
	工場		構成(構造)
	厚情(厚い情け)		攻勢(積極的に攻めること)
	荒城(荒れ果てた城)		

106

	公正(公平で正しいこと)		皇祖(天皇の先祖)
	校正(文字の誤りを比べ正すこと)		酵素(体内の化学反応の触媒になる物質)
ごうせい	合成	こうそう	抗争(さからい争うこと)
	豪勢(ぜいたくで立派な様)		訌争(内輪もめ)
	剛性(曲げ・ねじりに耐える能力)		後送
			降霜
こうせき	功績(てがら)		広(宏)壮(広く立派なこと)
	航跡(船が通ったあとにできる波)		構想(組み立てられた考え)
	鉱石(有用成分を含む石)		航送(船・航空機による物の輸送)
	洪積世(更新世)		高僧
こうせつ	高説(すぐれた説)		高層
	巷説(世間のうわさ)	こうそく	高速
	巧拙(上手と下手)		光速
	降雪		恒速(一定の速さ)
	公設(国等が設立すること。↔私設)		梗塞(塞がって通じないこと)
			拘束(拘引して束縛すること)
こうせん	鉱泉(鉱物質またはガスを多量に含む泉)		校則
	黄泉(死者の行く所。よみじ)	こうぞく	後続
	光線		皇族(天皇の一族)
	鋼船(鋼で作った船)	こうたい	交代
	口銭(売買手数料)		後退
	好戦(戦いを好むこと)		抗体(免疫体)
	交戦(戦いを交えること)	こうだい	広大
	抗戦(抵抗して戦うこと)		後代
	公選(一般国民の投票による選挙)	こうだん	公団(公共事業経営のための法人)
こうぜん	公然(おおっぴらな様)		講談(話芸の一つ)
	昂然(意気盛んな様)		巷談(ちまたのうわさ)
	浩然(心が広くゆったりしている様)		講壇(講演等で立つ壇)
			降壇(壇上から降りること)
ごうぜん	轟然(とどろき響く様)	こうち	高地
	傲然(おごりたかぶる様)		耕地(作物をつくる土地)
こうそ	控訴(上級裁判所に求める訴訟)		公知(周知)
	公訴(検察官が裁判所に刑事事件の審判を求めること)		狡知(智)(悪賢いこと)
	公租(国・地方税の総称)		巧遅(巧みではあるが仕上げの遅いこと)
			巧緻(精巧で緻密なこと)

熟語

	拘置(刑を受けた者を拘禁すること)			的に運行すること)
				交点(線と線が交わる点)
こうちょう	硬調(買い人気のあること。明暗の差が強調されること)	こうでん	香典(奠)(死者の霊に供する金銭)
	高調(調子の高まること。意気のあがること)		公電(公務用の電報)
	好調(調子・景気がよいこと)	こうど	光度(光の強さの程度)
	候鳥(わたり鳥)		硬度(物体の硬軟の程度)
	紅潮(顔が赤みをおびること)		高度
	抗張力(引っ張り強さ)		黄土(黄色みを帯びた土)
	公聴会(重要議案について学識経験者等の意見を聞く会)		耕土(地表から20 cmくらいまでの作土)
こうてい	高弟(一番弟子)		荒土(荒れ果てた土地)
	皇帝	こうとう	口頭(言葉で述べること)
	工程(作業のはかどりかた)		口答(口で答えること。↔筆答)
	行程(みちのり。課程)		喉頭(咽頭に続く気管の一部)
	公廷(公判廷の略)		光頭(はげあたま)
	公邸(高級公務員の公務用邸宅)		荒唐(言うことがとりとめないこと)
	公定(公の定め。*公定歩合)		公党(主義・政策を発表している政党)
	肯定(同意すること)		皇統(天皇の血統)
	校定(書物の字句等を比較して定めること)		紅灯(紅色の灯火。*紅灯の巷)
	校訂(古書等の本文を他の伝本と比較して手を入れて正すこと)		高(昂)騰(物価等が高くなること)
			高等
こうてき	公的(公であること)		高踏(世俗を抜け気高く身を処すこと)
	好適(ほど良くふさわしいこと)	こうどう	行動
	好敵手(力量のつりあったよい相手)		講堂(儀式・講演等をする室)
こうてつ	鋼鉄(鋼と鉄)		香道(香をたいて楽しむ芸道)
	更迭(役職が変わること)		公道(国・自治体の道路。↔私道)
こうてん	好天		坑道(地下に掘った通路)
	荒天		黄道(太陽が地球を中心に運航するように見えるルート。黄道吉日の略)
	後天(生まれて後に身に備わること)		
	好転(状態等がよい方に変わること)		講道館(嘉納が創設した柔道道場)
	後転(後ろ向きの回転)		
	公転(惑星が太陽の回りを周期		

読み	熟語
こうとく	高徳(すぐれた徳)
	功徳(功と徳)
	公徳心(公益を重んずる精神)
こうどく	購読(新聞雑誌等を買って読むこと)
	講読(書物を読み意味を解き明かすこと)
	鉱毒(鉱物の採掘精錬に起因する害毒)
こうない	構内(建物や敷地のなか)
	坑内(炭鉱・鉱山の坑のなか)
こうなん	硬軟
	後難(後日のわざわい)
こうにん	公認(国・政党等が正式に認めること)
	降任(下の役職に下げること)
	後任(前任者についで任務につくこと)
こうねつ	光熱(燃料と灯火。*光熱費)
	高熱
こうねん	光年(光が1年間に進む距離)
	高年(年齢の高いこと)
	行年(年齢)
	更年期(老年期への移行期)
こうのう	効能(効果)
	後納(時期を遅らせて金を納入すること)
	行嚢(郵便を入れる袋の旧称)
こうは	硬派(男女間の交際にきまじめな人)
	光波(光の波動)
こうはい	荒廃(荒れはてること)
	興廃(興ることと廃れること)
	交配(かけあわせ)
	高配(他人の配慮に対する尊敬語)
	光背(仏像の背後につける後光)
	向背(従うことと背くこと)
	後輩
	後背(うしろ。背面。*後背地)
こうばい	購買(買うこと)
	勾配(傾斜面の傾きの度合)
	紅梅(紅色の花の梅)
	公倍数(いくつかの整数の倍数)
こうばく	広漠(はてしなく広い様)
	荒漠(荒れ果てて何もない様)
こうはん	後半(↔前半)
	鋼板(板状の鋼)
	甲板(船上部の広いところ)
	孔版(画線部にインキを滲透させる版)
	広範(範囲が広いこと)
	公判(裁判を行う手続き)
こうばん	交番
	降板(投手板から降りること)
こうひ	公費(国・公共団体の費用)
	工費(工事の費用)
	口碑(昔からの言い伝え)
	高庇(他人の庇護の尊敬語。おかげ)
こうび	交尾(動物の生殖行為)
	後尾(行列等の一番あと)
	後備(あとぞなえ)
こうひょう	講評(説明を加えながら批評すること)
	高評(評判の高いこと。他人の批評の尊敬語)
	公評(公平な批評。一般の評判)
	公表(世間に発表すること)
	降雹(雹(ひょう)が降ること)
	好評(よい評判)
こうびん	幸便(都合のよい便)
	後便(後の便り)
こうふ	公布(広く告げ知らせること)
	交付(役所がお金や書類を手渡すこと)
	坑夫(鉱炭山で採掘作業をする労働者)
	工夫(諸工事に従事する労働者)

熟語

こうぶ	公武(公家と武家)	こうぼく	公僕(公務員等の称)
	荒蕪(土地が荒れ果てていること)		坑木(坑道を支える木材)
こうふく	幸福	こうみょう	巧妙(優れて巧みなこと)
	降伏(服)(降参すること)		功名(手柄をたて名をあげること)
ごうふく	剛腹(度量の大きいこと)		光明(明るく輝く光)
	剛愎(強情で人に従わないこと)	こうむ	公務(おおやけの務め)
こうぶつ	鉱物		工務(工場に関する事務。土木・建築に関する仕事)
	好物		
こうふん	興(昂)奮(感情の高まること)	こうめい	公明(公正で私意のないこと)
	公憤(正義感から発する公事への憤り)		高名(名高いこと)
	口吻(口さき。言いぶり)	こうもう	紅毛(赤い毛髪。昔の欧米人の称)
こうぶん	構文(文の組み立て)		鴻毛(おおとりの羽毛。極めて軽い例え)
	後聞(後日のうわさ)		
	公文書(政府諸官庁の出す文書)	こうもく	項目(物事をある基準で区分したひとつ)
こうぼ	公募		綱目(物事の大要と細目)
	酵母(アルコール発酵をする菌類)	こうもん	後門(裏門)
こうほう	広報(広く知らせること。その知らせ)		肛門
			黄門(中納言の別称)
	公報(官公庁から発行する文書)		閘門(船舶を高低差の大きい水面で昇降させる装置。ダム水量調節用の堰)
	後方		
	高峰	こうや	荒野(荒れた野原)
	工法(加工・工事等における方法)		広野(広々した野原)
			紺屋(染物屋)
	航法(船・航空機が安全に航行する技術)	こうやく	公約(政府・政治家が政策を約束すること、その約束)
こうぼう	攻防(攻撃と防御)		口約(口約束すること)
	光芒(すじのように見える光)		膏薬(膏(あぶら)で練った外用薬)
	工房(アトリエ)		
	興亡(興ることと亡びること)	こうゆ	鉱油(鉱物質の油)
	弘法大師(僧「空海」)		香油(毛髪等につける香りのよい油)
ごうほう	合法(法令・規範にかなっていること)		
		こうゆう	交友(友と交わること)
	豪放(剛胆で放逸なこと。*豪放磊落)		交遊(交わり遊ぶこと。交際)
	号俸(公務員の職階給)		公有(国・公共団体の所有)
	号砲(合図にうつ大砲・銃砲)		

読み	熟語
ごうゆう	豪遊(豪勢に遊ぶこと) 剛(豪)勇(強く勇ましいこと)
こうよう	公用(役所・勤務先の用務) 効用(ききめ。使いみち) 広葉(偏平で広い葉) 紅葉(秋に木の葉が紅色に変わること) 綱要(綱領となる大切なところ) 孝養(孝行して親を養うこと) 高(昂)揚(気分の高まること)
こうらん	高覧(他人が見ることの尊敬語) 高(勾)欄(手摺り)
こうり	高利(高い利率) 公利(公共の利益) 公理(おおやけの道理) 功利(功労と利益。効用) 行李(旅行用の荷物入れ)
ごうりき	合力(二つ以上の力を合わせた力) 強力(強い力、その者。登山者の荷物を背負い、かつ、案内する人)
こうりつ	効率(仕事の能率) 工率((理)仕事率) 高率(↔低率) 公立(県等が設立維持すること)
こうりゃく	攻略(敵地を攻め取ること) 後略(文章で後の部分を省略すること)
こうりゅう	勾留(被告を拘置する強制処分) 拘留(30日未満の拘置) 興隆(興して盛んにすること) 交流(↔直流。互いに入り混じること) 後流(流体中を物体が運動するとき物体の後を追うように後方に生ずる流れ)
こうりょう	綱領(政党等の方針等を列記したもの) 校了(校正の完了) 荒涼(景色等の荒れ果てた様) 好漁 広(宏)量(度量の広いこと) 香料(芳香をそえるために加える物質) 稿料(原稿料)
こうりょく	効力(はたらき。ききめ) 抗力(物体の運動を妨げる力)
こうりん	後輪(↔前輪) 光臨(他人の来訪の尊敬語) 降臨(神仏等のあまくだること) 光輪(聖人の絵の頭の周囲に描かれた輪)
こうれい	恒例(いつも決まって行われること) 好例(よい例) 高齢
こうろ	行路(旅行。通り道) 航路(船や飛行機の通行する路) 香炉(香をたくのに用いる器) 高炉(鉄鉱石から銑鉄を製出する炉)
こうろん	口論 公論(皆の意見。公平な議論) 高論(高い見識の議論。他人の議論の尊敬語) 甲論乙駁(議論がまとまらないこと)
こうわ	高話(他人の話に対する尊敬語) 講話(講義して説ききかせること。その話) 講和(戦争後に交戦国間で交わす平和の合意)
ごえい	護衛(付きそって守ること) 御詠歌(仏教信者が歌う歌)

こがい	戸外
	子飼い(初歩の段階から教育指導すること)
ごかい	誤解
	碁会(囲碁を打ちあう会合)
ごかく	碁客(囲碁を打つ人)
	互(牛)角(互いに力量に優劣のないこと)
ごかん	五官(目・耳・鼻・舌・皮膚の五つの感覚器官)
	五感(視・聴・嗅・味・触の五つの感覚)
	語幹(用語の活用語尾の付く基幹部)
	語感(言葉の感覚。言葉の与える感じ)
	互換(互いに取り替えること)
こき	古希(稀)(七十歳の称)
	呼気(体外に吐き出す空気)
ごき	誤記(書き誤り)
	語気(話す言葉の調子)
こきゅう	呼吸
	故宮(昔の宮殿)
	鼓(胡)弓(広義では東洋の擦弦楽器の総称)
こくえん	黒煙
	黒鉛(炭素だけからなる鉱物)
こくさい	国際(インターナショナル)
	国債(国が設定する債務)
こくじ	告示(国・公共団体が広く一般に向けて行う通知)
	国字(その国で公式に採用されている字)
	酷似(きわめてよく似ていること)
	国璽(国の官印)
こくせい	国政(国の政治)
	国勢(国の人口・産業などの状態)
こくぜい	国税(国が徴収する税)
	酷税(過酷な税)
こくそう	国葬(国費で行う葬儀)
	穀倉(穀物を入れておく倉庫)
こくはく	告白(思っていることを打ち明けること)
	酷薄(薄情なこと)
こくふく	克服(努力し困難に打ち勝つこと)
	克(剋)復(平和状態を取り戻すこと)
こくほう	国宝
	国法
こくめい	国名
	克明(こまかく丹念なこと)
ここ	此処(所)(話手がこれと指させる範囲の所)
	個々(一つひとつ)
	呱々(乳飲み子の泣き声)
ここう	戸口(戸数と人口)
	糊口(生計。粥をすする意味)
	虎口(きわめて危険なところ)
	孤高(ひとり超然としていること)
	股肱(ももとひじ。頼りになる家臣)
ごこく	五穀(穀類の総称)
	護国(国家を守ること)
	後刻(のちほど)
ごさん	誤算(勘定違い)
	午餐(昼食)
こし	古(故)紙(古い紙)
	虎視(鋭い眼で見ること。*虎視眈々)
	枯死(草や木の枯れ死ぬこと)
こじ	固辞(固く辞退すること)
	固持(固く持つこと。頑固にこだわること)
	孤児(身寄りのない子)

	誇示(自慢して見せること)	こせき	戸籍(家ごとの家族の詳細を記した文書)
	虎児(トラの子)		古跡(蹟)(歴史上有名な出来事、建物の跡)
	居士(男性の戒名につける語の一つ)		
こじき	乞食(ものもらい)	ごぜん	午前
	古事記(現存する日本最古の歴史書)		御膳(食膳の尊敬語)
			御前(貴人への尊敬語)
こしつ	個室	ごそう	護送(付き添って護り送ること)
	固執(自分の意見をかたくなに主張すること)		誤送
	痼疾(持病)		互層(二種以上の岩石からなる地層が交互に重なってること)
こしゅ	固守(固く守ること)	こたい	固体(一定の形と体積をもつもの)
	古酒		個体(個々に独立して存在するもの)
	戸主(一家の首長。この制度は現在廃止)		
こしゅう	固執(自分の意見をかたくなに主張すること)	こだい	古代(昔。歴史時代区分の一つ)
	孤愁(一人でいることの寂しさ)		誇大(実際より誇張すること)
	呼集(呼び集めること)	こ ち	故知(古人の用いた知略)
			東風(東の風)
こしょう	呼称(呼び名。名付けること)	こちょう	誇張(実際よりもおおげさに表現すること)
	誇称(おおげさに言うこと)		胡(蝴)蝶(蝶の異称)
	故障		
	湖沼	こっか	国家
	古称(昔の呼び名)		国歌
	胡椒((樹)コショウ)		国花(国の象徴とされる花)
	小姓(主君の雑用をする若い武士)	こっかん	酷寒(きびしい寒さ)
			国漢(国語と漢語)
こじょう	古城		骨幹(ほねぐみ)
	孤城(孤立している城)	こっけい	滑稽(おどけ)
	弧状(弓なりの様)		酷刑(残酷な刑罰)
こじん	古人(昔の人)	こっきょう	国境
	故人		国教(国民が信奉すべきと定めた宗教)
	個人		
ごしん	誤信(間違って信じ込むこと)	こてい	固定
	誤診(誤った診断)		湖底
	誤審(審判を誤ること)	こてん	古典(昔の書物)
	護身(身を守ること)		個展(個人展覧会)

こと	古都		ころう	古(故)老(老人)
	糊塗(ごまかしの処理をすること)			虎狼(虎と狼。非道なもの)
				固陋(古い事に執着し新しいものを嫌うこと)
ことう	孤島(海上遠くに一つだけある島)		こんき	今期(今の時期)
	古刀(古い刀剣)			今季(今の季節)
				根気(あきずに辛抱強く続ける気力)
こぶし	古武士(昔の武士)			婚期(結婚に適当な年ごろ)
	小節(小さなふし)		こんこん	懇々(ねんごろな様)
	辛夷((植)コブシ)			昏々(深く眠っている様)
				渾々(水の流れて尽きない様)
こぶん	古文(江戸時代以前の文)		こんじ	今次(このたび)
	子分(↔親分)			根治(病気を完全になおすこと)
				恨事(怨みの残る事)
ごへい	語弊(言葉の上の欠点。誤解を招きやすい言い方)		こんしゅう	今週
	御幣(神祭用具の一つ)			今秋
ごほう	誤報(まちがった報告)		こんじょう	根性(その人の根本的な性質)
	午砲(正午を報ずる号砲)			懇情(ねんごろな心づかい)
	語法(言葉の使い方)			今生(この世)
こべつ	個別			紺青(明るい藍色)
	戸別(家ごと。*戸別訪問)		こんしん	懇親(交際をあつくすること)
ごま	胡麻((植)ゴマ)			渾身(からだ全体)
	護摩(密教で火をたいて本尊に祈ること)			混信(通信で他の通信と交じること)
こもの	小物		こんせい	混成(混ぜあわせること)
	小者(↔大者)			混声(男声と女声)
こもん	顧問(諮問に応じて意見を述べる人・職)			混生(いろんな種類の植物が入り混じって生えること)
	小紋(細かい文様を散らしたもの)			懇請(ひたすら願うこと)
ごよう	御用(「用事」の尊敬語)		こんせき	痕跡(あとかた)
	誤用(用法を誤ること)			今夕(今日の夕方)
ごりょう	御料(皇室の所有・使用するものの尊敬語)		こんせん	混線(電話などで他の通話と混じりあうこと。話がからみ合う例え)
	御陵(皇族のお墓。みささぎ)			混戦(敵味方が入り乱れて戦うこと)
ごりん	五輪(オリンピックの俗称。五輪の書)			
	五倫(儒教での五つの道)			

読み	熟語
こんどう	混同(混合して一つになること) 金堂(本尊を安置する仏堂) 金銅(銅に金メッキしたもの)
こんぼう	棍棒(丸い棒) 混紡(質の違う繊維を混合して紡ぐこと)
こんや	今夜 紺屋(染物屋)

[さ]

さ い	差異(他と比較しての違い) 差違(他のものとの違い)
さいえん	才媛(学問才能の優れた女性) 菜園(野菜畑) 再演(同じ芝居等を再上演すること) 再縁(再婚)
さ い か	災禍(災害) 採火(火をおこすこと) 載荷(貨物を積むこと。その貨物) 裁可(天皇が議会の案を認めること)
ざ い か	財貨(貨幣・有価物) 罪科(過)(つみとあやまち)
さいかい	際会(たまたま出会うこと) 再会(再び会うこと) 再開(再び開くこと) 斎戒(心身を清めること。*斎戒沐浴) 最下位
さいかん	再刊(再び刊行すること) 才幹(物事をやりとげる能力) 菜館(中国での料理店の称) 彩管(絵筆)
さ い き	再起(悪い状態から立ち直ること) 祭器(祭事に使う器具) 才気(才知の優れた働き) 債鬼(借金とり)
さ い ぎ	祭儀(神仏等を祭る儀式) 猜疑(人をそねみ疑うこと。*猜疑心)
さいきょ	再挙(再び事を起こすこと) 裁許(裁決して許可すること)
さいきん	最近 細菌
さいけつ	採血(血液を採取すること) 採決(議案の採否を決めること) 裁決(判決を申し渡すこと)
さいけん	債券(国債等の有価証券) 債権(財産権の一つ) 再見(一度見た物を再び見ること) 再建(建て直すこと) 再検(再検査)
さいげん	再現(再び現すこと) 際限(最後のところ。果て)
さ い ご	最後 最期(死にぎわ)
さいこう	再考(考え直すこと) 再興(再び興すこと) 最高 採光(室内に光をとり入れること) 採鉱(鉱石を採掘すること) 最後尾(長く連なったものの一番うしろ)
ざいごう	在郷(郷里にいること) 罪業((仏)悪い結果を生む行い)
さいさん	採算(収支のあうこと) 再三(たびたび)
さ い し	妻子 祭司(宗教上の儀式典礼を行う者) 祭祀(神や祖先を祭ること)
さ い じ	催事(特別に行う催しごと) 祭事(まつり) 歳時(年と季節。*歳時記) 細字

熟語

さいしゅ	採取(選び取ること)	さいせん	再選(再度選挙すること。再度の当選)
	採種(種を採ること)		賽銭(神仏に参詣して奉る銭)
	祭主(祭事を主催する人)	さいぜん	最善(最もよいこと。全力)
さいしゅう	最終		最前(一番先。先ほど)
	採集(標本・資料を集めること)	さいそく	催促(早くするよううながすこと)
さいじょ	妻女(妻と娘)		細則(細かな規則)
	才女(才知のすぐれた女性)	さいたい	妻帯(妻を持つこと)
さいしょう	最少		臍帯(へそのお)
	最小	さいだい	最大
	宰相(天子を補佐し大政を総理する官)		細大(小さいことと大きいこと)
	妻妾(妻とめかけ)	さいたん	最短
さいじょう	祭場(祭りを行う場所)		採炭(石炭を採掘すること)
	斎場(葬儀を行う場所)	さいだん	裁断(布・紙等を型に合わせて切ること)
	最上		祭壇(祭祀を行う壇)
さいしょく	菜食(↔肉食)	さいち	細緻(こまかく綿密なこと)
	彩色(いろどり)		才知(智)(才能と知恵)
	才色(女性の才知と美貌)	さいちょう	最長
さいしん	細心(細かいことまで注意する心がけ)		再調
	最新	さいてい	裁定(当否を判断して決めること)
	最深		最低
	再診(再び診察すること)		再訂(文字・文章等の誤りを再び訂正すること)
	再審(審査をしなおすこと)	さいてん	祭典(祭り。祭りの儀式)
さいせい	再生(生きかえること)		採点
	再製(再加工し別な製品を作り出すこと)		再転(さらにまた転ずること)
	祭政(祭事と政治。＊祭政一致)	さいど	再度(ふたたび)
	済世(人民を救い助けること)		彩度(色のあざやかさの程度)
	最盛期		済度(悟りを開かすこと。救うこと)
ざいせい	財政(団体・企業・家庭等の経済状態)	さいはい	采配(指図。指揮)
	在世(世に生存していること)		再拝(二度礼拝すること)
さいせき	砕石(石を砕くこと。砕いた石)	さいはん	再販(再販売価格維持の略)
	細石(こまかい石)		再版(一度出した本を同じ版で再び出版すること)
	採石(石材を切り出すこと)		
ざいせき	在籍		
	在席		

さいひ	採否(採用と不採用)		さくどう	策動(密かに策略をもって行動すること)
	歳費(衆参議員の年間給与)			索道(ロープウエイ)
さいへん	再編(編成し直すこと)		さくふう	作風(作品に表れる作者の特徴)
	砕片(砕けたかけら)			朔風(北風)
	細片(細かいかけら)		さしょう	些少(極めてわずかなこと)
さいほう	再訪(再び訪れること)			査証(ビザ)
	裁縫(針仕事)			詐称(氏名・職業等をいつわること)
さいみん	催眠(人工的に作られた睡眠状態)		ざしょう	座(坐)礁(船舶が暗礁等に乗りあげること)
	細民(貧しい人々)			挫傷(皮下組織以下の損傷)
さいりょう	裁量(自分の意見で処置すること)		させん	鎖線(くさりに似た線。………)
	最良			左遷(高い職から低い職におとすこと)
	才量(才気と度量)		さっか	作家
	宰領(監督すること。その役)			作歌
さいろく	採録(取り上げて記録すること)			昨夏
	再録(再び録音・録画すること)			擦過傷(かすりきず)
	載録(書き載せること)		さっかく	錯覚(思い違い)
さかて	逆手(逆に取ること)			錯角(幾何学で使う角度の一つ)
	酒手(酒の代金)		さつじん	殺人
さがん	左岸(川の下流に向かって左の川岸)			殺陣(たちまわり。たて)
	砂岩(砂が固まってできた岩石)		さてつ	砂鉄(砂状の磁鉄鉱)
さぎ	詐欺(いつわり欺くこと。＊詐欺師)			蹉跌(つまずくこと)
	詐偽(いつわり。＊詐偽登録)		さとう	砂糖
さきん	砂金			差等(等級の違い)
	差金(差し引きした残りの金額)			左党(左翼の政党。酒好きな人)
さくい	作為(手を加えること。＊無作為抽出)		さどう	作動(機械の運動部分の動き)
	作意(たくらみ)			茶道(茶の湯で精神修業する道)
さくし	作詞(詩)		さぼう	砂防(土砂の崩壊を防ぐこと)
	錯視(視覚における錯覚)			茶房(喫茶店)
	策士(策略にたくみな人)		さよう	作用(働きを及ぼすこと)
さくせい	作成(書類などを作ること)			左様(そのとおり)
	作製(物を作ること)		さんいん	参院(参議院の略)
	鑿井(井戸を掘ること)			産院(産科の医院)
			さんか	参加
				酸化(物質が酸素と化合すること)
				傘下(中心的な勢力に集まること)

	惨禍(いたましいわざわい)	さんざい	散在(広い範囲に散らばってること)
	賛(讚)歌(賛美の意を表した歌)		散財(財貨をむだに費すこと)
さんが	山河	ざんさつ	惨殺(むごたらしく殺すこと)
	参賀(皇居に行き祝意を表すこと)		斬殺(切り殺すこと)
さんかい	散会	さんじ	参事(事務関係の職名の一つ)
	参会(会合に参加すること)		惨事(むごたらしいこと)
	山海		産児(生まれたばかりの子)
	山塊(断層で周囲を限られた山地)		賛(讚)辞(ほめ言葉)
	散開(散らばること)	ざんし	惨死(むごたらしく死ぬこと)
さんがい	三階		残滓(残りかす)
	三界(衆生が動く全世界)	さんしゅつ	算出(計算して出すこと)
	惨害(残酷な災害)		産出(生産すること。*石油産出量)
さんかく	参画(計画に加わること)	さんしょう	参照(照らし合わせて見ること)
	三角		山椒((樹)サンショウ)
さんがく	山岳		三唱(三度となえること)
	産額(生産される数量・金額)	さんじょう	参上(目上の人のところに行くこと)
さんかん	山間(山のなか)		惨状(むごたらしい有様)
	参観(その場に行ってみること)	ざんしん	斬新(趣向の新しいこと)
	三冠(三つの栄冠)		残心(心のこり)
	三寒四温	さんすい	山水
さんぎょう	産業		散(撒)水(水をまくこと)
	鑽仰(徳を仰ぎたっとぶこと)	さんせい	賛成(他人の意見等に同意すること)
	蚕業(養蚕及び製糸の事業)		酸性(酸の性質をもつこと)
さんけん	三権(立法・司法・行政の国家権)		産制(産児制限の略)
	散見(あちこちにちらほら見えること)		参政(政治に参与すること)
さんご	産後(出産の後)	さんぜん	産前(出産の前)
	珊瑚((動)サンゴ)		燦然(きらきらと光る様)
さんこう	参考		参禅(座禅して禅を修めること)
	鑽孔(孔をあけること)	さんだい	参内(宮中に参上すること)
	三更(子の刻。pm 11〜am 1)		三題噺(落語の一種)
さんさい	山菜(山に自生する野菜)	さんたん	惨憺(見るも無残な様。心を砕く様)
	三彩(三種の色をかけた陶器。*唐三彩)		賛(讚)嘆(深く感心してほめること)
	山塞(山中にあるとりで)		

さんだん	算段(手段を工夫すること)	さんやく	三役(主要な三つの役。その役にあたる人)
	散弾(発射すると多数の小さな弾となって飛び出す仕掛けの弾丸)		散薬(こなぐすり)
	三段跳	さんらん	産卵
さんち	山地		散乱(散らばること)
	産地	さんれつ	参列(式などに参加すること)
さんどう	参道(社寺に参るために作られた道)		惨烈(極めてむごたらしいこと)
	山道		

[し]

さんどう	桟道(崖の中腹に作られた桟橋)	しあい	試合(ルールの下で競う勝負)
	賛同(同意すること)		仕合(試合と同意味だが、泥仕合とのみ)
さんにゅう	参入(入り来ること)	じあい	自愛(自分自身を大切にすること)
	算入(計算に加えること)		慈愛(いつくしみ愛すること)
さんぱい	参拝(社寺に参って拝むこと)	しあん	私案(個人の考案)
	産廃(産業廃棄物)		思案(思いめぐらすこと)
	三拝(三度繰り返して拝礼すること)		試案(試みに出す考え)
さんぱつ	散髪(伸びた髪を切ること)	し い	恣意(自分勝手な考え)
	散発(弾をまばらに打つこと。物事が途切れ途切れに起こること)		私意(自分の意見や考え。私心)
			四囲(周囲)
			思惟(心に深く考え思うこと)
さんび	賛美(誉めたたえること)	じ い	示威(威力をみせること)
	酸鼻(むごたらしくいたましい様)		次位(二番目)
			自慰(自ら慰めること)
さんぷ	散(撒)布(ふり撒くこと)		辞意(辞職の意向)
	産婦(出産前後の女性)		侍医(天皇・皇族の診察にあたる医師)
さんぽう	三方(神前等に物を供える器)	しいん	死因
	三宝((仏)仏・法・僧をいう)		私印(個人の印章)
さんまい	三枚		子音(↔母音)
	産米(生産された米)		試飲
	散米(神前に撒く米)	しえい	市営
	三昧(一心不乱に事をする様)		私営
さんみ	酸味(すっぱい味)	じえい	自営(独立して事業を営むこと)
	三位(正三位または従三位。キリスト教で父・子・聖霊のこと)		自衛(自らを防衛すること)
	三位一体(三つの要素が互いに結合されて本質的に一つであること)	しえき	私益(一個人の利益)
			使役(人を使って仕事をさせること)

しえん	支援(援助すること)		しかく	視覚(目で受けた感覚)
	私怨(個人的なうらみ)			視角(物を見る角度)
	紫煙(烟)(タバコの煙)			資格
しおん	師恩(先生の恩)			死角(ある角度から見られない範囲)
	四恩((仏)父母・国王・衆生・三宝の恩)			刺客(暗殺を行う人)
しか	市価(市場で売買される商品の値段)		しがく	史学(歴史学)
				斯学(この学問。*斯学の権威)
	歯科			視学(旧制の地方教育行政官)
	私家(自分の家。私的な)			私学(私立の学校。*私学振興)
	史家(歴史家)		じかく	自覚(自分のあり方をわきまえること)
	詩歌			
	賜暇(休暇をもらうこと)			耳殻(外耳の一部)
	紙価(紙の値段)			痔核(肛門部にできる静脈瘤)
じか	時下(このごろ。目下)			字画(漢字を構成する線や点。その数)
	時価(そのときの市価)			
	自家		しかん	士官(兵を指揮する武官)
	磁化(磁気を帯びた状態になること)			仕官(役人になること)
				屍諫(一命を棄てて主君を諫めること)
しかい	視界(見渡せる範囲)			
	死海(イスラエルにある塩湖)			子癇(一種の妊娠中毒症)
	市会(市議会)			私感(個人の感想)
	斯界(この社会。*斯界の権威)			支管(本管から分かれた細い管)
	司会(会の進行を司ること)			支間(梁の両支点間の距離)
	四海(四方の海)			史観(歴史観)
しがい	市街(人家の密集した所。ちまた)			弛緩(ゆるむこと)
			しがん	志願(望み願い出ること)
	市外			此岸((仏)現世)
	死(屍)骸(死後の肉体)		じかん	時間
じかい	自戒(自らを戒めること)			次官(大臣の補佐。事務・政務次官)
	次回			
	字解(文字・漢字の解釈)		しき	士気(意気込み)
	持戒((仏)戒律を固く守ること)			四季(春夏秋冬の総称)
	耳介(耳殻)			志気(意気込み)
	磁界(磁場)			私記(私人の記録。自著)
	自壊(自然に壊れること。内部から崩れること)			始期(ある事を始めるとき)
				死期(命の終わるとき)
				紙器(紙製の容器)
				指揮

よみ	熟語
しぎ	市議(市議会議員の略)
	私儀(わたくしこと)
	仕儀(事の次第)
じき	時期(ある限られた時。＊時期尚早)
	次期(次の時期)
	自棄(すてばち。＊自暴自棄)
	時季(季節)
	自記(器機が自動的に記録すること)
	時機(適当なころあい)
	磁気(磁石の相互作用)
	磁器(吸水性のない透明性の焼物)
じぎ	辞宜(儀)(おじぎ。あいさつ。遠慮)
	時宜(時のちょうど良いこと)
	字義(文字の意味)
	児戯(子供のたわむれ)
しきじ	式辞(式場で述べるあいさつの言葉)
	式次(式の次第)
	識字(文字の読み書きができること)
しきしゃ	識者(有識者)
	指揮者
しきゅう	支給(はらい渡すこと)
	至急
	子宮(女性生殖器の一部)
	四球(フォア・ボール)
	死球(デッド・ボール)
じきゅう	自給(自分のものは自分でまかなうこと)
	時給(1時間あたりの給料)
	持久(長時間もちこたえること)
しきょう	市況(市場の景気)
	至境(最も優れた境地)
	詩境(詩を生み出す心境)
	司教(カトリック教の司祭の上の聖職)
じきょう	自供(自白)
	自彊(自ら勉めて励むこと)
じきょく	時局(時勢のなりゆき)
	磁極(磁石両端の磁力の最も強い点)
しきん	資金(もとで)
	試金(金属・鉱石の品位を鑑定すること)
	賜金(天皇・政府から下付されるお金)
	至近(非常に近いこと)
しぎん	詩吟(漢詩の吟詠)
	市銀(市中銀行の略)
	歯齦(歯ぐき)
しく	市区(市と区。市街の区画)
	死苦(死の苦しみ)
	四苦((仏)生・苦・病・死の人生の苦痛)
	詩句(詩の句)
しけい	死刑
	紙型(活版印刷で使う鋳型)
	私刑(私人が勝手に加える制裁。リンチ)
じけい	自警(自分の力で警戒すること)
	次兄(上から二番目の兄)
	慈恵(いつくしむこと)
	字形(文字の形)
しけん	私権(自分に認められた権利)
	私見(自分の意見)
	試験
しげん	資源(生産活動のもとになるものの総称)
	至言(ある事を適切に言い表した言葉)
じげん	次元(空間の広がりの度合を表すもの)
	字源(個々の文字の起源)
	示現(示し表すこと)

し こ	時限(時間割の単位。時間の限界)	
し こ	四顧(見まわすこと) 四股(相撲の準備体操の一つ) 指呼(呼べば答えるほどの近距離)	
し ご	私語 死語(現在は使われていない言語) 死後 子午線(地球の経線)	
じ こ	事故 自己	
じ ご	事後 爾後(この後) 持碁(引き分けの碁)	
し こう	施行(実地に行うこと。法令の効力を発生させること) 試行(試しに行うこと。＊試行錯誤) 施工(工事を行うこと) 思考(思いめぐらすこと) 歯垢(歯の表面につく堆積物) 嗜好(このみ。＊嗜好品) 伺候(参上し、ご機嫌を伺うこと) 至高(この上なく高いこと) 私行(個人の私生活上の行い) 指向(指し向けること。目指して向かうこと。＊指向性) 志向(心が向かうこと。意向)	
じ こう	時効(何年間かで合法化する制度) 時候(四季それぞれの気候) 事項(ことがらの一つひとつ)	
じ ごう	次号 寺号(寺の名)	
し こつ	趾骨(足の指をつくる骨) 支笏湖	

し こん	士魂(武士の魂) 歯根(歯の基部)	
じ さ	時差(時刻のずれ) 磁差(磁気コンパスの誤差)	
し さい	司祭(キリスト教の聖職の一つ) 市債(市の発行する債券) 子(仔)細(詳細)	
し ざい	資材(ものを作るもとになる材料) 資財(資産。財産) 死罪 私財	
し さく	試作(ためしに作ること) 施策(ほどこすべき対策) 思索(深く考え進むこと)	
し さつ	視察(実地の状況を見きわめること) 刺殺	
し さん	資産(人や団体が有する財産) 私産(私有財産) 試算(ためしに行う計算) 四散(ちりぢりになること)	
じ さん	持参 自賛(讃)(自分の行為を自ら誉めること)	
し し	獅子((動)ライオン) 嗣子(あとつぎ) 四肢(両手両足) 死屍(死体) 孜々(つとめ励む様) 志士(高い志をもつ人)	
し じ	指示(指図すること) 支持(支え持つこと) 私事(自分に関係したこと) 師事(師として仕え、教えを受けること)	
し しつ	資質(生まれつきの性質や才能) 紙質	

読み	熟語
じしつ	自室 自失(我を忘れてぼんやりすること) 痔疾(肛門の病気の総称)
じじつ	事実 時日
ししゃ	試写(映画を公開する前に映写すること) 試射(鉄砲などを試しに撃つこと) 支社(↔本社) 死者 使者 四捨五入
じしゅ	自主(独立して行うこと) 自首(犯人が自らの犯行を訴え出ること)
ししゅう	詩集 四周(周囲) 死(屍)臭(死体が発する悪臭) 刺繡(ぬいとり)
じしゅう	自習 次週
じじゅう	侍従(君主の側近くに仕える人) 自重(そのもの本体の重さ)
ししゅく	止宿(宿泊すること) 私淑(直接教えを受けていないが、その人を慕うこと)
ししょ	司書(書籍をつかさどる人) 史書(歴史を書いた書物) 私書(個人のつくった文書) 支所(↔本所) 支署(↔本署) 死所(処)(死ぬ場所)
じしょ	辞書 地所(土地。地面) 自署(自分の署名)
じじょ	次女 侍女(高貴の人につかえる女性) 自助(自分で自分を助けること) 自叙(自分で自分のことを記すこと。＊自叙伝) 自序(著者自らが書いた序文)
ししょう	支障(さしさわり) 師匠(先生。芸人に対する敬称) 支承(橋梁等の支点を支える装置) 私娼(公の許可なく営業する売春婦) 刺傷(刺してできた傷) 私傷(公務中でないときのけが) 死傷(死ぬことと負傷すること)
しじょう	至上(この上もないこと) 史上(歴史上) 紙上(新聞雑誌の記事面) 誌上(雑誌の紙面。誌面) 試乗(試みに乗ってみること) 市場(いちば。マーケット) 至情(まごころ) 私情(個人的な感情) 詩情(詩によまれた感情)
じしょう	自称(自分でこうだと称すること) 時鐘(時刻を知らせる鐘) 事象(ことがら)
じじょう	事情 自浄(河川等が自然にきれいになること。＊自浄作用) 自(二)乗(同じ数をかけあわせること) 自縄自縛(自分の言行により動きがとれなくなること)
ししん	私心 至心(この上なく誠実な心) 使臣(大使・公使の類) 私信(個人的な手紙) 指針(物事を進める方針)

しじん	詩人
	私人(↔公人)
じしん	自身(自分。その人自体)
	自信(自分の能力・価値などを信ずること)
	地震
	磁針(磁石の針)
	時針(時計の短針)
しせい	姿勢
	市政(自治体としての市の行政)
	市勢(市の人口・産業・財政等総合的状態)
	市制(市としての制度)
	市井(まち)
	施政(政治を行うこと)
	私製(↔官製)
	資性(生まれつき)
	至誠(まごころ)
	死生
	私生(私通して子を生むこと)
じせい	自制(感情・欲望を押さえること)
	自省(自分の態度・行動を省みること)
	自生(野生。自然に生えること)
	時勢(時代の趨勢)
	磁性(磁気を帯びたときに示す性質)
	辞世(この世に別れを告げること)
	時世(時代)
しせき	史跡(蹟)(歴史上の場所・施設の跡)
	歯石(歯についた石灰分)
	咫尺(短い距離)
じせき	自責(自分で自分を責めとがめること)
	自席
	次席(二番目の席次)
	事跡(蹟)(事件の痕跡)
しせつ	施設(こしらえ設けること。その設備)
	私設(私人が設立すること)
	使節(国の代表としての使者)
じせつ	自説(自分の意見)
	持説(固く持ち続ける意見)
	時節(季節。時機)
しせん	視線(目が見ている方向)
	支線(↔幹線)
	死線(死ぬか生きるかの境)
	私選(個人が選ぶこと。*私選弁護士)
じせん	自選(自分で自分を選挙すること)
	自撰(自分の作品を自分で選びだすこと)
	自薦(自分で自分を推薦すること)
じぜん	次善(最善に次いでよいこと)
	慈善(哀れみ慈しむこと。困っている人を援助すること)
	事前(事の起こる前)
しそう	思想
	志操(固い志)
	使(指)嗾(けしかけること)
	歯槽膿漏(歯周病)
しぞう	死蔵(活用しないでしまっておくこと)
	私蔵(個人で所蔵すること)
しそく	子息
	四則(加減乗除)
しぞく	士族(士分の家柄)
	氏族(共通の祖先で連帯感をもつ人々)
じそく	時速
	自足(必要品を自分で満たすこと)
	磁束(磁束密度の法線成分の総称)

読み	熟語
したい	死体
	肢体(身体と手足)
	姿態(すがた。からだつき)
じたい	事態(事のなりゆき)
	辞退(ことわること)
	自体(それ自身)
	字体(夫々の文字が、それによって他の文字と区別される特徴的な形)
じだい	時代(歴史の上で区分された期間)
	次代(次の時代)
	事大(弱小が強大に従いつかえること)
	自大(自ら尊大に構えること)
	地代(土地の借用料)
したく	私宅
	支(仕)度(用意。準備)
しだん	指弾(非難すること)
	師団(陸軍部隊の一つ)
しちけん	質権(担保物権の一つ)
	質券(しちふだ)
しちや	質屋(質物を担保にする金融業者)
	七夜(子の生誕から七日目の夜)
しちゅう	支柱(支える柱)
	司厨(艦船で炊事を行う部署)
	死中(死を待つよりほかない窮地)
	市中
しちょう	思潮(思想の流れ)
	視聴(見る聞く。＊視聴率)
	試聴(試みに聞くこと)
	市長
	市庁(市役所の庁舎)
	支庁(総合出先機関)
	輜重(軍需品の総称)
じちょう	自重(行いを慎むこと)
	自嘲(自分をあざけること)
	次長
しつう	私通(密通)
	四通(道路・通信が四方に通ずること)
	歯痛
しっか	失火(誤って火災を起こすこと)
	膝下(ひざもと)
じっか	実家
	実価(真の価)
	実科(実用性を主眼とする学科)
じっかい	十戒((仏)十カ条の戒律)
	十界((仏)迷いと悟りを十に分けたもの)
	十誡(モーゼが与えた十のおきて)
しっかん	疾患(病気)
	失陥(城等が攻め落とされること)
じっかん	実感(実際に経験しているような感じ)
	十干(甲乙丙丁戊己庚辛壬癸の総称)
しっき	漆器(うるし塗りの器物)
	湿気(しめり気)
じっけい	実刑(実際に執行をうける刑罰)
	実兄
しっけん	識見(物事を正しく判断・評価する力)
	執権(将軍を補佐した最高の職)
	失権(権利を失うこと)
しつげん	湿原(多湿な草原)
	失言
じっけん	実験
	実権(実際の権力)
	実検(ある事の実否を検査すること)

熟語

しっこう	執行(とり行うこと) 膝行(膝で歩くこと) 失効(権利等が効力を失うこと)
じっこう	実行 実効(実際の効力)
しっこく	漆黒(漆のように黒く光沢のあること) 桎梏(厳しく自由を束縛するもの)
じっこん	昵懇(親しいこと) 入魂(頼み込むこと。口添えすること) 実根(↔虚根)
じっし	実子 実施 十指(十本の指)
じつじょう	実情(実際の事情) 実状(実際の有様)
じっしゅう	実習(実地で学習すること) 実収(実際の収入)
しっしん	失神(心)(気を失うこと) 湿疹(皮膚表層の炎症)
しっせい	叱声(叱り声) 叱正(叱って正すこと) 執政(政務をとること。その職) 湿性(しめっぽい性質) 失政(政治の失敗)
しっせき	叱責(しかりとがめること) 失跡(人が行方不明になること)
じっせん	実践(実際に履行すること) 実戦(実際の戦争。↔演習) 実線(切れ目のない線。───)
しっそう	疾走(非常に早く走ること) 失踪(ゆくえをくらますこと)
じったい	実態(実際の有様) 実体(正体。本体。内容)
しっち	失地(失った土地) 湿地(湿った土地)
じつどう	実働(実際に働くこと) 実動(機械等が実際に動くこと)
じっぴ	実費(実際に要した費用) 実否(真実であることと真実でないこと)
じつり	実利(現実の利益) 実理(実際から得た理論)
してい	子弟(子と弟。年少者) 師弟(師と弟子。先生と生徒) 使丁(用務員) 私邸(個人のやしき) 指定 視程(大気の混濁度を示す尺度)
してき	詩的(詩のように美しいこと) 史的(歴史に関すること) 指摘(ある事柄を取り出して示すこと) 私的(プライベート)
してん	視点(視線の注がれるところ) 支点(てこを支える固定した点) 死点(往復機関で回転分力を生じない点) 始点(↔終点) 支店(↔本店)
しでん	市電 紫電(鋭い光) 師伝(師匠からの伝授) 史伝(歴史と伝記)
じてん	辞典(言葉について解説した書物) 字典(文字について解説した書物) 事典(事柄について解説した書物) 時点(時間の流れの上にある一点) 次点(最高点の次の点数) 自転(自分で回転すること)

読み	熟語
し と	使途(金銭等の使いみち) 使徒(キリストの12人の弟子)
しとう	死闘(命の限りたたかうこと) 私闘(私怨でたたかうこと) 指頭(指の先端) 至当(至って当然なこと) 私党(私事のために組んだ徒党)
しどう	指導(教え導くこと) 始動(動き始めること) 市道(市が管理する道路) 祠堂(祖先の霊をまつる所) 私道(↔公道) 斯道(人の人たる道)
じどう	自動(↔他動) 児童
しない	市内 竹刀(竹製のけいこ刀)
しなん	至難(この上なく難しいこと) 指南(教え導びくこと)
しにん	死人 視認(目で確認すること)
じにん	辞任(任務を辞退すること) 自任(自らを適任と思うこと) 自認(自分でみとめること)
じ ば	磁場(磁気の及ぶ範囲) 地場(地元。*地場産業)
しはい	支配(統治すること) 賜杯(天皇・皇族から贈られる優勝杯) 紙背(文章の言外に含まれる意味)
じばく	自爆(自ら爆砕すること) 自縛(自分の意見に拘束されること。*自縄自縛)
しはん	市販 死班(斑)(死後皮膚に生ずる紫色の班点) 紫班(斑)(皮膚に生ずる紫色の班点)
	師範(模範。教授する人。師範学校の略) 四半(四分の一)
じ ひ	自費 慈悲(いつくしみ哀れむ心)
じびき	字引(字書) 地引(曳)(地引網をひくこと)
しひょう	指標(物事の見当をつけるための目印) 師表(師となり手本となること。その人)
じひょう	辞表(辞職願) 時評(その時々の批評・評論)
じ ふ	自負(自分に自信や誇りを持つこと) 慈父(いつくしみ深い父)
しふく	私腹(私利) 私服 紙幅(定められた原稿枚数) 至福(この上ない幸福) 雌伏(しばらく他人の支配に耐えること)
じぶつ	事物(事と物) 持仏(守り本尊)
しふん	私憤(私人としての憤り) 脂粉(紅と白粉。化粧)
しぶん	四分(四つに分けること) 士分(武士の身分) 詩文(詩と文) 死文(効力のない法令等) 私文書(↔公文書)
しべん	支弁(金銭の支払い) 思弁(実践に対して、理論の意味) 至便(この上なく便利なこと)
し ぼ	思慕(懐かしく思うこと) 私募(非公募発行のこと)

熟語

しほう	司法(民事・刑事・行政裁判。それに関すること)
	私法(民法・商法の類)
	四方(東南西北。周り)
	至宝(非常に尊い宝)
しぼう	志望
	子房(雌しべの一部)
	死亡
	脂肪(油脂のうち常温で固体のもの)
しまい	姉妹
	仕舞(能の略式演奏の一つ。物事の最後)
じみ	地味(質素なこと)
	滋味(うまい味わい)
しめい	死命(死と命。死ぬべき命)
	使命(使いの役目。課せられた任務)
	指名(人名等を指定すること)
	氏名
	指命(指定して命ずること)
しめん	紙面(紙の表面。新聞等の記事面)
	誌面(雑誌の記事の載ってる面)
	四面(周囲)
しもん	諮問(意見を求めること。*諮問機関)
	試問(試しに問うこと)
	指紋(指の腹面にある皮膚のしわ)
じもん	自問(自分が自分の心に問うこと)
	地紋(地模様)
しゃおん	謝恩(受けた恩に感謝の意を表すこと)
	遮音(音をさえぎること)
しゃかん	舎監(寄宿舎の監督者)
	車間
しゃけん	車検(自動車の車体検査)
	車券(競輪の投票券)
じゃけん	邪険(意地の悪いこと)
	邪見(よこしまな見方)
しゃこう	社交(世間のつきあい)
	射幸(偶然をあてにして利益を得ること)
	藉口(かこつけて言い訳をすること)
	遮光(光をさえぎること)
	斜坑(傾斜した坑道)
しゃし	斜視(両眼の注視点が合わない異常)
	社史(会社の歴史)
	奢侈(ぜいたく)
しゃじょう	車上
	写場(フォトスタジオ)
	射場(射撃場)
しゃせん	車線
	斜線
しゃだん	遮断(さえぎり断つこと)
	社団(社団法人の略)
じゃっかん	若干(いくらか。多少)
	弱冠(男子20歳の異称)
しゃてい	射程(弾丸等の届く最大距離)
	舎弟(弟)
しゃば	車馬
	娑婆(俗世間)
しゃめん	斜面
	赦免(罪を許すこと)
しゃよう	社用
	斜陽(夕日の光。時勢の変化で没落しかかること)
しゅい	首位
	趣意(趣旨。意見)
	主意(主な意味・考え)
しゅいん	主因(主たる原因)
	朱印(朱肉で押した印)

読み	熟語
しゆう	私有 / 師友(師として敬う友人) / 雌雄(めすとおす)
じゆう	自由 / 事由(ことの理由。原因)
しゅうい	周囲 / 衆意(衆人の意見) / 拾遺(漏れている物を拾い補うこと)
じゅうい	獣医(獣医師) / 重囲(幾重にも取り囲むこと)
じゅういん	充員(人員を補充すること) / 従因(主でない原因)
しゅうう	秋雨 / 驟雨(にわかあめ)
しゅうえき	収益(利益として収入する金銭) / 就役(任務につくこと)
しゅうえん	終焉(死に臨むこと。身の落ちつくところ) / 終演(芝居などの上演が終わること)
しゅうか	集荷 / 衆寡(多人数と少人数。*衆寡不敵)
しゅうかい	集会 / 醜怪(みにくいこと) / 周回(まわり。まわること)
しゅうかく	収穫(農作物の取り入れ。成果) / 臭(嗅)覚(においの感覚)
しゅうがく	就学(学校に入って学ぶこと) / 修学(学問を修め習うこと)
しゅうかん	週刊(一週に一度刊行すること) / 週間 / 習慣 / 収監(監獄に収容すること)
じゅうかん	重患(重病患者の略) / 縦貫(たてに貫くこと)
じゅうがん	銃丸(銃の弾) / 銃眼(射撃するために壁等にあけた穴)
しゅうき	秋季 / 臭気 / 周期(ひとまわりの時期) / 周忌(満1年目の忌日)
しゅうぎ	祝儀(祝いの儀式。祝意を表すために贈る金品) / 衆議(多くの人の評議)
じゅうき	重機(重工業用の機械。重機関銃の略) / 什器(日常使用の家具・道具) / 銃器(小銃・拳銃・機関銃等の総称)
しゅうきゅう	週休 / 週給(週間単位の給与) / 蹴球(サッカー)
しゅうぎょう	終業 / 就業 / 修業(学業等を習い修めること)
しゅうきょく	終局(事件の落着) / 終極(物事のおわり) / 終曲(結びの曲) / 褶曲(水平地層が波状に曲がる現象)
しゅうけつ	終結(おわり) / 集結(一カ所に集まること)
しゅうこう	周航(方々を巡る航海。船で一巡すること) / 就航(初めて航路につくこと) / 集光(光を一方向に集めること) / 修交(好)(仲好くすること。国と国とが親しくすること)
しゅうごう	集合 / 習合(異なる教理を調和させること) / 聚合(集めかためること)

じゅうこう	重厚(重々しく、しっかりしていること)			重賞(高額の賞金)
	銃口(銃の弾丸の出る口)			重唱(複数の人が夫々異なる声部を同時に唄うこと)
しゅうさく	秀作(優れた作品)		しゅうしょく	就職
	習作(練習のために作った作品)			修飾(つくろい飾ること)
じゅうさつ	銃殺			秋色(秋の気配)
	重殺(野球のダブルプレー)			愁色(うれいを含んだ顔色)
	重刷(増刷)		しゅうしん	終身(一生涯。終生)
しゅうし	終止(終えること。＊終止形)			修身(身を修めること)
	終始(終わりと始め。＊終始一貫)			就寝
	修史(歴史を編集すること)			執心(心ひかれて離れられないこと)
	愁思(うれい思うこと)			終審(最終の審理)
	収支(収入と支出)		しゅうじん	囚人(囚われ人。監獄に入ってる人)
	宗旨(宗門の教義)			衆人(多くの人)
	修士(学位の一つ)			集塵(ちりを集めること)
しゅうじ	習字		じゅうしん	重心
	修辞(言葉を飾り立てること)			重臣(重職の臣)
じゅうじ	従事(仕事にたずさわること)			銃身(銃の弾丸が通る筒の部分)
	住持(住職)		しゅうせい	修正(よくない事・ところを直して正しくすること)
	十字			修整(整え直すこと。＊写真修整)
しゅうじつ	終日(朝から晩まで)			終生(一生)
	秋日(秋の日)			習性(習慣になった性質。くせ)
	週日(ウィークディ)			秋声(秋を感じさせる音の響き)
しゅうしゅう	収(蒐)集(品物・資料を取り集めること)			集成(多くのものを集めて一つの纏まりのあるものに仕上げること)
	収拾(混乱等を取り纏めること)		しゅうせん	終戦
じゅうじゅん	従順(すなおなこと)			周旋(斡旋。売買等の仲立ち)
	柔順(おとなしくすなおなこと)		しゅうそ	臭素(ハロゲン族元素の一つ)
しゅうしょう	就床(床に入ること)			宗祖(一つの宗派の開祖)
	終章(最終の章)			愁訴(苦しみ悲しみを訴えること)
	秋宵(秋の晩)		じゅうそう	縦走(尾根伝いに多くの山を踏破すること)
	愁傷(嘆き悲しむこと)			重奏(二・四重奏)
	周章(あわてふためくこと。＊周章狼狽)			
じゅうしょう	重傷(重い傷)			
	重症(重い病気・症状)			
	銃床(銃の木部)			
	銃傷(銃弾で受けた傷)			

読み	熟語
	重層(幾重にも重なる様子)
	重曹(重炭酸曹達の略)
	銃創(銃弾でうけた傷)
しゅうそく	収束(おさまりがつくこと)
	集束(光線の束が一点に集まること)
	終息(熄)(事の終わること)
しゅうたい	醜態(ぶざまな格好)
	集大成(多くのものを集めて一つの纏まりのあるものに仕上げたもの)
じゅうたい	渋滞(とどこおってはかどらない状態)
	重体(態)(容態が悪く危険な状態)
	縦隊(縦列に並んだ隊列)
じゅうだい	十代
	重大
じゅうだん	縦断(たてに断ち切ること)
	銃弾(銃の弾丸)
しゅうち	羞恥(恥じらいの気持ち)
	衆知(皆が知ってること。多人数の知恵)
	周知(広く知ること)
	集治監(旧制の刑務所)
しゅうちゃく	祝着(喜び祝うこと。満足に思うこと。*祝着至極)
	執着(深く思い込み忘れないこと)
	終着(最後に到着すること)
じゅうてん	重点
	充填(あいた所につめてふさぐこと)
しゅうと	宗徒(その宗門の信者)
	囚徒(囚人)
	州都(州の中心都市)
しゅうとく	修得(学問等を修めて身につける事)
	習得(習って会得すること)
	収得(わがものとすること)
	拾得(拾うこと。*拾得物)
じゅうにん	住人
	重任(重大な任務。任期満了後引き続き前の任務に就くこと)
しゅうねん	周年(ある時から数えて過ぎた年数)
	終年(一生涯)
	執念(思い込んで動かない一念)
しゅうは	宗派(同一宗教の分派)
	周波(波動の一循環)
	秋波(媚びをあらわす目つき)
しゅうばん	終盤(仕事・行事等の最終段階)
	週番(一週ごとに交代する勤務)
じゅうはん	重版(版数を重ねること。その書籍)
	重犯(重い、または重ねての犯罪)
	従犯(共犯の一つ)
しゅうび	愁眉(愁えでひそめた眉)
	秀眉(美しい眉)
しゅうぶん	秋分(二十四節気の一つ。秋の彼岸の中日)
	醜聞(よくない噂)
じゅうぶん	十(充)分(満ち足りて不足欠点のないこと)
	重文(重要文化財の略)
じゅうほう	銃砲(銃と砲)
	重砲(口径の大なる砲)
	什宝(宝としている什器)
しゅうまつ	終末(おわり)
	週末
じゅうやく	重役(取締役の通称。重い役目)
	重訳(原語から訳したのを更に訳すこと)
しゅうよう	収容(一定の所に納めること)
	収用(法律用語…取り上げて用いること)
	襲用(今までのやり方を受けつぐこと)

熟語

	修養(優れた人格を形成すべく努めること)
じゅうよう	重要(大事なこと)
	重用(人を重く用いること)
しゅうりょう	終了
	修了(一定の課程を修め終えること)
	収量(収穫の分量)
	秋涼(初秋の涼しさ)
じゅうりょう	重量
	十両(幕内の次のランクの力士)
	従量税(重量・個数・容積・成分等を標準にして税率を決める租税)
しゅうれい	秋冷(秋の冷ややかさ)
	秀麗(優れてうるわしいこと)
しゅうれん	修練(精神・技能を磨き鍛えること)
	習練(繰り返し習うこと)
	収斂(収縮すること)
しゅうろく	収録(記録すること。録音・録画すること)
	集録(文章を集めて記録すること)
じゅえき	受益(利益を受けること)
	樹液(樹木から出る液)
しゅえん	主演
	酒宴(さかもり)
じゅか	儒家(儒者。その家)
	樹下(樹木の下)
じゅかい	樹海(広大な鬱蒼たる森林)
	受戒(仏の定めた戒律を受けること)
しゅかん	主観(意識を持つ自我。↔客観)
	主管(管理の中心となること。その人)
	主幹(編集等の責任者)
じゅかん	樹幹(樹木のみき)
	樹冠(樹林にて枝葉の茂っている部分)
しゅき	首記(一番最初に書いてある事柄)
	朱記(朱で記すこと)
	手記(自分で記すこと)
	酒器(酒を入れる器)
	酒気(酒のかおり)
じゅきゅう	需給(需用と供給)
	受給(給与等を受けること)
しゅぎょう	修業(学問・技芸等を修めること)
	修行(精神を鍛え学問技能を修めること。仏法・武道を修めること)
しゅくえん	宿縁(前世からの因縁)
	宿怨(年来の怨み)
	祝宴(お祝いの宴会)
じゅくし	熟思(深く考えること)
	熟視(じっとみつめること)
	熟柿(よく熟した柿)
しゅくしゃ	宿舎
	縮写(原形を縮めて写すこと)
しゅくしょう	縮小
	宿将(名望高い力量ある老将)
	祝勝(捷)(勝利を祝うこと)
しゅくせい	粛正(取り締まって不正をなくすること)
	粛清(反対者を取り締まること)
じゅくせい	熟成(十分に熟してできあがること)
	塾生(塾の学生)
しゅくん	主君(自分の仕える君)
	殊勲(他よりもきわだった勲功)
じゅけん	受験
	受検(検査・検定を受けること)
	授権資本(株式会社の定款に定めた発行予定株式総数)
しゅご	主語(↔述語)
	守護(まもること。幕府の職名一つ)

読み	熟語
しゅこう	趣向(趣を出すための工夫) 酒肴(酒と酒のさかな) 手工(手先でする工芸) 手交(手渡すこと) 首肯(うなずくこと)
しゅさい	主催(中心になってある事を催す事) 主宰(采配すること。その人)
しゅし	趣旨(文章や話の言わんとするところ。物事を行う目的や理由) 主旨(主な意味。中心となる意味) 種子(たね)
しゅしょう	主将(一軍の大将。チームの統率者) 首唱(真っ先に唱えだすこと) 主唱(主となって唱えること) 首相(内閣総理大臣の通称) 殊勝(けなげなこと)
じゅしょう	授賞(賞を授けること。＊授賞式) 受賞(賞を受けること) 授章(勲章等を授けること) 受章(勲章等を受けること)
しゅしょく	主食 酒食(酒と食物) 酒色(酒と女)
しゅしん	主審(主となる審判員) 主震(地震の本震) 主神(神社の祭神中の主な神) 朱唇(あかいくちびる)
じゅしん	受信(↔発信) 受診(診察を受けること)
しゅせい	守勢(守る態勢。その軍勢) 酒精(エチルアルコール)
しゅぜい	酒税(酒類にかかる税金) 主税局(大蔵省内局の一つ)
じゅせい	授精(人工的に精子を与えること) 受精(卵子が精子と結合すること)
しゅせき	主席(主人の席。会議・委員会を代表する人。＊国家主席) 首席(第一位の席次) 酒席(酒宴の席) 手跡(その人の書いた文字)
しゅだい	主題(主要な題目。テーマ) 首題(文書などの始めの題目)
しゅちょう	主張(自分の説を強く言いはること) 主潮(主な潮流。支配的な傾向) 主調(楽曲の基礎となる主要な調べ) 首長(集団の統率者。行政機関の独任制の長官。＊自治体の首長)
しゅっか	出荷(荷を積み出すこと) 出火
しゅっけつ	出欠 出血(血液が血管外に流出すること。労力・金銭等に犠牲・損失のあること)
じゅつご	術後(手術等のあと) 述語(↔主語) 術語(学術語)
しゅっこう	出港(船舶が港を出ること) 出航(船や航空機が出発すること) 出校(校正刷りが印刷所から出ること) 出向(出向くこと。命令で他の会社等の仕事につくこと)
しゅっし	出資(資本を出すこと) 出仕(民から出て官に仕えること)

しゅっせい	出生(生まれ出ること)		しゅほう	手法(物を作るときのやり方)
	出征(軍の一員として戦地へ行くこと)			主峰(山群のなかで主だった山)
	出精(精を出して事に励むこと)			主砲(軍艦の装備している最も大きな砲)
しゅっちょう	出張(勤務先以外の所に用事で出向くこと)		しゅよう	主要
	出超(輸出超過の略。↔入超)			腫瘍(体細胞が過剰に増殖する病変)
しゅってん	出展(作品を展覧会に出すこと)		じゅよう	需要(もとめ。商品購買の欲望)
	出店(店を出すこと)			需用(いりよう。入用)
	出典(引用句などの出所の書籍)			受容(受け入れて取り込むこと)
しゅっぱん	出版(文書などを印刷して発売すること)		しゅりょう	狩猟(野生の鳥獣をとること)
	出帆(船が港を出ること)			酒量(飲む酒の量)
				首領(仲間の長。かしら)
しゅと	首都(中央政府のある都市)		じゅんい	順位
	首途(旅立ち)			准尉(将校階級の一つ。准仕官)
	主都(地方中心都市)		じゅんえん	順延(順ぐりに期日を延ばすこと)
	酒徒(酒好きな仲間)			巡演(各地を回って上演すること)
しゅどう	主導(主になって行動する)		じゅんか	純(醇)化(純粋なものにすること)
	手動(機械等を手で動かすこと)			順(馴)化(変わった環境になれること)
しゅにく	朱肉(朱色の印肉)			
	酒肉(酒と肉)		じゅんかん	旬間(10日間。*児童福祉旬間)
じゅにん	受任(任命・任務を受けること)			旬刊(10日ごとに発行すること)
	受忍(迷惑を我慢すること)			准看(准看護婦、准看護士の略)
しゅのう	首脳(集団・組織の中心にたつ人)			循環
	主脳(主要な部分)		じゅんけつ	純潔(潔白なこと。性的に無垢なこと)
しゅはん	主犯(複数の犯人の中の主な犯人)			純血(純粋な血統)
	首班(第一の席次。総理大臣)		じゅんけん	巡検(巡回して調べること)
しゅび	首尾(はじめと終わり)			巡見(見回ること)
	守備			純絹(他の糸をまじえぬ絹織物)
しゅひつ	主筆(主要な記事・論説を担当する記者)		じゅんこう	巡幸(天皇が各地をまわること)
	朱筆(朱の書き入れ。そのための筆)			順行(順序を追っていくこと)
				巡行(めぐり歩くこと)
しゅふ	主婦			巡航(船・飛行機が各地を航海・飛行すること)
	首府(首都)			

読み	熟語
じゅんし	巡視(警戒のため見回ること) 殉死(主君の死を追って臣下が自殺すること)
じゅんじょう	純情(邪心のないいちずな情愛) 殉情(感情に全てをまかせること)
じゅんしょく	殉職(職務中に死ぬこと) 潤色(幸運。恩恵) 純色(濁りのない鮮やかな色)
じゅんせい	純正(純粋でまじりけのないこと) 準星(クエーサー)
しゅんせつ	春節(中国で、旧暦元日) 浚渫(水底の土砂・岩をさらうこと)
しゅんそく	駿足(足の早い馬) 俊足(足の早いこと。俊才)
じゅんぽう	順(遵)法(法を守ること) 旬報(10日ごとに出す刊行物)
じゅんりょう	純良(純粋で善良なこと) 順良(柔軟で善良なこと)
じょい	女医 叙位(位階に叙すこと。＊叙位叙勲)
しょいん	所員 署員 書院(書院造りの座敷)
しよう	試用(試しに用いること。＊試用期間) 使用 私用 飼養(動物を飼い養うこと) 仕様(方法。事の次第) 子葉(発芽して最初の葉) 枝葉(主要でない部分) 至要(この上なく大切なこと) 止揚(高めること)
しょうい	小異(わずかの違い) 傷痍(きず。けが) 少尉(将校の階級の一つ) 焼夷(焼き払うこと。＊焼夷弾)
じょうい	上位 上衣(うわぎ) 上意(主君の命令) 攘夷(外夷をうち払うこと) 情意(感情と意志) 譲位(君主が位を譲ること)
しょういん	勝因(勝利の原因) 証印(証明のためにおした印) 承引(承知し引き受けること)
じょういん	乗員 冗員(あまった人員) 上院(二院制国会の一つ。↔下院)
しょううん	勝運(勝つべき運) 祥雲(めでたい雲)
しょうえん	小宴(小人数の宴会) 招宴(宴会に招くこと) 荘園(平安時代貴族の私的な領地) 硝煙(火薬の発火によって出る煙)
じょうえん	上演(劇を舞台で演ずること) 情炎(燃えるような情欲)
しょうか	消火 消夏(夏の暑さをしのぐこと) 商家 娼家(遊女屋) 消化(原形をなくして変化すること) 昇華(固体が直接気体になること) 頌歌(ほめうた) 唱歌(大戦前学校教育用に作られた歌)

じょうか	浄化(きよめること)		しょうぎ	将棋(室内遊技の一つ)
	浄火(神聖な火)			省議(内閣各省の会議)
	城下(城下町。城壁の外)			商議(相談すること)
	情歌(恋の歌)			娼妓(遊女。公娼)
しょうかい	紹介(引き合わせること)			床几(腰掛けの一種)
	照会(問い合わせること)		じょうき	上記(上または前に記してある事)
	商会(商業上の組織)			上気(のぼせて顔がほてること)
	詳解(詳しく解釈すること)			蒸気(液・固体から蒸発して生ずる気体)
	哨戒(見張りをし警戒すること)			常軌(常道)
しょうがい	障害(碍)(妨げ。身体器官の不具合)			条規(条文の規定・規則)
	傷害(傷つけ害すること)		じょうぎ	定規
	生涯(一生の間)			情誼(したしみ)
	渉外(外部と連絡交渉すること)			情義(人情と義理)
じょうかい	常会(定期的に開く会合)		しょうきゃく	償却(償い返すこと。減価償却の略)
	蒸解(化学パルプ製造工程の一)			焼却(焼き捨てること)
しょうがく	小額(小さい金額。＊小額紙幣)			消却(消すこと)
	少額(少ない金額。＊少額訴訟)		じょうきゃく	乗客
	奨学(学問をすすめること)			上客(大切な客)
しょうかん	小寒(太陽暦で1月6日ころ)			常客(いつも来る客)
	少閑(少しのひま)		しょうきゅう	昇給(給料のあがること)
	召喚(被告などを出頭させること)			昇級(等級のあがること)
	召還(呼び戻すこと。命令による外交官の帰還)			小休止(ちょっと休むこと)
	償還(債務を返済すること)			小臼歯(犬歯の隣にある臼歯)
	将官(大・中・小将の総称)		じょうきょう	状(情)況(様子。情勢)
	消閑(ひまをつぶすこと)			上京(都へのぼること)
	商館(商取引のための在外営業所)		しょうきん	賞金(賞としての金銭)
				償金(損害賠償金)
じょうかん	上巻(↔下巻)		しょうく	承句(漢詩絶句の第二句)
	上官(うわやく)			章句(文章の章と句)
	情感(感情)		しょうけい	承継(うけつぐこと)
しょうき	勝機(勝てそうな機会)			小(少)憩(ちょっと休むこと)
	鍾馗(病いを退け魔を除くという神)			小計
	笑気(亜酸化窒素の異称)			小径(こみち)
	正気(気がたしかなこと)			憧憬(あこがれること)
	詳記(詳しく記すこと)			勝景(すぐれて良い景色)
				象形(物の形をかたどること。

	＊象形文字)
	捷径(ちかみち。はやみち)
じょうけい	情景(目に映じたありさま)
	場景(その場の光景)
しょうげき	衝撃(激しい打撃)
	笑劇(短い滑稽劇)
しょうけつ	猖獗(たけく荒々しいこと)
	焼結(粉末を加熱して固めること)
しょうけん	証券(財産法上の権利等を記した紙片)
	商圏(商取引の行われる地理的範囲)
	商権(商業上の権利)
	正絹(純絹)
しょうげん	証言(証人の供述)
	象限(円の四分の一)
じょうげん	上限(上・初めの方の限界。↔下限)
	上弦(新月から満月の間の半月。↔下弦)
しょうこ	証拠(証明の根拠)
	沼湖
	尚古(昔の文物や制度を貴ぶこと)
	鉦鼓(軍用の太鼓と鐘。雅楽打楽器の一つ)
じょうご	漏斗(液体を注ぐのに使う器)
	冗(剰)語(むだな言葉)
	上戸(酒をたくさん飲める人)
	畳語(同一の単語または語根を重ねて一語とした語。＊われわれ)
しょうこう	商工(商業と工業)
	小康(病気が少し良くなったこと)
	小考(少し考えること)
	消光(月日をおくること)
	消耗(使って減らすこと)
	焼香(香をたくこと)
	昇降(のぼりくだり)
	昇汞(塩化水銀の俗称)
	将校(軍隊で指揮をとる士官)
	症候(身体に現れる病的変化)
しょうごう	称号(呼び名。名称)
	商号(営業上自己を表示するために用いる名称)
	照合(照らし合わせ確かめること)
じょうこう	条項(箇条にした項目)
	乗降
	上皇(天皇譲位後の尊称)
	情交(男女のまじわり)
しょうこく	小国
	生国
しょうこん	商魂(商売に徹した気構え)
	招魂(死者の霊を招いて祭ること)
	傷痕(きずあと)
	性根(一つことを長く続ける元気)
	松根油(松の根を乾留して得る油)
しょうさ	小差
	少佐(将校の階級の一つ)
	照査(照らし合わせて調べること)
	証左(証拠)
しょうさい	詳細
	小才(ちょっとした才能)
	商才(商売上での才能)
じょうざい	錠剤(粒状の薬)
	浄財(寺院・慈善団体等への寄付金)
しょうさつ	小冊(小さな、または薄い書籍)
	笑殺(一笑に付すこと)
しょうさん	称(賞)賛(讃)(誉め称えること)
	勝算(勝ち目)
	硝酸(酸の一種)

熟語

しょうし	焼死	じょうしゅう	常習(いつもやること。＊常習犯)
	笑止(笑うべきこと)		常襲(台風等のいつも来ること)
	生死(生きることと死ぬこと)	しょうしょ	証書(物事を証明する書類。＊公正証書)
	小史(簡単な歴史)		詔書(天皇の国事行為で出される文書)
	小誌(自分の出版誌の謙譲語)		消(銷)暑(暑さをしのぐこと)
	抄紙(紙をすくこと)		小暑(二十四節気の一つ。7月8日ころ)
	証紙(品質等を証明する紙)	しょうじょ	少女
	将士(将校と兵士)		消除(取り消すこと)
	賞詞(誉め言葉)		昇叙(上級の官位に叙せられること)
	少子(一番年若い子)	じょうしょ	浄書(清書)
	少子化(子どもの数が減ること)		上書(上司への意見書)
しょうじ	少時(幼少の時。しばらくの間)	しょうじょう	症状(病気の状態)
	小事(小さな事件)		賞状(賞め言葉を記した書状)
	賞辞(ほめ言葉)		証状(事実を証明する文書)
	商事(商事会社。商売に関すること)		商状(あきないの様子)
	障子(建具の一つ)		清浄(清く汚れのないこと。＊六根清浄)
じょうし	上司(上役)		小乗((仏)↔大乗)
	上梓(図書を出版すること)		猩猩(中国で想像上の怪物)
	上肢(上部の肢。腕や手の部分)	じょうしょう	上昇
	城址(城あと)		常勝(いつも勝つこと)
	情死(心中)	じょうじょう	上場(株式を取引所で売買の対象にすること)
じょうじ	常時		情状(実際の様子)
	情事(男女間の情愛に関すること)		上々(この上もなく良いこと)
しょうしつ	消失	しょうしん	昇進(地位が上がること)
	焼失		焼身(身を焼くこと。＊焼身自殺)
しょうしゃ	商社(商業上の結社)		傷心(傷ついた心。心を傷めること)
	勝者		衝心(脚気のため呼吸が苦しくなること)
	照射(光・放射線等をあてること)		小心(度胸の狭いこと。おくびょう)
	瀟洒(あかぬけした様)		
じょうしゃ	乗車		
	浄写(きれいに書き写すこと)		
しょうしゅう	招集(自治体が議員、会社が株主等を集めること)		
	召集(国会議員を集めること)		
	消臭		

		焦心(思いをこがすこと)		焦燥(躁)(いらだちあせること)
		正真(誠なこと。＊正真正銘)		正倉院
しょうじん		精進(一所懸命努力すること。菜食)	しょうぞう	肖像
				抄造(抄(す)いて紙を製造すること)
		焼尽(すっかり焼けること)	じょうそう	上層(上の層)
		消尽(消耗しつくすこと)		上奏(天皇に意見等を申し上げること)
		小人(徳・器量のない人)		
じょうすい		浄水(清浄な水)		情操(高次な感情)
		上水(飲料等にするための水)	しょうたい	招待(客を招いてもてなすこと)
しょうすう		少数(数の少ないこと)		小隊(小人数の隊)
		小数(小さな数。＊小数点)		正体(本当の姿)
じょうすう		乗数	じょうたい	状態
		常数		情態(心の有様)
しょうせい		小生(男性が用いる自分の謙譲語)		常態(いつもの状態)
				上体(身体の腰から上の部分)
		小成(少しばかりの成功)	じょうだい	上代(大昔。日本史時代区分の一つ)
		将星(将軍の異称)		
		照星(銃口近くにある照準具の一)		城代(主君に代わり城を守る者)
		鐘声(鐘のなりひびく音)	しょうたん	小胆(気の小さいこと)
		招請(まねき呼ぶこと)		称嘆(歎)(ほめはやすこと)
じょうせい		情(状)勢(形勢)		賞嘆(歎)(感心してほめること)
		醸成(かもし出すこと)	じょうだん	上段
じょうせき		上席(上位の席次)		冗談(ふざけて言う話)
		定席(きまった席)	しょうち	承知(知ってること。聞き入れること)
		定石(囲碁用語)		
		定跡(将棋用語)		沼池(沼と池)
しょうせつ		小説(文学の一形式)		招致(まねきよせること)
		小節(楽譜の縦線と縦線の間の部分)	じょうち	常置(常に設けおくこと)
				情痴(色情に迷って理性を失うこと)
		詳説(詳しく説くこと)		
しょうせん		商船(商業目的で運航する船舶)	しょうちゅう	掌中(支配の及ぶ範囲)
		商戦(商業上の競争)		焼酎(蒸溜酒の一種)
		省線(省線電車の略)	じょうちゅう	常駐(常に駐在していること)
しょうぜん		承前(前文をうけつぐこと)		条虫(腸内寄生虫の一種)
		悄然(ものさびしい様)	しょうちょう	象徴(シンボル)
		悚然(恐れてぞっとする様)		小腸
しょうそう		少壮(年の若いこと)		消長(衰えることと盛んなこと)
		尚早(この事をするには早すぎること)		

熟語

しょうてん	昇天(天に昇ること。死ぬこと) 衝天(勢いの盛んなこと。＊意気衝天)	しょうび	焦眉(危険が迫ること。＊焦眉之急) 賞美(ほめたたえること)
しょうど	照度(面積時間当たりの光束) 焦土(焼け土) 焼土(土地改良法の一つ)	しょうひょう	商標(自己の商品を示すための標識) 証憑(事実を証明する根拠) 証票(ある事を証明するための札)
じょうとう	上棟(棟上げ) 上等(上の等級。優れて良いこと) 常套(きまったやり方。＊常套手段)	しょうひん	商品 賞品(賞として与える品) 小品(小さな作品。自作品の謙譲語)
じょうない	場内 城内	しょうぶ	勝負 菖蒲((植)ショウブ) 尚武(武芸を重んずること)
しょうにん	証人(証言に立つ人) 商人 聖人(悟りを得た僧。＊親鸞聖人) 上人(僧侶の敬称) 承認(申し出を聞き入れること。事実・真実と認めること) 昇任(上級の役職にのぼること)	じょうぶ	丈夫(健康なこと。確かなこと) 上部
		しょうふく	承服(承知して従うこと) 妾腹(めかけの腹)
		しょうぶん	性分(生まれつきの性質) 小文(短文。自作文章の謙譲語)
しょうねん	少年 正念場(ここぞという大事な場面)	じょうぶん	上文(前に記した文句) 条文(個条書の文) 冗文(むだな文句) 上聞(君主の耳に入ること)
しょうのう	笑納(贈物をするときの謙譲語) 小脳 小農(所有する田畑の少ない農家) 樟脳(特異の芳香をもつ結晶の一つ)	しょうへい	将兵(将校と兵士) 哨兵(見はりの兵士) 傷兵(戦争で傷ついた兵士) 招聘(礼を尽くして人を招くこと)
しょうは	小破(少しの破損) 翔破(全行程を飛びきること) 消波(波の力を分散・消失させること)	しょうほう	詳報(詳しい知らせ) 勝(捷)報(勝利の知らせ) 商法(商いのしかた)
		じょうほう	情報 上方 乗法(掛け算)
しょうはい	賞杯(賞として与えられる杯) 賞牌(賞として与えられる牌) 勝敗	しょうほん	抄本(原本の抜粋) 証本(証拠とすべき書類)

読み	熟語
しょうみ	正味(中味。ほんもの。仕入値段)
	賞味(食物をほめ味わうこと)
しょうみょう	唱(称)名(仏の名号をとなえること)
	声明(仏教儀式で僧の唱える声楽の総称)
じょうむ	常務(通常の業務。役員肩書の一つ)
	乗務(運転などの職務に従事すること)
しょうめい	証明(証拠立てること。そのもの)
	照明(明るく照らすこと。そのもの)
	正銘(いつわりでないこと。＊正真正銘)
しょうもん	証文(証拠となる文書)
	掌紋(手のひら全体の指紋)
じょうもん	縄文(縄目の文様。＊縄文土器)
	城門
	定紋(家紋)
しょうやく	抄訳(原文の一部の翻訳)
	生薬(動植物・鉱物を原料とする薬)
	硝薬(火薬)
じょうよ	剰余(残り。割算の余り)
	丈余(一丈(約3m)あまり)
	譲与(物を譲り与えること)
しょうよう	小用(ちょっとした用事。小便)
	商用
	従容(おちついた様)
	逍遙(散歩)
	称(賞)揚(誉め称えること)
	慫慂(傍らから誘いすすめること)
	照葉樹林(常緑広葉樹を主とする樹林)
じょうよう	常用
	乗用
	常傭(常時雇用)
しょうらい	将来
	招来(招き寄せること)
	松籟(松に吹く風。その音)
しょうらん	笑覧(笑いながら見ること)
	照覧(明らかに見ること。神仏が見ること)
じょうらん	上覧(貴人が見ること)
	擾乱(乱れ騒ぐこと)
じょうり	条理(物事の道理。すじみち)
	情理(人情と道理。事情の筋道)
じょうりゅう	上流
	蒸留(蒸気を冷して液体にし精製すること)
しょうれい	症例(ある病気の症状の例)
	省令(各省が発する命令)
	奨励(奨め励ますこと)
じょうれい	条例(地方公共団体の定める法)
	条令(箇条書きの法令)
しょうろ	松露(松の葉につく露)
	捷路(ちかみち)
しょうろう	鐘楼(かねつき堂)
	檣楼(艦船の帆柱の上にある物見櫓)
しょうろん	小論(規模の小さな論文)
	詳論(詳しく論ずること)
しょうわ	笑話(笑い話)
	小話(こばなし)
	昭和(昭和天皇在位時の元号)
	唱和(一人が唱え他がこれに合わせて唱えること)
しょか	書家(書道にすぐれた人)
	書架(書物を並べておく棚)
	初夏
しょかい	初回
	初会(初めての会合・面会)
	所懐(所感)

熟語

しょかん	所感(心に感ずるところ。感想)
	所管(管理すること。その範囲)
	書簡(翰)(てがみ)
しょき	暑気(夏の暑さ)
	初期(始まって間もない時)
	所期(期待すること)
	書記(記録を書き残す職。庶務会計に従事する職員)
	書紀(日本書紀の略)
しょぎょう	所業(行)(しわざ)
	諸行((仏)現象世界のすべて)
しょくいん	職員
	職印(公務用に用いる印)
しょくじ	食事
	食餌(たべもの)
	植字(活字を並べ組むこと)
しょくしゅ	職種(職業の種類)
	触手(無脊椎動物の感覚器)
しょくしょう	食傷(食あたり。食いあきること)
	職掌(担当の職務)
しょくせい	職制(職務の分担に関する制度)
	食性(動物の食物に関する習性)
	植生(ある区域に集まって成育している植物の全体)
しょくぜん	食前
	食膳(食事をのせた膳)
しょくたく	食卓
	嘱託(正式社員ではないが、ある業務にたずさわる人)
しょくどう	食堂
	食道
しょくりょう	食糧(主として主食物をいう)
	食料(食べ物)
しょけい	処刑(死刑に処すること)
	諸兄(あなた方)
	書痙(字を書こうとすると痛み・痙攣を伴い書くことが困難になる症状)
しょけん	所見(見たことがら)
	初見(初めて見ること)
	書見(書物を読むこと)
	諸賢(多くの賢人)
しょげん	緒言(前書き)
	諸元(いろいろの因子・要素)
じょげん	助言(口添え)
	序言(まえがき。はしがき)
しょこう	諸公(皆さん)
	初校(最初の校正)
	曙光(夜明けの光。前途に望みが出始めたことをいう)
じょこう	女工(女子工員)
	徐行
	除光液(爪に塗ったエナメルを除く液)
しょさい	書斎
	所載(書き載せてあること)
しょさん	初産(初めての出産)
	所産(作り出したもの)
しょし	庶子(正妻以外の実子)
	諸子(諸君。中国古代の官名)
	所思(思うところ)
	諸氏(多くの人々に対する尊称)
	初志(初めの志望)
	書史(書籍。書道の歴史)
	書誌(図書のすべて)
	書肆(書店)
	諸姉(多くの女性をさす語)
しょじ	所持
	諸事(いろいろのこと)
じょし	女子
	女史(名声ある女性に添える敬称)
	序詞(枕詞の一つ。プロローグ)
	助詞(品詞の一つ)
じょしょう	序章(初めの章)
	女将(おかみ)

読み	熟語
しょしん	初心(初めに思いたった心) 初診(最初の診察) 所信(信ずるところ)
しょせい	処生(世渡り) 書生(学生。他人の家に住みながら学問をする者)
じょせい	助成(力を添えて成功させること) 助勢(力を添えること。加勢) 女性 女婿(むすめむこ)
じょせき	除籍(名簿や戸籍から名を除くこと) 除斥(除きしりぞけること)
しょせつ	諸説(いろいろの意見・学説) 所説(説くところ。説)
じょせつ	序説(本論に入る前のまえおき) 除雪
しょせん	初戦(最初の試合・戦争) 緒戦(始まったばかりの試合・戦争) 所詮(つまるところ)
じょそう	序奏(音楽の導入部) 助奏(伴奏以外の補助的な演奏) 助走(跳躍等で踏切位置まで走ること) 除草(雑草をとること) 女装(男が女の姿をすること)
しょたい	所帯(一家の暮らし) 書体(文字を表現する様式)
しょちゅう	暑中(夏の暑い時期) 書中(手紙)
しょちょう	所長 署長 初潮(最初の月経)
しょっかく	触覚(物に触れた時の感覚) 触角(節足動物の感覚器官) 食客(いそうろう)
しょっかん	食間(食事と食事の間) 食感(食べたときの感覚) 触感(さわったときの感覚)
しょっき	食器 食既(皆既日・月食の始まり) 織機(はたおり機械)
しょっけん	食券 職権(職務上の権限)
しょっこう	職工(職人) 燭光(ともしびの光)
しょとう	初頭(初めのころ) 初冬 初等(最初の等級。初歩) 諸島 蔗糖(砂糖の主成分の甘味成分)
しょどう	書道 初動(初期段階の行動)
しょはん	初版(最初の版) 初犯(初めて犯した罪) 諸般(いろいろ)
じょまく	序幕(芝居の初めての幕。物事のはじめ) 除幕(記念碑等の幕を取り外すこと)
しょむ	庶務(特別名目のない一般事務) 所務(所管の仕事) 処務(事務を処理すること)
しょめい	書名 署名(サイン)
じょめい	除名(名簿から名を除くこと) 助命(命を助けること)
しょよう	所要(必要なもの。そのこと) 諸用 所用(用事)
じらい	爾来(それより後) 地雷
しらは	白羽(真白い矢羽) 白刃(刀身)

熟語

じりき	自力(自分ひとりの力) 地力(本来の実力)		しんえん	深遠(容易にはかり知れないこと) 深淵(深いふち)
しりつ	私立 市立		じんえん	腎炎(腎臓炎) 人煙(人家)
じりつ	自立(ひとりだち) 而立(三十歳の別称) 自律(自分で自分の行為を規制すること)		しんおう	深奥(おく深いところ) 心奥(心の奥深いところ) 震央(地震の震源の真上の地点)
しりょう	資料(もとになる材料) 思料(考えること) 試料(試験分析などに供する物) 飼料(えさ) 史料(文字で書かれた記録) 死霊(死者の霊魂)		しんか	進化(生物あるいは社会が進歩すること。↔退化) 深化(深めること。深くなること) 真価(ほんとうの値打ち) 臣下(けらい) 神火(神聖な火)
しりょく	視力 資力(資金を出しうる力) 死力(必死の力)		しんかい	深海 新開地(新たに開墾した土地)
しれい	指令(指揮命令) 司令(一隊を指揮する者の職名の一つ) 死霊(死者の霊魂)		しんがい	侵害(他人の権利をおかすこと) 震駭(ふるえ驚くこと) 心外(予期に反し意外に思うこと)
じれい	事例(前例となる事実) 辞令(任免を書いた紙)		じんかい	塵芥(ごみ) 塵界(けがれたこの世。俗界) 人海戦術(多数の人員を繰り出す戦術)
じろん	持論(常に持ってる意見) 時論(その時代の世論)			
じんあい	塵埃(ちりやほこり) 仁愛(思いやり)		しんかん	新刊(新たに刊行すること。その書籍) 心肝(心臓と肝臓。こころ) 震撼(ふるえ動くこと) 新患(新しい患者) 宸翰(天子直筆の文書) 神官(かんぬし) 信管(起爆装置) 深(森)閑(静まりかえっている様)
しんい	真意(本当の気持ち) 神意(神のこころ) 深意(深い意味)			
しんいん	心因(精神的・心理的原因) 真因(事件等の本当の原因) 神韻(詩文等のきわめて優れた趣き)			
しんえい	新鋭(新しく勢いのするどいこと) 真影(肖像) 親衛(天子等の身辺を護衛すること)		しんがん	心眼(真相を見極める心の働き) 真贋(本物とにせもの)

しんき	新奇(目新しく珍しいこと) 新規(新しいこと。＊新規事業) 新禧(新年の喜び。＊恭賀新禧) 神気(精神と気性。気力) 心悸(動悸。＊心悸亢進) 心気(こころ。気持ち) 心機(心のはずみ。＊心機一転)	しんげき	新劇(新しい演劇) 進撃(進んで行き攻撃すること)
		しんけん	真剣(本物の刀。ほんき。まじめ) 神権(神の権威) 新券(新しい紙幣) 親権(子に対する親の権限・責務)
しんぎ	審議(詳しく論議検討すること) 神技(神わざ) 心技(精神力と技術) 真偽(まことといつわり) 信義(約束を守り務めをはたすこと)	しんげん	進言(上位の人に意見を述べること) 箴言(戒めとなる短い言葉。格言) 震源(地下にある地震の起点) 森厳(きわめて厳粛な様)
じんぎ	仁義(仁と義) 神器(三種の神器) 神祇(神々。＊天神地祇)	じんけん	人権 人絹(人造絹糸の略) 人件(人事に関する事柄)
しんきゅう	新旧 進級 鍼(針)灸(はりとおきゅう)	しんこう	侵攻(侵入し攻め込むこと) 進攻(進んで攻撃すること) 進行(進んで行くこと。はかどること) 進講(貴人の前で講義すること) 信仰(信じたっとぶこと) 深耕(深く耕すこと) 親交(親しい交際) 深更(深夜) 深厚(内容の奥深いこと) 新興(新たに興ること。＊新興勢力) 振興(商工業等を盛んにすること)
しんきょう	心境(心の状態) 進境(進歩の程度) 新教(プロテスタントの別称) 神鏡(神霊として神前にかける鏡) 信教(宗教を信ずること)		
しんきょく	新曲 神曲(ダンテの詩編)		
しんきん	親近(親しみ近づくこと) 信金(信用金庫の略) 真菌(変形菌を除いた菌類の総称) 伸筋(骨格筋の機能による類別の一つ) 宸襟(天子の心) 心筋(心臓の壁を構成する筋肉)	じんこう	人口 人工(人手を加えること↔天然) 沈香(ジンチョウゲ科の木。それから採取した香料)
		しんこく	申告(申し述べること) 親告(本人自らが告げること。＊親告罪) 新穀(その年に収穫した穀物) 深刻(切実で重大な様)
しんく	真(深)紅(濃いべにいろ) 辛苦(なんぎ。＊粒々辛苦)		

熟語

しんこん	新婚
	心(神)魂(こころ。たましい。精神)
しんさつ	診察
	新札(新しく発行した紙幣)
しんざん	深山(奥深い山)
	新参(新たに仕えること)
しんし	紳士(品格があり礼儀にあつい人)
	振子(ふりこ)
	真摯(まじめでひたむきな様)
しんじ	神事(神を祭る儀礼行事)
	芯(心)地(服等の芯にする布地)
じんじ	人事
	仁慈(いつくしみめぐむこと)
しんしき	新式
	神式
しんしつ	寝室
	心室(心臓の一部)
しんじつ	真実(ほんとうのこと。まこと)
	信実(まじめでいつわりないこと)
しんしゃ	新車
	深謝(深く感謝すること)
	親炙(親しく接して感化を受けること)
しんしゅ	新種(今まで例のない新しいもの)
	新酒(醸造したままの清酒)
	進取(自ら進んで事をなすこと)
しんじゅ	真珠
	親授(天皇が自ら授けること)
	神樹(神社境内にある大きな樹)
しんしゅつ	進出(進み出ること)
	滲出(にじみ出ること)
	侵出(境界を越えて進み出ること)
	浸出(ひたして出ること)
しんしょ	新書(新刊の書物。出版物形式の一つ。＊新書版)
	親書(天皇・元首の手紙)
	信書(特定の人に意思を伝える文書)
しんしょう	心証(心に受ける印象)
	心象(意識に浮かんだ姿や像)
	辛勝(かろうじて勝つこと)
	信賞必罰(賞罰を厳格に行うこと)
	針小棒大(物事を大げさに言うこと)
しんじょう	心情(気持。心の中の思い)
	真情(まごころ。いつわり無い心)
	信条(かたく信ずる事柄)
	身上(一身に関する事柄。その人の値打ち)
	進上(さし上げること)
しんしょく	侵食(徐々に侵すこと)
	浸食(自然現象で地表が削られる作用)
	寝食
しんしん	心身
	心神(精神。たましい)
	新進(新たに進み出ること。その人)
	津々(たえず湧き出る様)
	深々(静寂な様。寒気の身にしみる様)
しんじん	新人
	信心(神仏を信仰して祈念すること)
	深甚(意味・気持ちの非常に深いこと)
じんしん	人心(人間の心)
	人身(人の身体。個人の身分)
	人臣(人の臣たるもの。家来)

しんすい	心酔(人柄等に心から傾倒すること)		浅測量)
	進水(新しい船を水上に浮かべること)	しんぜん	親善(親しみ仲よくなること)
			神前
	親水(水に親しむこと)	しんそう	深窓(家の中の奥深いところ)
	薪水(たき木と水)		深層(深い層・部分)
	浸水(水にひたること)		真相(本当の事情)
しんせい	新生(新しく生まれること。人生の再出発すること)		新装(新しい装い)
		しんぞう	心臓
	新製(新しく作ること)		心像(イメージ)
	新制(新しい制度・体制)		新造(新しく造ったもの)
	新星(急に輝き後に薄れる星。ニューフェース)	じんぞう	腎臓
			人造
	申請(願い出ること)	しんたい	進退(進むことと退くこと。身の処置)
	神聖(清浄でけがれのないこと)		
	真正(いつわりのないこと)		身体
	真性(ありのままの性質。純真な性質)	しんだい	寝台
			身代(一身に属する財産)
	親政(天皇が自ら政治を行うこと)	じんたい	人体
			靱帯(筋肉の一部)
じんせい	人生	しんたく	信託(財産の管理をさせること)
	仁政(なさけぶかい政治)		神託(神のお告げ)
	靱性(ねばり強さ)	しんたん	心胆(こころ)
しんせき	親戚		浸(滲)炭(鋼の表面硬化法の一)
	真跡(まことの筆跡)		薪炭(たきぎとすみ。燃料)
	臣籍(明治憲法下で皇族以外の臣民たる身分)	しんちゅう	身中(からだのうち)
			心中(心のうち。胸のうち)
しんせつ	親(深)切(人情の厚いこと)		真鍮(銅と亜鉛の合金)
	新雪		進駐(軍隊が他国の領土に進軍しとどまっていること)
	深雪		
	新説(新しい学説や意見)	しんちょう	身長
	新設(あらたに設けること)		深長(意味深く含蓄の多いこと)
	真説(まことの教え。真実の学説)		伸長(長さ・勢力等をのばすこと)
しんせん	新鮮(新しく生きのよいこと)		伸張(勢力等が伸び広がること)
	新撰(新たに選びつくること)		新調(新しくととのえること)
	神饌(神に供える飲食物)		慎重(注意深いこと)
	神仙(神または仙人)	じんつう	陣痛(分娩時の痛み)
	深浅(深いことと浅いこと。*深		神通力(何事もなし得る霊力)

熟語

147

しんてい	進呈(さし上げること)		しんねん	新年
	新訂(書物で不備な点を新たに訂正すること)			信念(ある教理や思想をかたく信じて動かない心)
	心底(本当の心のうち)		しんぱん	審判(審理して判決すること。競技の優劣を判定すること)
しんてん	震天(勢いの盛んなこと。*震天動地)			新版(新しい出版)
	伸展(勢力等の伸び広がること)			侵犯(他の領土・権利をおかすこと)
	進展(物事の進行・進歩・発展)			親藩(徳川家の近親が封ぜられた藩)
	親展(名宛人以外は開封してはならない意味)			信販(信用販売の略)
しんでん	新田(新たに開墾した田地)		しんぴ	神秘(人知で計り知れない霊妙な秘密)
	神殿(神を祭る殿舎)			真皮(表皮の下の組織)
	寝殿(天子の起臥する宮殿)			真否(真実か否か)
	心電図(心臓の動きの記録図)		しんぴつ	真筆(本人の筆跡)
しんど	震度			親筆(身分の高い人が書いた筆跡)
	深度(深さの度合い)			宸筆(天皇の真筆)
しんとう	浸(滲)透(しみこむこと)		しんぷ	神父(カトリックの司祭)
	震盪(ふるえ動くこと)			神符(おふだ)
	新党			新婦
	神灯(神に供える灯火)			新譜(新しく作られた曲譜)
	心頭(心のなか)		しんぷく	振幅(揺れる幅)
	親等(親族関係の親疎を測る単位)			震幅(地震の揺れる幅)
	神道(日本古来の民族信仰)			心服(心から従うこと)
しんどう	振動(揺れ動くこと)		しんぼう	心棒(軸)
	震動(震え動くこと)			心房(心臓内腔の上半部)
	神童(きわめて優れた児童)			深謀(深いはかりごと。*深謀遠慮)
じんとう	陣頭(部隊の先頭)			辛抱(つらさをこらえしのぶこと)
	人頭(人かず)			信望(信用と人望)
じんとく	人徳(その人に備わっている徳)		しんぽう	新法(新しく定めた法令)
	仁徳(仁愛の徳)			新報(新しい知らせ)
しんにゅう	侵入(他の領分に入り込むこと)			信奉(信じ尊ぶこと)
	浸入(水などが入り込むこと)		しんぼく	神木(神のやどる木)
	進入(進み入ること)			親睦(親しみあうこと)
	新入(新たに入ってくること。そのもの)			
しんにん	新任(新たに任ずること)			
	信任(信じて事を任せること)			
	親任(天皇が官に任ずること)			

読み	熟語
しんみ	新味(新しい味わい、または趣き) 親身(肉親に対するような真心のこもった心づかいをする様)
しんみょう	神明((仏)天地の神霊や人間の霊魂) 神妙(殊勝なこと。すなおなこと)
しんめい	神明(神) 身命(からだといのち)
じんめい	人名 人命
じんもん	尋(訊)問(問いただすこと) 陣門(陣屋の出入口。軍門)
しんやく	新約(新しい約束・契約。新約聖書の略) 新薬(新たに製造発売された薬) 新訳(新しい翻訳)
しんゆう	親友 神佑(神の助け) 深憂(深い憂え)
しんり	心理(心の働き) 心裏(裡)(心のなか) 真理(まことの道理) 審理(事実を詳細に調べること)
じんりょく	人力 尽力(ある事のために力を尽くすこと)
しんれい	神霊(神のみたま) 心霊(神秘的な精神現象)
しんろ	進路(進み行く路) 針路(船・飛行機の進む方向)
しんろう	心労(思いわずらうこと) 辛労(苦労) 新郎

[す]

すいい	水位 推移(うつり変わること)
すいうん	水運(水路で物を運ぶこと) 衰運(衰えていく運命)
すいえん	水煙 炊煙(かまどの煙)
すいか	水火(水と火。ひどい苦しみ) 水禍(洪水による災難) 誰何(呼びとがめること) 西瓜((植)スイカ)
すいかん	酔漢(よっぱらい) 吹管(吹管分析に使う金属性の管) 水管(水を通ずる管)
すいがん	酔眼(酔って定まらない眼。*酔眼朦朧) 酔顔(酒に酔った顔)
すいけい	推計(計算によって推定すること) 水系(河川が系統をなしているをいう)
すいこう	遂行(成し遂げること) 推敲(字句を考え練ること) 推考(推し量り考えること)
すいさん	推算(推定による計算) 水産(水中に産すること。そのもの) 推参(おしかけて訪問すること)
すいし	水死 出師(軍隊をくり出すこと)
すいしょう	推奨(良いものであると人に薦めること) 水晶(透明な石英の結晶)
すいしん	推進(おし進めること) 水深
すいせい	水星 彗星(ほうき星) 水性(水に溶けやすい性質) 水生(棲)(水中で生活すること) 衰勢(勢いの衰えていること)

熟語

	水成岩(堆積岩の一種)
すいせん	推薦(良いと思うものを他人に薦めること)
	水洗
	水仙((植)スイセン)
	垂線(垂直線)
すいそう	水槽
	水草
	水葬(水中に死体を投じて葬ること)
	吹奏(管楽器の演奏)
ずいそう	随想(折にふれて感じたこと)
	瑞相(めでたいしるし)
すいたい	衰退(頽)(衰え退歩すること)
	推戴(おしいただくこと)
	酔態(酒に酔った姿)
ずいちょう	瑞兆(めでたい前兆)
	瑞鳥(めでたい鳥)
すいてい	水底
	推定(推しはかること)
すいとう	水筒(水等を入れる容器)
	出納(金銭物品の収入と支出)
	水稲(水田で栽培する稲)
すいはん	垂範(模範を示すこと)
	炊飯(飯をたくこと)
すいほう	水泡(水のあわ)
	水疱(内部に漿液がたまる発疹)
すいぼう	水防(水害に対する警戒・防御)
	衰亡(衰え滅びること)
すいま	水魔(水害を魔物に例える語)
	睡魔(眠気を魔物の力に例える語)
すいめい	吹鳴(吹き鳴らすこと)
	水明(清い水が日光に映えてはっきりすること。＊山紫水明)
すいり	推理(おしはかること)
	水利(水の利用。水上運送の便利)
すいりょう	推量(推し量ること)
	水量(水の分量)
すいりょく	水力
	推力(おす力)
すいれん	水練(遊泳の術)
	睡蓮((植)スイレン)
すうき	数奇＝スウキ(不幸な運命)〔数奇(寄)＝スキ(風流の道)〕
	枢機(かなめ)
すうじ	数字
	数次(数回)
ずえ	図絵(図画)
	図会(図や絵を集めたもの)
ずし	図示(図で示すこと)
	厨子(仏像等を安置する仏具)

[せ]

せいあつ	制圧(力で相手を押さえつけること)
	静圧(↔動圧)
	征圧(征服して押しこめること)
せいい	誠意(まごころ)
	勢威(権勢と威力)
	征夷大将軍
せいいき	聖域(神聖な地域)
	声域(人が歌い得る音声の区域)
	西域(中国人が中国の西方諸国を呼んだ名称)
せいいく	成育(主として植物の成長すること)
	生育(主として動物の生長すること)
せいいん	成員(団体等を構成する人員)
	正員(正式の資格のある人)
	成因(物事のできあがる原因)
せいうん	星雲(雲のように見える天体)
	青雲(あおぞら。高く超えた様の形容)
	盛運(栄える運命)

せいえい	精鋭(えり抜きの強い者)		製缶(鋼製容器等を作ること)
	清栄(清く栄えること。手紙語)	せいがん	請願(請い願うこと)
せいえん	声援		誓願(誓いを立て願うこと)
	製塩		西岸
	凄艶(ぞっとするほどあでやかな様)		正(青)眼(剣の中段の構え)
			制癌剤(癌を抑制する薬)
せいおん	静穏(静かで穏やかなこと)	せいき	生気(活気)
	清音(すんだ音色)		精気(精神と気力)
	聖恩(天皇の恩恵)		西紀(西暦)
せいか	生花(いけばな。自然の生きた花)		世紀(百年を一区切りとする時代区制)
	生家(自分の生まれた家)		精機(精密機械の略)
	正課(正規の学科)		旌旗(はた)
	正貨((金・銀)本位貨幣)		正規(正式の規定)
	正価(掛け値のない値段)		生起(事件・現象が生ずること)
	成果(できばえ)		性器(生殖器)
	青果(野菜果物の総称)	せいぎ	正義
	製菓		盛儀(盛大な儀式)
	盛夏(真夏)	せいきゅう	請求
	聖火(神に捧げる神聖な火)		性急(せっかち)
	聖歌(賛美歌)		制球(投球のコントロール)
	精華(優れていて華やかなこと)	せいぎょ	生魚(生きている魚)
せいかい	正解		成魚(十分に成長した魚)
	政界(政治または政治家の世界)		制御(禦)(目的どおり作動するよう操作すること)
	盛会(盛大な会合)	せいきょう	盛況(盛んな有り様)
	制海権(一定範囲の海上を支配する権力)		精強(優れて強いこと)
せいかく	正確		政教(政治と教育。政治と宗教)
	精確(精密で確かなこと)		生協(生活協同組合の略)
	製革(なめし革をつくること)		清教徒(キリスト教の一派)
	性格		正教会(東方正教会)
	政客(政治家)	せいぎょう	生業(生活のための仕事)
せいかん	生還(生きてかえること)		正業(まともな職業)
	静観(静かに見守ること)		盛業(仕事などが盛んなこと)
	静閑(ものしずかな様)	せいきょく	正極(陽極)
	精悍(たくましく見えること)		声曲(日本伝統音楽の声楽曲)
	青函(青森と函館)		政局(政治の局面)
	盛観(盛大なみもの)	せいくう	晴空(あおぞら)
	清閑(俗事を離れて静かなこと)		制空権(空中を支配する権力)

せいけい	西経(↔東経)		せいさい	聖祭(カトリック教の祭儀)
	整形(形を整えること)			制裁(こらしめるため罰すること)
	成形(型)(形をつくること)			精(生)彩(元気にあふれた様)
	生計(生活手段)			正妻(本妻)
	政経(政治と経済)			精細(詳細)
せいけん	政権(政治を行う権力)		せいざい	製材(丸太から角・板材を作ること)
	政見(政治を行う上での意見)			製剤(医薬品を調合、成型すること)
	生検(組織をとって調べる検査)			
	聖賢(聖人と賢人)		せいさく	製作(実用的な物を作ること)
せいげん	制限(限界・範囲を定めること)			制作(芸術作品や番組などを作ること)
	西諺(西洋のことわざ)			政策(政治の方策)
	正弦(サイン)		せいさん	聖餐(キリスト教の儀式の一つ)
	正言(道理にかなった言葉)			正餐(正式の献立による食事)
せいご	正誤(正しいことと誤り。*正誤表)			清算(結末をつけること)
	成語(成句。熟語)			精算(金額などを細かに計算すること)
	生後(生まれてからこのかた)			成算(成功する見込み)
せいこう	性行(性質と行い)			生産(生活の資をつくり出すこと)
	性向(気質)			凄惨(むごたらしい様)
	成功			青酸(シアン化水素水溶液の俗称)
	政綱(政策のおおもと)		せいし	静止(とどまって動かぬこと)
	製鋼(鋼をつくること)			制止(差しとめること)
	精工(精巧に作ること)			正視(まともに見ること)
	盛行(盛んに行われること)			静思(静かに心おちつけ思うこと)
	精巧(細工が細かく巧みなこと)			誓詞(ちかいの言葉)
	正攻法(正々堂々と攻めるやりかた)			生死
	晴耕雨読(晴れた日は耕し雨の日は書を読む。田園に閑居自適の生活をいう)			精子
				世嗣(子)(世つぎ)
せいこん	精根(精力と根気)			青史(歴史。記録)
	精魂(たましい)			製糸
	成婚(結婚が成立すること)			姓氏(氏と姓)
せいざ	星座			正使(主たる使い。↔副使)
	正座(姿勢正しく座ること)			正史(国が編纂した歴史)
	静座(心を落ち着けて静かに座ること)			聖旨(天子のおぼしめし)

	誓紙(誓詞を書いた紙)	せいじょう	性情(性質と心持ち。生まれつき)
	製紙		政情(政治のありさま)
せいじ	政治		正常
	政事(政治上の事務)		聖上(天子の尊称)
	盛事(盛大な催し)		清浄(清らかで汚れていないこと)
	盛時(若くて血気盛んな時)		性状(性質と状態)
	生時(生まれたとき)		星条旗(アメリカ合衆国の国旗)
	正字(正統とされている文字)	せいしょく	聖職(キリスト教で聖務に献身する人)
	青磁(青色を出す釉薬。これをかけた磁器)		生殖(生まれ増えること)
せいしき	正式(正規の方式)		生色(いきいきとした顔色)
	整式(代数式の一つ)		生食(生のまま食べること)
	制式(定められた様式)	せいしん	精神
せいしつ	性質		制振(振動をコントロールすること)
	正室(正妻)		星辰(星。星座)
せいじつ	誠実(まじめで真心のこもっていること)		清新(清らかで新しいこと)
	聖日(キリスト教での祝祭日、特に日曜)		誠心(まごころ)
		せいじん	成人
せいじゃ	聖者(聖人)		聖人(万人が仰いで師とすべき人)
	生者(生きている者)		
	正邪(正しいことと邪悪)	せいず	製図(図面をつくること)
せいしょ	盛暑(暑さのはげしいこと)		星図(天体を描いた図)
	清書(改めてきれいに書くこと)	せいすい	盛衰(盛んになることと衰えること)
	青書(イギリス議会の報告書)		静水(静止している水)
	聖書(キリスト教の教典。バイブル)		聖水(洗礼等に用いる水)
	誓書(誓約の文書)		精粋(細密で美しいこと)
せいしょう	清勝(相手が健康なことを祝う手紙語)	せいすう	整数
			正数
	斉唱(同一旋律を二人以上で歌うこと)	せいせい	生成(生じて形をなすこと)
	清祥(相手が元気なことを祝う手紙語)		精製(純度の高いものにすること)
	青松(みどりの松。＊白砂青松)	ぜいせい	税制(租税に関する制度)
	政商(政治家と関わって利権を得る商人)		脆性(材料のもろさに関する性質)
		せいせき	成績
			聖跡(蹟)(神聖な遺跡)

熟語

せいせん	精選(多くのなかからえりすぐること)	せいだん	政談(政治に関する談論)
	生鮮(新しく生き生きしていること)		清談(名利を超越した談話)
	聖泉(聖なる泉)		星団(多くの星の密集した集団)
	聖戦(神聖な目的のための戦争)		聖断(天子の決断)
せいぜん	生前	せいち	生地
	整然(正しく整った様)		聖地(神聖な土地)
	西漸(だんだん西方へ移ること)		整地(土地をならすこと)
	性善説(人の本性は善と考える説)		精緻(こまかく緻密なこと)
せいそう	正装(儀式等に着る正式の服装)	せいちゅう	成虫(昆虫の成体)
	盛装(華やかに着飾ること)		精虫(精子)
	清掃		掣肘(干渉して自由に行動させないこと)
	政争(政治上の争い)		正中(まんなか)
	悽愴(すさまじくいたましいこと)	せいちょう	整腸(腸の機能を調整すること)
	清爽(さっぱりしていること)		生長(生まれ育つこと)
	星霜(歳月)		成長(育って大きくなること)
	精巣(↔卵巣)		正調(正しい調子)
	成層(積み重なって層をなすこと)		声調(声の調子。ふしまわし)
	青壮年(青年と壮年との併称)		政庁(政務を司る役所)
せいそく	正則(正しい規則)		性徴(性を判別する基準形質)
	生(棲)息(人間や動物が生きて住んでること)		清澄(清く澄んでいること)
			清聴(他人が自分の話をよく聞いてくれること。*ご清聴に感謝)
せいたい	静態(静止して動かない状態)		静聴(静かに聞くこと)
	生態(生物の生活の状態)	せいてき	性的(男女の性に関すること)
	生体(生物の体)		静的(静止している様。↔動的)
	成体(生殖が可能なほどに成熟した体)		清適(気持ちよく安らかなこと)
	政体(国家の組織形態)		政敵(政治上争っている相手)
	聖体(天皇の体。キリストの体)	せいてつ	製鉄(鉄鉱石から銑鉄を作る工程)
	声帯(咽頭にある発声装置)		聖哲(知徳すぐれ事理に明らかな人)
	臍帯(へそのお)	せいてん	晴天(晴れ。*晴天乱流)
	正対(まともに向き合うこと)		青天(晴れた青空。*青天白日)
せいたん	生誕(生まれること)		盛典(盛大な儀式)
	聖誕(聖人の誕生日)		聖典(宗教の教義等を記した書物)

せいと	生徒(中学生及び高校生)		せいひん	正賓(主賓)
	聖徒(キリスト教の信徒)			製品
	征途(出征のみち)			清貧(行いが清く私欲のないこと)
せいど	制度(仕組みや決まり)		せいふ	政府
	精度(精密さの度合い)			正負(正と負)
せいとう	正当(正しく道理にかなうこと)		せいふく	制服
	正答(正しい答)			征服(征伐して服従させること)
	正統(正しい系統)			清福(精神的な幸福)
	政党(政治権力への目的で結ばれた団体)			正副
	征討(征伐)		せいぶつ	生物
	製糖(砂糖をつくること)			静物(制止して動かぬもの)
	精糖(粗糖を精製して白砂糖を作ること)		せいぶん	成分(一つのものを構成する部分となる要素)
せいどう	制動(運動を制止すること。ブレーキ)			成文(文章を書き現すこと。その文章)
	青銅(銅と錫の合金)			正文(文書の本文)
	精銅(精錬した銅)		せいべつ	性別(男と女の別。雄と雌との別)
	聖堂(孔子の廟。キリスト教の教会堂)			生別(生き分かれ)
	正道(正しいみち)		せいへん	政変(政権の変動)
せいどく	精読(細かいところまで良く読むこと)			正編(本編)
	西独(西ドイツ)		せいぼ	生母(生みの母。実母)
せいねん	青年(青春期の男女。15〜25歳の男子)			聖母(キリストの母マリヤの称)
	成年(完全な行動能力を有するとみなされる年。日本では20歳)			歳暮(歳末。歳末の贈物)
			せいぼう	制帽(集団が着用を定めた帽子)
	生年(生まれた年。生まれてからの年数)			声望(名声と人望)
			せいほん	製本(印刷物を綴じて本にすること)
	盛年(若いさかりの年頃)			正本(転写または副本の原本)
せいのう	性能(性質と能力)		せいめい	生命
	精農(精励努力する農民)			姓名
せいひ	成否(成功と失敗)			盛名(盛んな名声)
	正否(正しい事と正しくない事)			声名(良い評判。名声)
せいび	整備(整えそなえること)			声明(意見等を公に発表すること)
	精微(くわしくこまかいこと)		せいもん	正門
				声門(声帯の間にある狭い間隙)
				声紋(声を縞模様に図示したも

熟語

	の）		せいれん	精錬（粗金属の純度を高める工程）
	誓文（神かけて誓う文書）			精練（よく練ること）
せいや	星夜（星の光が明るい夜）			清廉（私欲のないこと。＊清廉潔白）
	晴夜（空の晴れ渡った夜）		せいろう	晴朗（晴れてのどかなこと）
	聖夜（クリスマスイブ）			蒸籠（蒸し器の一つ）
	征野（戦場）		せきねん	積年（つもる年月。多年）
せいやく	誓約（かたく約束すること。その約束）			昔年（むかし）
	制約（条件を課して自由にさせないこと）		せきめん	赤面（赤いかお）
				石綿（いしわた）
	成約（契約が成立すること）		せきりょう	席料（貸席などの料金）
	製薬			寂寥（ものさびしい様）
せいゆ	精油（植物から得られる油）			脊梁（背骨）
	製油（原油を分解して各種石油製品を製造すること）		せじ	世辞（実際以上に誉める言葉）
				世事（俗事）
せいゆう	声優（声だけで出演する俳優）		せじょう	世情（世のなかのあり様）
	清遊（上品な遊び）			世上（世のなか）
せいよう	西洋			施錠（錠にかぎをかけること）
	静養		ぜっか	絶佳（すぐれて美しいこと）
せいり	整理			舌禍（他人の悪口により受けるわざわい）
	生理（生物の生活原理。月経）			
せいりゅう	清流（清い流れ）		せっかい	切開（切り開くこと）
	整流（交流を直流にすること。液体の流れを乱れのない流れにすること）			節介（余計な世話をやくこと）
				石灰（生石灰の通称）
			せっかん	石棺（石造りの棺）
せいりょう	精良（すぐれてよいこと）			折檻（せめさいなむこと）
	清涼（すがすがしいこと）			摂関（摂政と関白）
	声量（音声の大きさ・強さの量）		せつがん	接岸（船舶等が岸に横づけすること）
せいりょく	勢力（他を服従させる勢いと力）			
	精力（心身の活動力）			接眼レンズ（↔対物レンズ）
せいれい	政令（政治上の法令・命令）		せっき	石器（石でつくった器具）
	制令（制度や法令）			節気（二十四節気のこと）
	聖霊（神聖な霊魂）			節季（季節の終わり。時節）
	精霊（死人の魂）		せっきゃく	接客（客に接すること）
	精励（務め励むこと）			隻脚（かたあし）
	清麗（清くうるわしいこと）		せっけい	設計（計画し図面をつくること）
せいれつ	整列（列をつくって並ぶこと）			雪渓（夏でも谷に残る雪）
	凄烈（すさましくはげしい様）			
	清冽（水が清くつめたいこと）			

せっけん	石鹼 席巻(圧倒的に自分の勢力範囲に収めること) 接見(高位の人が公的に人に会うこと) 節倹(質素にすること)
せつげん	節減(節約すること) 雪原(雪の積もった原)
せっこう	石膏(硫酸カルシウムからなる鉱物) 斥候(敵状偵察のための兵士) 拙稿(自分の原稿の謙譲語)
ぜっこう	絶好(極めて好いこと) 絶交(交際を絶つこと)
せっしゃ	接写(被写体に近づけて写すこと) 拙者(武士が自分のことをいう謙譲語)
せっしゅ	接種(ワクチン等を人体等に加えること) 摂取(取り入れて自分のものとすること) 節酒(飲酒量を減らすこと) 窃取(ひそかに盗みとること) 拙守(守備のまずいこと)
せっしょう	折衝(交渉しあうこと) 殺生(生き物を殺すこと) 摂政(君主に代わって政務をとること。その職)
せっしょく	接触 節食(食事の量を適度に減らすこと)
せっせい	摂生(衛生に注意し健康の増進をはかること) 節制(ひかえめにすること)
せっせん	接戦(近くで戦うこと。きわどい勝負) 接(切)線(幾何学での線の一つ)
ぜったい	絶対(他に並ぶものがないこと。決して) 絶体(身の終わり。*絶体絶命)
せっち	設置 接地(地面に接すること。アース)
せつり	摂理(すべ治めること。自然界を支配している理法) 節理(物事のすじみち。火成岩にみられる規則的な割れ目)
せひょう	世評(世間の評判) 背標(折りの記号の一つ)
せんい	繊維 船医(船に乗り込んでいる医師) 戦意(戦う意気込み) 遷移(うつり変わること)
せんか	戦火(戦による火災。戦争) 戦果(戦によって得た成果) 戦禍(戦争の被害) 専科(専行科) 泉下(死後の世界)
ぜんか	前科(以前に刑罰を受けていること) 善果(善行の報い) 全科(全学科)
せんかい	旋回(回ること) 浅海(水深の浅い海)
ぜんかい	全快(病気や傷が完全に治ること) 全壊(全部壊れること) 全会(その会全体。*全会一致) 全開(全部開くこと) 前回
せんかん	戦艦(最も大型の軍艦) 潜函(基礎工事工法の一種) 専管(専属管轄)
せんがん	洗眼 洗顔
ぜんかん	全巻(すべての巻) 全館(すべての館)

せんき	戦記(戦争の有様を記録したもの) 戦機(戦争の機会) 疝気(漢方で腰腹部の疼痛の総称)	せんけつ	先決(一番先に決定すること) 専決(自分だけの意見で決めること) 鮮血(体から出たすぐの血) 潜血(検査で分かるごく微量の出血)
せんぎ	先議(他に先立って審議すること) 詮議(相談して物事を明らかにさせること。罪人を取り調べること)	せんけん	浅見(浅はかな見識) 先見(先のことを見通すこと) 先遣(先に派遣すること) 先賢(昔の賢人) 専権(思うまま権力をふるうこと)
ぜんき	前記 前期 全期		
せんきゃく	先客 船客 千客(多くの客。*千客万来)	せんげん	宣言(自己の考えを外部に表明すること) 先言(古人の残した言葉) 泉源(泉のみなもと)
せんきょ	選挙 占拠(占領) 船渠(ドック。船の修繕施設の一つ)	ぜんげん	漸減(だんだん減ること) 前言(以前に言った言葉) 善言(良い言葉)
せんきょう	戦況(戦いの状況) 船橋(ブリッジ。操船を行う所) 仙境(仙人の住むところ) 宣教(宗教をひろめること)	ぜんご	前後 善後(後のためによく計ること。*善後策)
せんきょく	選曲(好みの曲を選ぶこと) 選局(好みの局を選ぶこと) 戦局(戦いの局面) 選挙区(議員選出の単位としての区域)	せんこう	先行(他に先立って行うこと) 専行(自分だけの裁決で行うこと) 潜行(水中をもぐって進むこと。法にふれた者が取り締まりを逃れて動くこと) 潜航(水中をもぐって航行すること) 先攻(先に攻撃すること) 専攻(専門的に研究すること) 穿孔(あなをあけること) 選考=銓衡(採用等で人物・才能等をくわしく調べること) 閃光(瞬間的に発する光) 線香 戦功(戦争でたてた手柄)
せんく	選句(多くの句のなかから良いのを選ぶ) 先駆(さきがけ) 千苦(多くの苦難)		
せんげ	宣下(天皇が命令を下すこと) 遷化(高僧の死をいう)		
ぜんけい	全景 前景(↔背景) 前傾(前に傾くこと) 前掲(前に掲げたもの)		
		ぜんこう	前項(前の項) 善行(よい行い)

せんこく	宣告(言い渡すこと)	せんしゅう	千秋(千年。長い年月)
	先刻(さきほど)		撰集(詩文をえらび集めて編集した書物)
せんさい	繊細(かぼそく優美なこと。デリケート)		選集(代表的な著述を集めて編んだ書物)
	戦災(戦争による災害)		先週
	先妻		専修(もっぱらその事だけを修めること)
	浅才(低い才能。主に自分の謙譲語)	せんじゅう	専従(一つの仕事にのみ従事すること)
せんざい	洗剤		先住(先に住んでいること)
	潜在(ひそみ隠れていること)	ぜんしゅう	全集(ある人の全ての著作を集めた書物)
	線材(直径5〜9mmの丸鋼)		禅宗(座禅を主とする仏教の一派)
	千載(千年。長い年月)		
せんし	戦死	せんじゅつ	先述(すでに述べたとおり)
	戦士(戦う兵士)		戦術(ある目的を達成するための方策)
	戦史(戦争の歴史)		
	先史(文字登場以前の歴史)	ぜんしょ	善処(物事をうまく処理すること)
せんじ	戦時(戦争中)		
	宣旨(中世における天皇の命令)		全書(ある方面に関する文献等を網羅した書物)
ぜんし	前史(歴史以前。先史)	せんしょう	先勝(先に勝つこと)
	前肢(まえあし)		戦勝(捷)(戦さに勝つこと)
	全姿(全体の姿)		選奨(良いものを選んで奨励すること)
	全紙(全判の紙。紙面の全体)		
ぜんじ	禅師(禅の高僧)		僭称(勝手に上の称号を自称すること)
	漸次(だんだん)		
ぜんじつ	前日		先蹤(先人の事跡。前例)
	全日		船檣(船のマスト)
せんしゃ	洗車	せんじょう	洗浄(あらい清めること)
	戦車(戦闘に用いる車)		戦場
ぜんしゃ	前者		扇(煽)情(情欲をそそりおこさせること)
	前車		
	全社		扇状(扇を開いた形)
せんしゅ	選手		線状
	先取(さきどり)		線上
	船首(船の前端部分)		繊条(細い線。フィラメント)
	船主(船の持ち主)		千丈(1丈の千倍。非常に長いこ
	専守(もっぱら守ること。＊専守防衛)		

熟語

159

	と)
	千畳敷(大広間の称)
ぜんしょう	全勝
	全焼
	前哨(前方警戒のための部隊。その勤務)
ぜんじょう	前条(前の箇条)
	禅定(禅。修験道の修業)
	禅譲(帝王の位を有徳者に譲ること)
せんしょく	染色(染料・色素で染めること。染めた色)
	染織(染めることと織ること)
せんしん	先進(他より進歩・発達していること)
	専心(その事だけに心を注ぐこと)
せんじん	戦陣(戦いのための陣営。戦場)
	戦塵(戦場に起こるちり。戦場)
	先人(昔の人)
	先陣(本陣の前の陣。一番乗り)
	千仞(谷等の非常に深いこと)
ぜんしん	前進
	漸進(段階を追って進むこと)
	前震(予震)
	全身
	前身(以前の身分・職業等。団体・組織の以前の形)
せんすい	潜水(水中に潜ること)
	泉水(庭園の中の池。いずみ)
せんせい	先生
	先制(先手をとること)
	専制(独断で思いのまま事を決すること)
	専政(独断で政治を行うこと)
	宣誓(誓いを述べること)
	占星術(星うらない)
ぜんせい	全盛(この上なく盛んなこと)
	前世(昔)
	善政(良い政治)
せんせき	戦跡(戦いのあと)
	戦績(戦いの成績・結果)
	船籍(船舶の所属地)
せんせん	戦線(陣地の最前列)
	宣戦(戦争状態に入ったことを宣言すること。＊宣戦布告)
ぜんせん	前線(戦場の第一線。戦場。二つの気団の境界)
	善戦(力の限りよく戦うこと)
	全線(全ての戦線。全ての路線)
せんそう	戦争
	船窓(船の両舷についている窓)
	船倉(船の貨物を積むところ)
ぜんそく	喘息(発作的に呼吸困難を起こす病気)
	全速力(フルスピード)
せんたく	洗濯
	選択(えらぶこと)
せんたん	先端(物の一番先の部分)
	尖端(とがったはし。流行の先頭)
	戦端(戦いのいとぐち)
	洗炭(選炭の一工程)
	選炭(採掘した石炭の選別)
せんだん	専断(自分だけの意見で勝手に物事をとりはからうこと)
	栴檀((植)香木の一つ)
	船団(船の集団。＊捕鯨船団)
	剪断(はさみ切ること)
ぜんち	前置(前に置くこと。＊前置詞)
	全治(病気・怪我が全快すること)
	全知(全ての事に通ずる知恵。＊全知全能)
ぜんちょう	全長
	前兆(事が起こるまえぶれ)

読み	熟語
せんてい	選定（選び定めること） 撰定（多くの詩・歌からえらびだすこと） 剪定（刈り込むこと）
ぜんてい	前提（物事の土台となるもの） 前庭（まえにわ）
せんとう	先頭（一番さき） 銭湯（有料の公衆浴場） 仙洞（仙人の居所。上皇の御所） 尖塔（頂上がとがって高く突き出た塔） 戦闘（たたかい）
せんどう	先導（先に立って導くこと） 扇（煽）動（あおり立ててそそのかすこと） 顫動（震え動くこと） 船頭（和船の長）
ぜんどう	善導（教えて良い方に導くこと） 蠕動（うごめくこと）
せんにゅう	先入（先に入っていること） 潜入（こっそり入り込むこと）
せんにん	専任（もっぱらその任に当たること） 選任（選んで任につくこと） 先任（先にその任務・地位につくこと。その人） 仙人（浮世ばなれした人） 千人力（千人の助力を得た程の強い力）
せんねん	専念（一つのことに集中すること） 先年 千年
ぜんのう	全農（全国農業組合の略） 全能（何事もできること） 全納（全部納めること） 前納（期限前に納めること）
ぜんぱい	全廃（すべて廃止すること） 全敗（戦うごとにすべて負けること）
せんぱく	船舶 浅薄（あさはかなこと）
せんぱつ	先発 洗髪 染髪
せんぱん	先般（さきほど） 戦犯（戦争犯罪人）
ぜんぱん	全般（ある物事の全体） 前半（前の半分）
せんぷう	旋風（小規模な空気の旋回運動） 扇風機
せんぷく	潜伏（かくれて外に出ないこと） 船腹（船の胴の部分。船舶の隻数）
ぜんぶん	前文（まえがき。前に記した文章） 全文（文章の全体。＊全文削除）
せんべつ	選別（選び分けること） 餞別（旅立つ人に送る金品）
せんぺん	千篇一律（一様で変化のないこと） 千変万化（様々に変化すること）
ぜんぺん	全編（書物・映画等の一作品の全体） 前編（書物・映画等で2～3編に分かれたものの前の編）
せんぽう	先方（前方。相手方） 先峰（さき手。先頭をきること） 戦法（戦いの進め方）
せんまい	千枚（枚数の多い意） 饌米（神に供える洗米）
せんみん	選民（神から選ばれた民） 賤民（低い身分とされた民）
せんめい	船名 鮮明（はっきりしていること） 宣明（宣言して明らかにすること）
せんめん	洗面 扇面（扇。扇の地紙）

熟語

ぜんめん	全面 前面
せんもう	旋毛(渦状に生えている毛) 剪毛(羊等の毛をかること) 繊毛(ほそい毛)
せんやく	先約(前にした約束) 煎薬(せんじ薬) 仙薬(服用すれば仙人になるという薬)
せんゆう	占有(自分の所有とすること) 専有(独占すること。↔共有) 戦友 先憂(人より先に憂えること。＊先憂後楽)
せんよう	占用(独占して使うこと) 専用(特定の人だけが用いること) 宣揚(盛んな様を示し表すこと)
ぜんよう	全容(全体の姿) 善用(よい方にうまく用いること)
せんりつ	戦慄(恐れて身ぶるいすること) 旋律(メロディー)
せんりょ	浅慮(浅はかな考え) 千慮(様々な思慮。＊千慮の一失)
せんりょう	千両(価値の非常に高いこと) 染料(染めるための有色物質) 線量(放射線の量) 選良(優れた人を選ぶこと。その人) 占領(一定の場所を占有すること)
ぜんりょう	善良(良いこと) 全量
ぜんりん	前輪 善隣(隣と仲よくすること)
せんれい	先例 鮮麗(ほっそりしてうるわしいこと) 洗礼(キリスト教で信者になるための儀式)
ぜんれい	前例 全霊(精神力のすべて)
せんれつ	鮮烈(強烈ではっきりしている様) 戦列(戦争に参加する部隊の隊列)

[そ]

そいん	疎音(久しく便りをしないこと) 素因(もととなる原因) 訴因(検察官による事実の主張)
そうあん	草案(した書き) 創案(初めて考えだすこと。その案) 草庵(草ぶきの家。粗末な家)
そうい	創意(新たにものを考え出すこと。＊創意工夫) 総意(すべての者に共有の意見) 僧衣(僧の着る衣) 相違(違っていること) 創痍(きりきず)
ぞうえん	造園(庭園等をつくること) 増援(人数を増やして援助すること)
ぞうか	増加 造花 造化(物をつくり出すこと)
そうかい	総会 蒼海(あおうなばら。大海) 壮快(元気にあふれ気持がよいこと) 爽快(さわやかで気持のよいこと) 掃海(敷設機雷を取り除くこと)

そうがい	窓外(窓のそと)		ぞうけい	造形(形あるものをつくること)
	霜害(霜による損害)			造詣(学問・技芸に深く通じていること)
そうがく	総額		ぞうけつ	増血(血液を増やすこと)
	奏楽(雅楽を奏すること。その音楽)			造血(体内で血液をつくること)
そうかつ	総括(全過程を検討・評価すること)		そうけん	双肩(両肩。責任を負うもののたとえ)
	総轄(全体をまとめ取り締まること)			想見(想像してみること)
そうかん	送還(人を送り返すこと)			壮健(元気で丈夫なこと)
	相関(相互に関係しあってること)			送検(事件を警察から検察に送ること)
	創刊(雑誌等を初めて発行すること)			創建(初めて建てること)
	相姦(社会通念に反する間柄での性交)		ぞうげん	増減
	壮観(壮大なながめ)			造言(つくり話。＊造言蜚語)
	総監(全体を統率・監督する人)		そうご	相互(おたがい)
そうぎ	葬儀			壮語(大きなことを言うこと)
	争議(互いに意見を主張し争論すること。労働争議の略)		そうこう	走行
ぞうき	臓器(身体内部の器官)			操行(日ごろのおこない)
	造機(機関や機械の設計・製造)			壮行(旅立ちを盛大に送り出すこと)
	雑木(薪材等にする木)			奏功(功を奏すること)
そうきゅう	早急			送稿(原稿を送ること)
	送球(球を投げ渡すこと)			奏効(効果があらわれること)
	蒼穹(あおぞら)			倉皇(惶)(あわてふためく様)
そうぎょう	創業(事業を新しく始めること)			草稿(下書き)
	操業(機械の操作などの仕事をすること)			装甲(車体等に鋼鉄板を張ること)
	早暁(夜あけ)			霜降(二十四節気の一つ)
	僧形(僧の姿)			糟糠(酒かすと糠。粗末な食物)
そうきょく	箏曲(琴の曲)		そうごう	総(綜)合(一つに纏めること)
	双曲線			相好(顔かたち)
そうく	痩軀(やせた身体)		そうさ	操作(機械等をあやつること)
	走狗(他人の手先として使われる人を軽蔑して言う語)			捜査(探して取り調べること)
そうけい	早計(軽率な考え)			走査(像を点に分解して送受信する操作)
	総計		そうさい	総裁(機関の長として全体を総括する人)
				相殺(互いに差し引くこと)
				葬祭(葬式と祭祀)

熟語

そうさく	創作(初めてつくること) 捜索(探し求めること)
そうし	相思(思いあうこと。＊相思相愛) 壮士(意気盛んな者) 草子＝双紙(仮名文の書。綴じた冊子) 創始(はじまり)
そうじ	掃除 相似(互いに似ていること)
そうしゃ	走者 壮者(働きざかりの人) 奏者(演奏者。天子に奏上する人) 掃射(機銃等を広角度に発射すること) 操車場(車両の入れ替え・編成等をする所)
そうしゅ	双手(両方の手) 宗主国(従属国に対して宗主権をもつ国)
そうしょ	草書(書体の一つ) 双(叢)書(一定の形式で継続して刊行される出版物)
そうしょう	総称(一類のものを纏めて一つの名で呼ぶこと) 相称(互いに釣り合っていること) 創傷(身体のきず) 宗匠(和歌・俳句等の師匠) 相承(師から弟子へ学問等を伝えること)
そうじょう	相乗(複数の要因が重なり、掛け合わせたほどの大きさになること) 層状(かさなった様) 総状(ふさのかたち、状態) 奏上(天子に申し上げること) 僧正(仏教各宗での僧の階級の一つ) 騒擾(騒ぎ乱れること。騒乱)
ぞうしょう	蔵相(大蔵大臣) 増床(ベッド数あるいは床を増やすこと)
そうしょく	草食(↔肉食) 装飾(かざりつけ)
そうしん	痩身(痩せた身体) 送信 装身(身体や衣服に飾りをつけること。＊装身具)
そうすい	送水 総帥(最高指揮官)
ぞうすい	増水(↔減水) 雑炊(野菜を煮込んだ粥(かゆ))
そうせい	創世(世界のできたはじめ) 早世(はや死に) 叢(簇)生(草木が群がり生えること) 双生(同時に二児を生むこと) 早生(早く生まれること) 蒼生(人民) 奏請(天子に奏上して裁可を請うこと) 創成(初めてでき上がること)
そうせつ	創設(初めて設けること。創立) 総説(総論)
そうぜん	騒然(騒がしい様) 蒼然(青々とした様。古くなった様。夕暮れの薄暗い様)
そうそう	早々(急ぐ様) 草々(急いで走り書きした意を表す) 蒼々(あおあおとした様) 錚々(多くのなかで特に優れた様) 草創(創業) 送葬＝葬送(屍を墓まで送ること)

そうぞう	想像		そうと	壮図(壮大な企て)
	創造(新たにつくること)			壮途(盛んな門出)
	騒々しい(さわがしい)		そうとう	相当(つりあうこと)
そうたい	早退			掃討(敵等をすっかり払い除けること)
	相対(向き合ってること)			総統(統率すること。その官職)
	総体(全体)			双頭(頭が二つ並んでついていること)
そうだい	壮大(大きく立派なこと)			
	総代(仲間全部の代表者)			曹洞宗(禅宗の一派)
そうち	装置(機械道具等を取り付けた仕掛け)		そうどう	騒動(多人数が乱れ騒ぐこと)
				草堂(草ぶきの家)
	送致(送り届けること)			双胴船(二つの船体を甲板で結合した船)
そうちょう	早朝			
	荘重(おごそかで重々しいこと)		そうは	走破(全行程を走り通すこと)
	総長(全体の事務を管理する長官)			争覇(覇権を争うこと)
				掻爬((医)組織をかき取ること)
	曹長(下士官階級の一つ)		そうはつ	双発(エンジンを二つつけていること)
ぞうちょう	増長(次第にひどくなること。高慢になること)			
				総髪(男の髪の結い方の一つ)
	増徴(税金などを今までより多く徴集すること)		ぞうぶつ	贓物(窃盗等で得た財物)
				造物主(宇宙の万物を造った者)
そうてい	想定(仮に思い描くこと)		そうべつ	送別(見送り)
	装丁(釘)(幀)(製本の仕上げ装飾)			層別(統計処理法の一つ)
			そうほう	双方(両方)
	壮丁(壮年の男子)			相法(観相法)
	装蹄(馬に蹄鉄をつけること)			走法(走り方)
	漕艇(ボートをこぐこと)			奏法(演奏法)
	送呈(物を送り、さし上げること)		そうぼう	双眸(両眼)
ぞうてい	贈呈(人に物をさし上げること)			蒼氓(人民)
	増訂(書物の内容を増補し訂正すること)			蒼茫(見渡す限り広々とした様)
				忽忙(いそがしいこと)
そうてん	争点(論争等の中心となる点)			相貌(顔かたち)
	総点(総得点)			僧坊(房)(僧の起居する寺院建物)
	蒼天(あおぞら)			
	装塡(中につめ込んで装置すること)			僧帽(僧のかぶる帽子)
				僧帽弁(心臓の弁の一つ)
そうでん	送電		ぞうほん	蔵本(所蔵の書物)
	相伝(代々受けつぐこと。*父子相伝)			造本(書物の印刷・製本・装釘)
	桑田(桑の木を植えた畑)			

熟語

そうむ	総務(全体の事務を扱うこと)	そがい	阻害(じゃますること)
	双務(契約の当事者双方が義務を負うこと)		疎外(うとんじ、よそよそしくすること)
そうらん	騒乱(事件・事変で騒ぎ乱れること)	そかく	組閣(内閣を組織すること)
	争乱(争い乱れること)		疎隔(親しみを失ってへだたること)
	総覧(ある事に関する事柄を一つに纏めた書物)		阻隔(へだたりのできること)
そうりょう	総量(全体の量)	そきゅう	訴求(宣伝等で買い手に訴えかけること)
	総(惣)領(家名を継ぐべき子)		遡求(さかのぼって追求すること)
	爽涼(さわやかで涼しいこと)		溯及(過去にさかのぼること)
	送料	ぞくげん	俗言(俗世間で用いる言葉)
そうるい	走塁(野球で走者が塁間を走ること)		俗諺(俗世間のことわざ)
	藻類(藻(も)の総称)	ぞくじ	俗事(世間のわずらわしいこと)
そうれい	壮麗(おごそかで美しいこと)		俗字(正体ではないが普段使われることのある漢字体)
	壮齢(血気盛んな年ごろ)	そくしゃ	速写(速やかに写すこと)
	葬礼(葬式)		速射(すばやく発射すること)
そうれつ	壮烈(勇ましくはげしいこと)	そくしん	促進(はかどるよう、うながすこと)
	葬列(葬送の行列)		即身((仏)肉身のまま。*即身仏)
そうろう	早老(年のわりに早く老いること)	ぞくしん	続審(事件審理の続行)
	早漏(男子の射精が早い症状)		続伸(相場が引き続いて上がること)
	蹌踉(よろめく様)		俗信(民衆の間で行われる信仰)
そうろん	総論(全体を総括した論。その文章)		俗心(世俗にひかれる心)
	争論(議論して争うこと)		賊臣(反逆の臣)
そうわ	総和	ぞくじん	俗人(世間一般の人)
	送話(電話等で先方へ話を送ること)		俗塵(俗世間のわずらわしいこと)
	挿話(文章・談話の間にはさむ短い話)		属人(人に属すること)
そかい	疎開(人口・建物を分散すること)	そくせい	促成(人手を加えて生長を促すこと)
	租界(中国内で外国人が管理した地域)		速成(速やかに成し遂げること)
	素懐(かねてからの願い)		即成(即座にできあがること)
			即製(その場ですぐ作ること)

読み	熟語
ぞくせい	属性(物事の有する特徴・性質) 俗姓(世間一般で称する姓) 族制(家族・親類に関する制度) 族(簇)生(草木が群がり生えること) 俗世(世のなか)
そくせき	即席(その場ですぐすること) 足跡(あしあと。事跡)
そくだん	即断(即座に決断すること) 速断(速やかに判断すること)
そくとう	即答(すぐに返事をすること) 速答(すみやかに答えること) 側頭(頭の側面)
ぞくとう	続投(投手交代せず投げ続けること) 続騰(物価・相場が引き続いて上がること)
そくはつ	束髪(髪を束ねて結ぶこと) 即発(即座に爆発すること。＊一触即発)
そこう	素行(平素の行い) 粗鋼(鋼材とされる前の鋼) 遡行(流れをさかのぼって行くこと) 粗肴(粗末なさかな。謙譲語)
そし	素子(電気回路の中で独立の働きをする単位部品) 素志(平素の志) 祖師(一宗一派を開いた人。開祖) 阻止(はばみ止めること)
そじ	素地(したじ。基礎) 措辞(言葉の使い方)
そしゃく	租借(他国の領土の一部を借りること) 咀嚼(嚙み砕くこと。文章等の意味をよく考えて味わうこと)
そじょう	俎上(まな板の上) 遡上(魚等が川を遡ること) 訴状(訴えの趣旨を書いた文書)
そせい	蘇(甦)生(生き返ること) 組成(複数の要素・成分からなること) 塑性(変形する性質) 粗製(粗末なつくり)
そそう	粗相(あやまち。軽率) 祖宗(現代以前の代々の君主の総称) 阻喪(気落ちすること)
そっきん	側近(そば近くに仕える人) 即金(即時に金を払うこと。そのお金)
そっこう	即行(すぐに行うこと) 即効(薬等の効き目がすぐに現れること) 速効(効き目が早いこと) 速攻(すばやく攻めたてること) 側溝(道路等に沿って設けた小排水路) 測候(気象の観測)
そろう	疎漏(おろそかで手落ちのあること) 粗漏(粗野でいやしいこと)
そんしょう	損傷(きずつけること) 尊称(尊敬の意をもって呼ぶ称)
そんぞく	存続(存在し続けること) 尊属(父母と同列以上にある血族)
そんだい	尊大(横柄。傲慢) 尊台(手紙等で目上の人を敬っていう語)
そんちょう	尊重(尊いものとして重んずること) 村長
そんぴ	存否(存在するかしないか) 尊卑(尊いことと卑しいこと)

[た]

- たいあん
  - 大安(暦注六輝の一つ。吉日とされている)
  - 対案(ある案に対する別の案)
- たいい
  - 体位(姿勢)
  - 大意(あらましの意味)
  - 退位(王が位を退くこと)
  - 胎位(子宮内での胎児の位置)
  - 大尉(将校の階級の一つ)
- たいいん
  - 退院(↔入院)
  - 太陰(月)
  - 隊員(隊の構成員)
- たいえき
  - 退役(軍人が兵役を退くこと)
  - 体液(動物の体内を満たす液体の総称)
- たいか
  - 大過(大きな過失)
  - 大禍(大きな災い)
  - 大家(その道に特にすぐれた人)
  - 大火
  - 耐火(火熱に耐えること)
  - 滞貨(売れずに、または運べずにたまっている貨物)
  - 退化(↔進化)
  - 対価(代価として相手から受けるもの)
- たいかい
  - 大会
  - 大海
  - 退会(↔入会)
- たいがい
  - 対外(↔対内)
  - 体外(↔体内)
  - 大概(おおよそ)
- たいかく
  - 体格(からだつき)
  - 対角線
- たいかん
  - 退官(官職から退くこと)
  - 戴冠(帝王が即位して王冠を頂くこと)
  - 耐寒(寒さに耐えること)
  - 大患(大病)
  - 体感(身体に受ける感じ)
- たいがん
  - 大願(大きな願望)
  - 対岸(向こう岸)
- だいかん
  - 大寒(二十四節気の一つ)
  - 代官(正員に代わって官職を代行する者)
- たいき
  - 大気(地球をとりまく気体)
  - 大器(大きな入れ物。人並み優れた人物。*大器晩成)
  - 待機(機会のくるのを待つこと)
- たいぎ
  - 大義(人の行うべき義理。*大義名分)
  - 大儀(面倒くさいこと。ご苦労)
- だいきゅうし
  - 大休止(行軍途中の長時間の休憩)
  - 大臼歯(小臼歯の奥にある臼歯)
- たいきょ
  - 退去(立ちのくこと)
  - 大挙(多人数で繰り出すこと)
- たいきょう
  - 体協(日本体育協会)
  - 胎教(胎児に良い影響を与えること)
- たいぎょう
  - 大業(大きな事業)
  - 怠業(サボタージュ)
- たいきょく
  - 大局(全体のなりゆき)
  - 対局(向かいあって囲碁・将棋をすること)
  - 対極(対立する極)
  - 太極拳(中国の拳法の一つ)
- だいく
  - 第九(ベートーベンの第九交響曲)
  - 大工(木工の職人)
- たいくう
  - 対空(空からの攻撃に対すること。*対空射撃)
  - 滞空(空中に留まること。*滞空時間)
  - 耐空証明(航空機の安全証明)
- たいぐん
  - 大群(動物等の大きなむれ)
  - 大軍(たくさんの軍勢)

たいけい	大慶(大いに祝い喜ぶこと)		だいこう	代行(本人に代わって事を行うこと)
	大兄(男性同士で同輩か年上の人に対する敬称)			乃公(わが輩)
	大系(系統だてて纏めた本類。＊文学大系)			代講(本人に代わって講演や講義をすること)
	体系(別々のものを統一した組織。一定の原理で纏めた知識の統一的全体)		たいさ	大差
				大佐(将校の階級の一つ)
	体形(体のかたち)		たいざ	対坐(向かいあって座ること)
	体型(体格の型。痩身・肥満型等)			退座(その座から退くこと)
	隊形(隊のかたち)		たいざい	滞在(他所にある期間とどまること)
	体刑(受刑者の体に加える刑罰)			大罪(重い罪)
たいけん	体験		たいさく	大作(規模の大きな作品。傑作)
	大圏(地球表面に描いた大円)			対策(状況に応じてとる方策)
	大賢(非常に賢いこと。その人。君子)		たいさん	退散(逃げさること)
				耐酸(酸におかされにくいこと)
	大権(天皇の統治権)		たいし	大使(上級の外交使節)
	帯剣(剣を身につけること)			大志(大きな志)
たいげん	大言(大きなことを言うこと)			太子(皇太子。聖徳太子の略)
	体言(名詞・代名詞の称。文の主語となり得るもの)		たいじ	退治(害をなすものを撃ち平らげること)
	体現(理念などを具体的な形に現すこと)			対峙(向き合って立つこと)
				胎児(哺乳類の母体内の幼児)
たいこ	太古(大昔)		だいし	台紙(写真等を貼る台になる紙)
	太鼓(打楽器の一つ)			大姉(女子の戒名の下につける語の一つ)
たいご	対語(向かいあって話をすること)			大師(偉大なる師。高徳な僧の尊称)
	隊伍(隊列の組)			
たいこう	対抗(相対してはり合うこと)		だいじ	題字(書物などの標題の文字)
	対校(学校と学校とが対抗して行うこと)			題辞(書物の巻頭に記す言葉)
	退校			大事
	退行(あとにさがること。退化)		たいしゃ	代謝(古いものと新しいものが入れ替わること)
	大公(ヨーロッパでの小国の君主)			代赭(酸化鉄を主成分とする顔料)
	大綱(おおもと)			大赦(恩赦の一種)
	太閤(摂政・太政大臣の敬称)			大社(社格一位の神社。出雲大社の略)
	対向(互いに向き合うこと)			
	太公望(釣人の異称)			退社

熟語

169

だいしゃ	台車(車のついた台)		たいじん	対人(他人に対する意。＊対人関係)
	代車(代わりの車)			大人(徳の高い人)
たいしゅう	大衆			退陣(退却。退職)
	体臭(皮膚から出る一種の臭気)			対陣(敵と向かい合って陣をはること)
たいしょ	大暑(きびしい暑さ。二十四節気の一つ)		だいじん	大臣(政治をとる高官。各省の長の称)
	大書(文字を大きく書くこと)			大尽(財産家。＊田舎大尽)
	対処(適当な処置をすること)		たいすい	耐水(水に耐えること)
たいしょう	大笑(大いに笑うこと)			滞水(停滞する水)
	大将(将校の最高位。一群の首長。他人を親しみ、または、からかって呼ぶ称)			帯水層(地下水で飽和している透水層)
	大勝(大いに勝つこと)		たいせい	態勢(物事に対するかまえや状態)
	大賞(その分野で最も優れた者に与える賞)			体勢(体のかまえ。姿勢)
	大正(大正天皇在位期の年号)			退勢(おとろえる様)
	隊商(キャラバン)			体制(社会組織・政治支配の様式)
	対象(意識作用が向けられるもの)			大勢(世のなりゆき)
	対称(釣り合うこと。代名詞の第二人称)			大成(多くのものを集めて作りあげること。立派な人物になること)
	対照(くらべ合わすこと)			大政(天下のまつりごと)
	対症(症状に対する意。＊対症療法)			耐性(薬等に対する生物の抵抗性)
たいじょう	退場(その場から退出すること)			泰西(西洋)
	帯状疱疹(ウイルスによる帯状有痛性発疹)			胎生(子が母体内である程度発達してから生まれること。↔卵生)
だいしょう	大小		たいせき	体積
	代償(本人に代わって弁償すること。ある事のために払う犠牲や損害)			滞積(滞り積もること)
				堆積(つみ重なること)
だいじょう	大乗((仏)大乗仏教のこと)			退席
	大嘗祭(天皇即位後初の新嘗(にいなめ)祭)		たいせん	大戦(大戦争。世界大戦の略)
たいしょく	大食			対戦(相対して戦うこと)
	退職			滞船(港に船を泊め置くこと)
	退(褪)色(色がさめること)			
	耐食(蝕)(腐食しにくいこと)			

読み	熟語
たいそう	体操 大層(はなはだしい様) 大喪(天皇の葬儀) 大葬(天皇・皇后の葬儀)
だいたい	大体(あらまし) 大腿(ふともも) 大隊(部隊組織の一名称) 代替(他のもので代えること)
たいだん	対談(相対して談話すること) 退団(↔入団)
だいち	大地(広くて大きな土地) 台地(一段と高い台状の地形)
たいちょう	体調(からだの調子) 体長 隊長 退潮(潮がひくこと。盛んだったものが衰える様)
だいちょう	台帳(諸勘定の元帳) 大腸
たいてき	大敵(強敵) 対敵(敵に向かうこと)
たいてん	大典(重大な儀式。＊即位の大典) 退転(衰えすたれること) 戴天(この世に生存していること)
たいとう	対等(双方同等なこと) 対当(つり合うこと) 台頭(勢力を得てくること) 駘蕩(のどかな様) 帯刀(腰に刀をさすこと)
たいどう	胎動(母体内の胎児の動き) 帯同(一緒に行くこと。同行)
たいない	体内 対内(↔対外) 胎内(母親の腹のなか)
たいにち	対日(日本に対すること) 滞日(日本に滞在すること)
たいにん	退任 大任
だいのう	大脳 大農(豪農) 代納(金銭の代わりに他のものを納めること) 大納会(取引所の最終日の立会)
たいはい	大敗 退(頽)廃(不健全な気風) 大盃(杯)(大きなさかづき)
たいひ	待避(難をさけて待つこと) 退避(しりぞいて危険を避けること) 対比(比較すること) 堆肥(わら等を発酵腐熟して作った肥料) 貸費(学費等の費用を貸すこと)
だいぶつ	大仏(大きな仏像) 代物(代品。＊代物弁済)
だいべん	大便 代弁(本人に代わって意見等を述べること)
たいほ	逮捕(人の行動の自由を拘束すること) 退歩(↔進歩。あともどりすること)
たいぼう	待望(それが起きるのを待ち望むこと) 大望(大きな望み) 耐乏(とぼしいのを耐え忍ぶこと)
たいまい	大枚(たくさんのお金) 玳瑁((動)亀の一種)
たいめい	待命(命令を待つこと) 大命(天皇や君主の命令)
たいめん	対面(顔を合わせること) 体面(世間に対する体裁)
たいもう	大望(大きなのぞみ) 体毛(身体に生えている毛)

熟語

たいやく	大役(重大な役目) 大約(大略。おおよそ) 大厄(大きな災難) 対訳(原文に対応させて訳文すること)
たいよう	大洋(大きな海。三大洋と両極海) 大要(あらまし。概要) 耐用(使用に耐えること) 太陽 態様(ありさま)
だいり	代理(本人に代わって事を処理すること) 内裏(皇居) 大理石(石灰岩の変性したもの)
たいりゅう	対流(熱による流体の動き) 滞留(同じ所にとどまっていること)
たいりょう	大量 大漁
たいりょく	体力 耐力(荷重に耐える力)
たか	他課 多寡(多少)
たかね	高値 高根(嶺)(高い峰。*高根の花)
たげん	多元(多くの根元や要素があること) 多言(口数の多いこと)
たさい	多彩(色どりが多く美しいこと。催し物などで変化に富むこと) 多才(多方面にわたる才能・知恵)
たじ	他事(ほかのこと) 多事(いそがしいこと)
たしゃ	他社 他者 多謝(深く感謝すること)
たしょう	多少 多生(何度も生まれ変わる意の仏教語。多数を生かすこと。*一殺多生) 他生(今生に対し過去・未来を指していう語)
だせい	惰性(従来からのくせ。慣性) 打製(打って作ること)
だっかい	脱会(会から脱退すること) 奪回(うばいかえすこと)
たっけん	卓見(すぐれた意見) 達見(広く物事に通じた見識)
だっこう	脱稿(原稿を書き終えること) 脱肛(直腸下部の粘膜が肛門から突出する病状)
だとう	妥当(適切であること) 打倒(打ち倒すこと)
たぶん	多分(おそらく) 多聞(多く物事を聞き知っていること) 他聞(他人から聞くこと)
ためん	他面(他の平面、または方面) 多面(多くの平面、または方面)
たよう	多様(いろいろのあり様) 多用(用事の多いこと) 他用(ほかの用事)
だりょく	打力(打つ力) 惰力(惰性に基づく力)
だんい	段位(囲碁・剣道等における技量の等級) 暖衣(あたたかい衣服)
たんおん	単音(音声の最小単位。純音) 短音(みじかく響く音)
たんか	単価 担架(病人をのせて運搬する道具) 短歌(五・七・五・七・七の五句体の歌) 啖呵(勢い鋭く歯切れのよい言

読み	熟語
	葉)
	炭化(有機化合物が炭素だけになること)
だんかい	段階(順序)
	団塊(かたまり)
だんがい	弾劾(不正をあばき責任を追及すること)
	断崖(切りたったがけ)
たんがん	単眼(↔複眼)
	嘆(歎)願(なげき願うこと)
たんき	短期(短い期間)
	短気(気みじかなこと)
	単記(一つひとつ別々の紙に書くこと)
	単騎(ただ一人馬に乗って行くこと)
たんきゅう	探求(探し求めること。＊生活探求)
	探究(たずね究めること。＊学理探究)
たんけん	探検(険)(未知のものを調べること)
	短剣(短いつるぎ)
	短見(あさはかな意見)
たんご	単語(言葉の最小単位)
	端午(五月五日の節句)
たんこう	炭鉱(石炭を採掘する鉱山)
	炭坑(石炭を採掘する坑道)
	探鉱(鉱床を探し求めること)
	単行(単独で行うこと)
	鍛鋼(鋼塊を鍛造すること。その物)
	淡紅色(うすくれないいろ)
だんこう	団交(団体交渉の略)
	断交(付き合い・交渉を止めること)
	断行(おしきって行うこと)
たんざ	端坐(姿勢を正して座ること)
	単座(座席が一つであること)
たんさく	探索(探したずねること)
	単作(一耕地に一作物のみ栽培すること)
たんし	端子(電気回路をつなぐための金具)
	短資(短期貸付のための資金)
たんしゃ	単車(発動機つきの二輪車)
	炭車(石炭を運ぶ車)
だんしゅ	断酒(酒をたつこと)
	断種(生殖能力を失わせること)
たんじゅう	短銃(ピストル)
	胆汁(肝臓で生成される分泌液)
たんしょ	短所
	端緒(事のはじまり)
たんしょう	短小(↔長大)
	単称(↔複称)
	単勝(↔複勝)
	嘆賞(感心して誉めること)
	嘆傷(なげきいたむこと)
	探勝(景色の良い所を見て歩くこと)
	探照灯(サーチライト)
だんしょう	談笑(心安く話したり笑うこと)
	断章(文章の断片)
	男妾(おとこめかけ)
	男娼(男色を売る者)
たんしょく	単色(単一の色)
	淡色(あっさりした薄い色)
だんしょく	暖色(暖かい感じを与える色)
	男色(男子の同性愛)
たんしん	単身
	丹心(まごころ)
	短信(短い便り。短いニュース)
	短身(背が低いこと)
	誕辰(誕生日)
たんすい	淡水(塩分を含まぬ水)
	湛水(水を溜めること)

熟語

たんせい	丹精(誠)(まごころ)	たんちょう	単調(単一な調子。一本調子)
	端正(整)(きちんとしていること)		短調(短音階による調子)
	丹青(赤と青。絵画)		探鳥(バードウォッチング)
	嘆声(ためいき)		丹頂((鳥)タンチョウ)
だんせい	男声(男の声。＊男声合唱)	だんちょう	団長
	男性(↔女性)		断腸(腸がちぎれるほど悲しいこと)
	弾性(歪がもとに回復する性質)	たんてい	探偵(ひそかに他人の事情や犯罪の事実等を探ること。その者)
たんせき	胆石(胆嚢内の結石)		
	旦夕(朝夕。危急が迫っている様)		短(端)艇(ボート)
	痰咳(たんとせき)	たんでん	炭田(採炭している地域)
たんぜん	丹前(厚く綿を入れた広袖の衣服)		丹田(へその下)
		たんとう	短刀(短い刀)
	端然(きちんとした様)		単刀(ひとふりの刀。＊単刀直入)
	淡然(あっさりした様)		担当(うけもつこと)
たんそ	炭素(カーボン)	だんとう	暖冬(平年より暖かな冬)
	炭疽(牛・馬等の急性疾患の一つ)		弾頭(ミサイル等の炸薬を装着した頭部)
たんそう	炭層(石炭層)		断頭(くびきり)
	担送(患者を担架に載せて運ぶこと)	たんどく	単独
			耽読(書物を夢中で読みふけること)
	単相(位相が一つだけからなること)		丹毒(連鎖球菌による皮膚の炎症)
だんそう	断層(地層が互いにずれている現象)		
		たんのう	堪能(十分にみちたりること)
	男装(女性が男性の姿をすること)		胆嚢(胆汁をためる袋)
		たんぱく	淡白(あっさりしていること)
	弾倉(補充用弾丸を入れるところ)		蛋白(蛋白質の略)
		たんぶん	単文(一つの節からなる文)
	弾奏(弦楽器をかなでること)		短文(短い文)
たんたん	坦々(平凡にすぎる様)		
	眈々(野心を持ち機会をねらう様)	**[ち]**	
	淡々(あっさりした様)	ちえん	遅延(予定より遅れること)
だんち	団地(計画的に集団をなしている土地)		地縁(住む土地に基づく縁故関係)
		ちか	治下(支配下)
	暖地(温暖な土地)		地下(大地の下。社会運動等における非合法をいう。＊地下活

174

	動）	ちせい	地勢（土地の状態）
	地価（土地の価格）		知性（知的な働き）
ちかく	地殻（地球の最外層）		治政（政治）
	地核（地球の中心の高圧・高熱の部分）		治世（君主が世を治めること。またその期間）
	知覚（知り覚えること）	ちせき	地籍（登録されている土地）
ちかん	置換（置きかえること）		地積（土地の面積）
	弛緩（ゆるむこと）		治績（政治上の功績）
	痴漢（女にいたずらする男）	ちそう	地層（地殻を形づくる土石の層）
ちき	知己（親友。知人）		地相（地形。土地の吉凶）
	稚気（子供っぽい様）		馳走（ごちそう）
ちぎ	遅疑（ぐずぐずして決行しないこと）	ちたい	地帯（ある程度の広がりをもつ地域）
	地祇（地の神）		痴態（ばかげた振る舞い）
ちくじょう	築城		遅滞（期日に遅れること）
	逐条（箇条を追って順々にすること）	ちとく	知得（知り得ること）
ちくでん	蓄電（電気をためること）		知徳（知恵と徳行。知識と道徳）
	逐電（行方をくらまし逃げること）	ちのう	知(智)能（知識と才能。知性の程度）
ちけん	知見（見て知ること。見識）		知(智)嚢（知恵に富んだ人）
	地検（地方検察庁の略）	ちほう	地方
	治験（治療の効果）		痴呆（知的能力が失われた状態）
ちさん	遅参（遅刻すること）	ちめい	知名（名がよく知られていること）
	治山（植林等をして山を治めること）		知命（天命を知ること。五十歳の称）
	治産（財産の管理・処分。＊禁治産者）		致命（命にかかわること。＊致命傷）
ちし	致死（人を死に至らせること）	ちゆう	知友（互いに心を知り合った友）
	致仕（官職を辞めること）		知勇（知恵と勇気）
	知(智)歯（第三大臼歯の異称）	ちゅうい	注意
	地誌（地理学の一分野）		中位（中等の地位。中正の位置）
ちしつ	地質（地殻を構成する物質）		中尉（将校の階級の一つ）
	知悉（知りつくすこと）	ちゅうかい	仲介（なかだち）
ちじょう	地上		注(註)解（注を加えて解説すること）
	痴情（異性への愛に理性を失った感情）		厨芥（炊事で出る野菜・魚介のくず）
ちじん	知人		
	痴人（おろか者）		

熟語

ちゅうかん	中間 昼間	ちゅうよう	中庸(どちらにも片寄らないこと) 中葉(時代の中ごろ)
ちゅうき	中期 注(註)記(注を記すこと)	ちゅうりゅう	中流(川の上下流のなかほど。生活程度・社会的地位が中程度の階層) 駐留(軍隊が一時ある地に留まること)
ちゅうきゅう	中級 誅求(きびしくせめて求めること)	ちょうあい	丁合(折丁をページ順に集める作業) 寵愛(特別に愛すること)
ちゅうげん	中元(陰暦7月15日。そのころにする贈り物) 中原(広い原野の中央部) 忠言(忠告の言葉)	ちょうい	弔慰(死者をとむらい遺族を慰めること) 弔意(死をとむらい哀しみをいたむ心) 潮位(潮の干満による海面の高さ)
ちゅうこう	鋳鋼(鋼鋳物) 忠孝(忠義と孝行) 昼光(太陽の光) 中耕(作物成育途中に周りを耕すこと) 中興(衰えたのを再び盛んにすること)	ちょうか	町家(町人の家) 弔花(死者に供えられる花) 長靴(革製のながぐつ) 長歌(和歌の一種) 超過(一定の限度をこえること) 釣果(釣の成果)
ちゅうし	中止 注視(集中して見つめること)	ちょうかい	町会(町内会) 朝会(朝の集会) 潮解(固体が大気中の水蒸気を吸収して溶解する現象) 懲戒(こらしめること)
ちゅうしゃ	注射 駐車		
ちゅうしょう	中小 中傷(無実のことで他人を傷つけること) 抽象(↔具象)	ちょうかん	長官 朝刊 鳥瞰(高い所から広範囲に見渡すこと)
ちゅうしん	中心 衷心(まごころ。心の底) 注進(急いで事を報告すること) 忠臣(忠義の臣)	ちょうき	長期(長い期間) 寵姫(愛妾) 弔旗(国家の弔事に掲げる国旗)
ちゅうせい	中正(立場のかたよらないこと) 中世(古代と近代の間) 中性(中間の性質。アルカリ性と酸性の中間。＊中性洗剤) 忠誠(まごころ)	ちょうけい	長兄 長計(長期にわたる計画) 長径(↔短径)
ちゅうてん	中点(一つの線・弧を二等分する点) 中天(天の中心。中空) 沖(冲)天(高く空に上ること)		

ちょうこう	長考(長い時間考えること)		ちょうぜい	徴税(税金を徴収すること)
	長講(長時間の講演など)			町税(町が徴収する税)
	聴講(講義を聞くこと)		ちょうせん	朝鮮
	朝貢(外国人が貢物を持ってくること)			挑戦(たたかいをいどむこと)
	徴(兆)候(はっきりそれと分かるしるし)		ちょうそく	長足(長い足。物事が早く進むこと)
ちょうし	調子(語調・物事の具合。音律の高低)			調速(速度を調整すること)
	銚子(とっくり)		ちょうだ	長打(野球の二・三・本塁打)
ちょうじ	弔辞(弔慰を表した文章)			長蛇(長いもののたとえ)
	寵児(時流に乗ってもてはやされる人)		ちょうだい	長大(長くて大きいこと)
				頂戴(もらうことの謙譲語)
ちょうしゅう	徴収(金銭を集めること)		ちょうたん	長短
	徴集(召し集めること)			長嘆(長いためいきをついて嘆くこと)
	聴衆(話を聞く人々)		ちょうちょう	長調(↔短調)
ちょうじゅう	鳥獣			蝶々((虫)チョウ)
	弔銃(軍人等の死を弔うための発砲)			丁(打)々(物をつづけて打つ音)
ちょうしょ	長所(↔短所)		ちょうてい	調停(第三者が介入して争いをやめさせること)
	調書(調査事項を記した文書)			朝廷(君主が政治を行う所)
ちょうしょう	弔鐘(死者を弔う鐘)		ちょうでんどう	超伝導(学術用語)
	嘲笑(あざけり笑うこと)			超電導(JIS用語)
ちょうじょう	頂上		ちょうど	丁度(ぴったり。まさしく)
	長上(年上。目上)			調度(日常使う道具・家具等)
	重畳(いくえにも重なること)		ちょうはつ	徴発(他人から物を強制的に取りたてること)
ちょうしん	長針(↔短針)			挑発(刺激して事件が起きるよう仕掛けること)
	長身			長髪
	聴診(体内の音響を聞くこと)			調髪(理髪)
	寵臣(気に入りの家来)		ちょうぼ	帳簿(帳面)
ちょうじん	超人(スーパーマン)			朝暮(朝夕。一日中)
	鳥人(飛行家を鳥に例えていう語)			徴募(募集)
ちょうせい	調整(調子や過不足を整えること)		ちょうほう	重宝(使って便利なこと)
	調製(注文に合わせて作ること)			弔砲(弔意を表すために打つ礼砲)
	長征(長い道程を遠征すること)			調法(準備すること。調べ考えること)
	長逝(永眠)			諜報(相手の情勢等をひそかに

熟語

	調べ知らせること)
ちょうめい	長命
	朝命(朝廷の命令)
	澄明(すみきって明るいこと)
ちょうもん	弔問(遺族を訪問して悔やみを言うこと)
	聴聞(行政が関係者から意見を聞くこと)
	頂門の一針(痛切な戒め)
ちょうやく	跳躍(とび跳ねること)
	調薬(薬剤を調合すること)
ちょうよう	長幼(年上と年下)
	重陽の節句(九月九日の菊の節句)
	徴用(国が国民を強制的に動員して一定の仕事につかせること)
ちょうりょく	張力(引っ張ってのばす力)
	聴力(音を聞きとる力)
	潮力(潮の干満による力。＊潮力発電)
ちょうれい	朝礼
	朝令(朝出す命令・政令。＊朝令暮改)
ちょうろう	長老(その方面で経験をつんだ、おもだった年配者)
	嘲弄(ばかにすること)
ちょくご	直後
	勅語(天皇の言葉)
ちょくし	直視(まっすぐ見つめること)
	勅旨(天皇の意志)
	勅使(勅旨を伝えるため派遣される特使)
ちょくせつ	直接
	直截(すぐに裁断を下すこと)
ちょくせん	直線
	勅撰(勅命により詩歌をえらぶこと)
ちょっけい	直系(親子関係で続くつながり)
	直径
ちょっこう	直行(まっすぐ目的の所へ行くこと)
	直航(船や飛行機がまっすぐに目的地に航行すること)
ちょめい	著名(世間に広く名前が知られていること)
	著明(極めてはっきりしていること)
ちりょく	地力(土地のもつ生産力)
	知(智)力(知恵の働き)
ちんか	沈下(沈み下がること。＊地盤沈下)
	鎮火(火事が消えること)
ちんき	珍奇(珍しく奇妙なこと)
	珍貴(珍しく貴重であること)
ちんじ	珍事(珍しいこと)
	椿事(意外の出来事)
ちんせい	沈静(落ち着いて静かなこと)
	鎮静(騒ぎ・気持ちが静まること)
ちんたい	賃貸(有料で目的物を貸すこと)
	沈滞(沈み込んで活気のないこと)
ちんつう	沈痛(悲しみに沈み胸をいためること)
	鎮痛(痛みを鎮めること)

[つ]

ついきゅう	追及(責任などを追い責めること)
	追求(どこまでも後を追いかけること)
	追究(学問などをたずねきわめること)
ついし	追試(追試験)
	追諡(死後におくり名を送ること)

	墜死(墜落して死ぬこと)		ていおん	低温
ついとう	追悼(死者を偲び悲しむこと)			低音
	追討(追いかけて征伐すること)			定温(一定の温度)
つういん	通院		ていか	低下
	痛飲(大いに酒を飲むこと)			低価
つうか	通貨(通用している貨幣)			定価
	通過		ていがく	定額
つうかん	痛感(ひどく感ずること)			低額
	通関(税関を通過すること)			停学
	通観(全体を見渡すこと)		ていかん	定款(会社・団体等の基本規則)
つうこう	通行			諦観(あきらめること)
	通航(船舶の通行。＊通航権)		ていき	定期(期間等を一定に決めてあること)
	通交(国家間の交際。＊通交条約)			提起(問題等をもち出すこと)
	通好(親しく交わりを結ぶこと)		ていきゅう	低級
つうこく	通告(告げ知らせること)			庭球(テニス)
	痛哭(ひどく泣き叫ぶこと)			定休
つうしょう	通商(外国と貿易すること)		ていきん	庭訓(家庭の教訓)
	通称(一般に通用する名称。俗称)			提琴(バイオリン)
つうせつ	通説(一般に認められている説)		ていけい	提携(協同して事をなすこと)
	痛切(甚だしくつらいこと)			梯形(台形)
つうちょう	通帳(掛売・配給等の帳簿)			定形(型)(一定の形。定形郵便の略)
	通牒(文書で通知すること。その文書)		ていけつ	締結(契約・条約をとりきめること)
つうふう	通風(風を通すこと)			貞潔(操が固く行いの潔白なこと)
	痛風(関節が炎症を起こす病気)		ていげん	低減(減ること。減らすこと)
つうよう	通用(世間一般に用いられること)			逓減(次第に減少すること)
	痛痒(いたみとかゆさ)			提言(意見を出すこと。その意見)
			ていこく	定刻
[て]				帝国(皇帝の統治する国)
ていあつ	低圧(↔高圧)		ていじ	提示(差し出し示すこと)
	定圧(一定の圧力)			呈示(さし出して見せること)
ていい	低位			定時
	定位(刺激に対して姿勢を能動的に定めること)			丁字(丁字形の略)

ていしょう	提唱(ある事を提示し主張すること)
	定昇(定期昇給の略)
ていじょう	定常(一定して変わらないこと)
	呈上(人に物をさし上げること)
ていしょく	定食
	定職
	抵触(ふれること。法律に違反すること)
	停職(職員の職務を止めること)
	定植(苗床から畑に植え替えること)
ていしん	艇身(ボートの全長)
	挺身(自ら進み出ること)
	挺進(抜きん出て進むこと)
	逓信省(もと内閣各省の一つ)
でいすい	泥酔(正体を失うほど酒に酔うこと)
	泥水(どろみず)
ていせい	訂正
	定性(物質の成分を定めること)
	帝政(帝王が統治すること)
ていせつ	定説(広く検証された確実な説)
	貞節(女子の節操)
ていそ	提訴(訴え出ること)
	定礎(礎石を定めること)
ていそう	貞操(女子の節操)
	逓送(郵便で送ること)
ていちょう	低調(内容が充実してないこと)
	丁重(ていねいなこと)
ていてん	定点(定められた点)
	帝展(帝国美術院主催の展覧会)
ていとう	抵当(借金のかた。担保)
	低頭(頭を低く下げること)
ていない	庭内(庭の内)
	廷内(法廷の内)
	邸内(やしきの内)
ていねん	定年(法・規則により退職する年齢)
	諦念(あきらめの気持ち)
ていめい	低迷(悪い状態が続いていること)
	締盟(同盟を結ぶこと)
ていり	低利(安い利息)
	定理(すでに真と証明されている命題)
	廷吏(法廷で働く裁判所職員)
ていりつ	低率(率の低いこと)
	定率(一定の割合い)
	定律(定まった法律や法則)
	鼎立(三つの勢力が互いに対立すること)
ていりゅう	底流(川や海の底を流れる流れ)
	停留(とどまること)
てきかく	適(的)確(矢が的に命中するように、ピタリと当てはまること)
	適格(それに当てはまる資格)
てきしゅつ	摘出(抜き出すこと。つまみ出すこと)
	剔出(えぐり出すこと)
てきせい	適正(適当で正しいこと。＊適正価格)
	敵性(敵国・敵国人である性質)
	敵勢(敵の軍。敵の勢い)
	適性(性質がそのことに適していること。その性質。＊適性検査)
てきち	敵地(敵の領地)
	適地(そのことに適した土地)
てきちゅう	敵中(敵のなか)
	的(適)中(正しくあたること。命中)
てきよう	適用(法律等をあてはめ用いること)
	摘要(要点を抜き出して記すこ

	と。その抜き書き)		転訛(語の本来の音がなまること)
てきれい	適齢(それに適する年齢)		
	適例(適切な例)		天下(世界。全国。世のなか)
てっか	摘果(果実の小さいときの間引き)	でんか	電化(熱・光・動力等を電気を使ってまかなうようにしていくこと)
	摘花(花をつむこと)		電荷(物体が帯びている静電気の量)
	滴下(したたり落ちること)		
てっき	適期(適当な時期)		伝家(代々その家に伝わること)
	適帰(行ってたよること)		殿下(皇族の敬称)
	摘記(かいつまんで記すこと)	てんかい	展開(繰り広げること)
	鉄器(鉄製の利器・器具)		天界(天上の世界)
てっけん	鉄拳(げんこつ)		転回(回転)
	鉄剣(鉄製のつるぎ)	てんがい	天蓋(仏像等の上にかざす笠状の飾り)
てっこう	鉄鋼(鉄と鋼の総称)		
	鉄鉱(鉄の原料となる鉱石)		天涯(空のはて。世界中。*天涯孤独)
	鉄工(鉄材を用いる工作)		
	手甲(布や革製の手の覆い)	でんかい	電解(電気分解の略)
てつじん	鉄人(鉄のように強い人)		電界(電場)
	哲人(哲学者)	てんかん	転換(物事の性質等が変わること)
てっせん	鉄線(鉄のはりがね。(植)テッセン)		
			展観(広げて見せること)
	鉄泉(鉄化合物を含んだ温泉)	てんがん	点眼(目に薬をさすこと)
	鉄扇(骨が鉄製の扇)		天顔(天子の顔)
	鉄船(鉄で作った船)		天眼(見えない物も見通す超人的な眼)
てつぼう	鉄棒(鉄製の棒。機械体操の器具)		
		てんき	転記(記載事項を他に書き移すこと)
	鉄帽(鉄かぶと)		
てんい	転移(場所を移すこと)		転帰(病気の進行した結果)
	転位(位置が変わること)		転機(転換の時機。変わり目)
	天位(天子の位)		天機(天皇の機嫌)
	天意(自然の道理。天子の意志)		天気
	天威(天子の威光)	でんき	電気
	天衣(天女の着る衣)		電器(電気器具の略)
	典医(幕府・大名のお抱え医師)		電機(電力を使って運転する機械)
てんか	転嫁(責任等を他に押しつけること)		
			伝記(個人の一生の事を書いたもの)
	転化(移り変わること)		
	添加(何かをつけ加えること)		伝奇(珍しいことや不思議なこ
	点火		

熟語

	とを伝え記したもの)	てんじ	展示(作品等を並べて一般に見せること)
てんきょ	転居		点字(視覚障害者用の文字)
	典拠(言葉・文章の出どころ)		典侍(宮中女官の最高級)
てんけい	典型(同類のうち模範となるもの)		篆字(篆書の文字)
	天恵(天が人間に与える恵み)	てんしゅ	店主(店の主人)
	天啓(天の啓示)		天主(キリスト教の神)
	点景(画面に点在する人・動物など)		天守(主)(城郭の最大の櫓。＊天守閣)
てんけん	点検(一つ一つ検査すること)	てんじゅ	天寿(寿命)
	天険(地勢のけわしいところ)		天授(生まれつきの才能)
	天譴(天のとがめ)	でんじゅ	伝授(伝え授けること)
てんこ	点呼(人員が揃っているか調べること)		伝受(伝え受けること)
	典故(故実)	てんしょ	添書(添え状。添え書き)
てんこう	転向(方向・立場等を変えること)		篆書(漢字の書体の一つ)
	転校	てんしょう	転生(生まれ変わること)
	天候		天象(天体の現象)
てんごく	天国(↔地獄)		典章(きそく。おきて)
	典獄(監獄の事務を行う職)		点鐘(船内で時刻を知らせる鐘)
てんさい	天災(自然による災害)	てんじょう	添乗(付き添って乗物に乗ること)
	天才(生まれつき優れた才能。その人)		転乗(他の乗物に乗り換えること)
	転載(既刊の印刷物から移し載せること)		天上(空)
	甜菜((植)砂糖ダイコン)		天井(部屋の上部の板張り)
てんさく	転作(今までの作物と別のものを植えること)		天壌(天地。＊天壌無窮)
	添削(文章等を削ったり書き加えたりすること)	でんしょう	伝承(伝え受けつぐこと)
てんし	天使(キリスト教で天国からの使者)		伝誦(代々よみ伝えること)
	天資(生まれつきの性質・才能)	てんしょく	転職
	天子(国の君主。天皇)		天職(その人の生まれながらの性質に合った職務)
	展翅(昆虫の羽を水平に広げること)	てんしん	転身(職業・生活をすっかり替えること)
			転進(進路を変えること)
			天真(偽りや飾り気のないこと。＊天真爛漫)
			天神(天の神。＊天神地祇)
			点心(中国料理で軽い食品の総称)

てんせい	展性(圧延することによって薄板になる金属の性質)
	天性(生まれつき)
	天声(天がその意志を人に伝える声)
	天成(天然自然なこと)
	転成(あるものが性質の違う他のものになること)
	転生(生まれ変わること)
てんせき	転石(ころがっている石)
	転籍(本籍・学籍などを他へ移すこと)
	典籍(書物。書籍)
てんせん	点線
	転戦(場所を変えて戦うこと)
でんせん	電線
	伝線(靴下の破れ目が広がること)
	伝染(病気がうつること)
でんそう	電送(電流・電波で信号を送ること)
	伝送(順次に伝え送ること)
てんたい	天体(宇宙空間にある物体)
	転貸(またがし)
でんたん	伝単(中国語から…宣伝ビラ)
	電探(電波探知機の略)
てんち	天地(天と地。世界。書物の上と下)
	転地(住む土地を変えること)
でんち	電池
	田地(田として利用する土地)
てんちゅう	天誅(天のくだす罰)
	転注(ある漢字の意を他の意に転用すること)
でんちゅう	電柱
	殿中(御殿のなか)
てんちょう	店長
	天朝(朝廷。天下)
	天頂(頂上)
	天聴(天皇がお聴ききになること)
	転調(曲の途中で調子を変えること)
	天長(天が永久にあること。*天長地久)
てんてい	天帝(造物主)
	点綴(一つ一つを綴り合わせること)
てんてき	点滴(しずく。*点滴注射)
	天敵(ある種の動物のみを捕食する動物)
てんてん	点々(点を打ったように散らばる様)
	転々(それからそれへと伝わりゆく様)
	展転(ねがえること)
てんとう	店頭(みせさき)
	転(顛)倒(ひっくりかえること)
	点灯
てんどう	天童(祭礼で天人に扮する童男童女)
	天道(天体の運行。宇宙の道理)
	天堂(天上界)
でんとう	電灯
	伝統(民族等が長い歴史を通じて培い伝えてきた文化)
でんどう	伝導(伝え導くこと。*熱伝導)
	伝道(キリスト教を普及すること)
	伝動(動力を他の部分に伝えること)
	殿堂(広大壮麗なる建物)
	電動(電気で動くこと)
	天動説(↔地動説)
でんぱ	電波(電磁波の一つ)
	伝播(広く伝わること)
てんぴ	天日(太陽の光・熱)
	天火(西洋料理の蒸し焼き器具)

読み	語（意味）
てんぷ	添付(書類等に他の物を添えること)
	貼付(はりつけること)
	天賦(生まれつき)
でんぶん	電文
	伝聞(つたえ聞くこと)
てんぺん	転変(うつり変わること)
	天変(天空に起きる異変。＊天変地異)
てんぽ	店舗
	塡補(不足をうめおぎなうこと)
	転補(他の官職に補せられること)
てんめい	天命(天から与えられた寿命・宿命)
	店名
てんやく	点薬(眼薬)
	点訳(点字に訳すこと)
	典薬(朝廷・幕府で医薬を扱った者)
てんらん	展覧(物を陳列して多くの人に見せること)
	天覧(天皇がご覧になること)
てんれい	典麗(良く整っていて美しいこと)
	典礼(定まった儀式)

[と]

読み	語（意味）
どうい	同意(同じ意味・意見。他の意見に従うこと)
	同位(同一の地位・位置。＊同位元素)
	胴衣(胴着)
とうえい	投影(物体のうつった影)
	倒影(水面等にさかさに写った影)
とうか	灯火
	灯下(あかりの下)
	投下
	透過(すき通ること)
	等価(価値・価格の等しいこと)
どうか	同化(異なるものが同じになること)
	銅貨(銅で作った貨幣)
	導火(火薬を爆発させるための火)
どうが	動画(アニメーション)
	童画(子どもの画いた絵)
とうかい	倒壊(潰)(倒れつぶれること)
	東海(東海道の略。市・村名)
とうがい	当該(そのこと。そのもの)
	等外(定められた等級以外)
	凍害(作物が寒さのため被害を受けること)
とうかく	当確(当選確実の略)
	頭角(頭の先)
	等角(互いに相等しい角)
	倒閣(内閣を倒すこと)
とうかつ	統括(纏めてくくること)
	統轄(すべ治めること)
とうかん	投函(郵便物をポストに入れること)
	統監(軍事を統括監督すること)
	盗汗(寝あせ)
	等閑(物事をいい加減にすること)
どうかん	同感(同じ考え)
	銅管(銅で作ったパイプ)
	導(道)管(物を導き送る管)
とうき	投棄(投げ捨てること)
	投機(価格の変動を予測して差益を得るための売買取引)
	陶器(せともの)
	登記(所定の登記簿に記載すること)
	頭記(文の最初に記した言葉)
	冬期
	当期(この期間)

	党規(党の規律)	とうごう	等号(＝)
	騰貴(物価の高くなること)		統合(二つ以上のものを一つに纏めること)
どうき	動機(きっかけ)		投合(一致すること。＊意気投合)
	動悸(胸がドキドキすること)		
	銅器(銅で作ったうつわ)	どうこう	同行(連れだって一緒に行くこと)
	同期(同じ時期。その期)		同好(趣味等が同じであること)
どうぎ	道義(人の行うべき正しい道)		同工(手ぎわや細工が同じであること。＊同工異曲)
	同義(同じ意味)		
	動議(予定外の発議)		動向(なりゆき。うごき)
	胴着(防寒衣の一つ)		瞳孔(ひとみ)
とうきゅう	等級(階級)	とうこん	当今(このごろ)
	投球(球を投げること。その球)		刀痕(刀による傷あと)
	討究(討議し考究すること)		闘魂(闘争心)
どうきょう	同郷(郷里が同じであること)	とうさ	等差(差の等しいこと)
	道教(中国漢民族の宗教の一つ)		踏査(その場に行って調べること)
どうぎょう	同業(同じ職業)	とうさい	搭載(船等に貨物を積みこむこと)
	同行(同じ宗派の信者。巡礼)		
とうけい	統計(集団の傾向等を数量的に明らかにすること)		登載(掲載)
			当歳(その年の生まれ)
	東経(グリニジを通る子午線から東180度の間)	とうさく	倒錯(上下を転倒すること)
			盗作(他人の作品を無断で使うこと)
	闘鶏(鶏を戦わせて観覧すること)	とうし	闘志(闘おうとする意志。ファイト)
どうけい	同慶(自分にとっても喜ばしいこと)		
			闘士(闘う人。社会運動などで主義のために活動する人)
	同型(形)(同じ形)		
	同系(系列・系統が同じであること)		投資(事業に資金を投下すること)
	憧憬(あこがれること)		透視(すかして見ること)
とうこう	投稿(新聞社などに原稿を送ること)		凍死(こごえ死ぬこと)
		とうじ	答辞(答える言葉)
	投降(敵に降参すること)		悼辞(人の死を悼む言葉。弔辞)
	投光(光をあてること。＊投光器)		冬至(二十四節気の一つ。12月22日ころ)
	陶工(陶器を作る人)		
	刀工(かたなを作る人)		杜氏(酒づくりの職人)
	等高線(同じ高度の点を結んだ曲線)		蕩児(道楽息子)

熟語

	湯治(温泉に浴して治療すること)		道心(私欲のない心)
	陶磁器(陶器と磁器)	とうすい	陶酔(気持ちよく酔うこと)
どうし	同士(仲間。種類。＊男同士)		統帥(軍隊を統率すること)
	同志(志を同じくする者。＊同志会)	とうせい	統制(一つに纏めておさめること)
	同視(同じにみなすこと)		騰勢(物価等の上がる傾向)
	動詞(品詞の一つ)		当世(今の世)
	導師(葬儀で主役となる僧侶)		陶製(焼き物で作ること。そのもの)
とうしゃ	謄写(書き写すこと)	どうせい	同性(同じ性質。性が同じであること)
	透写(透き写すこと)		同姓(姓が同じであること)
	投射(光等をあてること)		同棲(一つの家に一緒に住むこと)
とうしゅ	当主(現在のあるじ)		動静(物事の動き)
	投手(ピッチャー)	とうせき	投石
	党首(政党の代表者)		党籍(党員として登録されてる籍)
とうしょ	投書(関係の所へ苦情・希望などの書状を送ること)		透析(人工透析の略)
	頭書(書類の始めに書いた事柄)	とうせん	当選(議員候補者の選出が確定すること)
	当初(その初め)		当籤(くじに当たること)
	島嶼(島々)		登仙(仙人となって天に登ること)
とうじょう	登場(舞台等に人があらわれること)		盗泉(不義。＊渇すれど盗泉の水を飲まず)
	搭乗(飛行機等に乗り込むこと)	とうぜん	当然(あたりまえ)
	凍上(冬、土中の水分が凍結して地面が盛り上がる現象)		陶然(気持ちよく酔って、または夢中になってうっとりすること)
どうじょう	同情(他人の身になってともに感ずること)		東漸(勢力が次第に東に進み移ること)
	同乗	とうそう	闘争(戦い争うこと)
	堂上(公家)		逃走
	道場(修業の場)		痘瘡(伝染病の一つ。天然痘)
とうしん	投身(みなげ。＊投身自殺)	どうたい	同体(同じ体。＊雌雄同体)
	等身(高さが人の身のたけに等しいこと)		胴体(胴にあたる部分)
	答申(諮問に対する意見の具申)		導体(熱・電気を伝えやすい物質)
	等親(家族の階級的序列)		
どうしん	童心(子供の心)		
	同心(中心を同じくすること。江戸幕府で警察のことを司った下級役人)		

	動体(動いているもの)
	動態(動く状態)
とうち	統治(主権者が国・人民を支配すること)
	当地
	倒置(さかさまに置くこと)
とうちょう	盗聴
	登頂(山の頂上に登ること)
どうちょう	同調(他と調子をあわせること)
	道庁(北海道庁の略)
どうてい	道程(旅程。行程)
	童貞(異性と接してない男子)
とうてん	当店
	読点(「、」または「,」)
どうてん	同点
	動転(驚きあわてること)
	動天(天を動かすほど勢い盛んなこと)
とうとう	等々(などなど)
	滔々(水の盛んに流れる様。弁舌のよどみない様)
	到頭(ついに。最後に)
どうどう	堂々(いかめしく立派な様)
	同道(一緒に行くこと)
とうは	踏破(歩きぬくこと)
	党派(党。党のなかの分派)
とうばつ	討伐(兵を出して攻め討つこと)
	盗伐(山から木や竹を切り盗むこと)
とうばん	当番
	登板(投手として出場すること)
とうひ	逃避(逃げ隠れること)
	当否(よしあし)
	等比(二つの比が等しいこと)
とうびょう	闘病
	投錨(いかりをおろすこと)
とうぶん	当分(しばらくの間)
	糖分
	等分(同じ分量)
とうみん	冬眠
	島民
どうめい	同盟(団体・国家が共同の目的のために同一行動をとることを約すること)
	同名
とうゆ	灯油(点灯・燃料用油)
	桐油(桐の種から得る油。点灯用油)
とうよう	登用(庸)(人材を引き上げ用いること)
	当用(さしあたっての用事)
	盗用(盗んで使うこと)
	東洋(トルコ以東のアジア諸国の総称)
どうよう	同様
	動揺(ぐらつくこと)
	童謡
とうらく	当落(当選と落選)
	騰落(物価の高くなることと安くなること)
どうらん	動乱(世のなかが騒ぎ乱れること)
	胴乱(植物採集に使う入れ物)
とうりょう	当量(化学・熱仕事当量のことなど)
	等量(分量が等しいこと)
	頭(統)領(多くの人のかしら)
	棟梁(大工のかしら)
	投了(囲碁・将棋で勝負がつくこと)
とうろう	灯籠(照明器具の一つ)
	蟷螂((虫)カマキリ)
	登楼(妓楼に上がって遊興すること)
どうわ	童話
	同和(人々が和合すること。部落解放に関して差別視をなくすること)

どき	土器(素焼きの器物) 怒気(怒りの気持ち)
どきょう	度胸(物事に動じない心) 読経(声を出してお経を読むこと)
とくい	特異(他のものと非常に異なっていること) 得意(満足すること。誇らしげな様。最も熟練していること。ひいきにしてくれること。＊得意先)
どくご	独語(ひとりごと。独乙(ドイツ)語の略) 読後
とくし	特使(特別な任務をもつ使者) 篤志(慈善心)
とくしつ	特質(特殊な性質) 得失(損得)
とくしゅ	特殊(特別であること。＊特殊教育) 特種(特殊な種類)
とくしん	得心(納得すること) 特進(特別に昇進させること) 篤信(信仰のあついこと) 涜神(神をけがすこと)
どくしん	独身 読唇術(唇の動きでその言葉を知る術) 読心術(相手の心を読みとる術)
とくせい	特性(他と異なった特有の性質) 徳性(道徳心) 徳政(人民に恩徳を施す政治) 特製
とくせん	特選(撰)(特別に選抜されたもの) 督戦(部下を監督して戦わせること)
どくそう	独走 独奏(ソロ。↔合奏) 独創(自分一人で独特のものを作り出すこと)
どくだん	独断 独壇場(その人だけが思うままに活躍できる所)
とくちょう	特徴(他と異なって特別に目立つもの) 特長(特別な長所)
とくてん	得点 特典(特別の恩典)
とくとう	特等(特別優れた等級。一等の上) 禿頭(はげあたま)
とくめい	匿名(実名を隠して知らせないこと) 特命(特別の命令)
とくよう	徳用(用いて利益の多いこと) 特用(特別の用。＊特用作物)
とくれい	特例 督励(監督し励ますこと)
とじ	途次(途中) 刀自(年配の女性を敬意を添えて呼ぶ語) 杜氏(酒づくりの職人)
としゅ	徒手(手に何も持たないこと) 斗酒(多量の酒)
としょ	図書 屠所(家畜を殺す所)
とじょう	途上(途中) 屠場(家畜を殺す所) 登城(城に参上すること)
どじょう	土壌(地殻の最上層。つち) 泥鰌((魚)ドジョウ)
としん	都心(大都市の中心部) 妬心(ねたむ心)
とせい	都政(東京都の政治・行政) 渡世(世渡り)

読み	熟語
どせい	土星 土製(土で作ったもの) 怒声(怒った声)
とたん	途端(ちょうどそのとき) 塗炭(泥と炭。極めて苦痛な境遇)
とちょう	都庁(東京都庁の略) 徒長(植物の茎葉が伸び過ぎること)
とっか	特価(特別に安い値段) 特化(特別扱いにすること) 徳化(徳によって教化すること)
とっき	特記(特別に取り上げて記すこと) 突起(部分的に突き出ること)
とっきゅう	特級(一級よりさらに上の級) 特急(特に急ぐこと。特急列車の略)
とっこう	特効(特に著しいききめ) 特高(特別高等警察の略) 徳行(道徳にかなった良い行い) 篤行(人情にあつい行い) 篤厚(人情にあついこと) 特攻隊(特別攻撃隊の略)
どれい	土鈴(土を固めて作った鈴) 奴隷(人間としての権利自由を認められず他人の支配下にある人)
どよう	土曜 土用(立春・立夏・立秋・立冬の前の18日間)
とんじ	豚児(息子の謙称) 遁辞(逃げ口上)

[な]

ないかく	内閣(行政権を担当する最高機関) 内角(多角形の内部に作る角) 内郭(内側のかこい)
ないこう	内向(内部に向かうこと) 内攻(病気が内部を犯すこと) 内訌(内部の乱れ) 内校(印刷会社が行う校正) 内港(港湾の内側。↔外港) 内航(国内だけの航行。↔外航)
ないじ	内示(正式の通知の前に内々に示すこと) 内耳(耳の最深部)
ないしん	内心(心のうち) 内申(内々に申し述べること)
ないせん	内線(構内の電話線) 内戦(国内での戦争。内乱)
ないぞう	内蔵(内部にもっているもの) 内臓(胸部・腹部内にある諸器官)
ないてい	内定(内々に定めること) 内偵(密かに探ること)
ないよう	内用(内々の用事。内服に用いること) 内容(内に含みもつ事物・意味・中身)
ないらん	内乱(国内の争乱・暴動) 内覧(一部の人々で内々に見ること)
なんい	難易(難しいことと易しいこと) 南緯(赤道から南へ測った緯度)
なんか	軟化(固いものが軟らかくなること) 南下(南へ進むこと)
なんかい	難解(解釈しにくいこと) 南海(南方の海)
なんきょく	難局(困難な局面) 南極(↔北極) 難曲(難しい楽曲)
なんきん	軟禁(監禁の程度のゆるいもの) 南京(中国の省都)

熟語

なんこう	難航(航海が困難なこと。物事がはかどらないこと)		もって入朝すること)
	難行(歩くことが困難なこと)	にゅうし	入試
	難攻(攻めずらいこと。＊難攻不落)		乳歯(哺乳類で最初に生える歯)
	軟鋼(低炭素鋼)	にゅうしゃ	入社
	軟膏(軟らかい外用薬)		入射(光等が他の媒質との境界面に達すること。＊入射角)
なんじ	難事(解決の難しい事柄・事件)	にゅうせん	入選
	難治(病いのなおりにくいこと)		乳腺(乳汁を分泌する線)
なんちょう	難聴(聴覚が低いこと)	にゅうちょう	入超(輸入超過の略)
	軟調(調子の軟らかなこと)		入朝(外国の使臣等が朝廷に参内すること)
なんど	何度	にゅうとう	乳糖(哺乳動物の乳のなかにある糖)
	納戸(屋内の物置)		乳頭(乳首)
	難度(難しさの程度)		入党(ある党に加入すること)
なんぱ	難破(暴風雨にあって破船すること)		入湯(風呂に入ること)
	軟派(軟弱な意見の党派。軟弱な風潮に関心を示す人々)	にゅうらく	入洛(京都に入ること)
			乳酪(牛乳から作られる食品)
		にんき	人気
			任期

[に]

にっけい	日系(日本人の系統をひいていること)	にんじょう	人情
			刃傷(刃物で人を傷つけること)
	日計(日々の計算)	にんち	任地(任務のため居る地)
	肉桂((植)ニッケイ)		認知(事象について知ること。法律上の親子関係を成立させること)
	日経(日本経済新聞の略)		
にっさん	日参(毎日参拝・訪問すること)	にんよう	任用(任命し用いること)
	日産(一日の生産高)		認容(認めゆるすこと)
にっしょう	日照(太陽が地上を照らすこと)		
	日商(一日の売上高)		
	日章(日の丸のしるし)		

[ね]

にゅうか	乳化(乳濁液を安定に保つ操作)	ねっせん	熱線(赤外線)
	乳菓(牛乳を材料にして作った菓子)		熱戦(熱のこもった激しい勝負)
にゅうこう	入港	ねんかん	年間
	入稿(印刷所に原稿が入ること)		年刊(雑誌など1年に1回刊行するもの)
	入坑(坑内に入ること)		年鑑(ある分野での1年間の出来事などを纏めた年1回の定期刊行物)
	入寇(外国から攻めいってくること)		
	入貢(外国からの使者が貢物を		

読み	熟語
ねんき	年期(1年を単位として定めた期間) 年季(奉公人等を雇う約束の年限) 年忌(年毎に回ってくる当月当日の忌日)
ねんこう	年功(多年の功労) 念校(念のため更に校正すること)
ねんしょ	年初(年のはじめ) 念書(念のために相手に渡す書類)
ねんしょう	燃焼 年商(1年間の商取引の全金額)
ねんど	粘土(細かい岩石の風化物の総称) 年度(暦年とは別に区分した1年間) 粘度(流体の粘性)
ねんとう	年頭(年のはじめ) 念頭(こころのなか)
ねんぽう	年俸(年ごとに定めた俸給) 年報(年1回定期的に出す報告書)
ねんぷ	年譜(履歴を年代順に記した記録) 年賦(年払い)

[の]

のうえん	農園(主に園芸作物を栽培する農場) 脳炎(脳の炎症性疾患の総称) 濃艶(あでやかで美しいこと)
のうかん	納棺(死体を棺に納めること) 脳幹(脳のうち大脳と小脳を除いた部分) 農閑期(農作業のひまな期間)
のうこう	農工(農業と工業) 農耕(田畑を耕すこと) 濃厚(色や味のこってりしていること)
のうど	農奴(欧州中世で、領主の土地を耕し税を納める一種の奴隷) 濃度
のうふ	納付(官に納入すること) 農夫(農業に従事する人)
のうり	脳裏(裡)(頭のなか) 能吏(有能な官吏)
のだて	野点(のだて。野外で茶をたてること) 野立(貴人が野外で乗物をとめて休憩すること)

[は]

はいえん	肺炎(肺の炎症) 排煙(煙を排出すること)
ばいえん	煤煙(すすと煙) 梅園(梅を多く植えたところ)
はいが	胚芽(植物の胚) 俳画(日本画の一種) 拝賀(目上の人に慶びを申し上げること)
ばいか	倍加(二倍に増すこと) 売価
はいかい	徘徊(うろつき回ること) 俳諧(狭義には、俳句)
はいかん	配管(管を配置すること。その管) 拝観(見ることの謙譲語) 廃刊(定期刊行物の発刊をやめること) 肺肝(肺臓と肝臓。心の奥底) 廃艦(廃棄した軍艦)
はいがん	肺癌(肺に発生する癌) 拝顔(人に会うことの謙譲語)

はいき	廃棄(捨て去ること)		はいしょく	配色(色の配合)
	排気(不要になった気体を排出すること)			敗色(負けそうな気配)
はいきゅう	配給(割り当て配ること)		はいしん	背信(信義に背くこと)
	排球(バレーボール)			背進(前を向いたまま後ろに退くこと)
	配球(野球における投球の配合)			配信(情報を配り送ること)
はいけい	拝啓(手紙冒頭のあいさつ語)		はいじん	俳人(俳句をつくる人)
	背景(背後の光景。背後にあるもの)			廃人(社会生活のできなくなった人)
はいこう	廃鉱(廃止した炭・鉱山)			配陣(陣立て)
	廃坑(廃止した坑道)		はいすい	排水
	廃校(学校を廃止すること。その学校)			廃水(廃棄する水)
はいごう	配合(取り合わせること)			配水(水を配ること)
	廃合(廃止と合併)			背水(水を背にすること。*背水の陣)
	俳号(俳句作者の雅号)		はいせん	敗戦(戦いに負けること)
はいざい	配剤(薬を配合すること。適切な配分)			盃洗(さかづきを洗いすすぐ器)
	廃材(捨てられる材木や材料)			廃船(廃棄した船舶)
はいざん	廃残(心身ともに落ちぶれて生きること)			配船(船舶を割りあてて差し向けること)
	敗残(戦いに敗れ生き残っていること)			配線(電線を敷設すること)
	廃山(操業をやめた炭・鉱山)			廃線(交通路線・通信線の使用を廃止すること。その線)
はいし	廃止		はいそう	配送
	胚子(種子中にある幼植物)			拝送(送付の謙譲語)
はいしゃ	敗者			敗走(戦いに負けて逃げること)
	背斜(褶曲地層の山に当たる部分)		はいたい	敗退(負けて退くこと)
	歯医者			廃頽(すたれくずれること)
はいしゅつ	排出(外へ押し出すこと)			胚胎(身もごること。きざすこと)
	輩出(人材が続々と世に出ること)		はいでん	拝殿(拝礼を行うための社殿)
はいじょ	排除(押しのけ除くこと)			配電(電力を配給すること)
	廃除(止めて除くこと…法律用語)		はいとう	配当(割り当て配ること)
ばいしょう	賠償(他に与えた損害をつぐなうこと)			佩刀(刀をおびること。その刀)
			はいび	配備(準備を整えること)
	焙焼(あぶり焼くこと)			拝眉(相手に会うことの謙譲語)
			はいふ	配布(広く配り渡すこと)
				配付(配ること)
				配賦(わり当てること)

	肺腑(肺臓。心の奥底)		はけん	派遣(送りつかわすこと)
はいよう	佩用(体に帯びて用いること)			覇権(覇者としての権力)
	肺葉(肺の内の分割された部分)		はさん	破産(財産をすべてなくすること)
	胚葉(初期の胚を構成する細胞)			破算(珠算で玉の位置を元に戻すこと)
はかい	破壊		はしゅ	播種(田畑などに種子を播くこと)
	破戒(戒め・掟を破ること)			把手(器物の、手で持つために突き出た部)
はき	破棄		はつおん	発音
	覇気(積極的に立ち向かおうとする気)			撥音(鼻音の「ん」「ン」)
はくし	薄志(わずかな謝礼)		はっか	発火
	博士(学識を有する者に与えられる学位)			薄荷((植)ハッカ。ミント)
はくしゃ	拍車(乗馬靴のかかとにつける金具)		はっかん	発刊(図書を出版すること)
				発汗(汗を出すこと)
	白砂(白い砂。*白砂青松)		はっきゅう	薄給(少ない給料)
	薄謝(謝礼の謙譲語)			発給(券などを発行し給付すること)
はくじょう	白状(自分の罪状を申し立てること)			白球(白い球。野球・ゴルフの球をいうことが多い)
	薄情(愛情・人情の薄いこと)		はっきん	白金(プラチナ)
ばくしん	驀進(まっしぐらに進むこと)			発禁(発売禁止の略)
	爆心(爆発の中心)		はつげん	発言
	幕臣(幕府の臣下)			発現(現れ出ること)
はくだつ	剝奪(はがし奪うこと)		はっこう	発行(図書・新聞・紙幣などを印刷して世に出すこと)
	剝脱(はげ落ちること)			発効(効力を発すること)
はくちゅう	伯仲(兄と弟。優劣のないこと)			発酵(炭水化物が微生物によって分解する現象)
	白昼(まひる)			発光
はくひょう	薄氷(薄くはった氷)			薄幸(幸せのうすいこと)
	白票(白紙のままの投票)		ばっし	抜歯(歯を抜くこと)
ばくふ	幕府(武家政治の政庁。武家政権)			抜糸(手術の糸を抜くこと)
	瀑布(滝)			末子(すえの子)
はくめい	薄命(不幸せ。早死すること)		はっしゃ	発車
	薄明(薄明かり)			発射(矢・弾丸などを打ち出すこと)
はくらく	剝落(はがれ落ちること)			
	伯楽(馬の良否を見分ける人。人物を見抜く眼力のある人)			
はくり	剝離(はぎはなすこと)			
	薄利(わずかな利益)			

はっしょう	発症(病気の症状が現れること) 発祥(物事の起こり出ること)
はつじょう	発条(ぜんまい。ばね) 発情(情欲がおこること)
はっしん	発信(↔受信) 発疹(皮膚の病変の一つ) 発進(出発すること)
はっせい	発生(事が起こり生ずること) 発声
はっそう	発走(走り出すこと。スタート) 発想(考え出すこと)
はったつ	発達 八達(道路が八方へ通じていること。*四通八達)
はっぽう	発泡(泡を生ずること。*発泡剤) 発疱(ふきでものができること)
ばてい	馬蹄(馬のひづめ) 馬丁(馬の口綱を引く人)
はとう	波頭(波がしら) 波濤(大波)
はもの	刃物(包丁・小刀の類) 葉物(葉を主とする花。葉を食する野菜) 端物(半端もの)
はもん	波紋(水上に生ずる波の紋。影響) 破門(門人・宗門中から排斥すること)
はやく	破約(約束を破ること) 端役(主要でない役)
はんい	範囲(一定のきまった広がり) 犯意(罪をおかす意思) 叛意(そむこうとする意思)
はんえい	反映(光が反射して像ができること) 繁栄(さかえること)
はんか	半跏(半跏趺坐の略) 繁華(にぎやかなこと) 頒価(物を頒布する場合の価格) 反歌(長歌の後に読み添える短歌)
ばんか	晩夏(夏の末) 挽歌(死者を送る詩歌)
はんかい	半壊(建物などがなかば壊れること) 半解(一部を知って全体を知らないこと)
はんかん	反感(反抗する感情) 反間(敵同士の仲をさく計略) 繁閑(忙しいことひまなこと) 繁簡(煩雑と簡略)
はんき	半期(1年・1期の半分) 半旗(弔意を表す旗) 反(叛)旗(謀反人のたてる旗)
ばんき	晩期(晩年の時期。末期) 万機(多くの重要な事柄。天下の政治)
はんきょう	反響(こだま。はねかえり) 反共(共産主義に反対すること)
はんけん	版権(法律上では廃語。現在は著作権に含まれる) 半券(入場券等の半片)
はんこう	反抗(手向かうこと。*反抗期) 反攻(守勢から攻撃に転ずること) 犯行(犯罪行為)
はんざつ	煩雑(煩わしくごたごたすること) 繁雑(事が多くてごたごたすること)
はんし	半紙(和紙の一種。かみきれ) 範士(剣道連盟が与える最高位の称号) 藩士(大名の家来)

はんしょう	反証(主張が嘘なことを証明すること)		はんてん	反転(ひっくり返ること。向きを変えること)
	反照(照り返すこと)			半纏(羽織に似た衣服)
	半生(死生の間にあること。＊半死半生)			斑点(まだらに散らばっている点)
	半鐘(小型の釣鐘)			飯店(中国料理店。中国で旅館・ホテル)
はんじょう	繁盛(昌)(賑い栄えること)		はんと	半途(中途)
	半畳(1畳の半分)			反(叛)徒(むほんをおこす者)
ばんしょう	万障(多くの差しさわり)			版図(一国の領域)
	万象(天地に存在するあらゆる物)		はんめん	反面(反対の面。他の面から見て)
	晩鐘(暮れの鐘)			半面(片側の面)
はんすう	半数			版面(印刷される面。はんづら)
	反芻(飲み込んだ食物をまた噛み直すこと。何度も考え直すこと)		はんもん	反問(質問者に逆に問い返すこと)
				煩悶(もだえ苦しむこと)
はんせい	反省			斑紋(まだら模様)
	半生(一生の半分)		ばんゆう	万有(宇宙間にあるすべてのもの)
ばんせい	晩成(晩年になってから成功すること)			蛮勇(向こうみずの勇気)
	晩生(普通の時期より遅く生ずること)		はんよう	汎用(いろんな事に用いられること)
	万世(永世)			繁用(用事の多いこと)
	蛮声(荒々しい大声)		ばんらい	万雷(大きな音の形容)
はんせん	反戦(戦いに反対すること)			万来(多くの人が来ること。＊千客万来)
	帆船(帆に風を受けて航行する船)		はんらん	氾濫(洪水になること)
はんそう	搬送(運び送ること)			反(叛)乱(支配体制に反して乱を起こすこと)
	帆走(帆に風を受けて航行すること)		はんりょ	伴侶(仲間。つれ)
ばんそう	伴走(付き添って走ること)			煩慮(思いわずらうこと)
	伴奏(補助的な演奏)		はんれい	凡例(例言。書物の始めに掲げる編集・利用法の箇条書)
	晩霜(晩春に降りる霜)			判例(過去の判決例)
はんそく	反(犯)則(規則違反)		はんろん	反論(他人の議論・批評に論じ返すこと)
	反側(寝返りをうつこと。そむくこと)			汎論(概括した論。通論)
	販促(販売促進の略)			

熟語

[ひ]

- ひうん ┌ 悲運(悲しい運命)
         └ 非運(不運。不幸せ)
- びおん ┌ 微温(ほのかにあたたかいこと)
         ├ 美音(美しい声または音)
         └ 鼻音(鼻腔の共鳴を伴う音声)
- ひかく ┌ 比較
         ├ 皮革(動物のなめした革の総称)
         └ 非核(核兵器の存在を許さないこと)
- ひかげ ┌ 日陰(日のあたらない場所。日照権の場合は「日影」を用いる)
         └ 日影(日の光。日脚)
- ひかん ┌ 悲観(落胆すること)
         └ 避寒(冬、暖かい地に移ること)
- ひがん ┌ 悲願(ぜひ達成したい願い)
         └ 彼岸(河の向こう岸。彼岸会の略。悟りの世界)
- ひきょう ┌ 秘境(人の訪れたことのない土地)
          ├ 悲境(悲しい運命。不運な身の上)
          └ 卑怯(ずるいこと)
- びけい ┌ 美形(美しい容貌。その人)
         └ 美景(美しい景色)
- ひけつ ┌ 否決(↔可決)
         └ 秘訣(おくのて)
- ひけん ┌ 披見(文書などを開いて見ること)
         ├ 卑見(自分の意見の謙譲語)
         └ 比肩(優劣のないこと)
- ひ ご ┌ 庇護(かばい守ること)
       ├ 卑語(いやしい言葉)
       └ 飛語(根拠のないうわさ)
- ひこう ┌ 飛行(空中を飛ぶこと)
         ├ 肥厚(こえて厚いこと。＊肥厚性鼻炎)
         └ 非行(不正の行い。少年法に触れる行い)
- びこう ┌ 尾行(人のあとをつけて行くこと)
         ├ 微行(こっそりと外出すること)
         ├ 備考(参考のために備えること。そのもの)
         ├ 鼻孔(鼻のあな)
         ├ 鼻腔(鼻の内腔)
         ├ 微光(かすかな光)
         └ 備荒(あらかじめ災害に備えておくこと)
- ひさい ┌ 被災(災難を受けること)
         └ 非(菲)才(才能のないこと。自分の能力に対する謙譲語)
- ひさん ┌ 悲惨(悲しく痛ましいこと)
         └ 飛散(飛び散ること)
- ひしょ ┌ 秘書(要職にある人を補助する人)
         └ 避暑(涼しい土地に転地すること)
- ひしょう ┌ 飛翔(空中を飛ぶこと)
           ├ 費消(消費)
           ├ 卑称(自分または相手を卑しめていうこと)
           └ 卑小(取るに足りないこと)
- ひじょう ┌ 非常(普通でないこと)
           └ 非情(思いやりのないこと)
- びしょう ┌ 微小(きわめて小さいこと)
           ├ 微少(きわめて少ないこと)
           ├ 微笑(ほほえみ)
           ├ 美粧(美しくよそおうこと)
           └ 微傷(すこしの傷)
- ひそう ┌ 悲壮(哀れにもまた勇ましいこと)
         ├ 悲愴(悲しく痛ましいこと)
         └ 皮相(うわべ。表面)
- ひぞう ┌ 秘蔵(秘めて大切に納め持つこと)
         └ 脾臓(内臓の一つ)

読み	熟語
ひぞく	卑俗(下品なこと)
	卑属(子と同列以下にある血族)
	匪賊(徒党を組んで出没する盗賊)
ひっし	必至(必ずそうなること)
	必死(死を覚悟してなすこと)
	筆紙
ひっとう	筆頭(グループの長。*老中筆頭)
	筆答(文字で書いて答えること)
ひてい	否定(打ち消すこと。認めないこと)
	比定(他の物と比較して、その性質がどういうものか判断すること)
ひとで	人手(働く人。他人の所有)
	人出(人が多く出て集まること)
	海星((動)ヒトデ)
ひとなみ	人波(群衆の押しあっている様)
	人並み(世間なみ)
ひなん	非難(欠点・過失等をとがめること)
	避難(災難を避けること)
ひにく	皮肉(あてこすり)
	髀肉(ももの肉。*髀肉之嘆)
ひにん	否認(承認しないこと)
	非人(いやしい身分の人)
	避妊(妊娠をさけること)
ひばく	被爆(爆撃をうけること)
	被曝(放射線にさらされること)
	飛瀑(高いところから落ちる滝)
ひぶ	日歩(百円に対する一日の利息)
	日賦(負債を日々に割り当てて払うこと)
びふう	美風(美しいならわし。美しい姿)
	微風(そよかぜ)
ひふく	被服(着るもの)
	被覆(覆いかぶせること。*被覆電線)
ひほう	悲報(悲しい知らせ)
	秘宝(大切な宝)
	秘法(秘密の方法)
ひぼう	誹謗(そしること。悪口を言うこと)
	非望(身分不相応な望み)
びぼう	美貌(美しい容貌)
	備忘(忘れたときの用意に備えること)
ひまく	皮膜(皮と膜)
	被膜(覆い包んでいる膜)
ひめい	悲鳴
	非命(意外な災難で死ぬこと)
ひやく	飛躍(飛び上がること)
	秘薬(秘伝の薬)
ひゃくぶん	百分(百に分けること。その一つ)
	百聞(何度も聞くこと)
ひゃっか	百科(あらゆる科目。*百科事典)
	百花(多くの花。*百花斉放*百花繚乱)
	百家(多数の学者。*百家争鳴)
	百貨店
びゃっこ	白虎(白い虎。西の方の神)
	白狐(白い狐。北極狐の別称)
ひよう	費用(物を買うために要する金銭)
	飛揚(飛んで高く空中にあがること)
ひょうか	評価(価値を高く判じ定めること)
	氷菓(氷菓子。アイスクリームの類)

ひょうき	表記(表面に書きしるすこと)
	標記(目印として書きつけること)
	氷期(氷河時代特に氷床が拡大した時期)
びょうく	病苦(病気の苦しみ)
	病軀(病気のからだ)
ひょうけつ	表決(案に対して可否の意志を表すこと)
	票決(投票で決定すること)
	評決(評議して決定すること)
	氷結(凍ること)
ひょうげん	表現
	氷原(氷の層で覆われた平原)
ひょうし	表紙
	拍子(リズム。調子。はずみ)
ひょうじ	表示(外部へ表し示すこと。＊意思表示)
	標示(目印をつけて外部に表し示すこと)
ひょうしょう	表彰(功労等を誉めること)
	標章(徽章または記号)
	氷晶(大気中にできる氷の結晶)
	氷床(大陸氷河)
ひょうじょう	表情(感情等をおもてに現すこと。その現れたもの)
	評定(評議してきめること)
びょうしん	病身
	秒針
ひょうそう	表装(表具。布・紙を使い掛軸・巻物・屏風などを作ること)
	表層(表面の層。＊表層雪崩)
びょうたい	病体(病気にかかっているからだ)
	病態(病状。病気の状態)
ひょうちゅう	評注(文学等を批評して注釈を入れること)
	標注(書物の欄外にしるした注釈)
ひょうてん	氷柱(氷の柱。つらら)
	氷点
	評点(批評してつけた点)
ひょうでん	票田(選挙で多くの票を得られる地域)
	評伝(批判を交えて書かれた伝記)
ひょうはく	漂白(さらして白くすること。＊漂白剤)
	漂泊(流れ漂うこと。さすらい)
ひよく	肥沃(地味が肥えていること)
	比翼(二羽の鳥が翼を並べること)
ひらい	飛来(飛んでくること)
	避雷(落雷を避けること)
ひれい	比例(＊正比例。＊反比例)
	非礼(礼にそむくこと)
ひろう	披露(おひろめ。広く知らせること)
	疲労(疲れること)
	卑陋(いやしいこと。下品)
ひわ	秘話(秘められた話)
	悲話(悲しい物語)
びわ	枇杷((植)ビワ)
	琵琶(古くからの弦楽器の一種)
ひんかく	品格(品位。気品)
	賓客(丁重に扱わねばならぬ客)
ひんし	品詞(文法上の性質に基づく語の分類)
	瀕死(今にも死にそうな様)
びんしょう	敏捷(すばやいこと)
	憫笑(あわれみ笑うこと)
ひんせい	品性(人品。人格)
	稟性(生まれつき)
びんせん	便箋(手紙を書く用紙)
	便船(便乗する船)
びんらん	便覧(見るのに便利に作った冊子)
	紊乱(みだれること)

[ふ]

- ふうき
  - 風紀(男女間の交際の節度)
  - 富貴(財貨が多く位の高いこと)
- ふうこう
  - 風向(風向き)
  - 風光(景色)
- ふうし
  - 風(諷)刺(遠まわしに批判すること)
  - 風姿(すがた)
- ふうせつ
  - 風雪(風と雪。きびしい苦難の例え)
  - 風説(世間のうわさ)
- ふうぼう
  - 風貌(すがたかたち)
  - 風防(風を防ぐこと。その装置)
- ふえき
  - 不易(変わらないこと)
  - 賦役(農民が領主に労働の形で払う地代)
- ふえん
  - 不縁(縁のないこと。離縁になること)
  - 布(敷)衍(意義を広げて説明すること)
- ふおん
  - 不穏(おだやかでないこと。険悪)
  - 訃音(死亡の知らせ。訃報)
- ふか
  - 付加(付け加えること)
  - 負荷(負担となる仕事。荷重)
  - 賦課(租税等を割り当てること)
  - 不可(いけないこと)
  - 孵化(卵がかえること)
- ふき
  - 付記(本文に付けたすこと)
  - 不帰(死ぬこと)
- ふぎ
  - 不義(人の道にはずれること)
  - 付議(会議にかけること)
- ふきゅう
  - 不急(急を要しないこと。*不要不急)
  - 不休(少しも休まないこと)
  - 不朽(いつまでも腐らないこと)
  - 腐朽(腐れ朽ちること)
  - 普及(一般に行きわたること)
- ふきょう
  - 不況(景気の悪いこと)
  - 不興(面白くないこと。上司の機嫌をそこなうこと)
  - 布教(宗教を広めること)
  - 富強(富国強兵の略)
- ぶきょく
  - 部局(局・部・課の総称)
  - 舞曲(舞踏に用いる楽曲)
- ふきん
  - 付近(近所)
  - 布巾(ふきん)
- ふくいん
  - 幅員(道・橋の幅)
  - 復員(兵隊から民間人に戻ること)
  - 福音(キリストの説いた神の国と救いの教え)
- ふくし
  - 福祉(公的扶助による生活の安定)
  - 副詞(品詞の一つ)
- ふくしき
  - 複式(二重以上からなる方式)
  - 腹式呼吸(横隔膜の伸縮で行う呼吸法)
- ふくしゃ
  - 複写
  - 輻射(物体から熱線等が放出される現象)
- ふくしゅう
  - 復習
  - 復讐(あだうち)
- ふくしょう
  - 副賞(正式の賞にそえて授けられる金品)
  - 副章(勲章にそえて授けられる章)
  - 副将(副大将)
  - 復唱(繰り返して称えること)
  - 復誦(繰り返して読むこと)
- ふくしょく
  - 復職(もとの職に再びつくこと)
  - 服飾(衣服と装身具)
  - 副食(↔主食)
- ふくすい
  - 復水(蒸気を水にすること)
  - 腹水(腹の内に液体がたまる病気。その液)
  - 覆水(入れ物をひっくり返し

	て流れ出た水)
ふくせん	伏線(後で出てくる事をあらかじめほのめかしておくこと。その物)
	複線(二本以上が並行している線)
ふくそう	服装
	副葬(生前の愛用品等を遺骸に副えて埋葬すること)
	福相(福々しい人相)
	輻湊(輳)(一カ所に込み合うこと)
ふくちょう	副長(長を補佐する者)
	復調(調子がもとの良い状態に戻ること)
ふくほん	副本(原本の写し。↔正本)
	複本(複製した文書)
ふくよう	服用(薬を飲むこと)
	服膺(心にとどめて常に行うこと)
	複葉(飛行機の主翼が二枚のもの)
ふくり	福利(幸福と利益。＊福利厚生)
	複利(元金に利息を繰り入れて利息計算する方法。↔単利)
ふけい	父兄(児童・生徒の保護者)
	父系(父方の系統)
	不敬(皇室・社寺に敬意を失すること)
	婦警(婦人警官の略)
ふげん	不言(口に出して言わないこと)
	付言(つけ加えて言うこと)
ふこう	不幸(↔幸福)
	不孝(↔孝行)
ふごう	負号(マイナス記号。↔正号)
	符号(しるし。記号)
	符合(合致すること)
	富豪(大金持ち)

ふこく	布告(あまねく知らせること)
	富国(国を豊かにすること)
ふさい	夫妻
	負債(借金)
ふじ	不治(病気のなおらないこと)
	不時(時ならぬこと。臨時)
	不二(二つとないこと)
	富士山
ふじつ	不実(誠実でないこと)
	不日(日ならず。幾日もたたぬこと)
ふしゅう	腐臭(腐った臭い)
	俘囚(捕虜)
ふじゅん	不純(純真でないこと。混じりけのあること)
	不順(順調でないこと)
ふじょ	扶助(たすけること)
	婦女
ふしょう	不祥(災難。めでたくないこと)
	不詳(詳しく分からぬこと)
	不肖(おろかなこと。自分の謙称)
	不承(承知しないこと)
	負傷(傷をおうこと)
ぶしょう	無(不)精(面倒がること)
	武将(軍隊の将)
ふじょう	浮上(水中から浮かび上がること)
	不浄(けがれていること)
ふしょく	腐食(腐ってくずれること)
	腐植(土の中で植物が分解し有機物の混合物を作ること)
ふしん	不信(信義を守らぬこと)
	不審(疑わしいこと)
	不振(振るわないこと)
	普請(建築工事)
	腐心(苦心)

ふじん	婦人(成人した女性)	ぶっし	物資
	夫人(他人の妻の敬称)		仏師(仏像を作る職人)
	布陣(戦いの陣をひくこと)	ぶっしん	物心(物と心。＊物心両面)
ふずい	付随(つき従うこと)		仏心(仏の慈悲の心)
	不随(自由がきかないこと。＊半身不随)		仏神(仏と神)
		ふてい	不定(一定でないこと。＊住所不定)
ふせつ	布(敷)設(設備・装置などを設置すること。＊機雷敷設艦)		不貞(貞操を守らぬこと)
	付設(付属して設けること)		不逞(わがまま勝手に振る舞うこと)
	符節(木片等の中央に印を押しこれを二つに割ったもの。割符)	ふてき	不適(適当でないこと)
			不敵(大胆で人を人と思わないこと)
ふせん	不戦(戦わないこと)	ふとう	不当(道理に外れたこと)
	付箋(目印のために貼り付ける紙)		不凍(凍らないこと。＊不凍液)
ふぜん	不全(不完全)		不撓(たゆまぬこと。＊不撓不屈)
	不善(道徳に背くこと)		不等(ひとしくないこと)
ふそく	不足		埠頭(港湾内で船舶を横づけし旅客の乗降や貨物の揚げ下ろしをする所)
	不測(はかり知れないこと)		
	付則(規則を補うための規則)	ふどう	不同(同じでないこと)
	不即不離(二つのものがつきもせず離れもしない関係を保つこと)		不動(動かぬこと。＊不動明王)
			浮動(漂い動くこと。＊浮動票)
ぶたい	舞台(芸能を見せる場所)	ぶとう	舞踏(舞踊。ダンスの訳語)
	部隊(統率された軍人の集団)		武闘(武力でたたかうこと)
ふたく	負託(人に任せること)	ぶどう	武道(武士の守るべき道)
	付託(依頼。本会議の前に委員会に審査をゆだねること)		葡萄((植)ブドウ)
		ふにん	赴任(任地へおもむくこと)
ふだん	普段(平常。いつも)		不妊(妊娠しないこと)
	不断(絶え間のないこと)	ふのう	不能
ふちょう	不調(成り立たないこと。調子が悪いこと)		富農(裕福な農民)
	符丁(牒)(符号。合言葉)	ふはい	腐敗(腐ること。堕落すること)
	婦長(看護婦の長)		不敗
ふつう	普通	ふはく	浮薄(あさはかで軽々しいこと)
	不通(通じないこと)		布帛(織物)
ふっこう	復興(ふたたび盛んになること)	ふひょう	不評(評判のよくないこと)
	復航(↔往航)		浮標(航路標識として水面に浮かべてある標識。船舶を繋留

熟語

	するブイ)
	付表(付属する表)
	付票(荷物等につけるふだ)
	浮氷(水上に浮いてる氷の塊)
ふびん	不敏(敏捷でないこと)
	不憫(哀れなこと)
ふへん	不変
	不偏(偏らないこと。＊不偏不党)
	普遍(世の全体に言えること。＊普遍的)
ふほう	不法(法にそむくこと)
	訃報(死亡のしらせ)
ふゆう	富裕(富んで豊かなこと)
	浮遊(ふわふわと漂うこと)
ふよう	不要(必要でないこと)
	不用(用のないこと)
	扶養(生活の面倒をみること)
	浮揚(うかび上がること)
	芙蓉((植)フヨウ)
ふらん	不乱(乱れぬこと。＊一心不乱)
	腐乱(腐りただれること)
	孵卵(卵がかえること)
ふりょ	不慮(思いがけないこと)
	俘虜(捕虜。敵のとりことなった人)
ふりょう	不猟(猟の獲物が少ないこと)
	不漁(漁の獲物が少ないこと)
	不良(よくないこと。品行の悪いこと・人)
ふろ	風呂(浴室または湯船)
	風炉(茶の湯で、湯を沸かすに用いる炉)
ふろう	不老(いつまでも年をとらないこと)
	浮浪(さまようこと)
ぶんか	分化(異質な物に分かれ変わること)
	文化(人間が収得した生活の仕方の総称。＊文化勲章)
	文科(文学・史学・哲学等の学科。↔理科)
	分科(科目を分けること)
ぶんけん	文献(ある研究題目についての書誌)
	分権(権力や権限を他に分けること)
	分遣(本隊から分けて派遣すること)
ぶんし	分子(原子の集合体。集団のなかの個人)
	文士(文筆家)
ぶんしょう	文章(文字をつらねて思想を現したもの)
	文相(文部大臣)
	分掌(分担して受け持つこと)
ぶんじょう	分譲(分割して譲ること。＊分譲地)
	分乗(分かれて乗ること)
ふんしょく	粉飾(実情を隠し見かけをよくすること)
	扮飾(身なりをかざること)
ふんじん	粉塵(石などが砕けて粉になったごみ)
	奮迅(勢いよく奮い立つこと)
ぶんせき	分析(成分等を明らかにすること)
	文責(文章に関する責任)
ふんぜん	憤然(怒る様)
	奮然(ふるいたつ様)
ふんそう	紛争(もめごと)
	扮装(姿を飾りつくること)
ぶんだん	分断(まとまりあるものを断ち切ること)
	文壇(文学界)
ぶんぴつ	文筆(文章を書くこと。＊文筆家)
	分泌(線細胞が代謝産物を生成

	排出する機能)	へいせい	平静(落ち着いて静かなこと)
	分筆(一筆(登記上の一区画)の土地を分けること)		兵制(兵備に関する制度)
ぶんれつ	分裂(一つのことがいくつかに分かれること。細胞などが分かれること)	へいそく	閉塞(とじふさぐこと)
			屏息(息をころしてじっとしてること)
	分列(分かれて並ぶこと)	へいたん	平坦(土地の平らなこと)
			兵站(作戦軍の後方にあって補給を任務とする機関)
[へ]		へいち	平地
へいい	平易(やさしく分かりやすいこと)		併(並)置(二つ以上のものを同じ所に置くこと)
	弊衣(破れた着物。＊弊衣破帽)	へいてい	平定(乱をたいらげること)
へいおん	平温(平常の温度)		閉廷(法廷を閉じること)
	平穏(変わった事がなく穏やかなこと)	へいふく	平服(ふだん着)
へいか	陛下(天皇の尊称)		平伏(ひれ伏すこと)
	兵火(戦争)		平復(病気がなおり平常に回復すること)
	兵戈(戦争)	へいほう	平方(二乗。面積の単位を作る語)
	平価(通貨の対外価値を示す基準値)		兵法(戦いのしかた)
へいき	平気(ものに動じないこと)	べっけん	別件(別の事件。別の事柄)
	兵器(武器)		瞥見(ちらりと見ること)
	併記(あわせて記すこと)	べっこう	別項(別の項目)
へいこう	並行(並び行くこと。並び行われること)		鼈甲(亀類の甲羅。タイマイの甲羅)
	平行(２直線が交わらないこと)	べっし	別紙
	平衡(釣合いがとれること。＊平衡感覚)		蔑視(見さげること)
	閉口(手の打ちようなく困ること)	べっそう	別荘(避暑等のための別宅)
			別送(別にして送ること)
べいこく	米国(アメリカ)	へんい	変異(変わること)
	米穀(こめ。その他の穀物を含めてもいう)		変位(物体がその位置を変えること)
			変移(他の物・状態に移り変わること)
へいし	兵士(兵隊)	へんか	変化
	閉止(働きが止まること)		返歌(送られた歌に対する返答の歌)
	斃死(のたれ死に)		
へいしん	並(併)進(並び進むこと)	へんかん	変換(変えること)
	平身(ひれ伏すこと。＊平身低頭)		返還(もとの所へ返すこと)

203

へんきょう	偏狭(度量のせまいこと)
	辺境(中央から遠く離れた国境)
へんこう	変更
	偏向(かたよっていること)
	偏光(一定の方向にだけ振動する光波)
へんざい	偏在(かたよっていること)
	遍在(どこにでも広くあること)
べんさい	弁才(弁舌の才能)
	弁済(借りたものを返すこと)
へんじ	返事
	変事(よくない出来事)
へんしゅう	編集(書物等の形に整えること)
	偏執(片意地)
べんしょう	弁償(損害を償うこと)
	弁証(ある事を論じて証明すること)
へんしょく	変色
	偏食(食物に好き嫌いのあること)
へんしん	変身(姿を変えること。変えた姿)
	変心(心変わり)
	偏心(中心から片寄ること)
	返信
へんせい	編成(組織し形づくること)
	編制(個々のものを組織して団体とすること)
	変成(形が変わってできること)
	変性(性質が異常に変わること)
	偏西風(中緯度上層を1年中吹く西風)
へんそう	変装(容姿・服装を変えて別人のようになりすますこと)
	変相(形相を変えること)
	返送
	変奏曲(洋楽の一形式)
へんそく	変則(普通のやり方でないこと)
	変速(速力を変えること)
へんたい	変体(普通の体裁と異なること。*変体仮名)
	編隊(飛行機等が隊形を整えること)
	変態(形態を変えること。変わった形態。動植物が成体になるまでに種々の形をとること)
へんちょう	偏重(一方ばかりを重んずること)
	変調(調子を変える、変わること)
へんとう	返答
	扁桃(咽頭にある器官。(植)アーモンド)
べんり	便利(都合のよいこと)
	弁理(弁別して処理すること。*弁理士)
へんれい	返礼(礼を返すこと)
	返戻(返し戻すこと)

[ほ]

ほいく	保育(保護し育てること)
	哺育(はぐくみ育てること)
ぼいん	母音(↔子音)
	拇印(つめいん)
ほうあん	法案(法律の案文)
	奉安(安置し奉ること)
ほうい	方位(ある方向を基準の方向との関係で表したもの)
	包囲(つつみかこむこと)
	法衣(僧の着用する衣服)
	法医学(法律的に重要な事に関する医学)
ぼうえき	貿易(国際間の財物の交換)
	防疫(伝染病の発生を予防すること)
ほうえん	方円(正方形と円形)
	砲煙(火砲を発射した時の煙)
	豊艶(ふくよかであでやかなこ

ぼうえん	望遠(遠くを見ること) 防炎(火が燃え上がるのを防ぐこと) 防煙(煙の広がるのを防ぐこと)		ほうがん	と) の男) 砲丸(大砲の弾丸。砲丸投げの球) 包含(つつみ含むこと) 判官(昔の裁判官職。源義経の称) 方眼紙(セクションペーパー)
ほうおう	法王(ローマキリスト教の首長) 法皇(仏門に入られた上皇) 鳳凰(古代中国の想像上の瑞鳥) 訪欧(欧州を訪問すること)		ぼうかん	傍観(かたわらで見ていること) 暴漢(乱暴する男) 防寒
ぼうおん	防音(騒音を防ぐこと) 忘恩(恩を忘れること)		ほうき	蜂起(群がりおこること) 芳紀(年若い美人の年齢にいう語) 放棄(投げ棄てること) 法規(憲法以下の諸規定)
ほうか	邦家(国家、特に自国のことをいう) 邦貨(自国の貨幣) 放火 砲火(火砲を発射した時に出る火) 烽火(のろし) 放課(その日の課業を終えること) 放歌(大声であたりかまわず歌うこと)		ぼうくん	暴君(無道なことをする君主) 亡君(亡くなった主君)
			ほうげん	放言(思うことを遠慮無く言う言葉。不用意・無責任な言葉) 方言(一地方でのみ通用してる言葉)
			ぼうけん	冒険(危険をおかすこと) 望見(遠くから望み見ること)
ほうが	奉加(寄付。*奉加帳) 奉賀(お祝い申し上げること) 萌芽(物事の始まり) 邦画(日本画。日本映画)		ほうこう	方向 芳香(良いかおり) 奉公(国のために力をつくすこと。他家に住み込んで家事に従事すること) 彷徨(さまようこと) 砲口(大砲の弾丸の出口) 咆哮(たけりさけぶこと)
ほうかい	崩壊(潰)(くずれこわれること) 抱懐(ある考えを心のなかに抱くこと) 方解石(炭酸カルシウムの鉱石)			
ぼうがい	妨害(碍)(さまたげること) 望外(思いのほか)		ほうごう	縫合(ぬいあわせること) 法号(死者へのおくり名。戒名)
ほうがく	方角(方位) 邦楽(日本の伝統音楽全体をいう) 法学(法律学)		ぼうこう	暴行 膀胱(尿を一時溜めておく器官)
			ほうこく	報告 報國(国の恩に報い、国のために尽くすこと)
ほうかん	奉還(お返しすること) 宝冠(宝石で飾った冠) 幇間(宴席で座を取りもつ職業			

熟語

205

ぼうさい	防災(災害を防止すること) 亡妻(亡くなった妻) 防砦(敵を防ぐとりで)
ほうさく	方策(はかりごと) 豊作
ぼうさつ	忙殺(きわめて忙しいこと) 謀殺(計画して人を殺すこと)
ほうし	奉仕(サービス。社会のために尽くすこと) 奉祀(神仏などをおまつりすること) 奉伺(お伺い申し上げること) 芳志(他人の親切な心の尊敬語) 法師(僧) 放恣(わがままでしまりのないこと) 胞子(無性生殖の生殖細胞)
ほうじ	法事(仏法の儀式。法要) 捧持(ささげ持つこと)
ぼうし	帽子 防止(防ぎ止めること)
ぼうしつ	亡失(失い無くすること) 忘失(忘れ去ること) 防湿(湿気を防ぐこと)
ほうじゅん	芳潤(かんばしく、うるおいのあること) 芳醇(酒の香り高く味のよいこと) 豊潤(豊かでうるおいのあること)
ほうしょ	芳書(他人の手紙に対する尊敬語) 奉書(上意を受けて出す命令書。奉書紙の略)
ほうしょう	褒賞(ごほうび) 褒章(奇特行為者を表彰する記章。紅・緑・藍・紺・黄・紫の六種あり) 報奨(勤務に対し奨励すること。*報奨金) 報償(損害をつぐなうこと。*報償金) 法相(法務大臣)
ほうじょう	豊壌(肥えた土地) 豊穣(豊作) 豊饒(土地が肥えて作物がよく稔ること) 芳情(あつい情け) 方丈(広さ四畳半の部屋) 褒状(賞状)
ぼうしょう	帽章(帽子につける徽章) 傍証(間接的証拠)
ほうしょく	飽食(腹いっぱいに食べること) 宝飾(装飾品として用いる宝石等) 奉職(公けの職につくこと)
ぼうしょく	防食(腐食を防ぐこと) 暴食(食べ過ぎること。*暴飲暴食) 紡織(糸をつむぐこと)
ほうしん	方針(磁針。目ざす方向) 芳信(他人の信書の尊敬語) 疱疹(皮膚に出る水疱・膿疱) 放心(心にかけないこと。他のことに心を奪われてぼんやりすること)
ほうじん	邦人(自国の人。日本人) 法人(権利能力を付与された組織体。財団・社団法人。一般の会社のことをいう場合もある)
ほうすい	放水 烹炊(煮炊きすること)
ぼうすい	防水(水の流入・浸透を防ぐこと) 紡錘(糸をつむぐ器具)

ほうせい	方正(きちんとして正しいこと)			い)
	法制(法律と制度)			放蕩(ほしいままに振る舞うこと)
	縫製(縫ってつくること)		ぼうとう	暴騰(物価等が急に大幅に上がること。↔暴落)
ぼうぜん	呆然(あっけにとられる様。気抜けしてぼんやりした様)			暴投(野球における悪い送球)
	茫然(取りとめのない様。広大な様)			冒頭(文章・談話のはじめ)
ほうそう	放送		ほうねん	豊年(豊作の年)
	包装			放念(心にかけないこと)
	法曹(司法官や弁護士)		ほうはい	澎湃(物事が盛んな勢いで起こる様)
	疱瘡(天然痘)			胞胚(発生初期の胚)
ほうだん	放談(思うままに言うこと)		ほうふ	豊富(豊かなこと)
	砲弾(大砲の弾丸)			抱負(考えている計画や決意)
ほうち	放置(そのままにしておくこと)		ぼうふ	亡父(亡くなった父)
	法治(法律に準拠して行う政治)			亡夫(亡くなった夫)
	報知(告げ知らせること)			防腐(腐敗を防ぐこと)
ぼうちゅう	防虫(虫の害を防ぐこと)		ぼうふう	暴風
	忙中(忙しいさなか)			防風(風を防ぐこと)
	傍注(本文の脇にそえた注解)		ほうふく	報復(仕返しすること)
ぼうちょう	傍聴(裁判等をそばで聞くこと)			抱腹(大いに笑うこと)
	膨張(脹)(ふくれ広がること)		ほうまん	放漫(やりっぱなし)
	防諜(スパイを防ぐこと)			豊満(肉付きのよいこと)
	防潮(高潮等の害を防ぐこと)			飽満(飽きるまで食べて腹のふくれる様)
ほうてい	法廷(裁判する所)		ほうめん	方面
	法定(法令によって定めること)			放免(許し放つこと)
	奉(捧)呈(手にささげて奉ること)		ほうもん	訪問
	方程式			砲門(火砲の発射口)
ほうてき	法的(法律的)		ほうよう	包容(人を寛大に受け入れること)
	放擲(ほうり出すこと)			法要(法事)
ほうてん	法典(おきて。さだめ)			抱擁(だき抱えること)
	宝典(貴重な書物)		ほうれい	法令(おきて。法律と命令の総称)
	奉奠(謹んで供えること。*玉串奉奠)			法例(法律上のしきたり)
ほうとう	法灯(仏前の灯火)		ほうろう	放浪(さまよい歩くこと)
	法統(仏法の伝統)			報労(労務に対する報酬)
	宝刀(たからものの刀)			琺瑯(金属に釉薬を塗って焼い
	宝塔(仏塔の一。寺塔の美称)			
	砲塔(大砲を防護するための囲			

熟語

	たもの)		歩測(歩数で距離をはかること)
ほうわ	法話(仏教に関する話)	ぼたい	母体(母親の身体)
	飽和(最大限度まで満たされている状態)		母胎(母親の胎内)
ほかく	捕獲(とらえること)	ほちょう	歩調(行進の足どり。足並み)
	保革(保守と革新)		補聴器(聴力を補う器具)
ほかん	保管(大事に保存)	ほどう	歩道(↔車道)
	補完(足りないところを補うこと)		舗道(舗装道路)
			補導(少年等を正しい方向に導くこと)
ほきゅう	補給(補うこと)	ほりゅう	保留(おさえてとどめおくこと)
	捕球(ボールをとること)		蒲柳(体質の弱いこと)
ぼけい	母型(活字の字面を形成する金属製の型)	ほんい	本意(本来の意思)
			本位(もとの位。基本とするもの。*金本位制度)
	母系(母親方の系統)		翻意(意志をひるがえすこと)
ほけん	保健(健康を保つこと)	ぼんさい	盆栽(鉢等に植えた観賞用植物)
	保険(損害を償うこと。その制度)		凡才(平凡な才能。その人)
ほご	保護(守ること)	ほんし	本紙
	反古(故)(書き損じた不用な紙)		本誌
			本旨(本来の趣旨)
ぼこう	母校	ほんそう	奔走(あちこち駆け回ること)
	母港(船の本拠となる港)		本葬(密葬に対して本式の葬儀)
ほしゅ	保守(保ち守ること。旧来の伝統・風習を重じ保存すること。↔革新)	ほんとう	本当(まこと。まとも)
			奔騰(激しい勢いであがること)
	捕手(キャッチャー)	ほんぽう	本邦(我が国)
ほしゅう	補修(手入れ。補い繕うこと)		本俸(主となる給与)
	補習(正規の学習の上に更に補い習うこと)		奔放(思うままに振る舞うこと)
		ほんめい	本命(競馬などで一着になると予想される馬。ある事で最有力と見込まれる人)
ほしょう	保証(請け合うこと。*保証人)		
	保障(保護して損害を与えないこと)		奔命(忙しく活動すること)
		ほんりゅう	本流(川の本筋の流れ。中心をなす系統)
	補償(損害を補い償うこと)		
	歩哨(陣地等で警戒にあたる兵)		奔流(激しい勢いの流れ)
ほせい	補正(不足を補い、具合の悪い所を直すこと)		
		[ま]	
	補整(補って整えること)	まきえ	蒔絵(うるし工芸)
ほそく	補足(補い足すこと)		撒餌(鳥・魚をおびき寄せるために撒く餌)
	補則(本則を補うための規則)		
	捕捉(捕まえること)		

読み	熟語
まっしょう	抹消(消して除くこと)
	末梢(先端。＊末梢神経)
まんざい	漫才(二人がこっけいな話をかわす演芸)
	万歳(三河万歳等の漫才)
まんしん	慢心(おごりたかぶること)
	満身(全身)
まんてん	満点
	満天(空いっぱい)
まんぷく	満幅(幅・広さの全体。全幅)
	満腹(腹がいっぱいになること)

[み]

みかた	味(身)方(相手方に対し自分の属する方)
	見方(見る方法)
みかん	未完(未完成)
	未刊(まだ刊行されないこと)
	蜜柑((植)ミカン)
みけん	眉間(ひたいの中央)
	未見(まだ見ないこと)
みごろ	見頃(見るのに最もよい時期)
	身頃(着物のからだの前後を覆う部分)
みつりょう	密漁(法をおかして魚を捕ること)
	密猟(法をおかして動物を捕ること)
みとう	未到(記録等にまだ到達しないこと。＊前人未到)
	未踏(まだ足を踏みいれてないこと。＊人跡未踏)
みょうり	冥利((仏)善業の報いとしての利益)
	名利(名誉と利得)
みりょう	魅了(心を引きつけて夢中にさせること)
	未了(まだ終わらぬこと。＊審議未了)

読み	熟語
みんせい	民政(民主政治。文官による政治)
	民生(人民の生計。＊民生委員)
みんぞく	民俗(住民の風俗・伝承)
	民族(文化の伝統を同じくする集団)
みんぽう	民法(人の一般的な事項を規律する法)
	民放(民間放送の略)

[む]

読み	熟語
むがい	無害
	無蓋(蓋のないこと。＊無蓋貨車)
むき	無期(期限の定まらないこと。＊無期延期)
	無機(無機化学・化合物の略)
	無季(俳句で季語の入ってない句)
むきゅう	無給
	無休
	無窮(窮まりないこと。無限)
むげん	無限(限界のないこと)
	夢幻(夢とまぼろし)
むさく	無策(手立てを持っていないこと)
	無作為(意図的に手を加えないこと)
むさん	無産(資産のないこと。無産階級の略)
	霧散(霧が消えるように跡形なく消えること)
むし	無視(ないがしろにすること)
	無私(私心のないこと)
	無死(野球でノー・アウトのこと)
	夢死(何もせずに死ぬこと。＊酔生夢死)

むしょう	無償(報酬のないこと)		めいかい	明快(筋道が明らかなこと)
	無傷(怪我・傷のないこと)			明解(はっきりと解釈すること)
	無性に(やたらに)			冥界(あの世)
むじょう	無常(定まりのないこと。一切の物は常住でないこと。人生のはかないこと)		めいき	明記(はっきりと書きしるすこと)
				銘記(深く心に刻み忘れないこと)
	無情(情け心のないこと)			名器(優れた器物や楽器)
	無上(最もすぐれたこと)		めいげつ	明月(清く澄みわたった月)
むじん	無尽(尽きないこと。頼母子講)			名月(陰暦8月15日、9月13日の月)
	無人(人のいないこと)			
むせん	無銭(お金のないこと。*無銭飲食)		めいげん	明言(はっきり言うこと)
				名言(すぐれた言葉)
	無線(電線を用いない通信・放送)		めいさい	明細(こまかく詳しいこと)
				迷彩(カムフラージュ)
むそう	無双(並ぶものがないこと)		めいさつ	名刹(名高い寺)
	無想(無心なこと。*無念無想)			明察(察しのよいこと)
	夢想(空想。夢に想うこと)		めいし	名士(世間に名の通った有名人)
むち	無知(智)(知らぬこと。愚かなこと)			名刺
				名詞
	無恥(恥知らず。*厚顔無恥)			明視(あきらかに見えること)
むちゅう	夢中(夢の中。熱中して我を忘れること)		めいじ	明示(はっきり示すこと)
				明治(明治天皇在位期の年号)
	霧中(霧の閉じ込められたなか。*五里霧中)		めいしゅ	名手(優れた腕前の人。囲碁将棋での優れた手)
むてき	無敵(敵対できる相手のいないこと)			銘酒(銘柄の良い清酒)
				盟主(同盟の主宰者)
	霧笛(霧中信号の一つ)		めいしょう	名称
むめい	無名(名高くないこと。↔有名)			名勝(景色のすぐれた地)
	無銘(製作者の記名のないこと)			名匠(すぐれた腕前の工人)
				名相(名高い宰相)
[め]				名将(すぐれた武将)
めいあん	明暗(明るいことと暗いこと)		めいそう	迷走(不規則に方向を変えて走ること)
	名案(良い思いつき)			
めいか	名家(名望のある家。名人)			冥(瞑)想(目をとじて静かに考えること)
	名(銘)菓(有名な菓子)			
	名歌(すぐれた歌)			名僧(学徳すぐれた名高い僧)
	名花(美女の形容)		めいど	明度(色の明るさを現す度合い)
				冥土(途)(あの世)

めいとう	名答(すぐれた答。的確な答) 明答(はっきり答えること。その答) 銘刀(銘のきってある刀)
めいぶん	名分(道徳上守るべきこと) 名文(すぐれた文章) 明文(明らかに規定した条文) 銘文(器物に記された条文)
めいぼう	名望(名声高く人望あること) 明眸(はっきりした目もと)
めいぼく	名木(すぐれた木) 銘木(床柱に用いる趣のある木)
めいめい	命名(名をつけること) 銘々(それぞれ。各自。＊銘々皿) 冥々(はっきりせず分かりにくい様) 明々(非常に明るい様。＊明々白々)
めいもく	名目(呼び方。口実。理由) 瞑目(目を閉じること)
めいゆう	名優(名高い俳優) 盟友(誓いあった友)
めんせき	面積 面責(面と向かって責めただすこと) 免責(債務の全部または一部が消滅すること)
めんぼう	綿棒(先端に綿を巻き付けた細い棒) 麺棒(うどん・そばなどを押し延ばすために使う棒)
めんめん	綿々(長く続いて絶えない様) 面々(めいめい)
めんよう	綿(緬)羊((動)ヒツジ) 面妖(不思議なこと)

[も]

もうこ	猛虎(たけだけしいトラ) 蒙古(モンゴル)
もうじゅう	猛獣(性質のあらあらしい獣) 盲従(ただ言われるままに従うこと)
もうしん	猛進(勢いはげしく進むこと。＊猪突猛進) 妄信(理由もなく信ずること) 盲信(わけもわからずに信じこむこと)
もうどう	妄動(理非の分別なく行動すること) 艨艟(いくさ船) 盲導犬(盲人を助ける犬)
もくし	黙止(無言のままでいること) 黙視(無言で見ていること) 黙示(キリスト教で啓示のこと) 目視(目で見ること)
もくせい	木星 木製 木精(木の精)
もくぞう	木造 木像(木で作った像)
もくねん	黙然(だまっていて、ものを言わない様) 黙念(だまって考えこむこと)
もくれい	目礼(目だけによるあいさつ) 黙礼(無言のままの礼)
もっか	目下(現今) 黙過(知らぬふりしてみのがすこと)

[や]

やえい	野営(野外にテントをはって泊まること) 夜営(夜間に陣をはること)
やかん	夜間 薬缶(やかん)
やきん	夜勤(夜間勤務すること) 冶金(金属を精製・加工する技術)

		野禽(野鳥)	ゆういん	誘因(ある作用を引き起こす原因)
やくさつ		薬殺(毒薬を用いて殺すこと)		誘引(さそいいれること)
		扼殺(手で首を絞めて殺すこと)	ゆうえん	幽遠(奥深く遠いこと)
やくしゃ		役者		幽艶(奥ゆかしく美しいこと)
		訳者(翻訳者)		優婉(優しくしとやかなこと)
やくそう		薬草		悠遠(はるかに遠いこと)
		役僧(法要などで導師を補助する僧)		遊園地(娯楽・遊園設備のあるところ)
やくぶん		約分(分数を公約数で簡単にすること)	ゆうかい	誘拐(だまして誘い出し連れさること)
		訳文(翻訳文)		融解(熱により溶かすこと)
やけい		夜景		幽界(あの世)
		夜警(夜、警戒に当たる人)	ゆうがい	有害
やこう		夜行(夜に出歩くこと)		有蓋(覆い・屋根等のあること)
		夜光(夜空の光)	ゆうかん	夕刊(↔朝刊)
やごう		屋号(家の称号)		有閑(資産があり暇の多いこと)
		野合(婚儀せずに通ずること)		勇敢(勇ましく果断なこと)
やしゅ		野手(野球で守備側の選手)		有感地震(人体に感ずる地震)
		野趣(田野の風趣)	ゆうき	有機(有機化合物・有機化学の略)
やせい		野生(動植物が自然の山野に生育すること)		有期(一定の期間のあること)
		野性(自然または本能のままの性質)		勇気
				幽鬼(亡霊)
やせん		野戦(要塞戦以外の陣地戦)	ゆうぎ	遊技(遊びのわざ)
		夜戦(夜間の戦争)		遊戯(遊びたわむれること。遊び)
やとう		野党(在野の党)		友誼(友情)
		夜盗(夜、物を盗むこと。その人)	ゆうきゅう	遊休(設備などが使われないでいること)
やらい		夜来(昨夜以来)		有給(給料の支給を受けること。*有給休暇)
		矢来(竹・木材を粗く組んだ囲い)		悠久(長く久しいこと)
[ゆ]			ゆうきょう	遊興(遊び興ずること)
ゆうい		優位(他より優れていること)		遊俠(おとこだて。仁俠)
		有為(役に立つこと。才能のあること)	ゆうぐん	友軍(味方の軍隊)
		雄偉(すぐれてたくましいこと)		遊軍(遊撃隊。一定の部署につかずに待機している人)
		有意義(意義のあること)		

ゆうげん	有限(限りのあること)			にすること。*優生保護法)
	幽玄(優雅なこと)			有性(雌雄の区別のあること)
ゆうこう	有効(ききめのあること)			郵政(郵政省所管事業及び行政の総称)
	友好(友達として仲のよいこと)			幽棲(俗世を避けて隠れ住むこと)
ゆうこく	憂国(国の安否を心配すること)			憂世(世の中のことを憂えること)
	夕刻(夕方)			遊星(惑星)
	幽谷(奥深い谷)		ゆうぜい	遊説(政治家が各地を演説して回ること)
ゆうし	有志(ある事について関心を持っていること。その人)			有税(税金のかかること)
	有史(文献資料の存在すること。*有史以前)		ゆうせん	優先(優遇して先にすること)
	雄姿(おおしく堂々たる姿)			勇戦(勇ましく戦うこと)
	勇姿(勇ましい姿)			湧泉(いずみ)
	勇士(勇気のある人)			有線(電線を使う通信方式)
	融資(資金を融通すること)		ゆうぜん	悠然(ゆったりした様)
ゆうしゅう	優秀(すぐれひいでていること)			優然(ゆったりと落ちついてる様)
	憂愁(心配や悲しみで心が沈むこと)			友禅(友禅染の略)
	有終(終わりを全うすること)		ゆうそう	郵送(郵便で送ること)
	幽囚(牢獄に閉じ込められること)			勇壮(勇ましく意気盛んなこと)
ゆうじょ	佑助(助けること)		ゆうたい	勇退(後進に職を譲るための退職)
	宥恕(寛大な心でゆるすこと)			優待(他より厚く待遇すること)
	遊女(あそびめ。娼妓)			郵袋(郵便物を入れる袋)
ゆうしょう	優勝			有袋類(カンガルーの類)
	優賞(手厚いほうび)		ゆうだん	勇断(勇気をもって決断すること)
	有償(報奨のあること)			有段者(段位を持っている人)
	勇将(勇ましい将軍)		ゆうと	雄図(勇ましく大きな図りごと)
ゆうしょく	有色(色のあること。*有色人種)			雄途(元気盛んな出発)
	憂色(心配そうな顔付き)		ゆうとう	優等(等級がまさっていること)
	夕食			遊蕩(酒・遊びにふけること)
ゆうすい	湧水(わき水)		ゆうめい	有名
	幽邃(景色等が物静かで奥深いこと)			勇名(勇者たる名声)
ゆうせい	優勢(勢いが他にまさっていること)			幽冥(あの世)
	優性(次の代に必ず現れる遺伝形質)			幽明(あの世と現世)
	優生(子孫の素質を優れたもの			

熟語

ゆうもん	幽門(胃の末端部)		よういん	要因(主要な原因)
	憂悶(憂えもだえること)			要員(ある物事に必要な人員)
ゆうやく	勇躍(勇んでおどりあがること)		ようえき	溶液(液体状態の均一な混合物)
	釉薬(うわぐすり)			用役(社会のために役立つはたらき)
ゆうよ	猶予(実行の日時を延ばすこと)			用益(使用と収益)
	有余(余りあること)		ようが	洋画(西洋画。外国製映画)
ゆうよう	有用(役に立つこと)			陽画(ポジ。実物と明暗などが同じ写真)
	悠揚(ゆったりした様)		ようかい	溶解(液体中に溶けること)
ゆうり	有利(条件や都合のよいこと)			熔解(固体が熱によりとけること)
	有理(道理のあること)			妖怪(ばけもの)
	遊里(遊女のいる所)			容喙(横合いから口を出すこと)
	遊離(他と離れて存在すること)		ようがく	洋学(西洋の学問)
ゆうりょう	優良(他のものに優っていること)			洋楽(西洋音楽)
	有料(料金がかかること)		ようかん	洋館(西洋風の建物)
	遊猟(猟をして遊ぶこと)			羊羹(砂糖とあんで作った菓子の一種)
ゆうわ	融和(うちとけて仲よくなること)		ようがん	溶(熔)岩(地上に噴出したマグマ)
	宥和(ゆるして仲よくなること)			容顔(顔かたち)
ゆえん	油煙(油等の不完全燃焼で出るスス)		ようき	陽気(気候。にぎやかで明るいさま)
	由縁(ゆかり。事の由来)			妖気(あやしく、ただならぬ気配)
	所以(理由。いわれ)			容器(いれもの)
ゆ し	油紙(油をしみ込ませた紙)		ようぎ	容疑(犯罪の疑い)
	油脂(高級脂肪酸のグリセリンエステル)			容儀(礼儀正しい姿・態度)
	諭旨(さとし示すこと。*諭旨退学)		ようきゅう	要求(強く求めること)
ゆせい	油性(油の性質)			洋弓(アーチェリー)
	油井(石油を汲み上げるための井戸)			楊弓(遊技用の小弓)
ゆそう	輸送		ようぎょ	養魚(魚を飼育すること)
	油槽(油を貯蔵する大きな容器)			幼魚(十分成長していない魚)
	油層(石油を含む地層)		ようきょく	陽極(電位の高い方の電極)
	油送(槽)船(タンカー)			謡曲(能の謡(うたい))
			ようぐ	用具(入要の器具)
[よ]				要具(必要な道具)
ようい	容易(たやすいこと)			庸愚(凡庸で愚劣なこと)
	用意(準備)			

ようげき	要撃(待ち伏せして撃つこと)		ようじ	幼児(幼い子。1〜6歳の子)
	邀撃(迎え撃つこと)			幼時(子供の時)
ようけん	用件(用事)		ようしき	様式(一定の形)
	要件(必要な条件。大切な用件)			洋式(西洋の様式)
ようげん	用言(動詞・形容詞)		ようしょ	要所(大切な場所・地点)
	要言(要約した言葉)			洋書(和漢書に対して西洋の書物)
	妖言(気味の悪い流言)		ようじょ	幼女
	揚言(強調して言うこと)			養女(養子縁組で子となった女)
ようご	養護(児童の生育発達を助けること)		ようしょう	幼少(おさないこと)
	擁護(かばい守ること)			要衝(要所)
	用語(使用する言語・語句)		ようしょく	養殖(魚介を人工的に繁殖させること)
ようこう	要項(必要で肝心な事項)			容色(みめかたち)
	要綱(大切な事柄。その纏めたもの)			洋食
	要港(交通・軍事上大切な港)			要職(職務上重要な地位)
	陽光(太陽の光)		ようじん	要人(重要な地位にいる人)
	洋行(欧米に渡航・留学すること)			要(用)心(注意)
	溶鉱炉(製鉄に用いる大きな炉)		ようすい	用水(飲料・灌漑・防火などに用いる水)
ようさい	洋裁(洋服の裁縫)			揚水(水をくみ上げること。その水)
	要塞(とりで)			羊水(子宮内で胎児を保護している液体)
	洋才(西洋の学術に関する知識・能力)		ようせい	要請(強く求めること)
ようざい	溶剤(工業分野で物質を溶かすために用いる液体)			妖精(西洋の伝説に出てくる精霊)
	用材(燃料以外の用途に用いる材木)			養成(養育し成長させること)
ようし	養子(養子縁組で子となった者)			陽性(陽気な性質。↔陰性)
	陽子(水素の原子核)			夭逝(わか死に)
	容姿(顔だちと身体つき)		ようせつ	溶(熔)接(二つの金属の接合部を溶融させて結合する方法)
	要旨(大体の内容)			夭折(わか死に)
	用紙		ようせん	用(傭)船(運送用に船を傭うこと。その船)
	洋紙			用箋(手紙などを書くための用紙)
	夭死(わか死に)			
ようじ	用字(文字の使い方)			
	用事(しなくてはならない事柄)			
	要事(必要なことがら)			
	楊枝(つまようじ。歯ブラシ)			

ようそ	要素(物事の成立に必要不可欠な条件)		ようよう	要用(必要なこと)
	沃素(固体元素の一つ)			洋々(広大な様)
ようそう	洋装(↔和装)			揚々(得意げな様)
	様相(有様。状態)		ようらん	要覧(大要を纏めて見やすくした文書)
ようだん	用談(用件についての話し合い)			洋蘭(外国から入った蘭(ラン))
	要談(重要な件についての話し合い)			揺籃(ゆりかご)
ようち	用地(あることに使用する土地)		ようりょう	容量(器物の中に入れられる分量)
	幼稚(おさないこと)			用量(用うべき量)
	要地(重要な地域)			要領(物事をうまく処理するこつ)
ようちょう	羊腸(屈曲した山路)		よかん	予感(虫の知らせ)
	膺懲(征伐してこらしめる)			余寒(立春後の寒気)
ようてい	揚程(ポンプが水を揚げる高さ)		よぎ	余技(専門以外の技芸)
	要諦(肝心な点)			夜着(夜、寝るときに使う布団等)
ようてん	要点(大切なところ)			余儀(他の事。他の方法)
	陽転(反応が陰から陽に転ずること)		よくじょう	浴場
ようどう	揺動(揺れ動くこと)			欲情(色欲の情)
	陽動作戦(敵の注意をそらせる作戦)		よくよう	抑揚(調子の上げ下げ・強弱)
ようにん	容認(よいと認めてゆるすこと)			浴用(入浴時に用いるもの)
	傭人(やとわれた人)		よけい	余計(ものに余りのある様)
	用人(有用な人。側用人の略)			余慶(祖先の徳によって受ける幸福)
ようひん	用品(使用する品)		よげん	予言(未来の物事を推測して言うこと)
	洋品(西洋風の品物)			預言(神から預けられた言葉を人々に伝えること)
ようふ	養父(養子に行った先の父親)		よこう	予行(あらかじめ行うこと)
	妖婦(男を惑わす女)			余光(日没後の光。余徳)
ようへい	用兵(戦いで兵隊を使うこと)			余香(後に残る香。うつり香)
	傭兵(傭われ兵)		よざい	余罪(主たる罪以外の罪)
	葉柄(葉身を茎に付着させる柄)			余財(余った財産)
ようほう	用法(使用方法)		よしん	余震(大地震の後、引き続いて起きる地震)
	養蜂(蜜蜂を飼育すること)			予診(予備的な診察)
ようぼう	要望(強く期待すること)			与信(金融機関が顧客に信用を供与すること)
	容貌(顔かたち)			
ようむ	用務(仕事。務め)			
	要務(必要な務め)			
ようめい	幼名			
	用命(用事を言いつけること)			

よじん	余人(他の人。残りの人) 余塵(後塵)
よせい	余生(残りの命。老後の生活) 余勢(余った勢い。はずみ)
よせん	予選(前もって選ぶこと) 予餞会(卒業生を送る送別会)
よだん	予断(前もって判断すること) 余談(ほかの話)
よち	余地(あいている土地。ゆとり) 予知(前もって知ること)
よぶん	余分(余った分量。余計) 余聞(こぼれ話)
よぼう	予防 輿望(世間からかけられてる期待)

[ら]

らいこう	来航(船・飛行機で外国から来ること) 来貢(外国の使者が貢物を献ずること) 来寇(外国から攻め込んで来ること) 来降(神仏が地上に降りてくること) (ご)来光(高山で望む日の出)
らいちょう	来聴(来て話を聞くこと) 来朝(外国人が我が国に来ること) 雷鳥((鳥)ライチョウ)
らいめい	雷鳴(雷が鳴り響く音) 雷名(世間によく知られた名声)
らくいん	烙印(焼いた鉄製の印で牛馬などにつけるしるし) 落胤(貴人が妻以外の女に生ませた子)
らくご	落後(隊列から遅れること) 落語(こっけいを主にしながらも、最後に落ちのある話)
らくしゅ	落首(昔、政治・社会を批判した歌・詞) 落手(手紙・物品などを受け取ること)
らくしょう	楽勝(らくに勝つこと) 落掌(手に入れること)
らくせき	落石 落籍(芸妓を妻妾とすること)
らくよう	落陽(落日) 落葉(秋になり木の葉の落ちること。＊落葉樹) 洛陽(中国河南省の都市。京都の異称)
らしん	裸身(はだか) 羅針(磁針)
らっかん	楽観(すべて好都合に考えること) 落款(書画への筆者の著名・印)
らんかん	卵管(輸卵管) 欄干(橋・縁側等に設けた手すり)
らんこう	乱交(男女入り乱れての性交) 濫行(不都合な行い)
らんし	卵子 乱視(ゆがんで見えること)
らんしん	乱心(心が狂い乱れること) 乱臣(国を乱し君主にそむく者)
らんせい	卵生(卵で生まれること。↔胎生) 乱政(乱れた政治) 乱世(戦乱の世)
らんちょう	乱丁(本のページの順序が綴じ間違ってること) 乱調(調子の乱れていること)
らんま	乱麻(乱れもつれた麻糸) 欄間(天井と鴨居の間の部分)

[り]

りえん	離縁(夫婦・養子の関係を解消すること)
	梨園(俳優の社会)
りか	理科
	理化(理化学の略)
	李下(スモモの木の下。*李下之冠)
りかん	罹患(病気にかかること)
	離間(仲たがいさせること)
りけん	利権(利益を専有する権益)
	利剣(鋭利なつるぎ)
	理研(理化学研究所の略)
りげん	俚言(土地のなまり言葉)
	俚諺(俗間のことわざ)
りこう	利(悧)口(巧)(かしこいこと)
	理工(理学と工学)
	履行(言葉どおりに行うこと)
りこん	離婚(夫婦が婚約を解消すること)
	離恨(別離の悲しみ)
りしょく	離職
	利殖(財産を増やすこと)
りっけん	立憲(憲法を定めること)
	立件(事件が司法で受理されること)
りっぽう	立方(三乗。立方体)
	立法(法律を定めること)
	律法(おきて。法律)
りとう	離島(はなれ島)
	離党(政党・党派から離れること)
りはつ	理髪(頭髪を刈り整えること。調髪)
	利発(かしこいこと)
りゃくしょう	略称(省略して呼ぶ名前)
	略章(勲章の略式のもの)
りゅうかん	流感(流行性感冒の略)
	流汗(汗を流すこと。流れる汗)
りゅうせい	隆盛(勢いの盛んなこと)
	流星
りゅうちょう	留鳥(年中一定地域に住む鳥)
	流暢(言葉遣いのよどみないこと)
りゅうりゅう	隆々(盛り上がってる様。*筋肉隆々)
	粒々(すべての粒。*粒々辛苦)
	流々(いろんな仕方のあること。*細工は流々)
りよう	利用
	理容(理髪と美容)
	里(俚)謡(民謡)
りょうえん	良縁(良い縁組み)
	遼遠(はるかに遠いこと)
りょうか	良家(家柄・暮らし向きのよい家)
	良貨(品質のよい貨幣。↔悪貨)
	寮歌(寮の歌。旧制高校の寄宿舎の歌)
りょうかい	了解(理解して認めること)
	諒解(事情をくんで承知すること)
	領海(沿岸から12海里の水域)
りょうかん	量感(ボリューム感)
	涼感(涼しそうな感じ)
	僚艦(同じ任務についている味方の軍艦)
	猟官(官職を得ようと多くの者が競うこと)
りょうがん	両岸(川の両方の岸)
	両眼
りょうき	猟奇(怪奇なものに興味をもってあさり求めること)
	猟期(狩猟の期間)
	涼気(すずしい空気)
りょうけい	良計(良いはかりごと)
	量刑(刑の程度を決めること)

りょうけん	了見＝料簡(考えめぐらすこと。思案)	りょうふう	良風(健全な風習)
	猟犬(猟に用いる犬)		涼風(涼しい風)
りょうこう	良好(良いこと)	りょうぼ	寮母(寮等で入所者の世話をする女性)
	良港(良い港)		陵墓(みささぎ)
りょうし	漁師(漁をして生活をたてる人)	りょうほう	両方
	猟師(猟をして生活をたてる人)		療法(治療方法)
	量子(物理量の最小単位)	りょうゆう	良友
りょうじ	領事(外国にあって通商を促進し、自国民の保護援助をする公務員)		僚友(同じ職場で働く友達)
			両雄(二人の英雄)
			領有(自分のものとして所有すること)
	療治(病気を治すこと)	りょうよう	両様(二つの様式)
りょうしゅう	領収(受け収めること)		両用(二つの方面に用いること)
	領袖(トップに立つ人)		療養(治療し養生すること)
	涼秋(涼しい秋)	りょしゅう	旅愁(旅行中に感ずるものがなしさ)
りょうしょ	良書(良い書物)		
	両所(二つの場所。おふたり)		虜囚(捕虜)
りょうしょう	了(諒)承(事情を理解し承知すること)	りんか	隣家
			輪禍(車による災難)
	領承(うけたまわること)	りんかい	臨海(海に近いところ)
りょうしん	両親		臨界(境界。＊臨界圧力)
	両心(二心)	りんき	臨機(時と場所に応じて手段を講ずること。＊臨機応変)
	良心		
りょうせい	良性(↔悪性)		悋気(やきもち)
	両性(雌雄両方の性質を持ってること)	りんこう	輪講(数人が輪番で講義すること)
	両生(棲)(水陸両方に住むこと)		燐鉱(燐酸石灰を多く含む鉱石の総称)
	寮生(寮に住む者)		
りょうち	領置(押収の一方法)		燐光(黄燐の青白い微光)
	領地(領土)		臨港(埠頭付近の場所。＊臨港線)
	料地(皇室の所有地)		
	了知(覚り知ること)		隣好(近隣と仲良くすること)
	良知(生れながら持ってる知能)	りんさん	林産(木材の生産)
りょうとう	両頭(頭が二つの動物。同時代の二人の支配者)		燐酸(酸の一種)
		りんしょう	臨床(病床に臨むこと。＊臨床検査)
	両刀(武士が差した大小二本の刀)		
			輪唱(各声が同一旋律を一定の間隔をおいて追いかけながら
	両統(二つの血統)		

	歌うこと）		れいぐう	冷遇(不当に低い待遇)
りんじょう	臨場(その場に臨むこと)			礼遇(礼を厚くして待遇すること)
	鱗状(うろこのような形状)		れいけい	令兄(他人の兄の尊敬語)
りんせき	臨席(出席の丁寧語)			令閨(他人の妻の尊敬語)
	隣席(となりの席)		れいげん	冷厳(つめたく厳しいこと)
りんり	倫理(道徳)			例言(書物の凡例に述べる言葉)
	淋漓(汗のしたたり落ちる様)			霊験(祈願に対する霊妙な効験)
			れいさい	例祭(決まった日に行う祭り)
[る]				零細(規模が小さいこと)
るいけい	累計(小計の合計)		れいじ	例示(例として示すこと)
	類型(特徴別の分類)			励磁(磁化すること)
るいじ	類字(形の似た文字)			零時
	類似(似ていること)		れいしつ	令室(他人の妻の尊敬語)
	累次(かさね続けること)			霊室(神仏・位牌を祭った室)
るいしん	累進(次第に進み昇ること)			麗質(容姿の美しい生まれつき)
	塁審(野球の1・2・3塁で審判する人)		れいしょう	冷笑(さげすみ笑うこと)
				冷床(自然のままの苗床)
[れ]				例証(証拠としてあげる例)
れいい	霊位(位牌)		れいじょう	礼状(謝礼の手紙)
	霊威(すぐれて不思議な力)			令状(裁判官が出す命令書)
	霊異(すぐれて不思議なこと)			霊場(神社仏閣のある神聖な地)
れいか	零下(零度以下)			令嬢(他人の娘の尊敬語)
	隷下(従属する者。配下)		れいせん	冷戦(冷たい戦争)
	冷菓(つめたいお菓子)			冷泉(湯温の低い温泉)
	冷夏(気温の低い夏)			霊泉(不思議な効き目のある泉)
れいかい	霊界(霊魂の世界)		れいぜん	霊前(霊を祭った所の前)
	例解(例をあげて解くこと。その解答)			冷然(冷ややかで思いやりのない様)
	例会(定例の会)		れいてん	零点
れいがい	冷害(寒冷天候による農作物の被害)			冷点(冷たさを感ずる皮膚の感覚点)
	例外(原則の適用をうけないこと)			礼典(礼儀に関する法則)
れいかん	霊感(神仏の霊妙な感応)		れいはい	零敗(全く得点できずに敗れること)
	冷汗(ひやあせ)			礼拝(神仏を拝むこと)
れいき	冷気(つめたい空気)			礼拝(レイハイ)＝キリスト教
	霊気(神秘的な気配)			礼拝(ライハイ)＝仏教
	励起(量子力学的な概念)			拝礼(ハイレイ)＝神道
	例規(慣例と規則)			

れいばい	霊媒(霊と通じ得る媒体者)		れんたい	連帯(二人以上で責任をともにすること。＊連帯保証)
	冷媒(冷却剤)			連隊(陸軍部隊編制単位の一つ)
れいほう	礼法(礼の作法)		れんぱ	連破(続けざまに相手に勝つこと)
	礼砲(敬意を表すために発する空砲)			連覇(前回に引き続き優勝すること)
	霊峰(信仰の対象となっている山)		れんぽう	連邦(連合国家)
れいめい	令名(名声。ほまれ)			連峰(連なっている峰々)
	黎明(あけがた。物事の始まり)		れんめい	連盟(共同の目的で同一に行動することを誓うこと。その組織体)
れきし	歴史			
	轢死(車輪にひかれて死ぬこと)			連名(幾人かの氏名を並べて書くこと)
れきねん	暦年(暦に定めた一年)			
	歴年(年を経ること。年々)			
れきほう	歴訪(次々と方々を訪問すること)			
	暦法(こよみに関する法則)			**[ろ]**
れっか	劣化(品質が低下すること)		ろうえい	朗詠(詩歌を声高くうたうこと)
	烈火(激しく燃える火)			漏洩(秘密・水等の漏れること)
れっせい	劣性(遺伝する形質のうち次代には現れない形質)		ろうか	廊下
				老化(年とともに生理機能が衰えること)
	劣勢(勢力が劣ること)		ろうきゅう	老朽(老いて朽ちること)
れっとう	列島(多くの島が列をなしている様)			籠球(バスケットボール)
			ろうぎん	朗吟(詩歌を声高く吟ずること)
	劣等(能力等が劣っていること)			労銀(労働による得る賃金)
れんか	廉価(値段の安いこと)		ろうく	労苦(ほねおり)
	恋歌(恋の歌)			老軀(年とった体)
れんが	煉瓦		ろうこう	老巧(経験をつんで物事に巧みなこと)
	連歌(詩歌の形態の一つ)			
れんけい	連携(互いに連絡をとりあって物事を行うこと)			陋巷(むさくるしいまち)
			ろうさい	労災(労働災害の略)
	連係(繋)(つながり)			老妻(年老いた妻)
れんけつ	連結(結び合わせること)		ろうし	浪士(禄をはなれた武士)
	廉潔(心の清いこと。＊清廉潔白)			労使(労働者と使用者)
れんそう	連想(一つの観念からそれと関連のある他の観念を出現すること)			労資(労働者と資本家)
				牢死(牢内で死ぬこと)
				老師(年とった僧・先生)
	連奏(同じ楽器を二人以上でひくこと)		ろうしょう	労相(労働大臣の略)
				朗唱(誦)(高らかに歌うこと)

熟語

ろうじょう	籠城	(城のなかに立てこもること)
	楼上	(たかどのの上)
ろうすい	漏水	(水がもれること)
	老衰	(老いて心身の衰えること)
ろうせい	老成	(経験をつんで巧みになること)
	老生	(老人男性の謙譲語)
	労政	(労働行政の略)
ろうぼく	老木	(年をへた木)
	老僕	(年とった下男)
ろうろう	朗々	(声の高らかな様。月の明るい様)
	浪々	(さすらう様)
ろ　じ	路次	(道筋)
	路地	(地面。人家の間の狭い通路)
	露地	(屋根などの覆いのない地面。＊露地栽培)
ろ　てい	露呈	(隠れているものが外に出ること)
	路程	(旅程)
ろ　てん	露天	(屋根のない所。屋外)
	露店	(屋外に設けた店)
	露点	(水蒸気が凝結を始める時の温度)
ろ　とう	路頭	(みちばた)
	露頭	(鉱床が地表に露出した所)
ろんきゅう	論及	(論じてその事に言い及ぶこと)
	論究	(本質まで究明すること)
ろんだん	論断	(論じて判断を下すこと)
	論談	(事の理非を論じ述べること)
	論壇	(評論家などの社会。演壇)
ろんぽう	論法	(議論の方法)
	論鋒	(議論のほこさき・勢い)

[わ]

わかめ	若芽	(生え出て間もない芽)
	若布＝和布	((植)ワカメ)
わかん	和漢	(日本と中国。和学と漢学)
	和姦	(合意の上での姦通)
わこう	和光	(和光同塵の略。おだやかな威光)
	倭寇	(昔、中国等を荒らした日本の海賊)

II 読みが違っても意味が同じ熟語
(使う場面により使い分けるものもある)

[あ]
悪　名：あくめい、あくみょう
小　豆：あずき、しょうず
　　　　（小豆島は、しょうどしま）
悪　口：あっこう、わるくち

[い]
活　魚：いけうお、かつぎょ
何　処：いずこ、どこ
衣　鉢：いはつ、えはつ
　　　　①僧の所持品②師から伝える奥義
悪　戯：いたずら、わるさ
一　言：いちげん、いちごん、ひとこと
　　　　＊一言居士（いちげんこじ）
一昨日：いっさくじつ、おととい
一昨年：いっさくねん、おととし

[う]
初　産：ういざん、しょざん
初　孫：ういまご、はつまご
雨　水：うすい、あまみず
乳　母：うば、めのと
雲　母：うんも、きらら
　　　　（珪酸塩鉱物）

[え]
永　久：えいきゅう、とわ、とこしえ
永　年：えいねん、ながねん
越　年：えつねん、おつねん
干　支：えと、かんし
　　　　（十干十二支）
遠　近：えんきん、おちこち

[お]
奥　義：おうぎ、おくぎ
　　　　（学芸・武術などの奥深い肝要な事柄）
黄　金：おうごん、こがね
黄　色：おうしょく、きいろ
桜　桃：おうとう、サクランボ
凹　凸：おうとつ、でこぼこ
怖　気：おじけ、おぞけ
襁　褓：おしめ、おむつ、むつき
和　尚：おしょう、わじょう、かしょう
女　形：おんながた、おやま
陰陽道：おんようどう、おんみょうどう
　　　　（古代中国の陰陽五行説に基づいて天文などを扱う方術）

[か]
外　国：がいこく、とつくに
客　死：かくし、きゃくし
　　　　（旅先で死ぬこと）
確　執：かくしゅう、かくしつ
　　　　（自分の意見を固く主張して譲らぬこと。そのため双方の間が不和になること）
鏑(嚆)矢：かぶらや、こうし
　　　　（先端に鏑をつけた矢。合戦の初めに用いた）
曲　尺：かねざし、かねじゃく
　　　　（大工が用いる、直角に曲がった物差し）
玩　具：がんぐ、おもちゃ
元　金：がんきん、もときん
冠　者：かんじゃ、かじゃ
　　　　①若者②従者

顔　色：がんしょく、かおいろ
乾　物：かんぶつ、ひもの
閑話休題：かんわきゅうだい、さて

[き]

忌　明：きあけ、いみあけ
　　　　（喪に服する期間の終わること）
忌　諱：きき、きい
　　　　（忌み嫌うこと）
寄　贈：きそう、きぞう
吉　日：きちじつ、きちにち
木　目：きめ、もくめ
牛　車：ぎっしゃ、ぎゅうしゃ
教　皇：きょうこう、きょうおう
　　　　（ローマカトリック教会の首長）
行　幸：ぎょうこう、みゆき
　　　　（天皇が外出すること）
香　車：きょうしゃ、やり
　　　　（将棋の駒の一つの名）
競　売：きょうばい、けいばい
居　所：きょしょ、いどころ
去　年：きょねん、こぞ
金　色：きんいろ、こんじき

[く]

公　卿：くげ、くぎょう
苦　笑：くしょう、にがわらい
口　伝：くでん、くちづて

[け]

経　緯：けいい、いきさつ
鶏　冠：けいかん、とさか
軽　々：けいけい、かるがる
兄　弟：けいてい、きょうだい
言　質：げんしつ、げんち
　　　　（ことばじり）

[こ]

此　奴：こいつ、こやつ

口　腔：こうこう
　　　　（口から咽喉に至る部分）
　　　　こうくう（医学でのみ）
黄　泉：こうせん、よみ
甲　板：こうはん、かんぱん
御　霊：ごりょう、みたま
強　飯：こわめし、おこわ
今　朝：こんちょう、けさ
紺　屋：こんや、こうや
　　　　（藍染めを業とする者）

[さ]

左　官：さかん、しゃかん
　　　　（壁を塗る職人）
昨　日：さくじつ、きのう
昨　夜：さくや、ゆうべ
茶　道：さどう、ちゃどう
　　　　（茶の湯により精神修養・礼法を究
　　　　める道）
茶話会：ちゃわかい、さわかい
　　　　（茶菓をとりながら話し合う会）
山　河：さんが、やまかわ
残　滓：ざんし、ざんさい
　　　　（のこりかす）

[し]

詩　歌：しか、しいか
自　棄：じき、やけ
耳　朶：じだ、みみたぶ
疾　風：しっぷう、はやて
　　　　（速く吹く風）
四　方：しほう、よも
驟　雨：しゅうう、にわかあめ
秋　雨：しゅうう、あきさめ
縦　横：じゅうおう、たてよこ
終　日：しゅうじつ、ひねもす
十八番：じゅうはちばん、おはこ
　　　　①得意の物事②歌舞伎十八番の略

修祓：しゅうふつ、しゅうばつ
　　　（おはらい）
重複：じゅうふく、ちょうふく
首肯：しゅこう、うなず（く）
出生：しゅっせい、しゅっしょう
緒戦：ちょせん、しょせん
　　　（戦いの始まったばかりのころ）
小刀：しょうとう、こがたな
生薬：しょうやく、きぐすり
　　　（動植物・鉱物をそのまま薬品ある
　　　いは製薬の原料としたもの）
女将：じょしょう、おかみ
女性：じょせい、にょしょう
塵芥：じんかい、ごみ、ちりあくた
鍼灸：しんきゅう、はりきゅう
身体：しんたい、からだ

[す]
垂涎：すいぜん、すいえん
　　　（強く欲しがること）
水夫：すいふ、かこ
水面：すいめん、みなも

[せ]
西域：せいいき、さいいき
　　　（中国の西方諸国を中国人が呼んだ
　　　汎称）
生業：せいぎょう、なりわい
精霊：せいれい、しょうりょう
施工：せこう、しこう
世論：せろん、よろん
先達：せんだつ、せんだち
　　　①その道の先輩②先導者③案内者
旋風：せんぷう、つむじかぜ

[そ]
雑木：ぞうき、ざつぼく
早急：そうきゅう、さっきゅう
早々：そうそう、はやばや

曾孫：そうそん、ひまご
遡及：そきゅう、さっきゅう
　　　（過去にさかのぼること）
粗品：そひん、そしな

[た]
大安：たいあん、だいあん
大蛇：だいじゃ、おろち
端緒：たんしょ、たんちょ
　　　（事のはじまり）
男女：だんじょ、なんにょ

[ち]
茶会：ちゃかい、さかい
茶店：ちゃみせ、ちゃてん、さてん
中風：ちゅうぶう、ちゅうふう
　　　（脳出血などで身体の一部が麻痺す
　　　る病気）
貼付：ちょうふ、てんぷ
　　　（貼り付けること）
美味：びみ、うま（い）、おい（しい）
便覧：びんらん、べんらん

[て]
泥濘：でいねい、ぬかるみ
天地：てんち、あめつち

[と]
等閑：とうかん、なおざり
東宮：とうぐう、はるのみや
　　　①皇太子②皇太子の住居
憧憬：どうけい、しょうけい
　　　（あこがれること）
杜氏：とうじ、とじ
　　　（酒つくり職人の長）
掉尾：とうび、ちょうび
　　　（ものの最後）
同胞：どうほう、はらから
禿頭：とくとう、はげあたま

独　白：どくはく、ひとりごと
濁酒＝濁醪：どぶろく、にごりざけ

[な]
内　海：ないかい、うちうみ
内　面：ないめん、うちづら
苗　代：なえしろ、なわしろ
何　故：なぜ、なにゆえ

[の]
野　分：のわけ、のわき
　　　　（秋から初冬に吹く強い風）

[は]
梅　雨：ばいう、つゆ
白　衣：はくい、びゃくい
白　雪：はくせつ、しらゆき
発　意：はつい、ほつい
　　　　（考え出すこと。発案）
発　疹：はっしん、ほっしん
　　　　（皮膚病変の一つ）
発　足：はっそく、ほっそく

[ひ]
東　風：ひがしかぜ、こち
微　笑：びしょう、ほほえみ
左　手：ひだりて、ゆんで
火　床：ひどこ、ほど
　　　　①地面に作ったかまど②ボイラーで燃料をたく所
微　風：びふう、そよかぜ
飛　沫：ひまつ、しぶき

[ふ]
風　雨：ふうう、あめかぜ
夫　婦：ふうふ、めおと
復　習：ふくしゅう、さらい
武　士：ぶし、もののふ、さむらい
浮　腫：ふしゅ、むくみ

[ほ]
彷　徨：ほうこう、さまよ（う）
牧　場：ぼくじょう、まきば
墓　参：ぼさん、はかまいり
母　子：ぼし、ははこ
法　主：ほっす、ほうしゅ
　　　　（一宗派の首長）

[ま行]
右　手：みぎて、めて
南　風：みなみかぜ、はえ
明後日：みょうごにち、あさって
明　日：みょうにち、あす
面　目：めんもく、めんぼく
黙　然：もくねん、もくぜん
　　　　（だまっていて、ものを言わない様）
糯　米：もちごめ、もちまい

[や行]
釉　薬：ゆうやく、うわぐすり
翌　朝：よくちょう、よくあさ

[ら行]
落　魄：らくはく、おちぶ（れる）
落　葉：らくよう、おちば
襤　褸：らんる、ぼろ
流　行：りゅうこう、はやり
両　刃：りょうば、もろは
吝　嗇：りんしょく、けち
流　浪：るろう、さすらい
冷　汗：れいかん、ひやあせ
狼　狽：ろうばい、うろた（える）
漏　斗：ろと、じょうご

III 読み方で多少とも意味の違う熟語

[あ行]

一月	いちがつ	
	ひとつき	
一時	いちじ	
	いっとき	
	ひととき	
一途	いちず	ひたすら
	いっと	ひとすじの道。一つの方向
一日	いちにち	ある日
	いちじつ	
	ついたち	
一人	いちにん	ひとりの人
	ひとり	
一番	いちばん	
	ひとつがい	動物の雌雄の一対
一物	いちぶつ	一つの物。＊一物一価
	いちもつ	一つのたくらみ
一目	いちもく	一度ちょっと見ること。＊一目瞭然
	ひとめ	ちょっと見ること。一望。＊一目惚れ
一角	いっかく	①一つのすみ②一つのつの③一つのかど
	ひとかど	①一人前であること②ひときわ優れていること
一見	いっけん	①ちょっと見ること②ちょっと見たところ
	いちげん	①初対面②一見客の略
一切	いっさい	①残らず②全く
	ひときれ	
一寸	いっすん	①1尺の1/10②短い距離・時間
	ちょっと	①少し②かなり③しばらく④少々のことでは
一世	いっせ	①過去現在未来の一つ②終生③父から子への一代
	いっせい	①一生②一代目③同名の王・皇帝の初代
一端	いったん	①かたはし②一部分
	いっぱし	①一度②一人前
一分	いっぷん	60秒
	いちぶ	数・単位の名称「分」＊一分金

有 為	うい		因縁によって生じた現象・存在
	ゆうい		①役に立つこと②才能のあること
疫 病	えきびょう		伝染病
	やくびょう		伝染性の熱病。＊疫病神(人々に嫌われる人のたとえ)
蝦 夷	えぞ		①北海道の古称②えみし＝大和朝廷に服従しなかった古代東北人
	えびす		①えみしの転②都から遠い開けぬ土地の民の古称
大 勢	おおぜい		多くの人々
	たいせい		①大きな権勢②天下の趨勢
大 手	おおて		①城の表門②大手筋の略
	おおで		肩から手先まで
御手洗	おてあらい		便所
	みたらし		神社社頭で手・口を清める所
母 屋	おもや		付属の家屋に対し住居に用いる建物
	もや		垂木(たるき)を受ける横木

[か行]

開 眼	かいがん		目を開くこと
	かいげん		仏像・仏画に魂を迎え入れること
外 面	がいめん		外部に向いた面
	そとづら		他人との応接時に見せる態度
河 岸	かがん		河の岸
	かわぎし		河の岸
	かし		①河岸の市場②飲食などをする場所③河岸の、人・荷物を揚げ降ろしする所
仮 名	かめい		かりに付けた名
	かな		漢字から発生した日本固有の音節文字
花 柳	かりゅう		①遊里②芸者・遊女
	はなやなぎ		日本舞踊「花柳流」の芸姓
寒 気	かんき		冷たい空気。寒さ
	さむけ		不愉快な寒さを感ずること
眼 鏡	がんきょう		①双眼鏡などの略②めがね
	めがね		①視力調整レンズ②物を見てその善悪可否を考え定めること
顔 色	がんしょく		顔の表情
	かおいろ		①顔の色②感情を表している顔つき
幾 何	きか		幾何学の略
	いくばく		どれほど
気 骨	きこつ		自分の信念に忠実な意気
	きぼね		気苦労。心配

熟語	読み	意味
気質	きしつ	①きだて②個人の性格の基礎になっている性質
	かたぎ	①ならわし②性質や気だて③職業年齢に応じた特有の気風
気色	きしょく	①気分②天気
	けしき	①様子②きざし③機嫌④おおせ⑤情趣
逆手	ぎゃくて	①柔道技の一つ②手を逆の向きにすること③取引用語
	さかて	①逆にとること②刀などを逆に持つこと
強力	きょうりょく	力や作用が強いこと
	ごうりき	①登山者の荷を負い案内する人②力の強いこと
強力粉	きょうりきこ	小麦粉の一種
銀杏	ぎんなん	イチョウの種子
	いちょう	イチョウ科の落葉高木
現金	げんきん	①貨幣②ありがね
	げんなま	げんきんの俗語
言語	げんご	①ことば②ある集団が用いる言語体系　*言語能力
	ごんご	ことば　*言語道断
見物	けんぶつ	名所・催し物などを見ること
	みもの	見る値打ちのあるもの
甲高	こうだか	手足の甲が高くはり出していること
	かんだか(い)	声の調子の高いこと
工夫	こうふ	土木工事などに従事する労働者
	くふう	考えて良い方法を得ようとすること
紅葉	こうよう	秋に葉が紅色に変わること、またその葉
	もみじ	①こうよう②カエデの別称③鹿の肉
国立	こくりつ	国が設立し管理していること
	くにたち	東京都西部にある都市名
後手	ごて	①敵に先をこされて受身になること②手遅れ③囲碁などで先手に対してあとから応ずること
	うしろで	①うしろの方②両手を背中に回すこと
今日	こんにち	近ごろ
	きょう	本日

[さ行]

熟語	読み	意味
最上	さいじょう	一番優れていること
	もがみ	姓氏の一つ
最中	さいちゅう	物事のまっさかり
	もなか	①中央②和菓子の一種
座頭	ざがしら	座長
	ざとう	転じて、盲人

冊　子	さっし	①とじ本②書物
	そうし	①仮名本②中近世の短編小説
三　位	さんい	三番目
	さんみ	①正・従三位②キリスト教で父・子・聖霊
色　紙	しきし	①種々の色の紙②和歌などを書く方形の厚紙
	いろがみ	種々の色に染めた無地の紙
自　重	じじゅう	そのもの本体の重さ
	じちょう	①軽々しくふるまわないこと②自愛
市　場	しじょう	売手買手が特定商品を規則的に取り引きする場所
	いちば	①定期に商人が集まって商売する場所②常設で主に日用品や食料品を売る所
下　手	したて	①下の方の場所②他より低い地位③相撲のしたて
	へた	不器用な人
	しもて	①下の方②見物席から見て舞台の左の方
下手人	げしゅにん	自ら手を下した殺人者
下手物	げてもの	雑な品
祝　詞	しゅくし	祝辞
	のりと	祭の儀式に唱えて祝福する言葉
春　日	しゅんじつ	①春の日②春の太陽
	かすが	①奈良市及びその付近の称②春日神社一帯の称
上　下	じょうげ	①うえとした②のぼりくだり
	かみしも	①上位と下位②上の句と下の句③上衣と袴④江戸時代武士の礼装
	うえした	①うえとした②上が下になる様
上　手	じょうず	①物事に巧みなこと、人②お世辞のよいこと
	うわて	①かみて②技能学力などが他より優れていること③相撲のうわて
	かみて	①うえ（かみ）の方②見物席から見て舞台の右の方
小　人	しょうじん	①少年②小人物
	こびと	せいのひどく低い人
丈　夫	じょうぶ	①達者②確かなこと③壊れにくいこと
	ますらお	立派な男
上　方	じょうほう	上の方
	かみがた	京都付近
初　心	しょしん	初めに思い立ったこと
	うぶ	①生来のままで飾り気のないこと②男女の情を解しないこと
人　工	じんこう	人手を加えること
	にんく	土建関係で作業量を表す語（一人一日の労働量）

身上	しんしょう	①財産②家計③とりえ
	しんじょう	①みのうえ②身体の表面
	みのうえ	①人の一身に関すること②人の運命
人身	じんしん	①人の身体②個人の身分
人身御供	ひとみごくう	人間を神に供すること、また供えられる人
人体	じんたい	人の身体
	にんてい	①人の風姿②人柄
身代	しんだい	①資産②身分③暮らしぶり
身代金	みのしろきん	人身と引き換えに渡す金
心中	しんちゅう	心のうち
	しんじゅう	二人以上の者がともに死ぬこと
真面目	しんめんもく	本来の姿
	まじめ	①本気②誠実なこと
数奇	すうき	①不運②境遇の変化の激しいこと
	すき	風流の道、特に茶の湯などを好むこと
素面	すめん	①剣道・能で面をつけないこと②化粧していない顔
	しらふ	酒を飲んでいない状態・態度
生花	せいか	①華道の様式②造花に対し自然の花
	しょうか	いけばなの古称(流派による)
	いけばな	草花を花器に挿し席上の飾りとすること、また挿したもの
	なまばな	採取したままの草花
聖人	せいじん	①知徳が優れ万人が師とすべき人②カトリックで教皇によりそれと指名された人
	しょうにん	悟りを得た人
正体	せいたい	①正しいありかた②正しい書体③正方形に収まる書体
	しょうたい	そのものの本当の姿
生地	せいち	産まれた土地
	きじ	①素質②布の質③パンなどの火を通す前の状態の材料
生物	せいぶつ	生活しているもの
	いきもの	生きているもの、主に動物
	なまもの	なまのままの食物、多く魚類にいう
声明	せいめい	意見・主張などを公けに発表すること
	しょうみょう	僧の唱える声楽の総称
世帯	せたい	住居・生計をともにする者の集団
	しょたい	一戸を構えて独立の生計を営むこと
先手	せんて	①人より先に行うこと②先に立って戦うこと
	さきて	先陣
川柳	せんりゅう	俳句と違い季語などの制限がない十七字の短詩
	かわやなぎ	ヤナギ科の落葉低木

熟語

| 造作 | ぞうさく | ①建築②建築内部の仕上げ材の総称 |
| | ぞうさ | もてなし |

[た行]

大家	たいか	①大きな家②その道に特に優れた人
	たいけ	富んだ家
	おおや	①貸家の持主②本家
大事	だいじ	①重大な事件②重要③容易でないこと
	おおごと	大事件
大人	たいじん	①身体の大きな人②徳の高い人③身分官位の高い人
	おとな	成人
他人	たにん	①自分以外の人②当事者でない人
他人事	ひとごと	自分とは無関係な他人に関すること
堪能	たんのう	十分にみちること
	かんのう	その道に上手なこと
地方	ちほう	①国内の一部分の土地②首都以外の土地
	じかた	舞踊で音楽を受け持つ人々の称
追従	ついしょう	こびへつらうこと
	ついじゅう	人のあとにつき従うこと
手水	てみず	①手を洗う水②手につける水
	ちょうず	①寺社参拝前に手顔を洗い清める水②トイレ
同行	どうこう	連れだって一緒に行くこと
	どうぎょう	①ともに行くこと、その人②巡礼者の道づれ
土器	どき	釉薬を用いない素焼きの器物
	かわらけ	①どき②素焼きの杯

[な行]

何時	なんじ	
	いつ	
入会	にゅうかい	会に加入して会員になること
	いりあい	一定地域の住民が特定の権利をもって森林・漁場などに入り共同用益すること（入相とも書く）
入魂	にゅうこん	あることに精根をつぎこむこと
	じっこん	心やすいこと。親しいこと
人間	にんげん	
	じんかん	人の住むところ。世のなか
人気	にんき	①評判②その地方の気風
	ひとけ	人のいる気配

根太	ねぶと	腫物の一種
	ねだ	床板を受けるために床下に渡す横木
能書	のうしょ	文字を巧みに書くこと、その人
	のうがき	①効能を書いたもの②自分の得意なことを吹聴する言葉

[は行]

博士	はくし	研究能力・学識とを有する者に授与される学位
	はかせ	学問またはその道に広く通じた人
拍手	はくしゅ	手を打ちならすこと
	かしわで	神を拝むとき手のひらを2〜4回打ち合わせること
判官	はんがん	裁判官の古称
	ほうがん	源義経の称
万歳	ばんざい	
	まんざい	漫才の原形
翡翠	ひすい	①カワセミの異称②玉の一種
	かわせみ	カワセミ科の鳥
干物	ひもの	魚・貝などを干して作った食品
	ほしもの	日にほして乾かすこと、そのもの
評定	ひょうてい	一定の尺度に従って価値・品などを定めること
	ひょうじょう	人々が集まって評議して決定すること
氷柱	ひょうちゅう	氷の柱
	つらら	水が凍って棒のようにたれ下がったもの
風穴	ふうけつ	夏季、山腹などから冷たい風を吹き出す洞穴
	かざあな	風の吹き抜ける穴
物心	ぶっしん	物質と精神
	ものごころ	人情などを理解する心
分別	ふんべつ	理性で物事の善悪・道理を区別してわきまえること
	ぶんべつ	種類ごとに分けること
変化	へんか	変わること
	へんげ	形が変わって違ったものが現れること。ばけ物

[ま行]

末期	まっき	終わりの時期
	まつご	臨終
巫女	みこ	神に仕えて神楽・祈祷を行い、または神託を告げる女性
	いたこ	東北地方で、口寄せする巫女
明朝	みょうちょう	
	みょうあさ	
	みんちょう	①中国、明の朝廷②活字書体の一つ

名代	みょうだい	代理、またその人
	なだい	名高いこと

[ら行]
利益	りえき	
	りやく	神仏の力によって授かる利福

[わ行]
嫩葉	わくらば	①若葉②病気にかかった葉
	わかば	若葉

IV 当て字・変わり読み・読み間違いやすい熟語(抄)
(常用漢字付表に表示されたものを除く。＊は地名)

[あ]

嗚呼	ああ
匕首	あいくち
挨拶	あいさつ
生憎	あいにく
隘路	あいろ
阿吽	あうん
和物	あえもの
秋雨	あきさめ
灰汁	あく
悪食	あくじき
齷齪	あくせく
欠伸	あくび
胡坐＝跌座	あぐら
悪辣	あくらつ
朝餉	あさげ
浅葱色	あさぎいろ
飛鳥≒明日香	＊あすか〔奈良県〕
四阿＝東屋	あずまや
校倉	あぜくら
汗疹	あせも
渾名＝綽名	あだな
徒花	あだばな
熱燗	あつかん
呆気	あっけ
斡旋	あっせん
天晴	あっぱれ
軋轢	あつれき
雨足	あまあし
数多	あまた
天邪鬼	あまのじゃく
洗膾	あらい
粗筋	あらすじ
周章てる	あわてる
淡雪	あわゆき
行火	あんか
行脚	あんぎゃ
安堵	あんど
行灯	あんどん
安穏	あんのん
塩梅≒按配	あんばい
按摩	あんま

[い]

許婚≒許嫁	いいなずけ
如何	いか(に)、いか(が)
斑鳩	＊いかるが〔奈良県〕
生贄	いけにえ
十六夜	いざよい
漁火	いさりび
椅子	いす
出雲	＊いずも〔島根県〕
潮来	＊いたこ〔茨城県〕
何時、何日	いつ
息吹	いぶき
稲荷	いなり
否応	いやおう
海参＝煎海鼠	いりこ
刺青＝文身	いれずみ
所謂	いわゆる
因縁	いんねん

[う]

外郎	ういろう
含嗽	うがい
有卦	うけ
胡散	うさん
転寝	うたたね
卯建	うだつ
団扇	うちわ
空蝉	うつせみ
鬱憤	うっぷん
饂飩	うどん
自惚＝己惚	うぬぼれ
産着＝産衣	うぶぎ
産声	うぶごえ
産土神	うぶすながみ
産湯	うぶゆ
上手い＝巧い	うまい
苜蓿	うまごやし
石女	うまずめ
烏有	うゆう
盂蘭盆	うらぼん
閏年	うるうどし
五月蠅い	うるさい
胡乱	うろん
上衣	うわぎ
蘊蓄	うんちく
云々	うんぬん

[え]

回向	えこう
餌食	えじき
会釈	えしゃく
似非	えせ
会得	えとく
烏帽子	えぼし
衣紋	えもん
蜒蜒＝延々	えんえん
偃月	えんげつ
冤罪	えんざい
燕尾服	えんびふく

| 閻魔 | えんま |

[お]

花魁	おいらん
横溢	おういつ
押印	おういん
横着	おうちゃく
嘔吐	おうと
横柄	おうへい
嗚咽	おえつ
大御所	おおごしょ
大立者	おおだてもの
大祓	おおはらえ
大晦日	おおみそか
大凡	おおよそ
大童	おおわらわ
可笑しい	おかしい
尾頭付き	おかしらつき
傍目＝岡目	おかめ
悪寒	おかん
晩稲≒晩生	おくて
お辞儀	おじぎ
小父さん	おじさん
白粉	おしろい
御節料理	おせちりょうり
落人	おちうど
億劫	おっくう
お点前	おてまえ
音沙汰	おとさた
小母さん	おばさん
大原女	おはらめ
朧月	おぼろづき
思惑	おもわく
御神籤	おみくじ
御神渡	おみわたり
親父	おやじ
終値	おわりね
御大	おんたい
隠密	おんみつ

[か]

改竄	かいざん
諧謔	かいぎゃく
外為(外国為替)	がいため
垣間見る	かいまみる
皆目	かいもく
界隈	かいわい
花押	かおう
案山子	かかし
画策	かくさく
矍鑠	かくしゃく
岳父	がくふ
陽炎	かげろう
禍根	かこん
飛白＝絣	かすり
河川敷	かせんしき
固唾	かたず
脚気	かっけ
割烹(着)	かっぽう(ぎ)
甲冑	かっちゅう
首途＝門出	かどで
彼方	かなた
蒲焼	かばやき
可否	かひ
歌舞伎	かぶき
蒲鉾	かまぼこ
剃刀	かみそり
鴨居	かもい
空威張り	からいばり
樺太	*からふと[サハリン]
狩人	かり(ゅ)うど
歌留多	かるた
可愛い	かわいい
可哀相	かわいそう
川面	かわも
癇癪	かんしゃく
貫頭衣	かんとうい
雁擬き	がんもどき
甘露煮	かんろに

[き]

帰依	きえ
義捐金＝義援金	ぎえんきん
危惧	きぐ
樵夫	きこり
気障	きざ
生蕎麦	きそば
義太夫	ぎだゆう
几帳面	きちょうめん
屹度	きっと
忌引	きびき
擬宝珠	ぎぼ(う)し(ゅ)
肌理	きめ
虐待	ぎゃくたい
華奢	きゃしゃ
脚立	きゃたつ
脚絆	きゃはん
牛耳る	ぎゅうじる
急須	きゅうす
経帷子	きょうかたびら
教唆	きょうさ
行水	ぎょうずい
形相	ぎょうそう
興味	きょうみ
馭者＝御者	ぎょしゃ
奇麗	きれい
筋骨	きんこつ
金子	きんす

[く]

空前	くうぜん
久遠	くおん
群来	くき
公家	くげ
薬玉	くすだま
曲者	くせもの
草臥れる	くたびれる
功徳	くどく
供奉	ぐぶ

工面	くめん		炬燵＝火燵	こたつ		颯爽	さっそう
供物	くもつ		木霊＝谺	こだま		茶飯事	さはんじ
供養	くよう		御馳走	ごちそう		作法	さほう
庫裡＝庫裏	くり		骨董	こっとう		作務衣	さむえ
紅蓮(の炎)	ぐれん		木端	こっぱ		白湯	さゆ
黒衣	くろご		言霊	ことだま		更科＝更級	さらしな
群青(色)	ぐんじょう(いろ)		此方	こなた		懺悔	ざんげ
			近衛	このえ			
[け]			琥珀	こはく		**[し]**	
軽率	けいそつ		御法度	ごはっと		潮騒	しおさい
境内	けいだい		独楽	こま		直火	じかび
稀有＝希有	けう		細切れ	こまぎれ		信楽焼	しがらきやき
怪我	けが		田作＝鱓	ごまめ		直参	じきさん
逆鱗	げきりん		蟀谷＝顳顬	こめかみ		直訴	じきそ
外宮	げくう		虚無僧	こむそう		忸怩	じくじ
怪訝	けげん		古文書	こもんじょ		時化	しけ
下戸	げこ		今宵	こよい		七変化	しちへんげ
化粧＝仮粧	けしょう		御用達	ごようたし		漆喰	しっくい
下駄	げた		紙縒＝紙捻	こより		十手	じって
外題	げだい		破落戸	ごろつき		嫉妬	しっと
解脱	げだつ		声色	こわいろ		疾病	しっぺい
頁岩	けつがん		強面	こわもて		七宝焼	しっぽうやき
欠如	けつじょ		勤行	ごんぎょう		卓袱	しっぽく
下手物	げてもの		困憊	こんぱい		(卓袱台	ちゃぶだい)
解毒	げどく		建立	こんりゅう		四斗樽	しとだる
健気	けなげ		金輪際	こんりんざい		老舗	しにせ
解熱	げねつ		焜炉	こんろ		東雲	しののめ
懸念	けねん					鴟尾＝鵄尾	しび
仮病	けびょう		**[さ]**			紙魚＝衣魚	しみ
嫌悪	けんお		幸先	さいさき		注連縄＝	しめなわ
還俗	げんぞく		細工	さいく		七五三縄＝〆縄	
			最高値	さいたかね		釈迦	しゃか
[こ]			月代	さかやき		赤銅色	しゃくどういろ
好事家	こうずか		防人	さきもり		折伏	しゃくぶく
格天井	ごうてんじょう		細雪	ささめゆき		吃逆	しゃっくり
黒白	こくびゃく		指図	さしず		杓文字	しゃもじ
柿落	こけらおとし		流石	さすが		洒落	しゃれ
茣蓙	ござ		殺傷	さっしょう		絨緞	じゅうたん
御神火	ごじんか		撒水	さっすい		羞恥心	しゅうちしん

熟語

237

十二単	じゅうにひとえ
衆生	しゅじょう
入水	じゅすい
修羅場	しゅらば
順応	じゅんのう
駿馬	しゅんめ
正直	しょうじき
生者	しょうじゃ
成就	じょうじゅ
丈母	じょうぼ
浄瑠璃	じょうるり
叙勲	じょくん
悄気る	しょげる
如才	じょさい
初七日	しょなぬか
不知火	しらぬい
素面	しらふ
熾烈	しれつ
白無垢	しろむく
蜃気楼	しんきろう
斟酌	しんしゃく

[す]

隧道	ずいどう
趨勢	すうせい
鋤焼	すきやき
頭巾	ずきん
双六	すごろく
杜撰	ずさん
素性	すじょう
素手	すで
素敵＝素的	すてき
清汁	すましじる
掏摸	すり

[せ]

青海波	せいがいは
脊椎	せきつい
赤裸々	せきらら
節会	せちえ
舌禍	ぜっか
刹那	せつな
折半	せっぱん
台詞＝科白＝台白	せりふ
善哉	ぜんざい
千秋楽	せんしゅうらく
煎餅	せんべい
先鞭	せんべん

[そ]

憎悪	ぞうお
雑巾	ぞうきん
雑炊	ぞうすい
雑煮	ぞうに
素麺＝索麺	そうめん
仄聞＝側聞	そくぶん
其処＝其所	そこ
齟齬	そご
粗忽	そこつ
卒塔婆	そと(う)ば
蕎麦	そば
雀斑	そばかす
素封家	そほうか
算盤＝十露盤	そろばん

[た]

大根	だいこん
松明＝炬火	たいまつ
手弱女	たおやめ
薪能	たきぎのう
沢山	たくさん
胼胝	〔皮膚にできる〕たこ
演物＝出物	だしもの
黄昏	たそがれ
只今	ただいま
三和土	たたき〔土間〕
踏鞴	たたら
塔頭＝塔中	たっちゅう
手綱	たづな
殺陣(師)	たて(し)
伊達	だて
建坪	たてつぼ
立役者	たてやくしゃ
仮令＝縦令	たとえ、たとい
炭団	たどん
店子	たなこ
茶毘	だび
手向け	たむけ
太夫＝大夫	たゆう
達磨	だるま
束子	たわし
短冊	たんざく
箪笥	たんす
旦那≒檀那	だんな
田圃	たんぼ

[ち]

逐次	ちくじ
竹輪	ちくわ
千歳	ちとせ
千尋	ちひろ
乳房	ちぶさ
茶番劇	ちゃばんげき
躊躇	ちゅうちょ
厨房	ちゅうぼう
釣魚	ちょうぎょ
手水(鉢)	ちょうず(ばち)
提灯	ちょうちん
蝶番	ちょうつがい
手斧	ちょうな
凋落	ちょうらく
猪口	ちょこ
丁髷	ちょんまげ
縮緬	ちりめん

[つ]

椎間板	ついかんばん

築地塀	ついじべい	屠蘇	とそ	新盆	にいぼん
朔日＝一日	ついたち	徳利	とっくり	苦塩	にがり
衝立	ついたて	咄嗟	とっさ	面皰	にきび
月極（め）	つきぎめ	訥弁	とつべん	煮凝り	にこごり
九十九髪	つくもがみ	褞袍	どてら	鈍色	にびいろ
美人局	つつもたせ	都々逸	どどいつ	女人	にょにん
九十九折	つづらおり	舎人	とねり	人足	にんそく
旋毛	つむじ	緞帳	どんちょう		
徒然	つれづれ	屯田（兵）	とんでん（へい）	**[ね]**	
悪阻	つわり	曇天	どんてん	禰宜	ねぎ
		頓服（薬）	とんぷく（やく）	猫糞	ねこばば
[て]		問屋	とんや	螺子＝捻子	ねじ
覿面	てきめん			捏造	ねつぞう
木偶	でく	**[な]**		根抵当	ねていとう
梃子	てこ	乃至	ないし	涅槃	ねはん
弟子	でし	内証話	ないしょ(う)ばなし	捻挫	ねんざ
出初式	でぞめしき	内宮	ないくう		
出鱈目	でたらめ	直会	なおらい	**[の]**	
丁稚	でっち	中山道＝中仙道	なかせんどう	熨斗	のし
田楽	でんがく	長丁場	ながちょうば	長閑	のどか
天瓜粉	てんかふん	就中	なかんずく	陳者	のぶれば
天丼	てんどん	亡骸	なきがら	糊代	のりしろ
天秤	てんびん	薙刀＝長刀	なぎなた	法面	のりめん
纏綿	てんめん	長押	なげし	暖簾	のれん
		馴染み	なじみ	惚気	のろけ
[と]		捺印	なついん	狼煙＝烽火＝狼火	のろし
砥石	といし	納豆	なっとう	暖気＝呑気＝暢気	のんき
道化者	どうけもの	納得	なっとく		
頭取	とうどり	七種＝七草	ななくさ	**[は]**	
獰猛	どうもう	難波＝浪速＝浪花	＊なにわ〔大阪市〕	端唄	はうた
常磐津	ときわず	生傷	なまきず	延縄	はえなわ
〔＊常磐＝じょうばん〕		生半可	なまはんか	莫迦＝馬鹿	ばか
毒舌	どくぜつ	生水	なまみず	果敢ない	はかない
匿名	とくめい	納屋	なや	麦秋	ばくしゅう
髑髏	どくろ	鳴門	＊なると〔徳島県〕	莫大	ばくだい
何処＝何所	どこ			博打＝博奕	ばくち
心太	ところてん	**[に]**		刷毛	はけ
外様	とざま	新嘗祭	にいなめさい	方舟	はこぶね
年増	としま	新墾＝新治	にいばり	端境期	はざかいき

熟語

239

麻疹	はしか	一入	ひとしお	[へ]	
梯子＝梯	はしご	人伝	ひとづて	平米	へいべい(m²)
罵声	ばせい	泌尿	ひにょう	鞭撻	べんたつ
旅籠	はたご	氷室	ひむろ	辺鄙	へんぴ
裸足	はだし	罷免	ひめん		
破綻	はたん	冷奴	ひややっこ	[ほ]	
初午	はつうま	剽軽	ひょうきん	坊主	ぼうず
抜擢	ばってき	表具師	ひょうぐし	膨大	ぼうだい
法度	はっと	屏風	びょうぶ	木鐸	ぼくたく
法被＝半被	はっぴ	昼餉	ひるげ	黒子	ほくろ
派手	はで	檜皮(葺き)	ひわだ(ぶき)	干柿	ほしがき
埴生	はにゅう	紅型	びんがた	発句	ほっく
埴輪	はにわ	備長炭	びんちょうずみ(たん)	発作	ほっさ
羽二重	はぶたえ	牝馬	ひんば〔めすうま〕	発端	ほったん
囃子	はやし	頻繁	ひんぱん	布袋	ほてい
馬力	ばりき			牡馬	ぼば〔おすうま〕
範疇	はんちゅう	[ふ]		小火	ぼや
般若	はんにゃ	歩合	ぶあい	法螺	ほら
半端	はんぱ	吹聴	ふいちょう	先斗(町)	*ぽんと(ちょう)〔京都〕
反駁	はんぱく	不一	ふいつ	雪洞	ぼんぼり
頒布	はんぷ	風袋	ふうたい	煩悩	ぼんのう
凡例	はんれい	風体	ふうてい	本望	ほんもう
		風靡	ふうび		
[ひ]		風鈴	ふうりん	[ま]	
贔屓＝贔負	ひいき	深傷＝深手	ふかで	舞妓＝舞子	まいこ
僻目	ひがめ	奉行	ぶぎょう	勾玉＝曲玉	まがたま
抽斗＝抽出＝引出	ひきだし	帛紗＝袱紗	ふくさ	幕間	まくあい
魚籠	びく	相応しい	ふさわしい	真砂	まさご
比丘尼	びくに	不躾	ぶしつけ	間尺	ましゃく
非業	ひごう	風情	ふぜい	間近	まじか
氷雨	ひさめ	宿酔＝二日酔	ふつかよい	不味い	まずい
柄杓	ひしゃく	払拭	ふっしょく	益荒男	ますらお
氷頭	ひず	不束者	ふつつかもの	睫毛	まつげ
只管	ひたすら	風土記	ふどき	微睡み	まどろみ
直垂	ひたたれ	蒲団＝布団	ふとん	眼(目)差し	まなざし
吃驚＝喫驚	びっくり	不埒	ふらち	愛弟子	まなでし
逼迫	ひっぱく	鞦韆	ぶらんこ	真似	まね
単衣	ひとえ			目映い	まばゆい
他人事	ひとごと			目深	まぶか

継子	ままこ			拉致	らち	
継母	ままはは	**[も]**				
蔓延	まんえん	朦朧	もうろう	**[り]**		
万華鏡	まんげきょう	萌葱色＝萌黄色	もえぎいろ	罹災	りさい	
饅頭	まんじゅう	虎落笛	もがりぶえ	律儀（義）	りちぎ	
		勿論	もちろん	掠奪＝略奪	りゃくだつ	
[み]		物怪	もっけ	柳絮	りゅうじょ	
実入り	みいり			竜頭	りゅうず	
澪標	みおつくし	**[や]**		立米	りゅうべい(m³)	
御影石	みかげいし	八百万	やおよろず	稟議	りんぎ	
三下半＝三行半	みくだりはん	薬缶	やかん	吝嗇	りんしょく	
神輿＝御輿	みこし	火傷	やけど	輪廻	りんね	
微塵	みじん	香具師	やし			
未遂	みすい	野次	やじ	**[る]**		
見世物	みせもの	矢鱈	やたら	留守	るす	
未然	みぜん	流鏑馬	やぶさめ	流転	るてん	
未曾有	みぞう	野暮	やぼ	坩堝	るつぼ	
鳩尾	みぞおち	揶揄	やゆ	流布	るふ	
晦日＝三十日	みそか	遣方	やりかた	瑠璃（色）	るり（いろ）	
三十路	みそじ			流浪	るろう	
三十一文字	みそひともじ	**[ゆ]**				
身代金	みのしろきん	由緒	ゆいしょ	**[ろ]**		
深雪	みゆき	結納	ゆいのう	蝋燭	ろうそく	
味蕾	みらい	夕餉	ゆうげ	老若	ろうにゃく	
弥勒	みろく	誘致	ゆうち	緑青	ろくしょう	
		所以	ゆえん	轆轤	ろくろ	
[む]		遊山	ゆさん	呂律	ろれつ	
無傷	むきず	強請	ゆすり			
虫酸	むしず			**[わ]**		
謀反（叛）	むほん	**[よ]**		歪曲	わいきょく	
叢雨＝村雨	むらさめ	他所＝余所	よそ	矮小	わいしょう	
		四十路	よそじ	猥褻	わいせつ	
[め]		黄泉	よみ	賄賂	わいろ	
召人	めし（ゅ）うど	四方山	よもやま	腋臭	わきが	
目眩＝眩暈	めまい			早生≒早稲	わせ	
減張	めりはり	**[ら]**		海神＝綿津見	わたつみ	
面子	めんつ	来迎	らいこ（ご）う	草鞋	わらじ	
		礼讃	らいさん	腕白	わんぱく	
		楽焼	らくやき			
		螺旋	らせん			

熟語

241

Ⅴ　四字熟語

　わが国には多くのことわざの類がある。数あることわざのなかから使われることの多いと思われる四字熟語及びそれに準ずる語句を中心に集めた。
　熟語の文字は、本来なら旧字体で使うべきものが多いのだが、ワープロ搭載文字に限りがあるので新字体にしたもの、あるいは常用漢字に置き換えてあるのもある。
　熟語には、本来の意味(ふたつ以上のものもある)のみならず、転用されてたとえに使われているものが多くある。本項の説明はスペースの関係もあってできるだけ簡単に書いてあり、本来の意味を説明せず、たとえに使われている意味だけを書いてあるものもある。
（　）漢字：この字を使うこともある。
｛　｝仮名：この読み方もある。
「　」：同義語
〝　〟：使用例

［あ］

合縁奇縁	あいえんきえん	・人の交わりには気の合う合わずがあるが、それも縁である。
曖昧模糊	あいまいもこ	・はっきりしない様。
阿吽の呼吸	あうんのこきゅう	・阿は口をひらき、吽は口を閉じて出す声。相撲などで〝……をはかる〟と使われる。
青息吐息	あおいきといき	・弱った時に出す溜息。又はそのような状態。
青菜に塩	あおなにしお	・塩をかけられた青菜のように元気ない状態のたとえ。
悪逆無道	あくぎゃくむどう	・道理にはずれたこと。
悪事千里	あくじせんり	・悪い行いや評判は、瞬く間に知れわたること。
悪戦苦闘	あくせんくとう	・困難な状況で、苦しんで奮闘努力する様。
上膳据膳	あげぜんすえぜん	・非常に優遇する様。
頤振三年	あごふりさんねん	・尺八を上手にふくため頤を上手に振るのに三年かかる。一芸に達する修業のきびしさをいう。「首振三年」
悪口雑言	あっこうぞうごん	・人の悪口を言ったり、ののしること。
兄難弟難	あにたりがたくおとうとたりがたし	・優劣をつけ難いのをいう。
阿鼻叫喚	あびきょうかん	・泣きさけんで救いを求める様。
虻蜂取らず	あぶはちとらず	・虻と蜂を同時に捕らえようとして両方とも逃すこと。二物を得ようとしてどちらも失う場合に使われる。

阿諛追従	あゆついしょう	・人にお世辞を言ったり、へつらうこと。
暗愚魯鈍	あんぐろどん	・無知で道理がわからないこと。「無知蒙昧」
安心立命	あんしんりつめい	・信仰により天命をさとり、心を安らかにして生死・利害に悩まないこと。
暗中模索	あんちゅうもさく	・手がかりのないまま、あれこれやること。

[い]

唯々諾々	いいだくだく	・他人の言動に逆らわず言いなりになること。
位階勲等	いかいくんとう	・勲功・功績ある者、又は在官職者に与えられる位。
如何様師	いかさまし	・詐欺師。
如何物食	いかものぐい	・常人の食べない物を食べる人。常人と違う趣味の人を、さげすんでいうときにも使うことがある。
衣冠束帯	いかんそくたい	・冠をかぶり、正式な衣装をつけた状態、又は人。
依願退職	いがんたいしょく	・自ら願って職をしりぞくこと。
意気軒昂(高)	いきけんこう	・意気込みが高い状態。
意気銷(消)沈	いきしょうちん	・沈みこんでいる状態。
意気衝天	いきしょうてん	・意気込みが盛んなこと。
意気阻喪	いきそそう	・意気込みを失うこと。
意気投合	いきとうごう	・心が通じ合うこと、意見が合うこと。
意気揚々	いきようよう	・誇らしげに、得意そうに振るまうこと。
異口同音	いくどうおん	・多くの人が口を揃えて同じことをいうこと。
異国情緒	いこくじょうちょ	・外国らしい風物などに接して起こる気分。
意志薄弱	いしはくじゃく	・意志の弱いこと。
石の上にも三年	いしのうえにもさんねん	・つめたい石の上でも三年も座っていると暖かくなる。何事もがまん・しんぼうが必要の意。
石部金吉	いしべきんきち	・融通のきかない人のことをいう代名詞的言葉。
以心伝心	いしんでんしん	・心と心で意思の疎通をすること。
一意専心	いちいせんしん	・集中して頑張ること。「一心不乱」
一衣帯水	いちいたいすい	・二つの国が近距離にあること。
一言居士	いちげんこじ	・自分の意見を言わないと気がすまない人。
一期一会	いちごいちえ	・一生に一回限りのめぐり合い。
一事が万事	いちじがばんじ	・一事を見れば他のすべてを推測できるをいう。
一字千金	いちじせんきん	・文字や文章が大変に価値のあるたとえ。
一日千秋	いちじつせんしゅう	・一日が千年に思えるほど待ち遠しいこと。
一汁一菜	いちじゅういっさい	・一汁と一品の菜の食事。粗食のたとえ。
一族郎党	いちぞくろうとう	・有力者に率いられた同じ血縁関係の人々。
一念発起	いちねんほっき	・仏教の信仰に入る事、転じてある事をやろうと決心すること。
一罰百戒	いちばつひゃっかい	・罪をおかした者一人を罰して多くの人の戒めとす

熟語

ること。

一姫二太郎	いちひめにたろう	・子供は最初が女で次は男がよいということ。
一部始終	いちぶしじゅう	・物事の詳しいいきさつ。始めから終わりまで。
一望千里	いちぼうせんり	・大変に見晴らしが良いこと。
一味徒党	いちみととう	・同志の仲間。(良い意味には使わない)
一網打尽	いちもうだじん	・一挙に一人残らず捕まえてしまうこと。
一目瞭然	いちもくりょうぜん	・ひとめ見てよくわかること。
一陽来復	いちようらいふく	・悪いことが終わり、幸運が訪れること。
一利一害	いちりいちがい	・利益と損害が相半ばすること。利もあるが害もあること。
一蓮托生	いちれんたくしょう	・仲間が運命をともにすること。
一攫(獲)千金	いっかくせんきん	・一度に巨額の利益を得ること。
一家団欒	いっかだんらん	・家族が集まって皆で楽しむこと。
一喜一憂	いっきいちゆう	・状況の変化で喜んだり心配したりすること。
一気呵成	いっきかせい	・一息で物事を終わらせること。
一騎当千	いっきとうせん	・一人で千人分の力があるをいう。
一挙一動	いっきょいちどう	・一つひとつの振る舞い。
一挙両得	いっきょりょうとく	・一つの行動で二つの利益を収めること。
一刻千金	いっこくせんきん	・一刻(わずかの時間)は千金の価値がある。楽しい時などがすぐ過ぎ去るを惜しむにいう。
一子相伝	いっしそうでん	・学問や技芸の奥義をわが子の一人だけに伝えること。
一視同仁	いっしどうじん	・わけへだてなく見、扱うこと。
一瀉千里	いっしゃせんり	・物事がすみやかに進むをいう。
一生(所)懸命	いっしょう{しょ}けんめい	・命をかけて領地(一所)を守ること。転じて物事を命がけでやること。現在は「一生」が多く使われている。
一触即発	いっしょくそくはつ	・危険な状態が差し迫っている状態。
一進一退	いっしんいったい	・進んだり後戻りしたりすること。
一心同体	いっしんどうたい	・異なったものが一つの心、同じ体のような強固な結合をすること。
一心不乱	いっしんふらん	・一つの事に心を注ぎ、他の事のために乱れない様。
一寸先は闇	いっすんさきはやみ	・先の事は明日の事もわからぬ状態をいう。
一世一代	いっせいちだい	・一生のうち。
一世を風靡す	いっせいをふうびす	・その時代の人々をなびき従わせること。
一石二鳥	いっせきにちょう	・一つの行為で二つ以上の利益を得るたとえ。
一旦緩急	いったんかんきゅう	・ひとたび緊急事が起きたら。〝……あらば何をおいても〟
一知半解	いっちはんかい	・なまかじり。

熟語	読み	意味
一朝一夕	いっちょういっせき	わずかの時間。（否定的に使う）〝……にはできない〟
一長一短	いっちょういったん	長所もあるが短所もあること。
一頭地を抜く	いっとうちをぬく	頭一つほど他人より傑出している様。
一刀両断	いっとうりょうだん	物事を鮮やかに処理するたとえ。
一得一失	いっとくいっしつ	一つの利益があれば他方に一つの不利益が伴うこと。
一敗地塗	いっぱいちにまみれる	大敗する事。（失敗などを大げさにいう時に使う）
意馬心猿	いばしんえん	欲望を押さえきれない様。
威風堂々	いふうどうどう	堂々として雄々しい様。「威風凛々」
意味深長	いみしんちょう	表面の意味のほかに奥深い意味を持っていること。別の意味が隠されている場合に使う事もある。
因果応報	いんがおうほう	善には善の、悪には悪の報いがあるをいう。
慇懃無礼	いんぎんぶれい	表面はていねいだが誠意のこもっていないこと。
因循姑息	いんじゅんこそく	従来のやり方を改めず、一時しのぎの消極的な態度。
陰徳陽報	いんとくようほう	人知れず善行を積むと、いずれ報われること。
隠忍自重	いんにんじちょう	軽はずみなふるまいをしないこと。

[う]

熟語	読み	意味
有為転変	ういてんぺん	世の中は止まることなく常に変わること。
羽化登仙	うかとうせん	酒などに酔って、ふわふわと心地よい気分をいう。
烏合の衆	うごうのしゅう	烏（からす）の集まりのように規律も統一もない集団。
雨後の筍	うごのたけのこ	雨ふりの後の筍はよく生える。続いて多くの物が発生するたとえ。
右顧左眄	うこさべん	周りのことを気にしてばかりいて決断しないこと。「左顧右眄」
雲散霧消	うん{う}さんむしょう	雲や霧が消え失せるように跡形もなく消える様。
有象無象	うぞうむぞう	種々雑多なろくでもない連中。
雨天決行	うてんけっこう	雨が降っても決行すること。
雨天順延	うてんじゅんえん	雨が降ったら日程をのばすこと。
独活の大木	うどのたいぼく	大きいばかりで役にたたないもののたとえ。
鰻の寝床	うなぎのねどこ	細長い家屋などのたとえ。
鵜の目鷹の目	うのめたかのめ	獲物を狙う鳥の目。鋭い目つきのたとえ。
海千山千	うみせんやません	世の中の表も裏も知っていて老獪な人。
烏有に帰す	うゆうにきす	火事で丸焼けになったりしたときの表現。
紆余曲折	うよきょくせつ	事情が複雑に入り組んでいて面倒なこと。
恨骨髄に入る(徹す)	うらみこつずいにいる{てっす}	心の底から恨むこと。

盂蘭盆会	うらぼんえ	・祖先の冥福を祈る日。7月、又は8月の15日。
雲泥の差	うんでいのさ	・非常に違いのあるたとえ。
運否天賦	うんぷてんぷ	・人の運、不運は天のなすところ。運を天にまかせること。

[え]

栄枯盛衰	えいこせいすい	・栄えるものも、いつの日にか衰えるをいう。
栄耀栄華	えいようえいが	・ぜいたくな派手な生活のたとえ。
依怙贔屓	えこひいき	・皆に公平でなく、ある人を特にひいきにすること。
会者定離	えしゃじょうり	・会うということは別れるということ。
遠交近攻	えんこうきんこう	・遠い国と交わり近い国を攻める政策。
遠水近火	えんすいきんか	・遠いものは役に立たないたとえ。
円転滑脱	えんてんかつだつ	・物事がすらすら進んでとどこおらぬこと。
遠謀深慮	えんぼうしんりょ	・遠い将来の事まで深く考え気配りすること。

[お]

椀飯振舞	おおばんぶるまい	・気前よく人に金品や食事を振るまうこと。（＊現在は大盤振舞と書かれることが多い）
尾頭付き	おかしらつき	・頭も尾もついた魚。
鸚鵡返し	おうむがえし	・人の言葉をそっくりまねて返事すること。
傍目八目	おかめはちもく	・局外で見ると物事の是非、利・不利がよくわかるをいう。
屋上屋を架す	おくじょうおくをかす	・無駄なことをするたとえ。
小田原評定	おだわらひょうじょう	・長びいてなかなか結論の出ない会議。
同じ穴の貉	おなじあなのむじな	・悪事を働く仲間などをいう。
鬼の霍乱	おにのかくらん	・普段丈夫な人がたまに寝込んだりする時にいう。
帯に短し襷に長し	おびにみじかしたすきにながし	・中途半端なたとえ。
汚名返上	おめいへんじょう	・不名誉な評判を押し返すこと。「名誉挽回」
温厚篤実	おんこうとくじつ	・性格がおだやかで、誠実なこと。
温故知新	おんこちしん	・古きをたずね、新しきを知る。（孔子の教え）
音信不通	おんしんふつう	・便りがないこと。
乳母日傘	おんばひがさ	・子どもが裕福な環境で大事に育てられることのたとえ。

[か]

開口一番	かいこういちばん	・話しはじめる最初。
鎧袖一触	がいしゅういっしょく	・ちょっと触れただけで勝つこと。
外柔内剛	がいじゅうないごう	・見かけは弱々しいが意志が強固なこと。
下意上達	かいじょうたつ	・民衆の考えが為政者に、あるいは部下の意見が上

		司に届くこと。
快刀乱麻	かいとうらんま	・混乱している物事を手ぎわよく処理すること。
傀儡政権	かいらいせいけん	・他国の意志のままにあやつられる形式的にのみ独立した政権。
偕老同穴	かいろうどうけつ	・夫婦が円満に一生添い遂げること。夫婦のちぎりの固いこと。
呵々大笑	かかたいしょう	・大笑いする様。
蝸牛角上	かぎゅうかくじょう	・取るに足りない争いのこと。蝸牛＝カタツムリ
加持祈祷	かじきとう	・病気・災難を除くために仏に祈る行事。
鹿島立ち	かしまだち	・旅に出ること。
華燭の典	かしょくのてん	・婚礼。
臥薪嘗胆	がしんしょうたん	・ある目的を遂げるため、長い間苦労するたとえ。
佳人薄命	かじんはくめい	・美人は、とかく命がみじかいというたとえ。
花鳥風月	かちょうふうげつ	・自然の美しい様。
隔靴掻痒	かっかそうよう	・思いどおりにならず、もどかしい様。
合従連衡	がっしょうれんこう	・弱者が手を組み、強者に対抗するたとえ。
我田引水	がでんいんすい	・自分勝手、自分の利益だけを考えた言動。
瓜田李下	かでんりか	・他人に疑われるような事をするなというたとえ。
河図洛書	かとらくしょ	・政治・道徳の元になった本。（＊図書の語源）
歌舞音曲	かぶおんぎょく	・歌と舞。歌ったり舞ったりすること。
画餅に帰す	がへいにきす	・絵に書いた餅は食べられない。計画が失敗し無駄になるたとえ。
烏の行水	からすのぎょうずい	・湯に入っても少しも洗わずに出ることのたとえ。
画竜点睛	がりょ{ゅ}うてんせい	・絵に書いた竜に黒目を入れる。物事の最も重要なところのたとえ。〝……を欠く〞と使われる。
苛斂誅求	かれんちゅうきゅう	・税金をむしり取る悪政のこと。
夏炉冬扇	かろとうせん	・夏の炉、冬の扇。無用なもののたとえ。「冬扇夏炉」
感慨無量	かんがいむりょう	・心の底から感じいること。
侃々諤々	かんかんがくがく	・率直におおいに議論を戦わすことの形容。
冠婚葬祭	かんこんそうさい	・元服、婚礼、葬儀、祖先の祭祀。
勧善懲悪	かんぜんちょうあく	・良い事を誉め、悪い事は戒めるをいう。
完全無欠	かんぜんむけつ	・欠点の全くないこと。
環太平洋	かんたいへいよう	・太平洋の周囲。〝……諸国〞のように使う。
肝胆相照らす	かんたんあいてらす	・互いに心を打ち明けて親しく交わる様。
邯鄲の夢	かんたんのゆめ	・栄枯盛衰のはかないことのたとえ。
艱難辛苦	かんなんしんく	・辛い目や困難な事に遭って苦しみ悩むこと。
頑迷固陋	がんめいころう	・古い物事に執着し、考え方に柔軟性を欠くこと。
閑話休題	かんわきゅうだい	・話を本筋に戻す時の「それはさておき」「さて」。

熟語

[き]

気宇壮大	きうそうだい	・着想・発想が生き生きと広大なこと。
危機一髪	ききいっぱつ	・髪の毛一本ほどの差のきわめてきわどい状態。
奇々怪々	ききかいかい	・奇妙で不思議な様、または現象。
危急存亡	ききゅうそんぼう	・生きるか死ぬかの瀬戸際。"……の秋(とき)"と使われる。
規矩準縄	きくじゅんじょう	・物事を判断する標準・基準となるもののたとえ。
騎虎の勢い	きこのいきおい	・勢いの赴くところ中途でやめられぬ状態。
起死回生	きしかいせい	・死の淵から生き返えること。
旗幟鮮明	きしせんめい	・主義・主張を明確に打し出すたとえ。
起承転結	きしょうてんけつ	・漢詩の組み立て方の一つ。(物事の順序をいうに使うことがある)
喜色満面	きしょくまんめん	・顔中、喜びでいっぱいの様。
疑心暗鬼	ぎしんあんき	・疑いを持つと何事も恐ろしく疑わしくなるをいう。
奇想天外	きそうてんがい	・意表をついた行為や考え。
気息奄々	きそくえんえん	・息もたえだえで今にも死にそうな様。
喜怒哀楽	きどあいらく	・人間の喜び、怒り、悲しみ、楽しみ。
牛飲馬食	ぎゅういんばしょく	・むやみやたらに、たくさん食べる事。「鯨(げい)飲馬食」
九牛の一毛	きゅうぎゅうのいちもう	・多数の中のごく少数。
九死に一生	きゅうしにいっしょう	・死の際から生還すること。
鳩首凝議	きゅうしゅぎょうぎ	・人々が顔をつき合わせて評議をこらすこと。
窮鼠猫を嚙む	きゅうそねこをかむ	・追いつめられれば弱者でも意外な力を出すたとえ。
旧態依然	きゅうたいいぜん	・昔からのままで発展する様子がないこと。
窮鳥懐に入る	きゅうちょうふところにいる	・困った鳥が懐に飛び込んでくること。困った人を温かく面倒をみる時に使うたとえ。
急転直下	きゅうてんちょっか	・事態が急に解決の方向に変わるときの表現。
強行採決	きょうこうさいけつ	・無理を押して採決すること。
強硬手段	きょうこうしゅだん	・強い態度で行う方法。
行住坐臥	ぎょうじゅうざが	・行く、止まる、坐る、臥す。日常の生活をいう。
拱手傍観	きょうしゅぼうかん	・手をこまねいて、ただ見ていること。
共存共栄	きょうぞんきょうえい	・共に生存し、共に繁栄すること。
驚天動地	きょうてんどうち	・びっくりするような大変な出来事、状態。
器用貧乏	きようびんぼう	・器用な人は重宝がられるが大成しないたとえ。
興味津々	きょうみしんしん	・おもしろみが次々と沸きでること。
狂瀾怒濤	きょうらんどとう	・荒れ狂う大波、はげしい荒波。
虚々実々	きょきょじつじつ	・計略や秘術の限りをつくして戦う様。

曲学阿世	きょくがくあせい	・主義・主張を曲げ、世間の人におもねる説をとなえること。
旭日昇天	きょくじつしょうてん	・朝日が天空へ昇るように勢いづく様。
玉石混淆(交)	ぎょくせきこんこう	・優れた物とつまらない物、あるいは人が混ざった状態。
虚心坦懐	きょしんたんかい	・物事にこだわりなく、あっさりしていること。
漁父(夫)の利	ぎょふのり	・両者が争っている間に第三者が利益を横取りするたとえ。
毀誉褒貶	きよほうへん	・悪口を言うことと褒めること。
議論百出	ぎろんひゃくしゅつ	・たくさんの意見が出ること。
金科玉条	きんかぎょくじょう	・守らなければならない重要な法律や規則。
欣喜雀躍	きんきじゃくやく	・大喜びしてはしゃぐこと。
勤倹力行	きんけんりっこう	・コツコツ働き倹約して頑張ること。
謹厳実直	きんげんじっちょく	・大変まじめで、正直な性格をいう。
緊褌一番	きんこんいちばん	・決意も新たに物事に当たること。
金枝玉葉	きんしぎょくよう	・高貴の出、身分の高い人。貴族。
錦上に花を添う	きんじょうにはなをそう	・錦の上に美しい花を添える。美の強調。
金城湯池	きんじょうとうち	・どんな攻撃にも耐える、堅固な備え。
金殿玉楼	きんでんぎょくろう	・非常に美しく立派な御殿。
琴瑟相和す	きんひつあいわす	・夫婦仲の良い様。
吟遊詩人	ぎんゆうしじん	・中世フランスで各地を旅し、自作の詩を吟唱朗読した人。
金襴緞子	きんらんどんす	・金糸を織り込んだ錦地と絹織物。豪華な着物のたとえ。

[く]

空前絶後	くうぜんぜつご	・後にも先にも例がないまれなこと。
空中の楼閣	くうちゅうのろうかく	・実際には実現できそうにないことのたとえ。
空理空論	くうりくうろん	・事実に即さない観念的理論や考え。
九尺二間	くしゃくにけん	・入口九尺、奥行二間の長家。狭くて粗末な家のたとえ。
苦心惨憺	くしんさんたん	・心を傷めて、苦労に苦労を重ねること。
薬九層倍	くすりくそうばい	・薬は原価に比べ非常に高価なことをいう。
九寸五分	くすんごぶ	・短刀。(*長さが九寸五分＝約29cmであることから)
口は禍の門(基)	くちはわざわいのもん{もと}	・うっかり言ったこともそれ相応の反応があること。
九分九厘	くぶくりん	・99％。(1尺＝10寸＝100分＝1000厘≒30cm)
雲を摑む	くもをつかむ	・つかむ事のできないものをつかむ、ばくぜんとし

熟語

		て要領を得ない事のたとえ。
君子豹変	くんしひょうへん	・人の態度や生き方が急変すること。
群雄割拠	ぐんゆうかっきょ	・多くの英雄が各地に勢力をはり、対立して覇を競う様。

[け]

鯨飲馬食	げいいんばしょく	・大いに飲み、大いに食べる事。「牛飲馬食」
謦咳に接す	けいがいにせっす	・尊敬する人の話を直接聞くこと。
軽挙妄動	けいきょもうどう	・軽々しく、考えなしに行動すること。
鶏群の一鶴	けいぐんのいっかく	・多くの平凡な人の中に一人だけとび抜けた人物のいるたとえ。
鶏口牛後	けいこうぎゅうご	・小さくても、主(ぬし)になるのが良いことをいうたとえ。
経国済民	けいこくさいみん	・国家を経営し国民を治めること。
荊妻豚児	けいさいとんじ	・自分の妻子を卑下していう言葉。
経世済民	けいせいさいみん	・「経国済民」。(＊経済の語源)
蛍雪の功	けいせつのこう	・蛍・雪の明かりで勉強した功。苦学した成果をいう。
軽佻浮薄	けいちょうふはく	・軽はずみで落ち着きのないこと。
軽薄短小	けいはくたんしょう	・思慮があさはかで小さいこと。
怪我の功名	けがのこうみょう	・当てにした目的には失敗したが、思ってもなかった手柄を拾うこと。
逆鱗に触れる	げきりんにふれる	・主人を大いに怒らせたとえ。
月下氷人	げっかひょうじん	・仲人。
犬猿の仲	けんえんのなか	・犬と猿の仲が悪いように、互いに仲の悪いたとえ。
狷介固陋	けんかいころう	・人々と妥協しないへそ曲がり。「狷介不屈」
喧嘩両成敗	けんかりょうせいばい	・喧嘩した者に対し、その理非にかかわらず、当事者両方を罰すること。
牽牛織女	けんぎゅうしょくじょ	・天の川の両岸に位置している牽牛星と織女星。
喧々囂々	けんけんごうごう	・たくさんの人が口々にやかましく騒ぎたてる様。
拳々服膺	けんけんふくよう	・教えをしっかり守ること。
乾坤一擲	けんこんいってき	・運命を賭けて、のるかそるかの勝負をすること。
捲土重来	けんどじゅうらい	・敗北者が力を盛り返して攻めること。
堅忍不抜	けんにんふばつ	・どんな困難にも耐え忍び、心を動かさずがまんすること。
権謀術数	けんぼうじゅっすう	・たくみに他人をあざむくはかり事。
絢爛豪華	けんらんごうか	・きらびやかで美しい様。「豪華絢爛」

[こ]

光陰箭(矢)の如し	こういんやのごとし	・時間は矢の如く速く過ぎさるの意。
光陰流水	こういんりゅうすい	・時間は水の流れさる如く速い意。
行雲流水	こううんりゅうすい	・一定の形なく種々に移り変わるたとえ。
豪華絢爛	ごうかけんらん	・きらびやかで美しい様。「絢爛豪華」
効果覿面	こうかてきめん	・効き目が十分なこと。
傲岸不遜	ごうがんふそん	・人を見下ろしたような失礼な態度をとること。「傲慢不遜」
厚顔無恥	こうがんむち	・あつかましく恥知らずなこと。
綱紀粛正	こうきしゅくせい	・組織の規律を正し、精神状態をひきしめること。
巧言令色	こうげんれいしょく	・言葉巧みで外見がよいこと。
鴻鵠の志	こうこくのこころざし	・大人物の志。
好事魔多し	こうじ{ず}まおおし	・良いことや楽しいことには、何かと妨げが多い意。
公序良俗	こうじょりょうぞく	・公の秩序、善良な風俗。
浩然の気	こうぜんのき	・物事から解放された屈託ない心持ち。
広大無辺	こうだいむへん	・広くて果てのないこと。
口頭試問	こうとうしもん	・言葉による質問・応答による試験方法。
黄道吉日	こうどうきちにち	・陰陽道で、何をするにも吉という日。
荒唐無稽	こうとうむけい	・根拠がなく、現実性のないこと。
公平無私	こうへいむし	・公平で私心をまじえないこと。
豪放磊落	ごうほうらいらく	・性格が豪快で小さい事にこだわらないこと。
傲慢不遜	ごうまんふそん	・「傲岸不遜」
公明正大	こうめいせいだい	・心が大きく潔白で、私心がないこと。
紅毛碧眼	こうもうへきがん	・赤い髪と青い目。昔、欧米人を指して言った語。
合目的的	ごうもくてきてき	・一定の目的にかなった様。
後門の狼	こうもんのおおかみ	・うしろにいる狼。(*「前門の虎」との対句)
紺屋の白袴	こう{ん}やのしろばかま	・専門家は、自分にはあまりかまってはいられないことのたとえ。
甲論乙駁	こうろんおつばく	・議論が飛び交いまとまらない様。
高論卓説	こうろんたくせつ	・高い見識の議論と、すぐれた説。
孤影悄然	こえいしょうぜん	・ただ一人でさびしそうな元気のない姿。
呉越同舟	ごえつどうしゅう	・敵対する同士がたまたま同じ場所にいる状態。
古往今来	こおうこんらい	・昔から今まで。
極悪非道	ごくあくひどう	・この上ない悪逆。
国士無双	こくしむそう	・国中を捜しても二人といない偉大な人物。
孤軍奮闘	こぐんふんとう	・一人で物事に立ち向かい奮闘努力する様。
個々別々	ここべつべつ	・おのおのべつべつ。
五言絶句	ごごんぜっく	・1行に漢字5字を使う漢詩の一形式。
古今無双	ここんむそう	・過去から現在まで比較になるものがない様。

熟語

251

虎視眈々	こしたんたん	・隙あらばつけ入ろうと相手の様子を窺う様。
五十歩百歩	ごじっぽひゃっぽ	・多少の違いはあっても根本的には同じことのたとえ。
古色蒼然	こしょくそうぜん	・年月を経ていて、いかにも古びて見える様。
誇大妄想	こだいもうそう	・現実ばなれしたことに考えふけること。
五臓六腑	ごぞうろっぷ	・心・肝・脾・肺・腎の五臓、大腸・小腸・胆嚢・胃・三焦・膀胱の六腑。内臓全部のことをいう。
刻苦勉励	こっくべんれい	・苦労しながらコツコツと勉強すること。
小春日和	こはるびより	・秋、春のような暖かいひより。
鼓舞激励	こぶげきれい	・人を元気づけようと励まし奮い立たせること。
五分五分	ごぶごぶ	・半々。
五里霧中	ごりむちゅう	・霧のなかで方角がわからなくなるように、どうしてよいか困った状態。
言語道断	ごんごどうだん	・もってのほか。とんでもない。

[さ]

塞翁が馬	さいおうがうま	・人間の禍福吉凶は定まりにくいことのたとえ。
才色兼備	さいしょくけんび	・優れた才能と容貌を兼ね備えている女性をいう。
左顧右眄	さこうべん	・「右顧左眄」
砂上の楼閣	さじょうのろうかく	・基礎が弱く、くずれやすいたとえ。
産学協同	さんがくきょうどう	・産業界と学校とが協力すること。
三寒四温	さんかんしおん	・冬、寒い日と温暖な日が交互に続く気象現象。
参勤交代	さんきんこうたい	・徳川時代、大名が一年おきに江戸に出仕した制度。
三権分立	さんけんぶんりつ	・立法、司法、行政がそれぞれ独立していること。
三顧の礼	さんこのれい	・人に仕事を頼むのに何度も訪問して礼をつくすこと。
三々九度	さんさんくど	・出陣・祝言などの際の献杯の礼。
三々五々	さんさんごご	・数人ずつ続いて道を行く様。ちらほら。
山紫水明	さんしすいめい	・山河の景観が美しい様。
三途の川	さんずのかわ	・冥途への途中にある川。＊仏教
三段論法	さんだんろんぽう	・二つの前提と一つの結論の三つからなる論理方式。
三拝九拝	さんぱいきゅうはい	・何度も頭を下げて人に頼み込む様。
三百代言	さんびゃくだいげん	・詭弁を用いること、又はその人のたとえ。
三位一体	さんみいったい	・三つの要素が一つにまとまっていること。
三面六臂	さんめんろっぴ	・一人で何人分も働き、活躍すること。

[し]

四海兄弟	しかいきょうだい{けいてい}	・世界の人々は仲のよい兄弟であるをいう。

四海同胞	しかいどうほう	・四海兄弟に同じ。
四月馬鹿	しがつばか	・エープリルフール。
自画自賛	じがじさん	・自分で自分のことを誉めるをいう。
自家撞着	じかどうちゃく	・同じ人の言動や文章が前と後で矛盾すること。
時期尚早	じきしょうそう	・まだその時期でないこと。
色即是空	しきそくぜくう	・この世の万物の本性は空な存在であることをいう。＊仏教
自給自足	じきゅうじそく	・必要なものを自分で生産してまかなうこと。
四苦八苦	しくはっく	・さんざん苦労すること。
試行錯誤	しこうさくご	・考えや行動をあれこれ試すこと。
自業自得	じごうじとく	・自分の悪業により、自分がその報いを受けること。
時々刻々	じじこっこく	・その時その時。時間とともに。"……に変化する"
子々孫々	ししそんそん	・子孫の続く限りの意。
獅子奮迅	ししふんじん	・勇猛に戦う様。
四捨五入	ししゃごにゅう	・四以下を切り捨て、五以上を繰り上げること。
自浄作用	じじょうさよう	・川・海・大気などが自然に清らかになる働き。
自縄自縛	じじょうじばく	・自分の言動でかえって自分をしばること。
四書五経	ししょごきょう	・儒学を学ぶための基本的な書物。
自然淘汰	しぜんとうた	・適者生存の原則。
事大主義	じだいしゅぎ	・長いものには巻かれろ主義。
七言絶句	しちごんぜっく	・１行に漢字七字を使う漢詩の一形式。
七転(顚)八起	しちてんはっき	・何度失敗してもくじけないこと。
七転(顚)八倒	しちてんばっとう	・はげしい苦痛に転げ回って苦しむ様。
四通八達	しつうはったつ	・交通網がととのっていること。
質実剛健	しつじつごうけん	・真面目で、飾らず、強く、たくましいこと。
叱咤激励	しったげきれい	・大声でしかり、はげますこと。
十中八九	じっちゅうはっく	・十のうち八か九。ほとんど全部の意。
十把一絡(げ)	じっぱひとからげ	・何もかも全部まとめて。
疾風迅雷	しっぷうじんらい	・すばやくはげしい様。
至難の業	しなんのわざ	・非常に難しいこと。
士農工商	しのうこうしょう	・武士、農業、工業、商業。昔の身分階級の順。
雌伏十年	しふくじゅうねん	・永い間実力を養い活躍の機会を待つをいう。
四分五裂	しぶんごれつ	・ちりぢりばらばらに分かれ、秩序がない様。
自暴自棄	じぼうじき	・失望や失敗のため、なげやりになること。
七五三縄	しめなわ	・「注連縄」「〆縄」とも書く。
四面楚歌	しめんそか	・周囲を敵に囲まれて孤立無援の状況のたとえ。
自問自答	じもんじとう	・自ら疑問を発して自分でそれに答えること。
釈迦に説法(教)	しゃかにせっぽう{きょう}	・お釈迦様に説教すること。知っている人に説明することのたとえ。

熟語

杓子定規	しゃくしじょうぎ	・融通がきかないことのたとえ。
弱肉強食	じゃくにくきょうしょく	・弱者は強者の犠牲になるたとえ。
遮二無二	しゃにむに	・むやみに。めったやたらに。
縦横無尽	じゅうおうむじん	・自由自在に物事を行う様。
衆寡敵せず	しゅうかてきせず	・少人数では多人数にとてもかなわないことをいう。
周章狼狽	しゅうしょうろうばい	・うろたえる。あわてふためく。
秋霜烈日	しゅうそうれつじつ	・刑罰・権威などが厳格なたとえ。
周知徹底	しゅうちてってい	・広く十分に知らせること。
十人十色	じゅうにんといろ	・考え・好み・性質などが人によってそれぞれ違うことのたとえ。
十年一昔	じゅうねんひとむかし	・世の中は十年を一くぎりに変化するをいう。
愁眉を開く	しゅうびをひらく	・心配がなくなってほっとした顔付き。
自由奔放	じゆうほんぽう	・何ものにも束縛されず自由に振る舞うこと。
十万億土	じゅうまんおくど	・極楽浄土の意。＊仏教
柔能く剛を制す	じゅうよくごうをせいす	・弱い者がかえって強い者に勝つたとえ。
主客転倒	しゅきゃくてんとう	・主なものと従属的なものが逆の扱いを受けることのたとえ。
熟読玩味	じゅくどくがんみ	・文章をよく読み、かみくだいて理解すること。
熟慮断行	じゅくりょだんこう	・十分考えて断固決行すること。
取捨選択	しゅしゃせんたく	・多くの中から、必要か不必要かを選ぶこと。
衆生済度	しゅじょうさいど	・仏が一切の生物を迷いの中から救い、悟りを得させること。＊仏教
酒池肉林	しゅちにくりん	・酒の池と肉の林。贅沢を極めたご馳走や遊びのたとえ。
出藍の誉れ	しゅつらんのほまれ	・弟子が師よりまさることを誉めるをいう。
首尾一貫	しゅびいっかん	・言動に一本筋が通っていること。
春日遅々	しゅんじつちち	・春の日がのどかに過ぎていく様。
純情可憐	じゅんじょうかれん	・美しく可愛らしい様。
春風駘蕩	しゅんぷうたいとう	・春風がのどかに吹く様。
醇(淳)風美俗	じゅんぷうびぞく	・すなおな、美しく良い風俗。
順風満帆	じゅんぷうまんぱん	・物事が順調に進む様。
春蘭秋菊	しゅんらんしゅうきく	・甲乙つけがたい美人のたとえ。
叙位叙勲	じょいじょくん	・位階・勲章を授けること。
上意下達	じょういかたつ	・上の者の意が下の人に十分徹底すること。
将棋倒し	しょうぎだおし	・一端がくずれると全体がくずれる様。
状況証拠	じょうきょうしょうこ	・犯罪事実を間接的に推測させる証拠。
盛者必衰	しょうじゃひっすい	・今は盛りの者もいずれは衰えることをいう。
生者必滅	しょうじゃひつめつ	・生ある者は必ず死ぬということ。

常住坐臥	じょうじゅうざが	・起きている時も寝ている時も。
情状酌量	じょうじょうしゃくりょう	・刑事裁判で被告人に同情すべき事情を考慮すること。
小人閑居	しょうじんかんきょ	・小人物はとかく遊び暮らすをいう。〝……して不善をなす〟
精進潔斎	しょうじんけっさい	・行いを慎み、心身を清浄な状態にすること。
正真正銘	しょうしんしょうめい	・嘘、いつわりのないことを強調する言い方。
小心翼々	しょうしんよくよく	・気が小さく些細なことにびくびくする様。
精進料理	しょうじんりょうり	・肉・魚を用いず、野菜・豆腐など植物性材料で作る料理。
情緒纏綿	じょうしょ{ちょ}てんめん	・愛情深く離れがたい様。
掌中の珠	しょうちゅうのたま	・最も大切にしているものをいう。
常套手段	じょうとうしゅだん	・いつも決まって使われるてだて。
焦眉の急	しょうびのきゅう	・さし迫った危険や急務。
枝葉末節	しようまっせつ	・主要でない部分。
諸行無常	しょぎょうむじょう	・この世のすべてがはかないことである。＊仏教
職人気質	しょくにんかたぎ	・職人に多い性格。(納得できる仕事だけをするような傾向がある)
初志貫徹	しょしかんてつ	・はじめに決めた志を最後までやり抜くこと。
諸説紛々	しょせつふんぷん	・さまざまな意見などが入れ乱れていること。
女尊男卑	じょそんだんぴ	・女を男より尊いものとみなすこと。(「男尊女卑」の逆語)
署名捺印	しょめいなついん	・本人が自らその氏名を書き印をおすこと。
白河夜船	しらかわよふね	・熟睡していて前後を知らぬことにいうたとえ。
支離滅裂	しりめつれつ	・ばらばらでまとまりがないこと。
思慮分別	しりょふんべつ	・よく考えて是非・道理を判断すること。
心機一転	しんきいってん	・あるきっかけで、心持を変えること。
新規蒔き直し	しんきまきなおし	・はじめに戻ってもう一度やり直すこと。
心悸亢(高)進	しんきこうしん	・心臓の鼓動が激しくなる様。
人工呼吸	じんこうこきゅう	・仮死状態に陥った者を生き返らせるため、人工的に空気を肺に送り込むこと。
人権蹂躙	じんけんじゅうりん	・人権をふみにじること。
人口に膾炙	じんこうにかいしゃ	・人々が好んで口にするもの。広く世の中に知れわたること。
神算鬼謀	しんさんきぼう	・非常にたくみなはかり事。
深山幽谷	しんざんゆうこく	・奥深い山々と深く静かな谷。
辛酸を嘗む	しんさんをなむ	・つらい目にあう。苦しい経験をする。
真実一路	しんじついちろ	・ひたすら真実を求めてゆくこと。
人事不省	じんじふせい	・意識を失った状態。

熟語

伸縮自在	しんしゅくじざい	・伸び縮みが簡単にできること。
神出鬼没	しんしゅつきぼつ	・予測を超えた行動をいう。
信賞必罰	しんしょうひつばつ	・賞罰を厳正に行うこと。
針小棒大	しんしょうぼうだい	・小さいことを大袈裟にいうこと。
新進気鋭	しんしんきえい	・さあやろうという意気盛んな若人をほめる言葉。
人心収攬	じんしんしゅうらん	・人の心を集めること。
人生行路	じんせいこうろ	・多くの起伏がある人生を旅にたとえた語。
人跡未踏	じんせきみとう	・今まで人が足を踏み入れたことのないこと。
身体髪膚	しんたいはっぷ	・からだ、かみ、はだ。身体全体。
新陳代謝	しんちんたいしゃ	・新しいものが古いものにとって代わること。
震天動地	しんてんどうち	・世の中を揺り動かすほどの盛んな様。
深謀遠慮	しんぼうえんりょ	・深く考えぬいたはかりごと。
人面獣心	じんめんじゅうしん	・顔は人、心は鬼。人でなし。
森羅万象	しんらばんしょう	・世の中のあらゆる事物や現象。

[す]

酔眼朦朧	すいがんもうろう	・酒に酔い、もうろうとした状態。
水魚の交わり	すいぎょのまじわり	・親交の深いたとえ。
酔生夢死	すいせいむし	・酔って夢を見ながら死ぬこと。無駄に一生を送るたとえ。
垂涎の的	すいぜんのまと	・欲しくてたまらないもの。
水泡に帰す	すいほうにきす	・努力が無駄になるたとえ。
頭寒足熱	ずかんそくねつ	・頭はひやし、足を温かくする。健康法の一つ。
頭脳明晰	ずのうめいせき	・知力・判断力がさえていること。
寸進尺退	すんしんしゃくたい	・少し進んで多く退くこと。得るものが少なく失うものが多いたとえ。
寸善尺魔	すんぜんしゃくま	・世の中は良いことが少なく悪いことが多いたとえ。

[せ]

青雲の志	せいうんのこころざし	・高い理想や立身出世の望み。
臍下丹田	せいかたんでん	・へそと恥骨の中間の腹中にあり、活力の源である気の集まるところ。
晴耕雨読	せいこううどく	・晴のときは農耕、雨のときには読書。悠々自適の生活のたとえ。
生殺与奪	せいさつよだつ	・どうにでも思いのままになることのたとえ。
誠心誠意	せいしんせいい	・まごころ。
正々堂々	せいせいどうどう	・態度が正しく卑怯でないこと、またその様。
生々流転	せいせいるてん	・いっさいのものは、生まれてたえず変化していく

		こと。
贅沢三昧	ぜいたくざんまい	・贅沢の限りを尽くすこと。
清濁併せ呑む	せいだくあわせのむ	・人間の器の大きいことのたとえ。
青天の霹靂	せいてんのへきれき	・予期していない突発的な出来事。
青天白日	せいてんはくじつ	・心が潔白、やましいところがないたとえ。晴れて無実となること。
勢力伯仲	せいりょくはくちゅう	・勢力が均衡していること。
清廉潔白	せいれんけっぱく	・世の中にうしろめたいことがないこと。
是々非々	ぜぜひひ	・立場にとらわれず、良いことは良い悪いことは悪いと言うこと。
雪月風花	せつげつふうか	・四季折々の美しい風景をいうたとえ。
切磋琢磨	せっさたくま	・仲間が互いに競って、人格や学業を向上させること。
切歯扼腕	せっしやくわん	・非常に怒り、残念がる様。
絶体絶命	ぜったいぜつめい	・逃げられない程のせっぱつまった状態。
浅学非才	せんがくひさい	・自分の力を謙遜していう言葉。
千客万来	せんきゃくばんらい	・大勢の客で賑わっている様。
千軍万馬	せんぐんばんば	・戦闘経験豊か、転じて社会経験豊かな人のたとえ。
専(先)決処分	せんけつしょぶん	・議会が議決すべき事を行政の長が先に処理すること。
千古不易	せんこふえき	・永遠に価値が変化しないこと。
前後不覚	ぜんごふかく	・物事のあとさきもわからないほど正体を失った状態。
千載一遇	せんざいいちぐう	・またとないことのたとえ。"……のチャンス"
千差万別	せんさばんべつ	・たくさんの違ったものが、ばらばらにあること。
前車の轍を踏む	ぜんしゃのてつをふむ	・他人の失敗を、あとの人が繰り返すこと。
千辛万苦	せんしんばんく	・辛いこと、苦しいことの強調語。
前人未到	ぜんじんみとう	・今までだれも到達してないこと。
戦々競(恐)々	せんせんきょうきょう	・恐れおののく様。
前代未聞	ぜんだいみもん	・一度も聞いたことのない程珍しいこと。
全知全能	ぜんちぜんのう	・あらゆる事を知っており、どんな事でも行える能力。
善男善女	ぜんなんぜんにょ	・仏法に帰依した男女。＊仏教
千篇一律	せんぺんいちりつ	・同じ調子で変化がないこと。
千変万化	せんぺんばんか	・物事がさまざまに変化すること。
先鞭をつける	せんべんをつける	・他人より先に着手すること。
先憂後楽	せんゆうこうらく	・人より先に憂え、人より後に楽しむこと。
千慮の一失	せんりょのいっしつ	・賢者も千に一つのミスをすることをいう。

熟語

[そ]

粗衣粗食	そいそしょく	・粗末な衣服と粗末な食事。
糟糠の妻	そうこうのつま	・苦労を共にしてきた妻。
相好を崩す	そうごうをくずす	・顔つきを変えおおいに笑い喜ぶ様。
相思相愛	そうしそうあい	・男女が互いに慕い合い愛し合うこと。
惻隠の情	そくいんのじょう	・可哀想に思うこと。あわれむこと
速戦即決	そくせんそっけつ	・短時間に物事の決着をつけること。
粗酒粗餐	そしゅそさん	・粗末な酒と食事。＊謙遜語。
俎上の魚	そじょうのうお	・運命が、相手の意のままであることのたとえ。
粗製濫(乱)造	そせいらんぞう	・出来の悪い品物をむやみに作り出すこと。
率先躬行	そっせんきゅうこう	・先に立って実行すること。
率先垂範	そっせんすいはん	・人の先に立って行動し模範となること。

[た]

大願成就	たいがんじょうじゅ	・大願がかなえられること。
大器晩成	たいきばんせい	・能力や器量が後になって開花すること。
大義名分	たいぎめいぶん	・ものの道理、筋道。
大言壮語	たいげんそうご	・できそうもない大きいことを言うこと。
泰山北斗	たいざんほくと	・大家(たいか)として仰ぎ尊ばれる人。
泰(大)山鳴動	たいざんめいどう	・前ぶれの騒ぎの大きいわりに結果の小さいたとえ。"……して鼠一匹"
大所高所	たいしょこうしょ	・広い視野。
泰然自若	たいぜんじじゃく	・あわてず落ちついている様。
大胆不敵	だいたんふてき	・度胸がすわっていて少しも恐れないこと、又はその様。(＊良い意味にはあまり使われない)
大同小異	だいどうしょうい	・小さくは異なるが全体的には似ていること。
大同団結	だいどうだんけつ	・多小の違いを無視して全体がまとまること。
大兵肥満	だいひょうひまん	・身体が大きくふとっている様。
兌換紙幣	だかんしへい	・正貨を支払うことを約束した紙幣。
多岐亡羊	たきぼうよう	・いろいろ分かれているためどれを選んだらよいか思案に迷うこと。
他山の石	たざんのいし	・自分より劣っていても自分をみがく助けとなる物のたとえ。
多士済々	たしせいせい	・いろいろな能力を持った人たちの集まり。
多事多端	たじたたん	・仕事が多く、多忙なこと。
多事多難	たじたなん	・多くの困難や災難。
多情多恨	たじょうたこん	・多情なだけに、悩み、悔やむことも多い様。
多情仏心	たじょうぶっしん	・多情で移り気だが、無慈悲なことができない心をいう。

他力本願	たりきほんがん	・仏に頼る事　＊仏教。他人の力に頼って事をなすをいうたとえ。
暖衣飽食	だんいほうしょく	・豊かな生活をしている様をいう。
短気は損気	たんきはそんき	・短気を起こせば不成功に終わり損をすることをいう。
男尊女卑	だんそんじょひ	・男を重んじ女は男に従うという考え。
単刀直入	たんとうちょくにゅう	・核心にズバリせまること。
談論風発	だんろんふうはつ	・話や議論が活発に行われる様。

[ち]

治外法権	ちがいほうけん	・国際法上、外交官など特定の外人が滞在国の管轄権に服することを免れる権利。
逐条審議	ちくじょうしんぎ	・一つひとつ順番に細かく審議すること。
竹馬の友	ちくばのとも	・竹馬に乗って遊んだ幼ななじみ。仲の良い友達のたとえ。
魑魅魍魎	ちみもうりょう	・怪物、ばけもの。
朝三暮四	ちょうさんぼし	・うまい言葉で人をだますことのたとえ。
長身痩軀	ちょうしんそうく	・背が高くてやせている様。
眺望絶佳	ちょうぼうぜっか	・非常に眺めのよいこと。
頂門の一針	ちょうもんのいっしん	・急所を突くたとえ。
跳梁跋扈	ちょうりょうばっこ	・のさばり、はねまわり、はびこること。
朝令暮改	ちょうれいぼかい	・朝方に決めたことを夕方に変更すること。
直情径行	ちょくじょうけいこう	・すぐカッときて行動に出ること。
猪突猛進	ちょとつもうしん	・猪のように目くらめっぽう突き進むこと。
沈思黙考	ちんしもっこう	・物思いにふけり、じっと考えること。
珍味佳肴	ちんみかこう	・おいしい食べ物。御馳走。

[つ]

痛痒を感ぜず	つうようをかんぜず	・痛くもかゆくもない。利害や影響のないこと。
月夜に提灯	つきよにちょうちん	・不必要なことのたとえ。
九十九髪	つくもがみ	・老女の白髪。
辻褄を合わす	つじつまをあわす	・話をうまく合わせてとりつくろうこと。
津々浦々	つつ{づ}うらうら	・全国いたるところ。
鶴の一声	つるのひとこえ	・多くの人の議論でまとまらないのが、権威者の一言で決まるたとえ。

[て]

| 亭主関白 | ていしゅかんぱく | ・夫が勝手気ままにふるまうことのたとえ。 |
| 適材適所 | てきざいてきしょ | ・能力に合った仕事、その仕事に合った人。 |

適者生存	てきしゃせいぞん	・ある環境に最も適した生物だけが生存し得るという考え。
徹頭徹尾	てっとうてつび	・始めから終わりまで一貫する様。
手前味噌	てまえみそ	・自分のことをほめるをいう。自慢すること。
手練手管	てれんてくだ	・人を思うままにあやつる技巧。
天衣無縫	てんいむほう	・自然なさま。わざとらしい様子のない様。
天涯孤独	てんがいこどく	・身寄りのない、ひとりぼっち。
天下泰平	てんかたいへい	・世の中がよく治まり、おだやかである様。
電光石火	でんこうせっか	・目にも止まらないほど素早いこと。
天壌無窮	てんじょうむきゅう	・天も地も、共に永遠に続くこと。
天真爛漫	てんしんらんまん	・無邪気でこだわりのないこと、またその様。
天高く馬肥ゆ	てんたかくうまこゆ	・秋の好季節をいう。
天地開闢	てんちかいびゃく	・天地の始まり。
天地神明	てんちしんめい	・すべての神々。"……に誓って"
天地無用	てんちむよう	・荷箱などに付ける語。上下を逆さにしてはいけない意味。
天長地久	てんちょうちきゅう	・天地(宇宙)が永久であるように、物事が永遠に続くこと。
輾転反側	てんてんはんそく	・眠れず寝返りばかり打っていること。
天罰覿面	てんばつてきめん	・悪い事をすると必ずその報いとして罰がくるをいう。
田夫野人	でんぷやじん	・教養の低い者のたとえ。自分を謙遜していうこともある。
天変地異	てんぺんちい	・天地に起こる大異変。
天網恢々粗にして漏らさず てんもうかいかいそにしてもらさず		・悪いことをすれば必ず天罰が下るたとえ。
天佑神助	てんゆうしんじょ	・天の助け。思いがけない助けのことにもいう。

[と]

当意即妙	とういそくみょう	・その場に合わして即座に機転をきかすこと。
同音異義	どうおんいぎ	・発音は同じでも意味の異なること。(*橋と箸など)
同工(巧)異曲	どうこういきょく	・見かけは違うようでも内容は同じであること。
同床異夢	どうしょういむ	・仲間や同志でも各々考え方が異なるたとえ。
灯台下暗し	とうだいもとくらし	・燭台の火は四方を明るくするがその下は暗い。身近な事に案外気付かぬたとえ。
堂塔伽藍	どうとうがらん	・寺院の建物の総称。
東奔西走	とうほんせいそう	・あちこち忙しく走り回ること。
蟷螂の斧	とうろうのおの	・自分の弱さを省みず強敵に挑むこと。はかない

		抵抗のたとえ。（＊蟷螂＝カマキリ）
得意満面	とくいまんめん	・してやったり、の気持ちが顔にあふれ出てる様。
特筆大書	とくしつたいしょ	・特別に強調することのたとえ。
読書百遍	どくしょひゃっぺん	・書物を繰り返し読むこと。
独断専行	どくだんせんこう	・勝手きままに行動すること。
独立独歩	どくりつどっぽ	・誰の力も借りず一人歩きすること。
塗炭の苦しみ	とたんのくるしみ	・泥と炭火の中にいるような非常な苦しみ。
徒手空拳	としゅくうけん	・素手で立ち向かうこと。
屠所の羊	としょのひつじ	・不幸や破局に直面して気力を失った者のたとえ。
駑馬に鞭打つ	どばにむちうつ	・才能のにぶい者のたとえ。（＊謙遜しながらも引きうけるときなどに使うことあり。駑馬＝のろい馬）

［な］

内柔外剛	ないじゅうがいごう	・気は弱いが外面は強そうに見えること。
内憂外患	ないゆうがいかん	・心配事が内にも外にもあること。
難行苦行	なんぎょうくぎょう	・ひどい苦労をすること。
難攻不落	なんこうふらく	・攻めるに難しく、攻め落とせないこと。
南船北馬	なんせんほくば	・忙しく旅することのたとえ。

［に］

二者択一	にしゃたくいつ	・二つの事柄から一つを選ぶこと。
二束三文	にそくさんもん	・草履二束の価が三文。きわめて価格のやすいたとえ。
日常茶飯	にちじょうさはん	・ありふれていること。「日常茶飯事(じ)」とも。
日常坐臥	にちじょうざが	・日常生活、または毎日のこと。
日進月歩	にっしんげっぽ	・たえず進歩すること。
二人三脚	ににんさんきゃく	・二人が歩調を合わせ共同で物事を行うにいうたとえ。
女人禁制	にょにんきんせ{ぜ}い	・霊場や修業の場に女子の立ち入りを禁ずること。
二律背反	にりつはいはん	・互に矛盾し合う事の命題が同じ権利で主張されること。

［ね］

猫も杓子も	ねこもしゃくしも	・誰も彼も。何もかにも。
寝耳に水	ねみみにみず	・不意の出来事にひどく驚くことのたとえ。
年々歳々	ねんねんさいさい	・毎年毎年。
年百年中	ねんびゃくねんじゅう	・一年中。

熟語

[は]

背水の陣	はいすいのじん	・一歩も引けない、せっぱつまった状況・立場のたとえ。
廃(排)仏毀(棄)釈	はいぶつきしゃく	・明治初期の仏教排斥運動。
馬脚を現す	ばきゃくをあらわす	・ばけの皮がはがれること。
破顔一笑	はがんいっしょう	・顔をほころばせ、にっこり笑う様。
博学強識	はくがくきょうしき	・広く学問に通じている事。「博覧強記」
白砂青松	はくしゃせいしょう	・白い砂浜と青い松林。美しい海岸の風景をいう。
拍手喝采	はくしゅかっさい	・手をたたきながら大声で誉めたたえる様。
薄氷を履む	はくひょうをふむ	・危険をおかすたとえ。
博聞強記	はくぶんきょうき	・広く物事を聞き知りよく記憶していること。
博覧強記	はくらんきょうき	・広く書物を読みよく覚えていること。
薄利多売	はくりたばい	・個々の利益を少なくして大量に品物を売る販売方法。
馬耳東風	ばじとうふう	・他人の意見などを聞き流すたとえ。
破竹の勢い	はちくのいきおい	・はげしい勢いのたとえ。
八面六臂	はちめんろっぴ	・一人で何人分も働くたとえ。「三面六臂」
八百八町	はっぴゃくやちょう	・江戸の市中に町の多いことをいう。江戸の町。
八方美人	はっぽうびじん	・誰とも要領よくつき合っていく人。
波瀾万丈	はらんばんじょう	・変化が激しく劇的であること。
罵詈讒謗	ばりざんぼう	・あらゆる悪口を言ってののしること。
罵詈雑言	ばりぞうごん	・口ぎたない、ののしりの言葉。
破廉恥漢	はれんちかん	・恥を恥とも思わない人間。
万古不易	ばんこふえき	・永久に変わらぬこと。
万死に一生	ばんしにいっしょう	・助かる見込のなかった命が助かること。
半死半生	はんしはんしょう	・死にかかっている状態。
半信半疑	はんしんはんぎ	・半分信じ半分疑ってる様。
半身不随	はんしんふずい	・身体の左右いずれかに運動麻痺のある状態。
万世不朽	ばんせいふきゅう	・永久に変わらぬこと。
反面教師	はんめんきょうし	・他人の失敗も己への参考として学ぶ態度。

[ひ]

贔屓の引き倒し	ひいきのひきたおし	・ひいきしすぎて返って悪い結果になること。
被害妄想	ひがいもうそう	・いつも他人から危害を加えられているという妄想。
非常事態	ひじょうじたい	・普段とは違う重大な場合。
美辞麗句	びじれいく	・立派らしく聞こえるが誠意のない言葉。
人身御供	ひとみごくう	・神への供え物として人間の体を捧げること、またその人。

一人角力{相撲}	ひとりずもう	・相手もいないのに一人で意気込むこと。
必須条件	ひっすじょうけん	・必ず必要とする条件。
非難攻撃	ひなんこうげき	・欠点や誤ちを責めとがめること。
髀肉の嘆	ひにくのたん	・活躍したり名を上げたりする機会がないのを歎くこと。
悲憤慷慨	ひふんこうがい	・世の悪に対し悲しみ憤り歎くこと。
眉目秀麗	びもくしゅうれい	・男子の、りりしい顔かたち。
百折不撓	ひゃくせつふとう	・何度失敗してもくじけないこと。
百戦百勝	ひゃくせんひゃくしょう	・すべての戦いに勝つこと
百戦錬磨	ひゃくせんれんま	・数多くの戦いで武芸が鍛えられていくこと。
百八煩悩	ひゃくはちぼんのう	・人間の過去現在未来にわたった百八あるという迷い。
百花斉放	ひゃっかせいほう	・たくさんの花が一斉に咲くこと。
百家争鳴	ひゃっかそうめい	・学者や識者が活発に議論を交わすこと。
百花繚乱	ひゃっかりょうらん	・たくさんの花があでやかに咲く様。
百鬼夜行	ひゃっきやこう	・悪人・怪人がのさばり回ること。
百発百中	ひゃっぱつひゃくちゅう	・全部が命中すること。
瓢箪から駒	ひょうたんからこま	・思いがけない所から思いがけない物が出るたとえ。
表裏一体	ひょうりいったい	・相反する二つのものが根本で密接につながってるたとえ。
疲労困憊	ひろうこんぱい	・疲れ切って動けない様。
品行方正	ひんこうほうせい	・行動・言行が道徳的であること。
貧者の一灯	ひんじゃのいっとう	・貧しい人による心のこもった寄付。

[ふ]

風紀紊乱	ふうきびんらん	・風俗・規律が乱れること。
風光明媚	ふうこうめいび	・自然の風景が特に美しい様。
風前の灯	ふうぜんのともしび	・風の前の灯が消えやすいように、はかなく危ない様。
風林火山	ふうりんかざん	・(*孫子の兵法の一つ。武田信玄が好んだ言葉)
付加価値	ふかかち	・生産過程で新たに付け加えられる価値。
不可抗力	ふかこうりょく	・人力ではどうすることもできないこと。
不可思議	ふかしぎ	・常識では理解できない不思議なこと。
複雑多岐	ふくざつたき	・物事が多方面にわたって込み入っている様。
覆水盆に返らず	ふくすいぼんにかえらず	・一度してしまった事は取り返えしがつかないことのたとえ。
不倶戴天	ふぐたいてん	・どうしても許せないと思うほどの憎しみ。〝……の敵〟

熟語

不言実行	ふげんじっこう	あれこれ言わず、黙って行動すること。
不惜身命	ふしゃくしんみょう	仏道のために身命を惜しまぬこと。＊仏教
夫唱婦随	ふしょうふずい	夫が唱え、妻が従うこと。
不即不離	ふそくふり	つかず離れずの関係。
豚に真珠	ぶたにしんじゅ	値打ちのわからぬ者に宝物をやっても無駄なたとえ。
物情騒然	ぶつじょうそうぜん	世間の様子がさわがしい様。
不逞の輩	ふていのやから	勝手にふるまい、道義に従わない連中。
不得要領	ふとくようりょう	要領を得ないこと。
不撓不屈	ふとうふくつ	どんな困難にもくじけないこと。
不偏不党	ふへんふとう	いずれの主義や党派にも加わらないこと。片寄らないこと。
不眠不休	ふみんふきゅう	眠らず休まず努力すること。
付(附)和雷同	ふわらいどう	自分にしっかりした考えがなく、他人の説にすぐ同調すること。
刎頸の交わり	ふんけいのまじわり	首をはねられても恨まないほどの交際。親しい交わりのたとえ。
粉骨砕身	ふんこつさいしん	力の限り物事に立ち向かうたとえ。
文人墨客	ぶんじんぼっかく	詩文や書画など、風雅な道に携わる人。
焚書坑儒	ふんしょこうじゅ	言論や思想、学問を弾圧することのたとえ。

[へ]

弊衣破帽	へいいはぼう	身なりにかまわぬ服装のたとえ。
平穏無事	へいおんぶじ	平和でおだやかなこと。
平衡感覚	へいこうかんかく	空間における身体の位置や運動の変化を感知する感覚。
平身低頭	へいしんていとう	頭を深々と下げること。お詫びのポーズ。
平々凡々	へいへいぼんぼん	ごくありふれていること。
変幻自在	へんげんじざい	現れたり消えたり変化したりが自由自在なこと。
片言隻語	へんげんせきご	ちょっとした一言。
偏旁冠脚	へんぼうかんきゃく	漢字の構成要素の総称。偏(へん)や旁(つくり)などのこと。

[ほ]

暴飲暴食	ぼういんぼうしょく	度を過ごして飲み食いすること。
放歌高吟	ほうかこうぎん	あたりかまわず大声で歌うこと。
放蕩無頼	ほうとうぶ{む}らい	遊びも生活も勝手気ままにふるまう様。
暴虎馮河	ぼうこひょうが	命知らずの無謀な行為をすること。
傍若無人	ぼうじゃくぶじん	自分勝手に気ままな行動・言動をすること。

茫然自失	ぼうぜんじしつ	・	ショックを受けて、我を忘れること。
捧(抱)腹絶倒	ほうふくぜっとう	・	腹をかかえ笑いころげる様。
蒲柳の質	ほりゅうのしつ	・	ひよわい体質。
本末転倒	ほんまつてんとう	・	物事の本質を取り違えていること。

[ま]

摩訶不思議	まかふしぎ	・	大変な不思議。（＊摩訶＝仏教での強調接頭語）
満身創痍	まんしんそうい	・	全身、傷だらけの状態。手ひどく痛め付けられたことのたとえ。

[み]

三日坊主	みっかぼうず	・	物事にあきやすい人、長続きしない人。
未来永劫	みらいえいごう	・	永久、永遠。

[む]

無為徒食	むいとしょく	・	何もせずにブラブラして暮らすこと。
無位無冠	むいむかん	・	位階をもたない人。
無為無策	むいむさく	・	何の対策も立てないこと。
無学文盲	むがくもんもう	・	学がなく文字が読めないこと、又は人。
無我夢中	むがむちゅう	・	我を忘れて物事に熱中すること。
無冠の帝王	むかんのていおう	・	特別に地位はないが強い力のある人。新聞記者をいうことあり。
無芸大食	むげいたいしょく	・	食べるだけしか芸がないこと。＊謙遜語または軽蔑語。
無私無偏	むしむへん	・	公平なこと。
無色透明	むしょくとうめい	・	色なく、すきとおっている状態。いずれにも片寄らぬこと。
矛盾撞着	むじゅんどうちゃく	・	つじつまが合わないこと。
無恥厚顔	むちこうがん	・	恥しらず。「厚顔無恥」
無知蒙昧	むちもうまい	・	学も道理も知らないこと。「無知無学」
無二無三	むにむさ{ざ}ん	・	唯一のこと。＊仏教。わき目もふらず物事を行うこと。
無念無想	むねんむそう	・	無我の境地に入り邪念を持たないこと。
無病息災	むびょうそくさい	・	病気もせず平穏無事なこと。
無味乾燥	むみかんそう	・	味気ないこと。
無欲恬淡	むよくてんたん	・	慾がなく淡々としていること。
無理無体	むりむたい	・	道理に合わないことを強引に押し進めること。
無理算段	むりさんだん	・	苦しいやりくりをしてなんとか融通をつけること。
無理難題	むりなんだい	・	言いがかり。難問題。

熟語

[め]

明鏡止水	めいきょうしすい	・何ら迷いのない澄みきった心境。
名所旧跡	めいしょきゅうせき	・景色や古跡で有名なところ。
明眸皓歯	めいぼうこうし	・きれいなひとみときれいな歯。美人の形容。
明々白々	めいめいはくはく	・疑いのはさみようもない非常に明白な様。
名誉毀損	めいよきそん	・人の社会的評価を傷つけること。
名誉挽回	めいよばんかい	・失われた名誉をとりもどすこと。
明朗闊達	めいろうかったつ	・性質が明るく朗らかなこと、又はその様。
滅私奉公	めっしほうこう	・自分を捨てて国や会社、地域に尽くすこと。
面従腹(後)言	めんじゅうふく{こう}げん	・従ったふりをして後で陰口をいうこと。
面従腹背	めんじゅうふくはい	・顔では従っているようで腹の中は違うこと。
面壁九年	めんぺきくねん	・何年かけても粘り強く目的に突き進むたとえ。
面目一新	めんもく{ぼく}いっしん	・すっかり様変わりすること。
面目躍如	めんもくやくじょ	・(その人に)ふさわしい活躍をする様。

[も]

妄言多謝	もうげんたしゃ	・でたらめな事を言ってすみません。
孟母三遷	もうぼさんせん	・子供の学習には環境が大事ということのたとえ。
沐浴斎戒	もくよくさいかい	・神仏の祭事の前に心身を清めること。
元の木阿弥	もとのもくあみ	・一時よい状態になったものが、また前の状態にもどるたとえ。
物見遊山	ものみゆさん	・あちこち見物して遊び回ること。
門外不出	もんがいふしゅつ	・貴重な物ゆえ、家の外に出さないこと。
門戸開放	もんこかいほう	・自由に出入りを許すこと。
門前雀羅	もんぜんじゃくら	・訪問してくる客もない寂しい様のたとえ。

[や]

藪井竹庵	やぶいちくあん	・下手な医者を人名めかしていう語。
病膏肓に入る	やまいこうこうにいる	・不治の病で手の施しようのない様。

　　＊肓(こう)が正式であるが、最近は盲(もう)が使われ、市民権を得つつある

大和撫子	やまとなでしこ	・日本女性の清楚な美しさをナデシコにたとえていう語。
闇夜の(に)提灯	やみよのちょうちん	・切望しているものにめぐり会えるたとえ。
闇夜に鉄砲	やみよにてっぽう	・あてずっぽうにやってみるたとえ。
夜郎自大	やろうじだい	・身の程知らず。思いあがり。

[ゆ]

唯一無二	ゆ{ゆい}いつむに	・二つとないこと。
唯我独尊	ゆいがどくそん	・自分だけが最も尊いと思う態度。

勇往邁進	ゆうおうまいしん	・目標に向かって突き進むこと。「勇往猛進」
有形無形	ゆうけいむけい	・形のあるもの、ないものすべて。
有終の美	ゆうしゅうのび	・最後まで立派にやり通すこと。"……を飾る"
優柔不断	ゆうじゅうふだん	・決断を出すのにぐずぐずすること。
優勝劣敗	ゆうしょうれっぱい	・強い者が勝ち弱い者が負けること。
融通無碍	ゆうずうむげ	・相互の間に障害なく通じ合うこと。
遊生夢死	ゆうせいむし	・一生をブラブラして過ごすことのたとえ。
幽明境を異にす	ゆうめいさかいをことにす	・死去することのたとえ。
有名無実	ゆうめいむじつ	・名前だけで、中味の伴っていないこと。
悠々自適	ゆうゆうじてき	・のんびり、ゆったりマイペースの生活。
油断大敵	ゆだんたいてき	・油断こそ最大の敵。

[よ]

余韻嫋々	よいんじょうじょう	・余韻(なごり)がいつまでも続くこと。
用意周到	よういしゅうとう	・用意が十分整っていること。
要害堅固	ようがいけんご	・守りが固く攻めにくいところ。
妖怪変化	ようかいへんげ	・不思議な化け物。
羊腸小径	ようちょうしょうけい	・曲がりくねって続く小道。
羊頭狗肉	ようとうくにく	・内容が伴ってない、見かけ倒しのたとえ。
容貌魁偉	ようぼうかいい	・人並みはずれて顔や体が大きい様。
欲求不満	よっきゅうふまん	・欲求が満たされない状態。
横紙破り	よこがみやぶり	・習慣に外れたことを無理に押し通すたとえ。
横車を押す	よこぐるまをおす	・車を横方向に押す。物事を強引に押し通すたとえ。
余裕綽々	よゆうしゃくしゃく	・落ちつき払って焦らない様。

[ら]

落花狼藉	らっかろうぜき	・花を散らかすような乱暴のたとえ。
乱臣賊子	らんしんぞくし	・国を乱す者(臣)と親に乱暴を働く子供。
乱文乱筆	らんぶんらんぴつ	・乱れて整わない文。手紙などでへり下って使う語。
乱暴狼藉	らんぼうろうぜき	・暴力をふるってあばれまわること。

[り]

利害得失	りがいとくしつ	・得るものと失うもの。損得。
力戦奮闘	りきせんふんとう	・一生懸命がんばり戦うこと。
離合集散	りごうしゅうさん	・人が出会い、集まり、離れ、散ること。
立身出世	りっしんしゅっせ	・成功し世に名前が知られること。
理非曲直	りひきょくちょく	・正しいことと誤っていること。
流汗淋漓	りゅうかんりんり	・汗がだらだらと流れる様。
流言蜚(飛)語	りゅうげんひご	・世の中に言いふらされる確証のないうわさ。デマ。

熟語

柳巷花街	りゅうこうかがい	・大人の遊ぶ場所。花柳界。
竜頭蛇尾	りゅうとうだび	・初めは勢いがあるが最後は尻つぼみするたとえ。
粒々辛苦	りゅうりゅうしんく	・こつこつと地道な努力を重ねること。
燎原の火	りょうげんのひ	・野火。勢いが盛んで防ぎようがないたとえ。
理路整然	りろせいぜん	・文章やしゃべり方などが論理的なこと。
臨機応変	りんきおうへん	・状況に応じて適切な対処、対応をすること。

[る]

累卵の危うき	るいらんのあやうき	・卵を積み重ねたようにはなはだ危険なことのたとえ。
縷々綿々	るるめんめん	・文章やしゃべり方が長く、細かいこと。

[れ]

冷汗三斗	れいかんさんと	・たくさんのひや汗が流れるほど恥ずかしい状態。
冷酷非道	れいこくひどう	・人の道にはずれた残酷さ。「冷酷無情」

[ろ]

老若男女	ろうにゃくなんにょ	・老人も若人も男も女も。
六菖十菊	ろくしょうじっきく	・5月6日の菖蒲、9月10日の菊。いずれも前日の節句の翌日のもので、タイミングの遅いこと。
六根清浄	ろっこんしょうじょう	・一切の欲望・迷いを浄め断ちきるための掛け声。霊山に登る時に唱える事が多い。(＊六根＝六つあるという人間の欲望)
論功行賞	ろんこうこうしょう	・功績に対して賞を与えること。

[わ]

和気藹々	わきあいあい	・仲良く、打ちとけて談笑する様。
和魂漢才	わこんかんさい	・日本人の精神と中国の学問知識を組み合わせもつこと。
和戦両用	わせんりょうよう	・和睦と戦争の両方。
和洋折衷	わようせっちゅう	・日本と西洋の各々の良いところを取り入れること。
我関せず焉	われかんせずえん	・自分は関係ないからと、積極的にかかわろうとしない様。

Ⅵ　外来語の漢字表現

　外来語はカタカナで書くのが原則であるが、従来は漢字で表現されていたものが多い。そのなかで、今でもたまに使われるものを下記する。

　外来語は、英語・独(ドイツ)語・仏(フランス)語・オランダ語・ポルトガル語・スペイン語他がある。ただし、本項では原則として中国語に由来するものを除く。

　単位に関するものは別項参照。

[ア行]

手風琴	アコーディオン
土歴青=瀝青	アスファルト
酒精	アルコール
復活祭	イースター
回教	イスラム
火酒	ウオッカ
万愚節	エープリルフール
経済	エコノミー
選良	エリート
発動機	エンジン
管弦楽	オーケストラ
天火	オーブン
軽歌劇	オペレッタ
風琴	オルガン
自鳴琴	オルゴール
温突	オンドル

[カ行]

謝肉祭	カーニバル
牧童	カウボーイ
文化	カルチャー
瓦斯	ガス
揮発油	ガソリン
型録	カタログ
合羽	カッパ
加特力	カトリック
硝子	ガラス
蛇口	カラン
歌留多=骨牌	カルタ
画布	カンバス
歯車	ギア
接吻	キス
煙管	キセル
無限軌道	キャタピラー
気化器	キャブレター
隊商	キャラバン
画廊	ギャラリー
吉利支丹=切支丹	キリシタン
基督	キリスト
滑空機	グライダー
倶楽部	クラブ
食通	グルメ
起重機	クレーン
十字架	クロス
骸炭	コークス
洋杯	コップ
護謨	ゴム
木栓	コルク
虎列刺	コレラ
混凝土	コンクリート
音楽会	コンサート
等高線	コンター

[サ行]

洋剣	サーベル
更紗	サラサ
蹴球	サッカー
鋼矢板	シートパイル
沙翁	シェークスピア
発電機	ジェネレーター
映画	シネマ(仏)
広口魔法瓶	ジャー
帽子	シャッポ
石鹸	シャボン
襦袢	ジュバン
共同企業体	ジョイントベンチャー
如雨露	ジョウロ
交響曲	シンフォニー
背広	スーツ
肉汁	スープ
脱脂乳	スキムミルク
罷業	ストライキ
発条	スプリング
匙	スプーン
小夜曲	セレナーデ
曹達	ソーダ

[タ行]

打	ダース
煙草	タバコ

舞踏	ダンス	新教徒	プロテスタント	沃度	ヨード
乾酪	チーズ	麦酒	ビール		
窒扶斯	チブス	洋琴	ピアノ	**[ラ行]**	
卓子	テーブル	道化役者＝	ピエロ	羅紗	ラシャ
晩餐会	ディナーパーティー	道化師		喇叭	ラッパ
		拳銃	ピストル	拉丁	ラテン
素描	デッサン	清教徒	ピューリタン	狂詩曲	ラプソディー
庭球	テニス	山小屋	ヒュッテ(独)	洋灯	ランプ
二重唱	デュエット	撞球	ビリヤード	独奏会	リサイタル
露台	テラス	卓球	ピンポン	拡大鏡	ルーペ
天幕	テント	刷子	ブラシ	一時解雇	レイオフ
天麩羅	テンプラ	商標	ブランド	鎮魂曲	レクイエム
船渠	ドック	錻力	ブリキ	復古調	レトロ
変圧器	トランスフォーマー	頁	ページ	浪漫	ローマン
		野球	ベースボール	山小屋	ロッジ(英)
隧道	トンネル	黒死病	ペスト	輪舞曲	ロンド
		寝台	ベッド		
[ナ行]		疱疹	ヘルペス	**[ワ行]**	
夜想曲	ノクターン	馬力	ホースパワー	円舞曲	ワルツ
		短艇	ボート		
[ハ行]		賞与	ボーナス		
透視図	パース	拳闘	ボクシング		
竪琴	ハープ	釦	ボタン		
提琴	バイオリン	喞筒	ポンプ		
聖書	バイブル				
馬穴	バケツ	**[マ行]**			
籠球	バスケットボール	岩漿	マグマ		
		燐寸	マッチ		
乳酪＝牛酪	バター	外套	マント		
宣教師	バテレン	木乃伊	ミイラ		
蜜月	ハネムーン	弥撒	ミサ		
排球	バレーボール	博物館	ミュージアム		
麺麭	パン	牛乳	ミルク		
手巾	ハンカチ	映画	ムービー(英)		
銀行	バンク	鍍金	メッキ		
鳥打帽	ハンチング	莫大小	メリヤス		
無言劇	パントマイム				
把手	ハンドル	**[ヤ行]**			
序曲	プレリュード	猶太	ユダヤ		

Ⅶ　漢字による外国名・都市名

　これらは、明治のはじめにつくり出された当て字で、現在は一般には使われないが、古い文書には使われている。なお、現在でも新聞には、英国とか米国とか略記されることがある。

ヨーロッパ(欧羅巴)

氷州	アイスランド
愛蘭	アイルランド
英吉利	イギリス
伊太利	イタリア
英蘭	イングランド
墺太利	オーストリア
和蘭=和蘭陀=阿蘭陀	
	オランダ
希臘	ギリシャ
瑞西	スイス
瑞典	スウェーデン
蘇格蘭	スコットランド
西班牙	スペイン
丁抹	デンマーク
独乙=独逸	ドイツ
諾威	ノルウェー
洪牙利=匈牙利	ハンガリー
芬蘭	フィンランド
仏蘭西	フランス
勃牙利	ブルガリア
普魯西	プロシャ
白耳義	ベルギー
葡萄牙	ポルトガル
波蘭	ポーランド
羅馬尼亜	ルーマニア
露西亜	ロシア
維納	ウイーン
牛津	オックスフォード
剣橋	ケンブリッジ
寿府	ジュネーブ
拿破里	ナポリ
巴里	パリ
漢堡	ハンブルグ
伯林	ベルリン
馬徳里	マドリード
馬耳塞	マルセーユ
莫斯科	モスクワ
羅馬	ローマ
倫敦	ロンドン

アメリカ(亜米利加)大陸

阿拉斯加	アラスカ
亜爾然丁	アルゼンチン
加奈陀	カナダ
玖馬	キューバ
哥倫比亜	コロンビア
智利	チリ
巴奈馬	パナマ
伯剌西爾	ブラジル
秘露	ペルー
墨西哥	メキシコ
桑港	サンフランシスコ
蘇士	スエズ
聖路易	セントルイス
紐育	ニューヨーク
聖林	ハリウッド
羅府	ロサンゼルス
華盛頓	ワシントン

アジア(亜細亜)

亜剌比亜	アラビア
伊蘭	イラン
(波斯	ペルシャ)
印度	インド
回鶻	ウイグル
西比利亜	シベリア
暹羅	シャム
蘇門答剌	スマトラ
錫蘭	セイロン
泰	タイ
西蔵	チベット
土耳古	トルコ
緬甸	ビルマ
比律賓	フィリピン
越南	ベトナム
馬来	マレー
蒙古	モンゴル
呂宋	ルソン
西貢	サイゴン
新嘉坡=星港	シンガポール
錫蘭	セイロン
香港	ホンコン
孟買	ボンベイ
澳門	マカオ
馬尼剌	マニラ
拉薩	ラサ

アフリカ（阿弗利加）

埃及	エジプト
利比亜	リビア
阿爾及	アルジェリア
蘇丹	スーダン
公果	コンゴ
突尼斯	チュニジア

オセアニア（大洋州）

濠(豪)太剌利亜	オーストラリア
新西蘭	ニュージーランド
布哇	ハワイ

VIII 漢字による動植物名

普段使われることの多いと思われる二・三文字の動物・植物名を記す。

常用漢字で書けない動植物名はカタカナで書くのが一般的であるが、古書及び詩歌には結構使われている。

ただし、ほとんどが当て字であるから漢字名は必ずしも一つではない。

分類は必ずしも学術的なものではない。

1) 陸上動物

穴熊	アナグマ
蟻食	アリクイ
鼬鼠	イタチ
井守	イモリ
河馬	カバ
河童	カッパ
羚羊＝氈鹿	カモシカ
麒麟	キリン
黒貂	クロテン
蝙蝠	コウモリ
大猩猩	ゴリラ
縞馬＝斑馬	シマウマ
麝香鹿	ジャコウジカ
水牛	スイギュウ
蜥蜴	トカゲ
馴鹿	トナカイ
啼兎	ナキウサギ
錦蛇	ニシキヘビ
波布	ハブ(蛇)
大熊猫	パンダ
狒々	ヒヒ
鼯鼠	ムササビ
綿羊＝緬羊	メンヨウ
土竜	モグラ
山羊	ヤギ
豪猪	ヤマアラシ

守宮	ヤモリ
獅子	ライオン
駱駝	ラクダ
羊駝	ラマ
栗鼠	リス
小熊猫	レッサーパンダ
騾馬	ラバ
驢馬	ロバ

2) 水生動物

青海亀	アオウミガメ
海豹	アザラシ
海驢＝海馬	アシカ
雨蛙	アマガエル
海豚	イルカ
大山椒魚	オオサンショウウオ
膃肭臍	オットセイ
河鹿	カジカ(蛙)
蝦蟇	ガマ(蛙)
鴨嘴	カモノハシ
川獺	カワウソ
胡麻斑海豹	ゴマフアザラシ
巨頭鯨	ゴンドウクジラ
座頭鯨	ザトウクジラ
山椒魚	サンショウウオ
儒艮	ジュゴン
海象	セイウチ

銭形海豹	ゼニガタアザラシ
背美鯨	セミクジラ
玳瑁	タイマイ(海亀)
竜落子	タツノオトシゴ
胡獱	トド
長須鯨	ナガスクジラ
海狸	ビーバー
抹香鯨	マッコウクジラ
海獺＝猟虎＝海猟	ラッコ

3) 虫類

揚羽蝶	アゲハチョウ
水黽＝水馬	アメンボ
蝗虫	イナゴ
科斗＝蝌蚪	オタマジャクシ
蜉蝣	カゲロウ
兜虫＝甲虫	カブトムシ
蝸牛	カタツムリ
螳螂	カマキリ
天牛	カミキリムシ
邯鄲	カンタン
蟋斯	キリギリス
蜘蛛	クモ
轡虫	クツワムシ
鍬形虫	クワガタムシ
蟋蟀	コオロギ
沙蚕	ゴカイ

黄金虫＝金亀子	コガネムシ	啄木(鳥)	キツツキ	木菟	ミミズク
衣魚＝紙魚	シミ	九官鳥	キュウカンチョウ	椋鳥	ムクドリ
猩猩蠅	ショウジョウバエ	黄連雀	キレンジャク	目白	メジロ
鈴虫	スズムシ	水鶏	クイナ	百舌＝鵙	モズ
水爬虫	タガメ	孔雀	クジャク	山雀	ヤマガラ
天道虫＝瓢虫	テントウムシ	熊啄木(鳥)	クマゲラ	山原水鶏	ヤンバルクイナ
蜻蛉	トンボ	軍艦鳥	グンカンドリ	百合鷗	ユリカモメ
蛞蝓	ナメクジ	五位鷺	ゴイサギ	雷鳥	ライチョウ
飛蝗＝蝗虫	バッタ	小雀	コガラ		
孑孑	ボウフラ	駒鳥	コマドリ	**5）魚貝類**	
松虫	マツムシ	犀鳥	サイチョウ		
微塵子	ミジンコ	四十雀	シジュウカラ	鮎魚女	アイナメ
蜜蜂	ミツバチ	始祖鳥	シソチョウ	浅蜊(利)	アサリ
蓑虫	ミノムシ	七面鳥	シチメンチョウ	穴子	アナゴ
蚯蚓	ミミズ	地鶏	ジドリ	雨鱒	アメマス
百足	ムカデ	島梟	シマフクロウ	鮟鱇	アンコウ
紋白蝶	モンシロチョウ	軍鶏	シャモ	烏賊	イカ
		十姉妹	ジュウシマツ	磯巾着	イソギンチャク
4）鳥		白鷺	シラサギ	煎海鼠	イリコ(干した海鼠)
		脊黄青鸚哥	セキセイインコ	岩魚	イワナ
青鷺	アオサギ	鶺鴒	セキレイ	石斑魚	ウグイ
家鴨	アヒル	駝鳥	ダチョウ	雲丹＝海胆	ウニ
阿呆鳥＝信天翁	アホウドリ	丹頂	タンチョウ	海牛	ウミウシ
鸚哥	インコ	千鳥	チドリ	海老＝蝦	エビ
善知鳥	ウトウ	矮鶏	チャボ	落鮎	オチアユ
海鵜	ウミウ	朱鷺＝鴇	トキ	大鮃	オヒョウ
海猫	ウミネコ	白鳥	ハクチョウ	牡蠣	カキ
鸚鵡	オウム	禿鷲	ハゲワシ	海綿	カイメン
大鷲	オオワシ	雲雀＝告天子	ヒバリ	金眼鯛	キンメダイ
鴛鴦	オシドリ、エンオウ	緋連雀	ヒレンジャク	水母＝海月	クラゲ
尾白鷲	オジロワシ	仏法僧	ブッポウソウ	毛蟹	ケガニ
懸巣	カケス	文鳥	ブンチョウ	小女子	コナゴ
鵞鳥	ガチョウ	箆鷺	ヘラサギ	氷下魚＝氷魚	コマイ
鰹鳥	カツオドリ	伽藍鳥	ペリカン	栄螺	サザエ
郭公	カッコウ	頬白	ホオジロ	細魚＝針魚	サヨリ
金糸雀	カナリア	不如帰＝子規＝時鳥＝杜鵑		秋刀魚	サンマ
軽鴨	カルガモ		ホトトギス	珊瑚	サンゴ
翡翠	カワセミ	真鴨	マガモ	柳葉魚	シシャモ
雉子	キジ	真雁	マガン	蝦蛄	シャコ

白魚	シラウオ	馬酔木	アシビ、アセビ	栴檀	センダン
白子	シラス(チリメンジャコ)	翌檜	アスナロ	蘇鉄	ソテツ
介党鱈	スケトウタラ	杏子	アンズ	染井吉野(桜)	ソメイヨシノ
高足蟹	タカアシガニ	一位	イチイ(オンコ)	岳樺	ダケカンバ
章魚＝蛸	タコ	無花果	イチジク	柘植＝黄楊	ツゲ
太刀魚	タチウオ	公孫樹(＝銀杏)	イチョウ	蔦漆	ツタウルシ
田螺	タニシ	水蠟	イボタ	躑躅	ツツジ
鱈場蟹＝多羅波蟹	タラバガニ	蝦夷松	エゾマツ	満天星	ドウダンツツジ
棘魚	トゲウオ	大手毬(鞠)	オオデマリ	椴松	トドマツ
泥鰌	ドジョウ	洋橙	オレンジ	白楊	ドロノキ
飛魚	トビウオ	海棠	カイドウ	団栗	ドングリ
海鼠	ナマコ	枳殻＝枸橘	カラタチ	七竈	ナナカマド
虹鱒	ニジマス	唐松＝落葉松	カラマツ(ラクヨウ)	南天	ナンテン
沙魚	ハゼ	川柳	カワヤナギ	接骨木＝庭常	ニワトコ
花咲蟹	ハナサキガニ	橄欖	カンラン(オリーブ)	猫柳	ネコヤナギ
姫鱒	ヒメマス	夾竹桃	キョウチクトウ	合歓	ネム
比目魚＝平目	ヒラメ	金柑	キンカン	針槐	ハリエンジュ
緋鯉	ヒゴイ	銀杏(公孫樹の実)	ギンナン		(ニセアカシア)
海星	ヒトデ	金木犀	キンモクセイ	実芭蕉	バナナ
河豚	フグ	枸杞	クコ	春楡	ハルニレ(エルム)
箆鮒	ヘラブナ	山梔子＝梔子	クチナシ	白檀	ビャクダン
帆立(貝)＝海扇	ホタテ	茱萸	グミ	枇杷	ビワ
北寄(貝)	ホッキ	胡桃	クルミ	葡萄	ブドウ
海鞘	ホヤ	月桂樹	ゲッケイジュ	山毛欅＝橅	ブナ
法螺貝	ホラガイ	胡椒	コショウ	木瓜	ボケ
真鰈	マガレイ	小手毬(鞠)	コデマリ	菩提樹	ボダイジュ
松葉蟹	マツバガニ	辛夷	コブシ	忽布	ホップ
翻車魚	マンボウ	護謨	ゴム	凸柑	ポンカン
身欠鰊	ミガキニシン	石榴＝柘榴	ザクロ	木天蓼	マタタビ
鯥五郎	ムツゴロウ	山茶花	サザンカ	満作	マンサク
目高	メダカ	五月	サツキ	蜜柑	ミカン
八目鰻	ヤツメウナギ	百日紅	サルスベリ	三椏＝三叉	ミツマタ
宿借り＝寄居虫	ヤドカリ	山椒	サンショウ	木槿	ムクゲ
山女	ヤマメ	枝垂柳	シダレヤナギ	木蓮	モクレン
公魚	ワカサギ	石楠花	シャクナゲ	紅葉	モミジ
		棕櫚	シュロ	八重桜	ヤエザクラ
		白樺	シラカバ	椰子	ヤシ
		沈丁花	ジンチョウゲ	寄生木	ヤドリギ
6）植物（樹木）		篠懸	スズカケ(プラタナス)	山吹	ヤマブキ
赤松	アカマツ				

熟語

雪柳	ユキヤナギ	胡蝶蘭	コチョウラン	鳳仙花	ホウセンカ
柚子	ユズ	駒草	コマクサ	酸漿＝鬼灯	ホオズキ
山桜桃	ユスラウメ	鷺草	サギソウ	牡丹	ボタン
林檎	リンゴ	桜草	サクラソウ	舞茸	マイタケ
檸檬	レモン	座禅草	ザゼンソウ	松茸	マツタケ
連翹	レンギョウ	仙人掌	サボテン	松葉牡丹	マツバボタン
吾亦紅＝吾木香	ワレモコウ	三色菫	サンショクスミレ	待宵草	マツヨイグサ
		羊歯＝歯朶	シダ	曼珠沙華	マンジュシャゲ

7) 植物 (草花)

紫陽花	アジサイ	芝桜	シバザクラ	水芭蕉	ミズバショウ
朝顔	アサガオ	芍薬	シャクヤク	毛氈苔	モウセンゴケ
敦盛草	アツモリソウ	白詰草	シロツメクサ	矢車草	ヤグルマソウ
亜麻	アマ	水仙	スイセン	山吹＝款冬	ヤマブキ
菖蒲	アヤメ、ショウブ	睡(水)蓮	スイレン	百合	ユリ
藺草	イグサ	鈴蘭	スズラン	竜舌蘭	リュウゼツラン
虎杖	イタドリ	極楽鳥花	ストレリチア	竜胆	リンドウ
疣取＝水蝋	イボタ	背高泡立草	セイダカアワダチソウ	礼文草	レブンソウ
苜蓿	ウマゴヤシ	石竹	セキチク	蓮華草＝紫雲英	レンゲソウ
延齢草	エンレイソウ	紫萁＝薇	ゼンマイ	勿忘草＝萱草	ワスレナグサ
車前草＝大葉子	オオバコ	大麻	タイマ	吾亦紅	ワレモコウ
苧環	オダマキ	蒲公英	タンポポ		
含羞草	オジギソウ	稚子車	チングルマ	## 8) 植物 (栽培系)	
女郎花	オミナエシ	月見草	ツキミソウ		
万年青	オモト	土筆	ツクシ	扁桃	アーモンド
杜若	カキツバタ	鉄線	テッセン	浅葱＝糸葱	アサツキ
霞草	カスミソウ	木賊	トクサ	小豆	アズキ
片栗	カタクリ	鳥兜	トリカブト	亜麻	アマ
酢漿草	カタバミ	撫子	ナデシコ	隠元豆	インゲンマメ
岩高蘭	ガンコウラン	鋸草	ノコギリソウ	独活	ウド
桔梗	キキョウ	葉鶏頭	ハケイトウ	粳米	ウルチマイ
木耳	キクラゲ	繁縷	ハコベ	枝豆	エダマメ
擬宝珠	ギボ(ウ)シ	芭蕉	バショウ	豌豆	エンドウ
金魚草	キンギョソウ	浜茄子＝玫瑰	ハマナス	燕麦	エンバク
金盞花	キンセンカ	浜木綿	ハマユウ	大麦	オオムギ
君子蘭	クンシラン	薔薇	バラ	穎割	カイワレ
鶏頭	ケイトウ	向日葵	ヒマワリ	加加阿	カカオ(ココア)
月下美人	ゲッカビジン	昼顔	ヒルガオ	花甘藍	カリフラワー
秋桜	コスモス	福寿草	フクジュソウ	南瓜	カボチャ
		芙蓉	フヨウ	甘藷＝薩摩芋	カンショ(サツマイモ)
		紅花	ベニバナ	甘蔗＝砂糖黍	カンショ(サトウキビ)

甘藍	カンラン(キャベツ)	鳳梨	パイナップル
胡瓜	キュウリ	白菜	ハクサイ
慈姑	クワイ	薄荷	ハッカ
罌粟＝芥子	ケシ	二十日大根	ハツカダイコン
珈琲	コーヒー	蕃瓜樹	パパイヤ
小麦	コムギ	馬鈴薯	バレイショ
牛蒡	ゴボウ	落花生	ラッカセイ(ピーナッツ)
胡麻	ゴマ	西洋唐辛子	ピーマン
小松菜	コマツナ	瓢箪	ヒョウタン
蒟蒻	コンニャク	糸瓜	ヘチマ
大角豆	ササゲ	紅花	ベニバナ
里芋	サトイモ	菠薐草	ホウレンソウ
莢豌豆	サヤエンドウ	三葉	ミツバ
椎茸	シイタケ	茗荷	ミョウガ
紫蘇	シソ	糯米	モチマイ
湿地＝占地(茸)	シメジ	甜瓜	メロン
春菊	シュンギク	嫁菜	ヨメナ
蓴菜	ジュンサイ	辣韮	ラッキョウ
生姜	ショウガ	蓮根	レンコン
除虫菊	ジョチュウギク	山葵	ワリジ
西瓜	スイカ	早稲≒早生	ワセ
水稲	スイトウ		
蕎麦	ソバ		
空豆＝蚕豆	ソラマメ		
大根	ダイコン		
大豆	ダイズ		
玉葱	タマネギ		
萵苣	チシャ		
甜菜	テンサイ		
唐辛子＝蕃椒	トウガラシ		
唐黍	トウキビ		
玉蜀黍	トウモロコシ		
蕃茄	トマト		
薯蕷芋	トロロイモ		
長葱	ナガネギ		
茄子	ナス(ビ)		
人参	ニンジン		
大蒜	ニンニク		
野澤菜	ノザワナ		

9）水生植物

河骨＝川骨	コウホネ
昆布	コンブ
蓴菜	ジュンサイ
天草＝心太草	テングサ
海苔	ノリ
梅花藻	バイカモ
鹿尾菜	ヒジキ
布海苔	フノリ
毬藻	マリモ
海蘊＝水雲	モズク
若布＝和布	ワカメ

熟語

第4章

仮　　名

Ⅰ 送り仮名の付け方

前書き

1 この「送り仮名の付け方」は、法令・公用文書・新聞・雑誌・放送など、一般の社会生活において、「常用漢字表」の音訓によって現代の国語を書き表す場合の「送り仮名の付け方」のよりどころを示すものである。

2 この「送り仮名の付け方」は、科学・技術・芸術その他の各種専門分野や個々人の表記にまで及ぼそうとするものではない。

3 この「送り仮名の付け方」は、漢字を記号的に用いたり、表にしたりする場合や、固有名詞を書き表す場合を対象としていない。

4 この「送り仮名の付け方」で用いる用語の意義は下記のとおり。

 単独の語……漢字の音または訓を単独に用いて、漢字一字で書き表す語をいう。

 複合の語……漢字の訓と訓、音と訓などを複合させ、漢字二字以上を用いて書き表す語をいう。

 活用のある語……動詞・形容詞・形容動詞をいう。

 活用のない語……名詞・副詞・連体詞・接続詞をいう。

 本　　則……送り仮名の付け方の基本的な法則と考えられるものをいう。

 例　　外……本則には合わないが、慣用として行われていると認められるものであって、本則によらず、これによるものをいう。

 許　　容……本則による形とともに、慣用として行われていると認められるものであって、本則以外に、これによってよいものをいう。

 ＊新聞協会加入の各新聞社は、許容を採用していない。

単独の語

1　活用のある語

通則　1

（活用語尾を送る語に関するもの）

本　則　活用のある語（通則2を適用する語を除く）は、**活用語尾**を送る。

〔例〕　催す　憤る　承る　実る　書く　生きる　陥れる　考える
　　　　助ける　荒い　潔い　賢い　濃い　主だ

例　外

(1)　語幹が「し」で終わる形容詞は、「し」から送る。

〔例〕　著しい　惜しい　恋しい　珍しい　悔しい

(2)　活用語尾の前に「か」「やか」「らか」を含む形容動詞は、その音節から送る。

〔例〕　暖かだ　静かだ　細かだ　健やかだ　和やかだ　明らかだ
　　　　柔らかだ　滑らかだ

(3)　次の語は、次に示すように送る。

明らむ　味わう　哀れむ　慈しむ　教わる　脅かす　食らう
逆らう　捕まる　群がる　揺する　異なる　和らぐ　明るい
危ない　危うい　大きい　少ない　小さい　冷たい　平たい
新ただ　同じだ　盛んだ　懇ろだ　惨めだ　平らだ　哀れだ
幸いだ　幸せだ　巧みだ

許　容　次の語は、（　）のなかに示すように、活用語尾の前の音節から送ることができる。

表す（表わす）　著す（著わす）　現れる（現われる）　行う（行なう）
断る（断わる）　賜る（賜わる）

〔**注意**〕　語幹と活用語尾との区別がつかない動詞は、例えば「着る」「寝る」「来る」などのように送る。

通則　2

（派生・対応の関係を考慮して、活用語尾の前の部分から送る語に関するもの）

282

本　則　活用語尾以外の部分に他の語を含む語は、含まれている語の送り仮名の付け方によって送る。（含まれている語を〔　〕のなかに示す）

〔例〕
(1)　動詞の活用形、またはそれに準ずるものを含むもの。

動かす〔動く〕　照らす〔照る〕　語らう〔語る〕　計らう〔計る〕
向かう〔向く〕　浮かぶ〔浮く〕　生まれる〔生む〕　押さえる〔押す〕
捕らえる〔捕る〕　勇ましい〔勇む〕　輝かしい〔輝く〕　喜ばしい〔喜ぶ〕
晴れやか〔晴れる〕　及ぼす〔及ぶ〕　積もる〔積む〕　聞こえる〔聞く〕
頼もしい〔頼む〕　起こる〔起きる〕　落とす〔落ちる〕　暮らす〔暮れる〕
冷やす〔冷える〕　当たる〔当てる〕　終わる〔終える〕　変わる〔変える〕
集まる〔集める〕　定まる〔定める〕　連なる〔連ねる〕　交わる〔交える〕
恐ろしい〔恐れる〕　混ざる・混じる〔混ぜる〕

(2)　形容詞・形容動詞の語幹を含むもの。

重んずる〔重い〕　若やぐ〔若い〕　怪しむ〔怪しい〕　悲しむ〔悲しい〕
苦しがる〔苦しい〕　確かめる〔確かだ〕　重たい〔重い〕　憎らしい〔憎い〕
古めかしい〔古い〕　細かい〔細かだ〕　柔らかい〔柔らかだ〕　清らかだ〔清い〕
高らかだ〔高い〕　寂しげだ〔寂しい〕

(3)　名詞を含むもの

汗ばむ〔汗〕　先んずる〔先〕　春めく〔春〕　後ろめたい〔後ろ〕
男らしい〔男〕。

許　容　読み間違えるおそれのない場合は、活用語尾以外の部分について、次の（　）のなかに示すように、送り仮名を省くことができる。

〔例〕　浮かぶ(浮ぶ)　生まれる(生れる)　押さえる(押える)　捕らえる(捕える)
晴れやかだ(晴やかだ)　積もる(積る)　聞こえる(聞える)　起こる(起る)
落とす(落す)　暮らす(暮す)　当たる(当る)　終わる(終る)
変わる(変る)

〔注意〕　次の語は、それぞれ〔　〕のなかに示す語を含むものとは考えず、通則1によるものとする。

明るい〔明ける〕　荒い〔荒れる〕　悔しい〔悔いる〕　恋しい〔恋う〕

仮名

2　活用のない語

通則 3

（名詞であって、送り仮名を付けない語に関するもの）

本　則　名詞（通則4を適用する語を除く）は、送り仮名を付けない。

〔例〕　月(つき)　鳥(とり)　花(はな)　山(やま)　男(おとこ)　女(おんな)　彼(かれ)　何(なに)

例　外

(1) 次の語は、最後の音節を送る。

辺(あた)り　哀(あわ)れ　勢(いきお)い　幾(いく)ら　後(うし)ろ　傍(かたわ)ら　幸(さいわ)い　幸(しあわ)せ　互(たが)い
便(たよ)り　半(なか)ば　情(なさ)け　斜(なな)め　独(ひと)り　誉(ほま)れ　自(みずか)ら　災(わざわ)い

(2) 数をかぞえる「つ」を含む名詞は、その「つ」を送る。

一(ひと)つ　二(ふた)つ　三(みっ)つ　幾(いく)つ

通則 4

（活用のある語から転じた名詞であって、もとの語の送り仮名の付け方によって送る語に関するもの）

本　則　活用のある語から転じた名詞及び活用のある語に「さ」「み」「げ」などの接尾語が付いて**名詞**になったものは、もとの語の送り仮名の付け方によって送る。

〔例〕

(1) 活用のある語から転じたもの

動(うご)き　仰(おお)せ　恐(おそ)れ　薫(かお)り　曇(くも)り　調(しら)べ　届(とど)け　願(ねが)い　晴(は)れ
狩(か)り　答(こた)え　問(と)い　祭(まつ)り　群(む)れ　憩(いこ)い　愁(うれ)い　憂(うれ)い　香(かお)り
極(きわ)み　近(ちか)く　遠(とお)く

(2) 「さ」「み」「げ」などの接尾語が付いたもの。

暑(あつ)さ　大(おお)きさ　正(ただ)しさ　確(たし)かさ
明(あか)るみ　重(おも)み　憎(にく)しみ
惜(お)しげ

例　外　次の語は、送り仮名を付けない。

煙(けむり)　卸(おろし)　割(わり)　巻(まき)　係(かかり)　光(ひかり)　志(こころざし)　次(つぎ)　畳(たたみ)　折(おり)　組(くみ)　帯(おび)
恥(はじ)　頂(いただき)　肥(こえ)　富(とみ)　舞(まい)　謡(うたい)　隣(となり)　恋(こい)　話(はなし)　趣(おもむき)　氷(こおり)　印(しるし)
虞(おそれ)　掛(かかり)　並(なみ)

〔注意〕 これらの語も、動詞の意識が十分に残っている場合には、この例外は適用しない。従って、例えば、「活字の組みがゆるい」などのように、それぞれ、もとの語の送り仮名の付け方によって、送り仮名を付ける。

「折(おり)」は時期、機会などを表す場合には送り仮名を付けない。

「並(なみ)」は「並肉・並足」などのように語の初めに付いて主として程度を表す場合には、送り仮名を付けない。ただし、「人並み、家並み」などのように、「並」が語末に来る複合名詞には、すべて送り仮名を付ける。

〔例〕 折(おり)から　折(お)り畳(たた)み　並木(なみき)　並肉(なみにく)　並外(なみはず)れ　十人並(じゅうにんな)み　街並(まちな)み

許　容　読み間違えるおそれのない場合は、次の（　）のなかに示すように、送り仮名を省くことができる。

〔例〕 曇(くも)り（曇）　届(とど)け（届）　願(ねが)い（願）　晴(は)れ（晴）　当(あ)たり（当り）　群(む)れ（群）
代(か)わり（代り）　向(む)かい（向い）　狩(か)り（狩）　答(こた)え（答）　問(と)い（問）
祭(まつ)り（祭）　憩(いこ)い（憩）

通　則　5

（副詞・連体詞・接続詞に関するもの）

本　則　副詞・連体詞・接続詞は、最後の音節を送る。

〔例〕 必(かなら)ず　更(さら)に　少(すこ)し　既(すで)に　再(ふたた)び　及(およ)び　全(まった)く　最(もっと)も　来(きた)る
去(さ)る　且(か)つ　但(ただ)し

例　外

(1) 次の語は次に示すように送る。

明(あ)くる　大(おお)いに　直(ただ)ちに　並(なら)びに　若(も)しくは

(2) 次のように、他の語を含む語は、含まれている語の送り仮名の付け方によって送る。

（含まれている語を〔　〕のなかに示す）

併(あわ)せて〔併せる〕　至(いた)って〔至る〕　恐(おそ)らく〔恐れる〕　従(したが)って〔従う〕
絶(た)えず〔絶える〕　例(たと)えば〔例える〕　努(つと)めて〔努める〕　辛(かろ)うじて〔辛い〕
少(すく)なくとも〔少ない〕　互(たが)いに〔互い〕　必(かなら)ずしも〔必ず〕

複合の語

通則 6

(単独の語の送り仮名の付け方による語に関するもの)

本　則　複合の語(通則7を適用する語を除く)の送り仮名は、その複合の語を書き表す漢字の、それぞれの音訓を用いた単独の語の送り仮名の付け方による。

〔例〕

(1) 活用のある語

書き抜く　流れ込む　申し込む　打ち合わせる　向かい合わせる
薄暗い　草深い　心細い　長引く　旅立つ　若返る　裏切る
聞き苦しい　若々しい　女々しい　気軽だ　望み薄だ

(2) 活用のない語

石橋　山津波　竹馬　水煙　卸商　目印　寒空　次々　常々
近々　深々　封切り　花便り　田植え　手渡し　長生き　早起き
墓参り　落書き　先駆け　後ろ姿　斜め左　独り言　教え子
落ち葉　生き物　巣立ち　物知り　雨上がり　日当たり　夜明かし
預かり金　合わせ鏡　入り江　深情け　抜け駆け　乗り降り
申し込み　移り変わり　売り上げ　取り扱い　引き換え　作り笑い
行き帰り　伸び縮み　暮らし向き　粘り強さ　無理強い
立ち居振る舞い　休み休み　行く行く

許　容　読み間違えるおそれのない場合は、次の( )のなかに示すように、送り仮名を省くことができる。

〔例〕　書き抜く(書抜く)　申し込む(申込む)　向かい合わせる(向い合せる)。
打ち合わせる(打ち合せる・打合せる)　聞き苦しい(聞苦しい)　田植え(田植)
待ち遠しい(待遠しい)　封切り(封切)　落書き(落書)　雨上がり(雨上り)
日当たり(日当り)　夜明かし(夜明し)　入り江(入江)　飛び火(飛火)
合わせ鏡(合せ鏡)　預かり金(預り金)　暮らし向き(暮し向き)
抜け駆け(抜駆け)　売り上げ(売上げ・売上)　取り扱い(取扱い・取扱)
乗り換え(乗換え・乗換)　引き換え(引換え・引換)　申し込み(申込み・申込)
移り変わり(移り変り)　有り難み(有難み)　待ち遠しさ(待遠しさ)
立ち居振る舞い(立ち居振舞い・立ち居振舞・立居振舞)

呼び出し電話(呼出し電話・呼出電話)。

〔注意〕 「こけら落とし」「さび止め」「洗いざらし」「打ちひも」のように、前もしくは後ろの部分を仮名で書く場合は、他の部分については、単独の語の送り仮名の付け方による。

通則 7

(慣用に従って送り仮名を付けない語に関するもの)

複合の語のうち、次の複合名詞には、慣用に従って送り仮名を付けない。

〔注意〕 この通則を適用する語は、次に掲げる語以外でも、一般に慣用が固定していると認められる限り、ある程度類推して同類の語にも及ぼされる。

しかし、その範囲はできるだけ限定し、同類の語として送り仮名を省いてよいかどうか判断に迷う場合は、通則6を適用して送り仮名をつける。

〔例〕

(1) 特定の領域の語で、慣用が固定していると認められるもの。

① 地位・身分・役職・書式・法令などの名。

{ }のなかは関連する名

関取　頭取　名取　事務取扱　係員　肩書　覚書　掛長
{支店}詰　{見習}社員　{進退}伺　{役員}付　取締{役・本部}
{退職}願　{欠席}届

その他、役職名、法令名などで慣用の固定しているものは、送り仮名を付けなくてよい。

② 工芸品及びこれに準ずる物の名についた「織・染・焼・塗・彫・絞・縮」。

{ }のなかは関連する地名・人名などに置き換えられる。

ただし、「漆塗り、木彫り、素焼き」のように素材・形態・技法などを表すものには送り仮名を付ける。

{博多}織　{型絵}染　{備前}焼　{春慶}塗　{鎌倉}彫　{鳴海}絞
{阿波}縮

③ 主として経済関係の分野で慣用されている語。

貸付{金}、借入{期間}など{ }のなかの語は「人・時・所・書・金・機関・制度・数量・品目・機器」を表す語の付くものに限る。

受付{期間}　受取{勘定}　売上{高}　卸売{価格}　貸出{残高}

売掛{金}　買掛{金}　引当{金}　借入{金}　小売{商}　支払{伝票}
　　　立会{人}　取次{店}　荷受{機関}　払込{資本}　引受{銀行}
　　　見積{書}　申込{書}　振替{伝票}

　　ただし、動作・方法・状態（動詞的）などを表す語は別。{ }の外の語を単独で使う場合には、送り仮名を付けるのが原則。

　　〔例〕　売上{高}→売り上げる。貸付{金}→貸し付ける。

*「受付」だけは人・職場・場所を、「受取」は領収書を指す場合だけ、単独でも省く。
*「基準・金融・限度・権・債権・条件・担保・幅・予算・利益」などの語が語尾に付く場合は送る。

(2) 一般に、慣用が固定していると認められるもの。
　① 職業の名称「工・師・店・屋」の付く語で、慣用が固定していると認められ、難読・誤読の恐れのないものは送り仮名を付けなくてもよい。

　　ただし、迷う場合には仮名を送る。{ }のなかの語は職業の名。
　　　{仕上}工　{仕出}屋　{仕立}職人　{染物}屋　{釣具}店　{振付}師

　② 語頭に「合(あい)」の付く次のような語は、送り仮名を付けなくてよい。
　　　合着　合服　合言葉　合図　合間　合縁奇縁　合気道

　③ 語頭に「浮(うき)」の付く主として具象名詞
　　　浮草　浮雲　浮袋　浮世　浮足　浮輪　浮気　浮橋

　④ 語頭に「貸(かし)」の付く主として具象名詞
　　　貸衣装　貸金　貸金庫　貸主　貸室　貸家　貸間　貸船

　⑤ 語頭に「敷(しき)」の付く主として具象名詞
　　　敷居　敷石　敷地　敷物　敷皮　敷板　敷金　敷布団

　⑥ 語頭に「建(たて)」の付く主として具象名詞
　　　建網　建売{住宅}　建具　建坪　建物　建前

　⑦ その他、送り仮名を付けなくてよい主な語例。

　「入会{権}。{三人}組」などの{ }のなかは{ }の前もしくは後ろに付く語に関連する他の漢字に置き換えた場合でも、この通則が適用される。

　ア　泡盛
　イ　居合　入会{権}　息吹
　ウ　植木　請負　打合会　裏書　売値
　エ　絵巻　縁組

オ	大立者(おおだてもの)	沖合(おきあい)	置物(おきもの)	奥付(おくづけ)	織物(おりもの)	卸問屋(おろしどんや)	
カ	介添人(かいぞえにん)	書留(かきとめ)	河川敷(かせんしき)	勝手(かって)	缶詰(かんづめ)		
キ	気合(きあい)	気付(きづけ)	切手(きって)	切符(きっぷ)	忌引(きびき)	脚立(きゃたつ)	
ク	具合(ぐあい)	組合(くみあい)	組員(くみいん)	組頭(くみがしら)	組長(くみちょう)	組曲(くみきょく)	
ケ	消印(けしいん)						
コ	小売値(こうりね)	高利貸(こうりがし)	小切手(こぎって)	木立(こだち)	小包(こづつみ)	子守(こもり)	献立(こんだて)
サ	作付面積(さくつけめんせき)	挿絵(さしえ)	座敷(ざしき)	桟敷(さじき)	指図(さしず)	差出人(さしだしにん)	
シ	試合(しあい)	仕立物(したてもの)	字引(じびき)	時雨(しぐれ)			
セ	関守(せきもり)						
タ	立場(たちば)	立会演説(たちあいえんぜつ)	竜巻(たつまき)	代金引換(だいきんひきかえ)	立役者(たてやくしゃ)		
ツ	漬物(つけもの)	積立{金}(つみたて{きん})	付添{人}(つきそい{にん})	{○日}付({○日}づけ)	築山(つきやま)		
テ	手当(てあて)	手付金(てつけきん)	手引(てびき)				
ト	問屋(とんや)	灯台守(とうだいもり)	捕物(とりもの)	隣組(となりぐみ)	友引(ともびき)	取引(とりひき)	取扱(とりあつかい) 注意(ちゅうい)
ナ	仲買(なかがい)	鳴子(なるこ)	雪崩(なだれ)	名残(なごり)			
ノ	乗組員(のりくみいん)	乗合{船}(のりあい{ぶね})	乗換駅(のりかええき)	乗換券(のりかえけん)			
ハ	場合(ばあい)	羽織(はおり)	墓守(はかもり)	履物(はきもの)	番組(ばんぐみ)	葉巻(はまき)	番付(ばんづけ)
ヒ	日付(ひづけ)	控室(ひかえしつ)	引換券(ひきかえけん)	瓶詰(びんづめ)			
フ	歩合(ぶあい)	封切館(ふうぎりかん)	福引(ふくびき)	振出局(ふりだしきょく)	吹雪(ふぶき)	踏切(ふみきり)(鉄道用語のみ)	
ホ	掘割(ほりわり)	星取表(ほしとりひょう)					
マ	舞扇(まいおうぎ)	舞子(まいこ)	舞姫(まいひめ)	巻物(まきもの)	巻紙(まきがみ)	万引(まんびき)	迷子(まいご) 待合{室}(まちあい{しつ})
ミ	水引(みずひき)	身代金(みのしろきん)	見習(みならい)	見積書(みつもりしょ)			
モ	物置(ものおき)	物語(ものがたり)	元卸{商}(もとおろし{しょう})				
ヤ	屋敷(やしき)	役割(やくわり)	山伏(やまぶし)				
ユ	結納(ゆいのう)	夕立(ゆうだち)	行方(ゆくえ)				
リ	両替(りょうがえ)	両隣(りょうどなり)					
ワ	割合(わりあい)	割高(わりだか)	割引(わりびき)	割安(わりやす)	渡守(わたしもり)		

仮名

ただし、息吹・時雨・雪崩・吹雪を動詞に用いるときには漢字を使わず、「しぐれる」「ふぶく」のように全部仮名で書く。

その他

1 表(ひょう)に記入したり、記号的に用いたりする場合には、送り仮名を省いてもよい。

〔例〕 （履歴書などの）昭和十年 生(うまれ) 　　（スポーツ欄の）3勝2敗1分(わけ)

　　　（一問一答の文首の）問(とい)、答(こたえ) 　　（天気予報欄の）晴(はれ)、雲(くもり)

　　　（商況欄の）高寄(たかより)、新株落(しんかぶおち) 　　（プログラムなどの）二年向(むけ)、終(おわり)

2 経済面の「決算・増資」に限り、次のような語は、送り仮名を省いてもよい。

〔例〕 支払(しはらい) 　据置(すえおき) 　税引(ぜいびき) 　払込(はらいこみ) 　申込(もうしこみ) 　利回(りまわり) 　割当(わりあて)

紛らわしい送り仮名
(本則による)

〔送り過ぎ〕 （ ）内は誤り

ア 　合間(あいま)(合い間) 　商い(あきな)(商ない) 　争う(あらそ)(争そう) 　侮る(あなど)(侮どる) 　誤る(あやま)(誤まる)
　　 謝る(あやま)(謝まる) 　荒い(あら)(荒らい) 　新しい(あたら)(新らしい) 　併せて(あわ)(併わせて)
　　 表す(あらわ)(表わす) 　著す(あらわ)(著わす) 　現れる(あらわ)(現われる)

イ 　潔い(いさぎよ)(潔よい) 　忙しい(いそが)(忙がしい) 　偽る(いつわ)(偽わる)

ウ 　失う(うしな)(失なう) 　占う(うらな)(占なう) 　承る(うけたまわ)(承わる) 　上回る(うわまわ)(上回わる)

オ 　公(おおやけ)(公け) 　補う(おぎな)(補なう) 　行う(おこな)(行なう) 　幼い(おさな)(幼ない) 　己(おのれ)(己れ)
　　 脅かす(おびや)(脅やかす) 　趣(おもむき)(趣き)

カ 　輝く(かがや)(輝やく) 　塊(かたまり)(塊り) 　傾く(かたむ)(傾むく) 　必ず(かなら)(必らず) 　仮(かり)(仮り)

キ 　汚い(きたな)(汚ない) 　来る(きた)(来たる) 　気短(きみじか)(気短か)

ク 　覆る(くつがえ)(覆える) 　悔しい(くや)(悔やしい　ただし、悔いる、悔やむは別)

コ 　断る(ことわ)(断わる) 　困る(こま)(困まる) 　快い(こころよ)(快よい)

サ 　遮る(さえぎ)(遮ぎる) 　先(さき)(先き)

シ 　従う(したが)(従がう)

ス 　速やか(すみ)(速みやか)

ソ 　唆す(そそのか)(唆かす)

タ 　耕す(たがや)(耕やす) 　賜る(たまわ)(賜わる)

チ 　近い(ちか)(近かい)

ツ	次(次ぎ)	費やす(費いやす)	謹んで(謹しんで)	連なる(連らなる)
	貫く(貫らぬく)	慎む(慎しむ)	償う(償なう)	
テ	手先(手先き)			
ト	隣(隣り)	伴う(伴なう)		
ナ	生々しい(生ま生ましい)			
ニ	担う(担なう)			
ハ	辱める(辱かしめる)	働く(働らく)		
ヒ	翻る(翻える)			
フ	懐(懐ろ)			
マ	間近(間近か)	交える(交じえる)	交わる(交じわる)	免れる(免がれる)
	回る(回わる)			
ミ	短い(短かい)	身近(身近か)		
ム	難しい(難かしい)	群がる(群らがる)		
メ	珍しい(珍らしい)			
ヤ	養う(養なう)	病(病い)		
ヨ	喜ぶ(喜こぶ)			
ワ	患う(患らう)	割に(割りに)		

〔送り不足〕　( )内は誤り

ア	当たる・当てる(当る)	危ない(危い)	荒らす(荒す)	慌ただしい(慌しい)
	鮮やか(鮮か)			
ウ	後ろ(後)			
オ	押さえる(押える)	恐ろしい(恐しい)	下りる(下る)	終わる(終る)
カ	狩り(狩)	省みる(省る)	顧みる(顧る)	
ク	暮らし(暮し)	悔いる(悔る)	悔やむ(悔む)	
コ	木枯らし(木枯し)	異なる(異る)		
ス	過ごす(過す)			
ソ	損なう(損う)			
タ	頼もしい(頼しい)			
ツ	費やす(費す)	尽くす(尽す)		

仮名

ト	隣り合う(隣合う) 捕らえる(捕える)
ナ	情けない(情ない) 懐かしい(懐しい)
ノ	延べ(延)
ハ	恥ずかしい(恥かしい) 果たして(果して) 甚だしい(甚しい)
マ	紛らわしい(紛わしい) 交じる・交ぜる(交る) 祭り(祭) 街並み(街並)
モ	基づく(基く)
ヤ	軟らか(軟か)
ワ	煩わしい(煩しい) 災い(災)

送り仮名の付け方用例

1 　右記別表は【　】のなかの語「人・時・所・金・書・機関・制度・数量・品目・機器」を表す語の運用例を示す。

　　Ａ欄の41の各語にＢ欄の各語が結び付くときは、送り仮名を省く。

2 　別表の複合語に更に複合語が重なった場合の送り仮名は、次のように付ける。

 (1) 「貸出約定金利」「支払準備制度」などのように慣用が固定している語は、送り仮名を省いてよい。

 (2) 「貸出増加額」「申込受付日」のように、複合名詞が重なる場合、最後に【　】のなかの語「人・時・所・金・書・機関・制度・数量・品目・機器に該当する語」が付くときは送り仮名を省いてよい。

A欄	【】の付く語	預入 受付 受取 売上 売掛 卸売 買掛 貸越 貸倒 貸出 貸付 借入 借受 借換 借越 仮払 仮受 繰入 繰越 小売 差引 支払 立会
		積立 取扱 取組 取次 荷受 払込 払戻 引受 引当 振替 振込 振出 見積 申込 申立 割当 割増 割戻

B欄	人	人 係 掛 嬢 者 業 商 員
	時	日 期 期日 期間 期限 時 時間 時刻
	所	所 場所 場 地 窓口 先 店 事務所 局
	金	基金 金額 金 総額 総値 値段 価格 物価 原価 単価 口座 残高残 残高 残株 株 料 手数料 料金 賃 運賃 代金 資本
		資本金 金利 利子 利息 利益 配当 損失 欠損 証券 債券 債権 債務 公債 社債 手形 勘定 予算 預金 貯金 税 税金 費 費額 額
	書	書 書類 伝票 伝票 証 証書 証状 帳簿 帳簿 用紙 通帳 小切手 券 表
	機関	機関 銀行 信託 官庁 市場 業 業者 業界 代理店 専門店 商店 会社 問屋 団 団体 協会 組合
	制度	制 制度 規則 規定 保険
	数量	量 数 数量 件数 本数 冊数 比高 利率 利益率 利率 総量 総数 合計 総計 累計 単位 枠
	品目	品 品目 商品 物 物品 現品 物件 銘柄
	機器	機器

仮名

Ⅱ　現代仮名遣い

前　書

1　この仮名遣いは、国語を現代語の音韻に従って書き表すことを原則とし、一方、表記の慣習を尊重して一定の特例を設けるものである。
2　この仮名遣いは、法令・公用文書・新聞・雑誌・放送など、一般の社会生活において、現代の国語を書き表すための仮名遣いのよりどころを示すものである。
3　この仮名遣いは、科学・技術・芸術その他の各種専門分野や個々人の表記にまで及ぼそうとするものではない。
4　この仮名遣いは、主として現代文のうち口語体のものに適用する。原文の仮名遣いによる必要のあるもの、固有名詞などでこれによりがたいものは除く。
5　この仮名遣いは、擬声・擬態的描写や嘆声、特殊な方言語、外来語・外来音などの書き表し方を対象とするものではない。
6　この仮名遣いは、「ホオ・ホホ(頬)」「テキカク・テッカク(的確)」のような発音にゆれのある語について、その発音をどちらに決めようとするものではない。
7　この仮名遣いは、点字、ローマ字などを用いて国語を書き表す場合のきまりとは必ずしも対応するものではない。

本　文

1　仮名の使い方は、だいたい発音どおりにする。
　1）直音「ゐ」「ゑ」の仮名を使わず、すべて「い」「え」と書き、「を」は助詞に限る。「ぢ」「づ」は特例に示す場合だけに用いる。
　2）拗音(ようおん)「ぢゃ」「ぢゅ」「ぢょ」は特例に示す場合だけに用いる。拗音に用いる「や、ゆ、よ」はなるべく小書きにする。
　　　〔例〕しゃかい(社会)　しゅくじ(祝辞)　かいじょ(解除)　りゃくが(略画)
　　　　　　しゃにむに　きゅうくつ(窮屈)　きょうと(京都)
　3）撥音(はつおん)「ん」
　　　〔例〕まなんで(学)　みなさん　しんねん(新年)　しゅんぶん(春分)
　4）促音(そくおん)「つ」
　　　促音に用いる「つ」は、なるべく小書きにする。
　　　〔例〕はしって(走)　かっき(活気)　がっこう(学校)　やっと　そっと
　　　〔拗音・促音のまじった例〕ちょっと　ぎょっとする　ちゃっかり
　5）長音
　　(1) ア列の長音
　　　ア列の仮名に「あ」を添える。

〔例〕おか**あ**さん(母)　おば**あ**さん
(2)　イ列の長音
イ列の仮名に「い」を添える。
〔例〕に**い**さん(兄)　おじ**い**さん
(3)　ウ列の長音
ウ列の仮名に「う」を添える。
〔例〕く**う**き(空気)　ふ**う**ふ(夫婦)　きゅ**う**り　ちゅ**う**もん(注文)
(4)　エ列の長音
エ列の仮名に「え」を添える。
〔例〕ね**え**さん(姉)
(5)　オ列の長音
オ列の仮名に「う」を添える。
〔例〕おと**う**さん(父)　と**う**だい(灯台)　おはよ**う**(早)　お**う**ぎ(扇)
〔注意〕擬音語・擬声語は長音表記の規定にとらわれない。「おーい、と呼んだ」「鳥がケーンと鳴く」と書いてもよい。

2　特定の語については、表記の慣習を尊重して、次のように書く。
1）助詞の「を」は、「を」と書く。
〔例〕本**を**読む　岩**を**も通す　やむ**を**えない　てにを**は**
2）助詞の「は」は、「は」と書く。
〔例〕今日**は**日曜　山で**は**　あるい**は**　と**は**いえ
〔注意〕この例にあたらないもの　いま**わ**の際　す**わ**一大事　雨も降る**わ**風も吹く**わ**
　　　　来る**わ**来る**わ**　きれいだ**わ**
3）助詞の「へ」は、「へ」と書く。
〔例〕故郷**へ**帰る　……さん**へ**　母**へ**の便り　駅**へ**は数分
4）動詞の「いう(言)」は、「いう」と書く。
〔例〕ものを**いう**(言)　**いう**までもない　人と**いう**もの　こう**いう**わけ
5）次のような語は、「ぢ」「づ」を用いて書く。
(1)　同音の連呼で生じた「ぢ」「づ」
〔例〕ち**ぢ**み(縮)　つ**づ**み(鼓)　つ**づ**く(続く)　つ**づ**る(綴る)　つ**づ**ら
〔注意〕この例にあたらないもの　いちじく　いちじるしい
(2)　二語の連合で生じた「ぢ」「づ」
〔例〕はな**ぢ**(鼻血)　ちか**ぢ**か(近々)　いれ**ぢ**え(入れ知恵)　ま**ぢ**か(間近)
　　　こ**づ**つみ(小包)　にい**づ**ま(新妻)　みか**づ**き(三日月)　た**づ**な(手綱)
　　　て**づ**くり(手作)　はこ**づ**め(箱詰)　みち**づ**れ(道連)　こ**づ**かい(小遣)
　　　そえ**ぢ**(添乳)　たけ**づ**つ(竹筒)　そこ**ぢ**から(底力)　もと**づ**く
　　　かた**づ**く　ゆき**づ**まる　こ**づ**く　ひ**づ**め　どく**づ**く　ひげ**づ**ら
　　　つく**づ**く　ねばり**づ**よい　ちり**ぢ**り
〔注意〕次のような語は、一般に二語に分解しにくいもの等として「じ」「ず」を用いて

書くことを本則とする。

〔例〕せかいじゅう(世界中)　いなずま(稲妻)　さかずき(杯)　ほおずき
　　　うなずく　おとずれる(訪)　ひざまずく　でずっぱり　ひとりずつ
　　　ゆうずう(融通)　みみずく　かしずく　きずな　くろずくめ
　　　さしずめ　なかんずく　つまずく　ぬかずく　あせみずく

〔注意〕次のような語のなかの「じ」「ず」は、漢字の音読みで、もともと濁っているものであって、上記(1)(2)のいずれにもあたらず、「じ」「ず」を用いて書く。

〔例〕じめん(地面)　ぬのじ(布地)　ずが(図画)　りゃくず(略図)

6) 次のような語は、オ列の仮名に「お」を添えて書く。

〔例〕おおい(多い)　おおきい(大きい)　こおろぎ　いきどおる(憤る)　ほお
　　　こおる(凍る)　こおり(氷)　とおる(通る)　とおい(遠い)　とお(十)
　　　おおやけ(公)　おおせ(仰せ)　おおかみ(狼)　おおう(覆う)　おおむね
　　　ほのお(炎)　いとおしい　ほおずき　もよおし(催)　おおよそ

3　次のような語は、エ列の長音として発音されるか、エイ、ケイなどと発音されるかにかかわらず、エ列の仮名に「い」を添えて書く。

〔例〕けいざい(経済)　せいこう(成功)　れい(例)　そんけい(尊敬)
　　　せんせい(先生)　えいご(英語)　えいが(映画)　かせいで(稼いで)
　　　とけい(時計)　まねいて(招いて)　えいぎょう(営業)　めい(銘)
　　　へい(塀)　ていねい(丁寧)　せい(背)

III 外来語のカタ仮名表現

凡　例

1　英語ほかの外来語が日常会話・文章にも多く取り入れられている。
2　外来語をカタ仮名で正確に表現することは難しい。例えば「バイオリン」と書いたり「ヴァイオリン」と書いたりしてきたが、これら表現に対しては、一応基準が作られている。別項 P 11 参照。ただし、基準どおりでないものもある。
3　スペルは違うが、カタ仮名で書くと同じになるような外来語が多くあるが、どれをどのように記すか一応の慣習基準がある。
　　例えば、「bowling」は「ボウリング」、「boring」は「ボーリング」と書く。また、「back」は「バック」、「bag」は「バッグ」と書く。
　　このように、「ウ」と「ー」の違いや、半濁点か濁点かによって違う意味になったり、一文字違うと全く別の意味になるので、入力は慎重を要する。
4　本項では、多くある似たような外来語（主として英語）のカタ仮名書きのいくつかを、似た発音ごとに纏めたものである。ただし、【　】は下記の国の語。
　　【米】アメリカ、【和】和製英語、【オ】オランダ、【ド】ドイツ、【フ】フランス、【ポ】ポルトガル、【ス】スペイン

[ア]

アクセス　access　接近。近寄ること。通路。交通機関。
アクセル　accel　自動車の速度を調節する装置。
アスペクト　aspect　姿。様相。局面。
アスベスト　asbestos　石綿。
アドバイス　advice　忠告。助言。
アドバンス　advance　前進。進歩。前払い。前貸し。
アンカー　anchor　船の錨。リレー最終走者。
アンサー　answer　答。解答。応ずる。
アンクル　uncle　おじ。おじさん。
アンプル　ampoule, ampule　注射液などを封入した小さなガラス容器。
アングル　angle　角。隅。カメラの角度。観点。

[イ]

イースター　Easter　キリストの復活祭。
イースタン　eastern　東の。東部の。東洋の。

- インキ　ink　印刷用インク。
- インク　ink　筆記用インク。
- インサート　insert　挿入する。差し込む。折り込み広告。
- インサイト　incite　刺激する。励ます。　insight　洞察力。見識。
- インサイド　inside　内部。内側。
- インターナル　internal　内部の。国内の。
- インターバル　interval　間隔。間合い。休憩時間。音程。
- インバーター　inverter　交流電流の周波数を変える装置。
- インベーダー　invader　侵入者。
- インバート　invert　逆にする。
- コンバート　convert　変える。

[ウ]

- ウインク　wink　片目をつぶっての目くばせ。交通信号機の点滅。
- ウィング　wing　翼。舞台の両側。サッカーなどの攻撃隊の両翼。
- ウインド　wind　風。
- ウィンドー　window　窓。窓口。

[エ]

- エスコート　escort　男性が女性に付き添うこと。同伴者。護衛。
- エステート　estate　地所。所有地。資産。
- エクサイズ　excise　消費税。
- エクササイズ　exercise　練習（する）。運動（する）。
- エレクション　erection　直立。建設。建造物。　election　選挙。
- セレクション　selection　選択。選抜。

[オ]

- オーム　ohm　電気抵抗の単位のひとつ。（Ω）
- ホーム　home　家。家庭。本国。故郷。
- オーナー　owner　持主。所有者。
- オナー　honor, honour　名誉。名声。尊敬。
- オーバーオール　overall　胸当て付き作業ズボン。
- オーバーホール　overhaul　分解検査・修理（する）。
- オーブン　oven　天火。
- オープン　open　開く。広々とした。公然の。開放的な。始まる。
- オカリナ　ocarina　ハト笛に似た陶土製の吹奏楽器。
- オカルト　occult　神秘的な。魔術的な。

[カ]

- カート　cart　手押車。
- カード　card　カード。はがき。挨拶状。トランプの札。
- ガード　【和】girder bridge の略、陸橋。　guard　番人。守衛。守る。防衛。
- カーゴ　cargo　船荷。積み荷。
- カープ　carp　鯉。
- カーブ　curve　曲線。曲がる。カーブボールの略。
- カイト　kite　凧。
- ガイド　guide　案内する。案内者。案内書。
- カセット　cassette　小箱。録音テープ収納容器。
- ガセット　gusset　補強のための布。鉄骨の繋ぎ板。
- カット　cut　切る。削除。フィルムの1コマ。髪を切って整えること。小挿絵。
- ガット　gut　羊や豚の腸で作った楽器などに張る糸。
- ガッツ　guts　根性。勇気。元気。
- カム　cam　機械部分。
- ガム　gum　チューインガムの略。
- ゴム　gum　植物粘液から作るゴム。
- カメオ　cameo　貝殻などを使った装身具の一種。
- カメラ　camera　写真機。
- カラー　collar　襟。　color, colour　色。色彩。絵具。天然色写真。個性。
- キラー　killer　殺し屋。相手を引き付ける人。
- カラン　【オ】Kraan　水道の蛇口。
- ガロン　gallon　液体体積の単位。1米ガロンは約3.8リットル。
- カルテ　【ド】Karte　診療カード。紙片。
- カルテル　【ド】Kartell　企業連合。同業者の独占形態。
- カレー　curry　カレー料理。カレー&ライスの略。
- ガレー　galley　ガレー船。船内の調理室。校正ゲラ。活字の組盆。
- カン　【米】can　ブリキ製の容器。缶詰。
- ガン　gun　大砲。銃。ピストル。

[キ]

- キット　kit　道具一式。
- キッド　kid　子山羊。子山羊の革。子供。
- キャスト　cast　配役。鋳型。釣り糸の投げ込み。
- キャスター　caster　ニュースなどの報道・解説者。椅子などの車輪。配役をする人。
- キャップ　cap　帽子の一種。万年筆などのふた。新聞記者などの責任者。
- ギャップ　gap　割れ目。すき間。意見などの相違。
- キャンパス　campus　大学。大学の構内。
- キャ(≒カ)ンバス　canvas　画布。亜麻布。ボクシングリングの床。

仮名

299

- キャビア　caviar　チョーザメの卵の塩漬け。
- キャビネ　【フ】cabinet　写真乾板・印画紙の大きさで、16.4 cm×11.8 cm。
- キャプション　caption　写真などの説明文。見出し。字幕。
- キャプテン　captain　長。船長。艦長。主将。
- キャリア　career　職業。経歴。
- キャリー　carry　持ち運ぶ。

[ク]

- クォーツ　quartz　石英。
- クォータ　quart　液量の単位、1/4 ガロン。
- クォーター　quarter　1/4。15 分。方角。地域。
- グライダー　glider　滑空機。
- グラインダー　grinder　研磨機。回転砥石。
- ガラス　glass　硝子（ガラス）。
- グラス　glass　ガラス製のコツプ。　grass　草。牧草。芝生。
- クラック　crack　亀裂。裂け目。鋭い物音。
- クラッチ　clutch　掴む。自動車などの接続器。　crutch　ボートのオール受けの金具。
- クラブ　club　社交などの目的で集まった人々の団体、又はその集合場所。ゴルフの打棒。トランプの札の一種。
- グラフ　graph　図表。写真を主とした雑誌。
- クランク　crank　往復運動を回転運動に、又はその逆に変える装置。
- クランケ　【ド】Kranke　患者。病人。
- クランプ　clamp　締め付け金具。かすがい。
- クリーク　creek　小川。
- クリーム　cream　牛乳の上層に浮く脂肪分。
- クリープ　creep　這う。忍び寄る。物体が圧力や加熱によって変形すること。
- グループ　group　集団。
- クリーン　clean　きれいな。清潔な。みごとな。
- グリーン　green　緑（の）。緑地。芝生。
- クリップ　clip　紙ばさみ。髪などを巻いて留める金具。新聞などの切抜き。
- グリップ　grip　握ること。握り部分。握り方。
- クルー　crew　船・飛行機などの乗組員。同じボートに乗り込む選手たち。
- グルー　glue　糊。にかわ。接着剤。
- クレー　clay　粘土。クレー射撃に使う粘土製の皿。
- グレー　grey　【米】gray　灰色。白髪まじりの髪。ゆううつな。
- クレーター　crater　火口状の地形。噴火口。
- グレーダー　gdader　地ならし機。
- グレート　great　大きな。偉大な。
- グレード　grade　等級。程度。学年。

- クレーン　crane　起重機。鶴。
- グレーン　grain　穀物。穀物の種。ヤードポンド法の重さの単位。
- クレジット　credit　信用（する）。信用割賦販売。
- クレセント　crescent　三日月。三日月型（のもの）。
- クレパス　クレヨンの一種。
- クレバス　crevasse　氷の割れ目。
- クローク(ルーム)　cloak (room)　外套。(身の回り品を預かる所)。
- クロック　clock　掛・置時計。
- クローズ　clause　文章の節。法律などの条項。　close　閉じる。終了。閉店。
- グロース　growth　成長。発達。増大。
- クローバー　clover　牧草の一種。
- グローブ　globe　球。地球儀。球形の電球かさ。　glove　手袋。野球のグローブ。
- クロス　cloth　布。織物。　cross　交差する。十字架。
- グロス　gross　12ダース。全部。
- クルス　【ポ】cruz　十字架。十字。
- グルメ　【フ】gourmet　食通。酒通。美食家。

[ケ]

- ケージ　cage　鳥籠。檻。
- ゲージ　gauge　測定用計器。標準寸法。線路の幅。
- ゲート　gate　門。出入口。
- ゲーム　game　遊技。娯楽。試合。球技での試合のひと区切り。

[コ]

- コース　course　進路。経過。過程。競走路。
- コーチ　coach　指導員。大型四輪馬車。指導する。
- コート　coat　外套。上着。
- コード　chord　弦楽器の弦。　code　信号。コンピュータなどの記号・符号。　cord　電線。
- コープ　CO-OP＝co-operation, consumer's co-operative　消費生活協同組合。
- コーポ　corpo　分譲マンション。
- コーポ＝corpo.＝corporation　団体。【米】株式会社。
- コール　call　呼ぶ。呼ぶこと。　coal　石炭。
- ゴール　goal　決勝戦。目標。目的。終点。
- ゴシック　Gothic　書体の一種。中世西洋建築の一形式。
- ゴシップ　gossip　うわさ話。かげ口。
- コプラ　copra　ココヤシの乾燥果肉。
- コブラ　cobra　毒蛇の一種。

仮名

- コメット　comet　彗星。
- コメント　comment　意見。注釈。写真などにつける説明文。

- コレクト　collect　集める。集金する。　correct　正しい。正確な。正す。
- セレクト　select　選ぶ。とびきりの。

- コレクト　コール　collect call　料金受信人払いの電話。
- コレステロール　cholesterol　血液などに含まれる脂肪性の物質。

- コンクリート　concrete　コンクリート。有形の。実在する。具体的な。
- コンプリート　complete　完全な。

- コンセプト　concept　概念。観念。
- コンセント（プラグ）concentric plug　電気の差し込み口。

- コンタクト　contact　関係。接触。連絡。
- コンテスト　contest　競技（会）。競争。

- コントラクト　contract　契約（する）。
- コントラスト　contrast　対照。対比。写真などの明暗の差。

- コンパ　【和】companyの略。学生などが少額の会費で飲食しながらの親睦会。
- コンポ　component　構成要素。　composition　構成。制作。

- コンパクト　compact　小さくまとまった。簡潔な。パフ入れ。
- コンバット　combat　戦闘。闘争。

- コンファレンス　conference　会議。協議。
- コンフィデンス　confidence　信用。信頼。自信。内緒事。

- コンポート　【フ】compote　足付きの花器や果物鉢。果物の砂糖漬。
- コンポスト　compost　堆肥。混合物。

[サ]

- サーフ　surf　海岸に砕ける寄せ波。波乗り遊び。
- サーブ　serve　勤める。仕える。
- サード　third　第三の。三番目の。

- サイエンス　science　科学。
- サイレント　silent　無声映画。静かな。発音されない文字。沈黙した。

- サイト　sight　名所。手形などの支払い期限。　site　用地。敷地。遺跡。
- サイド　side　側面。側。局面。

- サイロ　silo　牧草などを貯蔵するための円筒形倉庫。ミサイルの地下格納庫。
- サイン　sign　署名（する）。記号。標識。しるし。　sine　正弦（記号はsin）。
- サロン　salon　文士・画家などの集い。美容の店。　saloon　大広間。談話室。

- サタン　Satan　悪魔。魔王。
- サターン　Saturn　土星。アメリカの月旅行用大型ロケットの愛称。

- ザック　【ド】Sack　袋。リュックサック。
- サッシ　sash　窓わく。サッシュともいう。飾り帯。肩帯。
- サッツ　【ド】Satz　スキージャンプの踏み切り。

- サポート　support　支える。支持（する）。維持する。
- リポート　report　報告（する）。報道（する）。報告書。

[シ]

- シート　seat　席。座席。野球の守備位置。
- シード　seed　勝抜戦の組み合わせ方の1方法。種子。
- シート　パイル　sheet pile　鋼矢板。
- シーツ　sheet　敷布。紙・薄板などの1枚。
- シール　seal　封印（する）。封かん紙。印章。アザラシ。
- ツール　tool　工具。道具。
- シェーブ　shave　削る。髭をそる。
- シェープ　shape　形（作る）。姿。輪郭。
- シャープ　sharp　鋭い。
- シェア　share　割当。役割。市場占有率。分け前。株式。
- シェフ　【フ】chef　料理人がしら。コック長。
- シェル　shell　貝がら。骨組み。砲弾。
- シビア　severe　厳しい。厳格な。痛烈な。
- シビル　civil　市民の。民間の。礼儀正しい。
- シビル　エンジニアリング　civil engineering　土木工学。
- シャーシー　chassis　自動車の車台。テレビ等の部品などを取り付ける台座。
- ジャージー　jersey　メリヤス編み地（製品）。ラグビーなどの運動着。
- シャーマン　shaman　シャーマニズムの巫女（みこ）。
- ジャーマン　German　ドイツの。ドイツ人（の）。ドイツ語。
- ジャッキ　jack　持ち上げ器。
- ジャック　jack　トランプのジャック。強奪。乗っ取り。
- シャ(ッ)ター　shutter。鎧戸。
- シャトー　【フ】城。館。大邸宅。高級マンション。
- シャドー　shadow　影。陰影。
- シャトル　shuttle　近距離の連続往復機。
- ジャンプ　jump　跳ぶ。飛躍。
- ジャンボ　jumbo　巨大な。B−747飛行機の愛称。
- ジャンル　genre　種類。様式。類型。
- ショーツ　shorts　女性用の下ばき。【米】短い丈のズボン。
- ショート　short　短い。野球の遊撃手。電気の短絡。
- ジョッキ　jug　取手のついたビール用の大型コップ。
- ジョッキー　jockey　競馬の騎手。
- ショック　shock　衝撃。打撃。
- ショット　shot　発射。射撃。ゴルフなどで球を打つこと。映画などの一場面。
- ショップ　shop　店。商店。小売店。

仮名

- シラバス　syllabus　講義・論文などの大要。1学期全体の講義の細目。
- シラブル　syllable　音節。

[ス]

- スクーナー　schooner　マストが2〜4本の縦帆式帆船。
- スクーター　【米】scooter　小型の自動二輪車。
- スターター　starter　エンジン始動機。競技で出発の合図をする人。
- スクラッチ（プレー）　scratch (play)　ハンディなしで行うゴルフ競技。
- スクラップ　scrap　新聞などの切り抜き。くず鉄。
- スケッチ　sketch　写生。下書き。文学・音楽などの小品。
- スコッチ　Scotch　スコッチウイスキー、又はスコッチツイードの略。
- スタンプ　stamp　刻印。印章。消印。切手。印紙。
- スタント　stunt　目を見はるような演技。妙技。
- スタンド　stand　物を載せる台。売店。競技の観覧席。立ったままで飲食する軽飲食店。
- ステア　steer　操縦する。舵をとる。
- ストア　store　食料品。貯蔵。【米】商店。
- スティック　stick　棒。洋風の杖。ステッキとも。
- ステップ　step　歩み。歩調。踏み段。階段。
- ストーム　storm　暴風雨。あらし。学生が寮などで行う大騒ぎ。
- スチーム　steam　蒸気。湯気。蒸気暖房装置。
- スチール　steal　盗む。　steel　鋼。　still　静止写真。
- スツール　stool　背もたれのない腰かけ。
- ストック　stock　在庫品。蓄積。株式。スープの素。【ド】Stock　スキーの杖。
- ストップ　stop　止まる。停止。停留場。
- ストライキ　strike　同盟罷業。同盟休校。
- ストライク　strike　野球・ボウリングのストライク。打つ。
- ストライプ　stripe　縞。縞模様。
- ストラップ　strap　ひも。革ひも。肩にかける吊りひも。
- ストリート　street　通り。街路。町。
- ストレート　straight　まっすぐ。直線。連続した。野球の直球。正直な。率直な。
- スパーク　spark　放電などの際の火花。
- スパート　spurt　急に速度を増すこと。力走。
- スパイク　spike　スパイクシューズの略。バレーボールで相手に強く打ち込む技。
- スパイス　spice　香辛料。薬味。
- スピリッツ　spirits　ウィスキーなどの強いアルコール飲料。蒸留酒。
- スピリット　spirit　精神。心。元気。気質。気分。
- スパン　span　橋桁などの支柱間距離。飛行機の翼の長さ。
- スピン　spin　スケートなどの回転。飛行機の錐揉み降下。自動車の横滑り回転。

- スピード　speed　速力。速さ。
- スペード　spade　トランプのスペード
- スペース　space　空間。場所。余白。宇宙空間。
- スプール　spool　糸巻き。写真フィルムなどの巻き軸。　spoor　足跡。車のわだち。
- スプーン　spoon　さじ。ゴルフの3番ウッドの別名。
- スモーク　smoke　煙。湯気。喫煙する。
- スモール　small　小さい。
- スライス　slice　薄切り。薄く切ること。
- スライド　slide　滑る。幻灯機又はそれに用いるフィルム。賃金ベースの上げ下げ。
- スラム　slum　貧民街。貧民窟。
- スリム　slim　ほっそりした。きゃしゃな。
- スリル　thrill　ぞくぞくすること。
- スラング　slang　俗語。卑語。
- スランプ　slump　一時的な不調。不振。不景気。
- スリーブ　sleeve　袖。たもと。
- スリープ　sleep　眠り。睡眠。
- スロープ　slope　傾斜地。斜面。勾配。

[セ]

- セーラー　sailor　水兵。船員。
- ローラ（ー）　roller　円筒形の回転物。地ならし機。回転円棒。
- セゾン　【フ】saison　季節。四季。英語読みではシーズン。
- セブン　Seven　七
- セダン　【米】sedan　一般的な四ドア形式の乗用車。
- センサー　sensor　感知器。探査機。　censor　検閲官。検閲係。
- センター　center　中央。中心。中心地域。中心施設。

[ソ]

- ソウル　soul　心。霊魂。
- ソール　sole　足の裏。靴底。魚のシタビラメ。

[タ]

- ダーク　dark　暗い。暗黒の。
- ダーツ　darts　衣服の一部をつまんで縫った部分。投げ矢遊び。
- ターフ　turf　芝。芝生。
- ターム　term　期間。学期。術語。専門用語。
- チーム　team　組。
- タイツ　tights　体にぴったりの服。普通は腰から下の衣服をいう。
- タイト　tight　ぴったりした。引きしまった。

仮名

305

- ダイニング　dining　正餐。食事。
- タイミング　timing　時機に合わせること。丁度よい瞬間。
- タウン　town　町。都市。
- ダウン　down　下に。下へ。降りる。倒れること。鳥の綿毛。
- タクト　【ド】Taktstok　指揮棒。指揮。
- ダクト　duct　空調・排煙などのための配管。
- ダスト　dust　ちり。ほこり。くず。粉末。
- タック　tuck　つまみ縫い。
- ダック　duck　アヒル。鴨。厚手の木綿。ズック。
- タグ　tag　値札。
- タブ　tab　ワープロなどの機能の一つ。つまみ。　tub　ふろおけ。浴槽。
- タフ（ネス）　toughness　頑丈で粘り強いこと。強靱性。
- ダミー　dummiy　見本。模型。飾り人形。替え玉。
- ダラー　dallar　ドル。米国の通貨の単位。

[チ]

- チーフ　chief　長。主任。長官。
- チープ　chiap　安い。安価な。安っぽい。
- チャーチ　church　キリスト教の教会。教派。
- チャート　chart　海図。図表。一覧表。
- チャイナ　china　中国。中国人。陶磁器。焼き物。
- チャイム　chime　音階を持った一揃いの鐘。呼び鈴。

[テ]

- テーパー　taper　先が細くなること。
- テーラー　tailor　男子服の仕立屋。洋服屋。
- ディスク　disk, disc　音盤。電算の記憶媒体の一種。
- ディスコ　【フ】discothéque　レコード演奏によって踊りを楽しむホール。
- デ(ィ)レクター　director　指揮者。重役。演出者。責任者。監督。
- ディレクトリー　directory　人名住所録。人事興信録。住所案内板。
- デミ　demi　「半分」の意。
- デモ　demonstration　デモンストレーションの略。

[ト]

- トール　toll　使用料。通行料。　ツール　tool　道具。工具。
- ドール　doll　人形。
- ドック　dock　船渠。造船所。桟橋。人間ドックの略。
- ドッグ　dog　犬。

- トナー　toner　電子コピーの現像用の粉末。
- ドナー　donor　寄贈者。身体の一部を内臓移植の為に提供する人。
- トライ　try　試みる。ラグビーで得点すること。
- ドライ　dry　乾いた。非情な。辛口の。
- ドラマ　drama　劇。劇的事件。
- トラフ　trough　気圧の谷。舟底型の深海底。
- トラス　truss　構造形式の一つ。
- トラスト　trust　市場独占を目的とした企業合同。信頼。委託。
- トラック　trak　競争路。車のわだち。テープの録音部分。【米】truck　貨物自動車。
- ドラッグ　drug　薬品。薬剤。
- トラップ　trap　わな。排水管の中に設ける臭気止め。
- トラブル　trouble　困ったこと。紛争。故障。不調。悩み。
- トラベル　travel　旅行（する）。
- トラバース　traverse　登山で斜面・岸壁などを横断すること。スキーの斜滑降。
- トラバーユ　【フ】travail　労働。仕事。転職。著作。論文。
- トリック　trick　ごまかし。奇術。映画の特殊撮影。
- トリップ　trip　小旅行。幻覚症状。
- ドリル　drill　きり。穴あけ機。反復練習。訓練。
- トルク　torque　軸の回転力。ねじりモーメント。
- トレーン　train　列車。汽車。衣服のすそ。
- ドレーン　drain　排水溝。排水する。
- トレンチ　trench　塹壕（ざんごう）。溝。
- トレンド　trend　傾向。方向。潮流。時代の流れ。

[ナ]

- ナース　nurse　看護婦。乳母。子守り。
- ナイス　nice　立派な。うまい。すてきな。見事な。
- ナイト　knight　欧州中世の騎士。イギリスの爵位の一つ。　night　夜。夜間。
- ナショナル　national　国民の。国家の。国立の。国粋的。
- ナチュラル　natural　自然の。天然の。

[ニ]

- ニーズ　needs　需要。必要性。
- ニード　need　必要。必要性。要求。
- ニードル　needle　針。縫針。

[ノ]

- ノート　note　帳面。雑記帳。メモ。注。楽譜。
- ノード　node　結びめ。節。接合点。接点。

- ノック　knock　打つ。
- ノット　knot　船等の速さの単位。ひも・ネクタイの結び目。

[ハ]

- パー　par　ゴルフの基準打数。同水準。　per　～について。～ごとに。
- バー　bar　酒場。【米】棒。手すり。
- パーク　park　公園。遊園地。駐車する。
- パース　purse　財布。　perspective　透視図。
- バース　berth　列車などの一人用寝台。船の停泊地域。　birth　誕生。生まれ。起源。
- ハート　heart　心臓。心。
- ハード　hard　堅い。頑丈な。困難な。厳しい。過酷な。
- パート　part　部分。役割。役目。本などの編・章・巻。
- バード　bird　鳥。
- パーツ　parts　部分品。機械などの部品。
- ハーフ　half　半分
- ハープ　harp　竪琴。
- ハーブ　herb　薬草。薬用植物。
- ハーバー　harbor　港。船着場。避難所。
- バーバーショップ　barber shop　理髪店。
- ハイク　hike　徒歩旅行。
- ハイツ　heights　高台。高台の集合団地。
- ハイヤー　hire　貸し切り自動車。
- バイヤー　buyer　買い手。外国から来た輸入業者。
- パス　pass　合格。通行（証）。定期券。球技で球を味方の選手に送ること。
- バス　bass　男性の低音域又はその歌手。　bus　大型乗合自動車　【米】bath　洋風風呂。
- パスポート　passport　旅券。海外渡航許可証。
- パスワード　password　合い言葉。暗証番号。
- パック　pack　美顔術の一種。一箱。一包。　puck　アイスホッケーに使う円盤球。
- バック　back　背。裏。後ろ。背景。後援者。後衛。背泳。
- バッグ　【米】bag　袋。かばん。ハンドバッグ。
- ハッチ　hatch　船の甲板・飛行機の出入口。台所と食堂の間にある料理出し入れ口。
- パッチ　patch　当て布。継ぎはぎ。
- バッジ　badge　記章。
- バッチ　batch　一括処理するためにひと纏めにしたデータや伝票。
- バブル　bubble　あわ。あぶく。シャボン玉。
- パルプ　pulp　木材を砕いて植物繊維を取りだして板状にしたもの。紙などの原料。
- バルブ　bulb　電球。真空管。球根。　valve　弁。栓。管楽器の音量調節装置。

- パルス　pulse　脈。脈拍。衝撃電流。
- パレス　palace　宮殿。豪華な建物。殿堂。
- バレー　volley ball　排球。　valley　谷。
- バレエ　ballet　西洋舞踊。
- バラスト　ballast　砂利。小石。船底に積む小石。
- バランス　balance　つり合い。はかり。差額。
- パン　【ポ】pao　日本語でいう主食のパン。
- パン　pan　移動する物体を追ってカメラを動かしながら撮影すること。すべての。平なべ。
- バン　bun　ハンバーガー用の丸いパン。　van　箱型貨物自動車。
- ハンガー　hanger　洋服掛け。
- バンカー　banker　銀行家。　bunker　ゴルフ場に作られた凹状の砂地。船の石炭庫。
- ハング　hang　吊り下げる。絞首刑にする。
- パンク　punk　タイヤが破損すること。膨れすぎて破れること。
- バンク　bank　銀行。傾斜路。飛行機が機体を傾けること。土手。
- パンチ　punch　拳で打つこと。切符などを切る挟み。穴明け。ソーダを混ぜた飲物。
- パンツ　pants　下ばき。【米】【フ】ズボン類の総称。
- ハンド　hand　手。手腕。
- バント　bunt　野球で打者がバットを軽く球に当てて転がすこと。
- バンド　band　皮帯。帯。楽団。（色の）しま。
- バンパー　【米】bunper　自動車などの緩衝器。
- バンブー　bamboo　竹。

[ヒ]

- ピーク　peak　頂上。峰。頂点。最高頂。
- ピース　peace　平和。　piece　片。一切れ。部分。
- ピーチ　peach　桃。
- ビーチ　beach　浜辺。海岸。
- ピート　peat　泥炭。
- ビート　beat　拍子をとること。水泳で足で水を打つこと。【米】beet　砂糖大根。
- ヒール　heel　靴のかかと。
- ビール　【オ】vier　麦酒。ビール。　英語では　beer　ビア
- ヒーター　heater　加熱器。暖房器具。
- ヒーロー　hero　英雄。勇者。物語の男の主人公。
- ヒストリー　history　歴史。
- ヒステリー　hysteria　女性に多い神経症の一つ。
- ヒル　hill　丘。小山。
- ピル　pill　経口避妊薬。
- ビル　bill　勘定書。請求書。手形。　building　ビル（ディング）建築物。

- ヒント　hint　暗示。手がかり。
- ピント　【オ】brandpunt　レンズの焦点。物事の中心点。

[フ]

- ブーム　boom　にわか景気。
- ブーケ　【フ】bouquet　花束。
- ブース　booth　大きな部屋を小さく仕切ったボックス。売店。電話ボックス。料金所。
- ファイト　fight　戦い。戦意。「頑張れ」という掛け声。
- ファイル　file　書類ばさみ。磁気テープなどに記憶されている項目別のデータ。
- ファイン　fine　立派な。すばらしい。良好な。天気のよい。
- フェース　face　顔。容貌。表面。　faith　信頼。信仰。誓約。
- フェーズ　phase　様相。局面。段階。
- フェード　fade　しぼむ。写真のぼかし。
- フェーン　【ド】Fohn　山の背面から吹き降ろす乾燥した熱風。
- フォーク　folk　民族。家族。フォークソング。　fork　食事に使う道具のフォーク。
- フォース　force　力。勢力。軍隊。兵力。
- フォーム　form　形。形式。　foam　泡。あぶく。
- フォール　fall　落下。落ちる。滝。レスリングで対手の両肩をマットにつけること。
- プラグ　plug　内燃機関の点火装置。電気コードの差し込み。
- プラザ　【ス】plaza　広場。市場。
- フライト　flight　飛行。飛行行程。スキージャンプの空中飛行。
- プライド　pride　自尊心。誇り。自負心。
- プライス　price　価格。値段。相場。
- フラッグ　flag　旗（はた）。
- ブラック　black　黒。黒人。砂糖・ミルクを入れないコーヒー。
- フラット　flat　平らな。ちょうど。♭。
- ブラッド　blood　血。血液。
- フラッシュ　flash　閃光。テレビなどの瞬間的な短い場面。通信社等の速報。
- ブラッシ（ュ）　brush　刷毛（はけ）。絵画用の筆。ブラシ。
- フランク　frank　率直な。
- ブランク　blank　白紙。空白。余白。
- プラント　plant　工場設備。機械一式。植物。植える。
- ブランド　brand　銘柄。商標。
- プリンス　prince　王子。皇太子。
- プリント　print　印刷。印刷物。写真の焼き付け。染めた布の総称。
- プルーフ　proof　証拠。証明。校正刷り。アルコールの標準強度。
- ブルーム　bloom　花。開花。花盛り。

- フレーム　frame　枠。額縁。骨組み。構造。枠で囲った温床。
- フレーク　flake　薄片。薄く切った食品。
- ブレーク　break　仕事の合間などの小休止。破る。
- ブレーキ　brake　歯止め。制動機。

- フレーズ　phrase　語句。文句。言い方。
- プレース　place　場所。位置。スポーツで先着順位。

- プレート　plate　平板。板金。食器。地球表層部の固い岩石層。
- ブレード　blade　刃物の刃。スケートの刃。タービンの羽根。オールの先の平たい所。

- プレーン　plain　単純な。率直な。平らな。飛行機。
- ブレーン　brain　頭脳。知能。ブレーントラストの略。

- ブレンド　blend　コーヒー・タバコ・酒などの味や香りをよくするために混合すること。
- ブレッド　bread　パン。

- ブローカー　broker　仲買い人。周旋屋。
- ブローニー　Brownie　幅約6cmのロールフィルム。

- ブロークン　broken　破れた。破格の。壊れた。
- フローズン　frozen　冷凍の。冷蔵の。冷凍食品。

- プログラム　program　予定。計画。番組。番組表。
- プログレス　progress　進歩。発展。

- フロート　float　魚釣りの浮。水上飛行機の浮舟。アイスクリームを浮かべた冷たい飲物。
- フロスト　frost　霜。冷蔵庫の霜。

- プロセス　process　経過。過程。手順。工程。
- プロミス　promise　約束。契約。

- フロック　fluke　まぐれ当たり。偶然の幸い。　frock　フロックコートの略。
- ブロック　block　かたまり。一区画。運動競技の妨害。

- プロテクト　protect　防ぐ。保護する。守る。
- プロテスト　protest　抗議（する）。異議の申し立て。

- ブロンズ　bronze　青銅。青銅色。銅像。
- ブロンド　【フ】blonde　金髪。金髪の美女。

仮名

[ヘ]

- ペース　pace　歩み。歩調。速度。調子。進み具合。
- ベース　base　基礎。土台。基地。野球の塁。

- ペーハー　【ド】pH　水素イオン指数。
- ペーパー　paper　紙。

- ペア　pair　一対。一組。二人一組の競技。
- ベア　bear　熊。　bare　裸の。むきだしの。

- ペイ　pay　賃金。給料。報酬。見合う。
- ベイ　bay　湾。月桂樹。

- ヘット 【オ】vet 牛の脂。
- ヘッド head 頭。団体・会社などの長。物の先端。録音機などのテープに触れる部分。
- ペット pet 愛玩動物。お気に入り。
- ベット bet 賭け。
- ベッド bed 寝台。苗床。
- ペントハウス penthouse ビルの屋上室。
- ベント bent 芝草の一種。
- ベンチ bench 腰掛け。長椅子。

[ホ]

- ボール ball 球。野球でのストライクにならない球。
- ボウル bowl 半円形の深い鉢。パイプの火皿。
- ポーク pork 豚肉。
- ボーク balk 障害。失敗。野球投手の反則牽制。
- ポート port 港。港町。
- ボート boat 小船。
- ボード board 板。掲示板。板紙。板状の建築材料の総称。
- ホール hall 公会堂。会館。大広間。 hole 穴。ゴルフで球を入れる穴。
- ポール pole 棒。さお。船の帆柱。電極。
- ホイル foil 金属の薄片。箔（はく）。 wheel ホイール 車輪。
- ボイル boil ゆでる。煮る。沸かす。
- ボウリング bowling 球を転がして10本のピンを倒す競技。
- ボーリング boring 穴をあけること。試掘。
- ホステス hostess 接待役の女主人。女給。旅客機の女子乗務員。
- ホステル hostel 宿屋。簡易宿泊所。ユースホステルの略。
- ホスト host 客をもてなす主人。テレビ番組などで司会役をする男性。
- ポスト post 郵便箱。地位。〜以後。〜の次。
- ホット hot 暑い。熱い。熱烈な。最新。
- ポット pot つぼ。びん。魔法びん。
- ボトム bottom 底。下部。基部。裾。
- ボトル bottle びん。

[マ]

- マーク mark 印（をつける）。記号。標的。
- マート mart 市場。商店街。
- マイルド mild 温和な。柔らかな。やさしい。
- マインド mind 精神。心。知性。
- マウント mount 山。台紙。スライドをはさむ枠。
- マウンド mound 小丘。土手。野球投手の立つ土を盛り上げた場所。

- マット　mat　敷物。
- マッド　mad　気の狂った。ばかげた。激しい。
- マナー　manners　礼儀。作法。態度。
- マネー　maney　金銭。貨幣。
- マリン　marine　海の。海兵隊（員）。
- マロン　【フ】marron　栗。栗色の。

[ミ]

- ミス　miss　失敗。あやまち。　Miss　少女や未婚の女性につける敬称。未婚婦人。
- ミズ　Ms.　未婚・既婚の区別をつけない女性の敬称。
- ミュージアム　museum　博物館。美術館。
- ミュージカル　musical　音楽や歌を主体に構成された映画や演劇。

[メ]

- メート　mate　仲間。友だち。同志。
- メード　maid　女性のお手伝い。女性の雑用係。
- メカ（ニズム）　mechanism　機械。機械工学。
- メガ　mega　100万。
- メタル　metal　金属。金属元素。
- メダル　medal　記念章。勲章。

[モ]

- モデム　MODEM　modulator-demodulator　変調・復調装置。
- モデル　model　模型。模範。絵画や写真の素材としての人物。
- モラール　【フ】morale　士気。意欲。
- モラル　moral　道徳。倫理。

[ラ]

- ライフ　life　生命。生活。生涯。伝記。
- ライブ　live　生の。実況の。
- ラウンジ　lounge　ホテルなどの休憩室。
- ラウンド　round　円い。ボクシングなどの試合の回。ゴルフでコースを一巡すること。
- ラガー　rugger　ラグビーの異称。ラグビー選手。
- ラダー　rudder　船・飛行機の方向舵。
- ラバー　lover　恋人。愛人。　rubber　ゴム。消しゴム。
- ラジアル　radial　放射状の。
- ラジカル　radical　急進的。過激な。根本的。
- ラック　rack　網棚。架台。
- ラップ　wrap　包む。食料品などを包む薄い包紙。　lap　プールの1往復。ひざ。

仮名

313

- ラフ　rough　荒い。複雑な。下書き。ゴルフコースの芝生で整備されていない所。
- ラブ　love　愛（人）。恋（人）。
- ランク　rank　等級。順位。順序。
- ランチ　lunch　昼食。弁当。　launch　連絡用ボート。　ranch　牧場。農場。
- ランド　land　陸。国。
- ランプ　lamp　あかり。石油灯。　ramp　傾斜路。ランプウエイの略。

[リ]

- リーフ　leaf　葉。紙の1枚。　reef　砂州。礁。
- リーク　leak　漏電。秘密などが漏れること。
- リーグ　league　連盟。同盟。連合。野球等の競技連盟。
- リサーチ　research　調査。研究。
- リザーブ　reserve　予約する。確保する。保存する。
- リサイクル　recycle　廃物の再生利用。
- リサイタル　recital　独唱会。独奏会。
- リハーサル　rehearsal　稽古。練習。予行演習。
- リバーサル　reversal　逆にすること。逆転。返転。
- リベート　rebate　割りもどし。手数料。わいろ。
- リゾート　resort　行楽地。保養地。
- リピート　repeat　繰り返す。再放送。再上映。
- リポート　report　報告。報道。報告論文。　レポートともいう。
- リリース　release　解除する。発表。発刊。発売。カメラの遠隔操作シャッター。
- リリーフ　relief　救援。救助。交代。
- リンク　link　環。可動連結棒。つなぐ。　rink　アイススケート競技場。
- リング　ring　輪。指輪。試合場。鳴る。

[ル]

- ルーフ　roof　屋根。屋上。
- ループ　loop　輪。環。鉄道のループ線。　ループ　タイ　loop tie　ひも状のネクタイ。
- ルック　look　装い。スタイル。
- ル(ッ)クス　lux　照度の計量単位。記号は　lx。
- ルックス　looks　容貌。顔つき。

[レ]

- レーサー　racer　競争者。競争用の乗物。
- レーザー　laser　周波数が一定で位相も揃った電磁波を発生・増幅させる装置、また、それによって放出される光線。
- レンジ　range　料理用かまど。範囲。領域。
- レンズ　lens　レンズ。

[ロ]

- ロープ　rope　なわ。綱。ボクシングなどの囲いなわ。
- ローブ　robe　長くてゆるやかな服。式服。礼服。僧服。
- ローラー　roller　円筒形の回転物。地ならし機。回転円棒。
- ローリー　lorry　貨物運搬車。
- ローター　rotor　回転子。ヘリコプターの回転翼。
- ローダー　loader　石炭などの積み込み機。
- ロット　lot　ひと組。ひと山。生産品の単位数量。
- ロッド　rod　棒。さお。釣ざお。

新聞報道における 助数詞適用基準 (新聞社基準)

1 人

人は「人(にん)」で数える。

〔例〕 三人が重傷

2 動物

☆匹・羽・頭

動物は「匹(ひき)」で数えるのを原則とする。ただし、鳥類は「羽(わ)」で、大型の獣類は「頭(とう)」で数えることもある。

〔例〕五匹の羊　百羽のツル　乳牛５頭

助数詞の選択に迷う場合、種類の異なる動物を一括して数える場合は「匹」を使う。

〔例〕牛、馬、豚など家畜十数匹

3 物品・物体

☆個

不定形な物品・物体は「個(こ)」で数えることを原則とする。

〔例〕庭石十個　茶わん五個　十個のリンゴ

助数詞の選択に迷う場合は、原則として「個」で数える。

☆粒

極めて小型の物品・物体には「粒(つぶ)」を使ってもよい。

〔例〕真珠五粒

☆本

形の長い物品・物体は「本(ほん)」で数えるのを原則とする。

〔例〕ネクタイ３本

☆枚・面

平面的な物品・物体は「枚(まい)」または「面(めん)」で数える。

〔例〕１枚の地図　碁盤１面　テニスコート４面　笊蕎麦１枚

☆台・基・両

機械・器具・車両・固定した施設などは「台(だい)」または「基(き)」で数える。車両は「両(りょう)」で数えることもある。

〔例〕テレビ１台　２基のクレーン　衛星１基　８両編成の列車

☆隻・機

船舶は「隻(せき)」、航空機は「機(き)」で数える。

☆丁

主として手に持って使う器具・銃器などは「丁(ちょう)」で数える。

〔例〕のみ一丁　小銃十丁

☆発(ぱつ)

銃弾、ミサイルなどの数

316

☆棟・戸・軒
　建物は「棟・戸」で数える。住居の単位としては「戸」または「軒」を使う。
〔例〕倉庫一棟　床下浸水百戸　肉屋など4軒

☆点・件
　種類の異なる物品・物体を一括して数える場合は「点」または「件」を使う。
〔例〕いす、テーブルなど二十点　土地、建物を含め7件

なお、上記以外、**一般には**下記も使われていることが多い。
〔例〕

う	〈宇〉	社寺などの建物
か	〈架、双〉	びょうぶ
	〈株〉	植物
	〈管〉	筆・笛・尺八
き	〈脚〉	机・いす
	〈客〉	もてなしの道具・グラス等
く	〈組、対〉	手袋
さ	〈竿〉	三味線・たんす・旗・羊羹
	〈さし〉	舞い扇
	〈冊〉	本
じ	〈軸〉	巻物
せ	〈膳〉	箸
そ	〈足〉	草履・下駄・足袋・靴
た	〈体〉	仏像
	〈台〉	ピアノ・テレビ・カメラ・御輿
	〈垂れ〉	のれん
ち	〈丁〉	豆腐・駕篭
	〈帖〉	海苔（10枚）・半紙（20枚）
	〈着〉	スーツ
つ	〈つがい〉	雌雄一組
は	〈把〉	糸・麺類・草花など束ねたもの

	〈羽〉(は/わ)	うさぎ・鳥
	〈杯〉(はい)	烏賊・蛸など
	〈柱〉(はしら)	遺骨・位牌
	〈鉢〉(はち)	植木鉢
	〈張り〉(は)	蚊帳・幕・すだれ・琴・太鼓・ちょうちん・弓
	〈番〉(ばん)	相撲の取り組み・囲碁・将棋（囲碁・将棋は〈局〉とも）
ひ	〈匹〉(ひき)	布地二反・虫・魚
	〈尾〉(び)	魚
ふ	〈幅、軸〉(ふく、じく)	掛軸・絵画などの掛物
ほ	〈包〉(ほう)	粉薬
め	〈面〉(めん)	琵琶・額・すずり・そろばん
り	〈領〉(りょう)	鎧
	〈輪〉(りん)	花1本など 〔例〕バラ一輪
れ	〈連〉(れん)	数珠

第5章

記　　　号

I　文章に用いる記号ほか

■記　　号

〈くぎり記号〉
- 、　　読点(てん)
- 。　　句点(まる)
- ・　　中黒(なかぐろ)
- ．　　ピリオド
- ，　　カンマ
- ：　　コロン
- ；　　セミコロン
- ?　　疑問符、耳だれ
- ??　　二つ耳だれ
- !　　感嘆符、雨だれ
- !!　　二つ雨だれ
- ⁄　　斜め雨だれ
- ⁄⁄　　斜め二つ雨だれ
- !?　　ダブルだれ
- ／　　スラッシュ(全角)
- /　　スラッシュ(半角)

〈くりかえし記号〉
- ゝ　　ひらがなかえし
- ヽ　　カタカナかえし
- 〱　　大がえし、くの字点
- 々　　漢字がえし、同の字点
- 〃　　同じく、チョンチョン
- 〻　　二の字点、ピリピリ

〈カッコ類〉
- (　)　　パーレン、カッコ
- ⦅　⦆　　二重パーレン
- 〔　〕　　キッコー
- [　]　　ブラケット
- 【　】　　すみつきパーレン、太キッコー
- 〖　〗　　二重キッコー

〈カッコ類つづき〉
- 「　」　　かぎ
- 「　」　　太かぎ
- 『　』　　二重かぎ
- "　"　　ダブルコーテーション
- '　'　　コーテーション
- 〝　〟　　ダブルミニュート
- 《　》　　二重山パーレン
- 〈　〉　　山パーレン

〈しるし記号〉
- ※　　米印
- ＊　　アステリスク、スター
- ⁂　　アステリズム
- ★　　黒星、黒スター
- ☆　　白星、白スター
- ○　　丸印
- ◎　　二重丸
- ●　　蛇の目

〈つなぎ符〉
- －　|　　ハイフン、連字符
- ―　|　　ダッシュ
- 〜　〵　　波ダッシュ
- ＝　‖　　二重ダッシュ

〈ケ　イ　線〉
- ―――　　細ケイ、表ケイ
- ―――　　中太ケイ
- ―――　　太ケイ、裏ケイ
- ･･･････　　ミシンケイ
- ------　　太ミシンケイ
- 〰〰　　ブルケイ
- 〜〜〜　　太ブルケイ
- ―――　　無双ケイ
- ＝＝＝　　双柱ケイ

━━━━ 太双柱ケイ
━━━━ 子持ちケイ
∥∥∥∥∥ かすみケイ

〈リーダー類〉
‥ 二点リーダー
… 三点リーダー
…. 四点リーダー

■ 連　　字

mm　cm　km
mm²　cm²　km²
mm³　kg　mg
ppm　ha　KK
cc　No.

横組み用 ｜ 縦組み用

ミリ　センチ　メートル
キロメートル　インチ　ヤード
グラム　キログラム　トン
デシリットル　キロリットル
パーセント　キロ　ヘクタール
ポンド　ワット　アール
セント　ページ　カップ
さじ　マイル　カイリ
ノット　ボルト　フラン
マルク

有限会社　株式会社　郵便番号

■ ギリシャ文字

A　α　アルファ
B　β　ベータ
Γ　γ　ガンマ
Δ　δ　デルタ
E　ε　イプシロン
Z　ζ　ゼータ
H　η　イータ
Θ　θ　シータ
I　ι　イオタ
K　κ　カッパ
Λ　λ　ラムダ
M　μ　ミュー
N　ν　ニュー
Ξ　ξ　クシー
O　o　オミクロン
Π　π　パイ
P　ρ　ロー
Σ　σ　シグマ
T　τ　タウ
Υ　υ　ユプシロン
Φ　φ　フィー
X　χ　カイ
Ψ　ψ　プシー
Ω　ω　オメガ

■ ローマ数字

1 － I
2 － II
3 － III
4 － IV
5 － V
6 － VI
7 － VII
8 － VIII
9 － IX
10 － X
11 － XI
15 － XV
19 － XIX
20 － XX
30 － XXX
40 － XL
50 － L
60 － LX
70 － LXX
80 － LXXX
90 － XC
100 － C
200 － CC

II 建設関係でよく使う記号

HP＝HP	Horse Power		イギリス馬力　1 HP＝1.014 PS
PS			フランス馬力
rpm＝r.p.m.	revolution per minute		回転数／分
SS 400	Sと4の間は半角あき		一般構造用鋼材規格（JIS）の一例
σ	σ_{28}のように使うことあり		引張応力の記号
τ	τ_7のように使うことあり		剪断応力の記号
JIS A 3101	Japan Industly Standard		日本工業規格
	SとAの間は半角あき		英字、数字は材種により異なる
▽			水平位置指示記号（水陸とも）
HWL	High Water Level		ダム・河川の高水位
LWL	Low Water Level		ダム・河川の低水位
SWL	Surcharge Water Level		ダム・河川の予定以上の水位
GL	Grand Level		地盤高さ
EL	Elevation Level		標高
FH	Formation Hight		構造物高さ
SP	Serveying Point		測量の測点
VC	Vertical Curve		縦カーブ
M	Moment		モーメント（力学上の回転力）
N	number		地盤耐力を表す指標（N 20 などと）
RC	Reinforced Concrete		鉄筋コンクリート
PC or PSC	Pre Stressed Concrete		前もってストレスを与えたコンクリート
L or l or ℓ	Length		長さ
t	thick, time, ton		厚さ、時間、重量トン
H or h	Highness		高さ
W	Width		幅
W or Wt	Weight		重さ
Q	Quantity		（水）量
D or ϕ	Diameter		直径
R or r	Radias		半径
℄	Center Line		中心線を意味する記号
IC	Inter Change		（高速道路の）インターチェンジ
SA	Service Area		（高速道路の）サービスエリア
JC	Junction		複数の高速道路が連結する地点
PA	Parking Area		駐車場
％	パーセント　百分率		道路の勾配などに用いられる
			（勾配は1：05のように表すこともある）
‰	パーミル　千分率		鉄道の勾配などに多く用いられる

記号

III 単位記号

1　SI単位及び準用単位記号

長　　　　　さ	μm、mm、cm、m、km	電　　　　　圧	V	
面　　　　　積	cm²、m²、km²、a、ha	電　　　　　流	A	
体　　　　　積	cm³、m³、l、L、(ℓ)	角　　　　　度	rad、°、′、″	
質　　　　　量	mg、g、kg、t	熱　　　　　量	J	(ジュール)
力	N、＊kgf/cm²	電　気　抵　抗	Ω	(オーム)
圧　　　　　力	Pa、N/m²、mmHg、bar	物　　質　　量	mol	(モル)
応　　　　　力	Pa、N/m²	線　量　当　量	Sv	(シーベルト)
時　　　　　間	s、min、h	周　　波　　数	Hz	(ヘルツ)
速　　　　　さ	m/s、km/h、kt	音圧レベル	dB	(デシベル)
加　　速　　度	m/s²、Gal	照　　　　　度	lx	(ルックス)
温　　　　　度	℃、K	酸　　性　　度	pH	(ペーハー)
質　量　百　分　率	％	工　　　　　率	W	(ワット)
質　量　千　分　率	‰	光　　　　　度	cd	(カンデラ)
質　量　百　万　分　率	ppm			
質　量　十　億　分　率	ppb			

2　用途限定の単位記号

長　　　　　さ	海里＝浬(M、nm＝1.852 km)、Å
質　　　　　量	カラット(ct)〔宝石〕、もんめ(mom)〔真珠〕、トロイオンス(oz)〔金貨〕
ト　　　　　ン	トン(T＝2.8329 m³)〔船舶の容積換算トン〕
速　　　　　さ	ノット(kt)＝1 nm/h〔航海、航空〕
圧　　　　　力	水銀柱メートル(mmHg)〔血圧測定〕
熱　　　　　量	カロリー(cal、kcal)〔栄養、代謝〕

＊これらは、それぞれの特定の分野でのみ法的に定めたものである。
＊書体はローマン体とし、固有名詞に由来する単位の記号の第1文字のみ大文字、他はすべて小文字とする。
＊千を表すキロは必ず小文字「k」。ただし、コンピュータ関連を除く。
＊リットルの原則は「l、L」(エル)だが、数字の「1」とまぎらわしいので、「ℓ」を使うこともある。
＊「kgf」は原則として1999.10から使えなくなった。
＊分数を表すスラッシュは必ず半角「/」を使う。
＊kgを手書きではkgと書くことが多いが、組版としてはkgと打つ。
＊小学生向けの文書ではgの代わりにgを使うことがある。
＊電気関係でよく出てくるのにkW、kWh、kVAがある。

324

3　SI単位とは関係なく、普段使われる単位記号

c.c.＝cc＝cm³＝mℓ	cubic centi　立方センチメートル
doz.＝dz.	ダース、12個
¥	円
$	ドル(アメリカ貨幣単位)
¢	セント(アメリカ貨幣単位)　　$1＝¢100
£	ポンド(イギリス貨幣単位)
f、fr	フラン(フランス貨幣単位)
M	マルク(ドイツ貨幣単位)
in(inch)	インチ＝吋＝25.4 mm
ft(feet)	フィート＝呎＝12インチ＝30.48 cm
yd(yard)	ヤード＝碼＝3フィート＝0.914 m
mile	マイル＝哩＝1.61 km
nm	海里(カイリ)＝浬＝1.85 km
gal(UK)	イギリスガロン＝4.546 ℓ
gal(gallon)	アメリカガロン＝3.785 ℓ
barrel(US)　石油用	アメリカバレル＝159.0 ℓ
lb(pound)	ポンド＝封度＝磅＝453.6 g
oz(ounce)　(重量)	オンス＝1/16ポンド＝28.35 g
oz(ounce)　(容積)	オンス＝28.35 cc(イギリス)
°C(Celsius)	摂(セ)氏温度(華氏は°F　Fahrenheit)
粍	ミリメートル＝mm
糎	センチメートル＝cm
米	メートル＝m
粁	キロメートル＝km
瓱	ミリグラム＝mg
瓦	グラム＝g
瓰	デシグラム＝dg
瓩	キログラム＝kg
噸＝屯	トン＝1,000 kg
竓	ミリリットル＝mℓ
竕	デシリットル＝dℓ
立	リットル＝ℓ
竏	キロリットル＝kℓ

Ⅳ その他の記号

@	アット、単価、一つ当たり、〜について
AC（alternating current）	交流
AD（Anno Domini）	西暦紀元
a/c（account）	（簿記用語）〜勘定
am　a.m.　AM（ante meridiem）	午前
BC（Before Christ）	西暦紀元前
c（copy）	著作権記号
Co.（company）	会社
Co. Ltd.（company limited）	株式会社（イギリス）
Corp.（Corporation）	株式会社（アメリカ）
cf.（confer）	参照
DC（direct current）	直流
do.（ditto）	同上。同じ
etc.（etcetera）	など
ex.（example）	例
fig.　Fig.（figure）	図表、挿絵
KK（Kabushiki Kaisha）	株式会社
Miss	未婚女性につける敬称
Ms.	未婚・既婚の区別をつけない女性への敬称
Mr.	男の姓につける敬称
Mrs.	既婚女性に対する敬称
Mt.（mount）	〜山
max.（maximum）	最大
min.（minimum）	最小
No.（number）	〜番
p.（page）	ページ
Pat.（patent）	特許
pm　p.m.　PM（post meridiem）	午後
P.S.（postscript）	追伸
Prof.（Professor）	博士
R（regisered）	登記記号
St.（street）	〜通り
S.　St.（saint）	聖
VIP（very important person）	最重要人物（ビップ、ブィアイピー）
Vol.　vol.（volume）	〜巻
VS.　vs.（versus）	〜対、〜に対する
Xmas	クリスマス（X に ' を打たないこと）
WC（water closet）	水洗便所
&	and

326

第6章

そ の 他

I 十二カ月の異称

月	異称	英語	
1	睦月(むつき)、初花月(はつはなづき)	January	Jan.
2	如月(きさらぎ)、雪消月(ゆきぎえつき)	February	Feb.
3	弥生(やよい)、桜月(さくらづき)	March	Mar.
4	卯月(うづき)、卯花月(うのはなづき)	April	Apr.
5	皐月(さつき)、早苗月(さなえづき)	May	
6	水無月(みなづき)、鳴神月(なるかみづき)	June	Jun.
7	文月(ふみづき)、七夕月(たなばたづき)	July	Jul. or Jy.
8	葉月(はづき)、萩月(はぎつき)	August	Aug.
9	長月(ながつき)、菊月(きくづき)	September	Sept. or Sep.
10	神無月(かんなづき)、初霜月(はつしもづき)	October	Oct.
11	霜月(しもつき)	November	Nov.
12	師走(しわす)、極月(ごくづき)	December	Dec.

II 二十四節季

立春を基準にして1年を24等分して季節を表したものを二十四節季という。

立春(りっしゅん)	2月4日ころ。この前日が節分。
雨水(うすい)	2月18日ころ。
啓蟄(けいちつ)	3月6日ころ。冬ごもりの虫(蛇、蛙など)が這い出すころ。
春分(しゅんぶん)	3月21日ころ。前後3日、計7日間が春の彼岸。
清明(せいめい)	4月5日ころ。
穀雨(こくう)	4月21日ころ。春雨が降って穀物を育む。春の最後。
立夏(りっか)	5月6日ころ。暦のうえでは、この日から夏。
小満(しょうまん)	5月21日ころ。
芒種(ぼうしゅ)	6月5日ころ。
夏至(げし)	6月22日ころ。昼が最も長く、夜が最も短い日。
小暑(しょうしょ)	7月7日ころ。このころから暑さが厳しくなる。
大暑(たいしょ)	7月24日ころ。暑さが一番厳しい時期。
立秋(りっしゅう)	8月8日ころ。暦のうえで秋に入る。
処暑(しょしょ)	8月23日ころ。暑さがおさまり、涼しい季節に入る。
白露(はくろ)	9月7日ころ。秋らしくなってくる。
秋分(しゅうぶん)	9月23日ころ。この日を中心にした7日間が、秋の彼岸。
寒露(かんろ)	10月8日ころ。

霜降(そうこう)　　　　10月23日ころ。
立冬(りっとう)　　　　11月8日ころ。暦のうえでは冬に入る。
小雪(しょうせつ)　　　11月23日ころ。
大雪(たいせつ)　　　　12月8日ころ。
冬至(とうじ)　　　　　12月22日ころ。昼が最も短く、夜が一番長い日。
小寒(しょうかん)　　　1月6日ころ。小寒から節分までを「寒(かん)の内」という。
大寒(たいかん)　　　　1月20日ころ。寒さが一番厳しい。

III 雑節

　　二十四節季のほかに「雑節」がある。
土用(どよう)
　　立春、立夏、立秋、立冬の前の各18日間をいう。
節分(せつぶん)
　　今は立春の前日のみを指すが、昔は立春、立夏、立秋、立冬の前日のことをいっていた。
彼岸(ひがん)
　　春分の日と秋分の日を中日とした各七日間。
八十八夜(はちじゅうはちや)
　　5月2日ころ。このころから本格的な農作業が始まる。
入梅(にゅうばい)
　　6月11日ころ。
半夏生(はんげっしょう)
　　夏至から11日目。農家では、この日までに田植えを終える。
二百十日(にひゃくとうか)
　　9月1日ころ。台風の上陸することが多い。

IV 六曜

大安(たいあん、だいあん)　　吉日で、万事によしという日
赤口(しゃっこう、しゃっく)　大凶の日
先勝(せんしょう、せんかち)　午前は吉、午後は凶の日
友引(ともびき)　　　　　　　朝晩は吉、昼は凶の日
先負(せんまけ、せんぷ)　　　午前は凶、午後は吉の日
仏滅(ぶつめつ)　　　　　　　勝負なしの日(＊万事に凶は俗信)

Ⅴ 干　　　支

十干

甲（こう）きのえ
乙（おつ）きのと
丙（へい）ひのえ
丁（てい）ひのと
戊（ぼ）つちのえ
己（き）つちのと
庚（こう）かのえ
辛（しん）かのと
壬（じん）みずのえ
癸（き）みずのと

十二支

子（ね）	シ	鼠（ねずみ）
丑（うし）	チュウ	牛（うし）
寅（とら）	イン	虎（とら）
卯（う）	ボウ	兎（うさぎ）
辰（たつ）	シン	竜（たつ）
巳（み）	シ	蛇（へび）
午（うま）	ゴ	馬（うま）
未（ひつじ）	ビ	羊（ひつじ）
申（さる）	シン	猿（さる）
酉（とり）	ユウ	鶏（にわとり）
戌（いぬ）	ジュツ	犬（いぬ）
亥（い）	ガイ	猪（いのしし）

Ⅵ 人 生 の 節 目

　人生にはいろいろな節目がある。年齢もその一つ。節目になる年を特定の言い方で呼ぶことがある。

	歳	出　　所
志学（しがく）	15	論語「吾れ十有五にして学に志す」
而立（じりつ）	30	論語「三十にして独り立ちす」
不惑（ふわく）	40	論語「四十にして惑わず」
知命（ちめい）	50	論語「五十にして天命を知る」
耳順（じじゅん）	60	論語「六十にして耳したがう」
還暦（かんれき）	60	60年で自分の干支に戻ることから。「本卦（ほんけ）還り」とも。
古希（稀）（こき）	70	杜甫（とほ）の詩の一節「人生七十古来稀なり」
喜寿（きじゅ）	77	「喜」の略字から。
傘寿（さんじゅ）	80	「傘」の略字から。
半寿（はんじゅ）	81	「半」を分解して。八十一
米寿（べいじゅ）	88	「米」を分解して。八十八
卒寿（そつじゅ）	90	「卒」を分解して。九十
白寿（はくじゅ）	99	百マイナス一
茶寿（ちゃじゅ）	108	草冠（十×2）＋八十八
皇寿（おうじゅ）	111	王＝十二、白＝九十九

その他

VII 結婚記念日

年目			年目	
1	紙婚		15	水晶婚
2	綿婚		20	磁器婚
3	革婚		25	銀婚
4	花婚		30	真珠婚
5	木婚		35	珊瑚婚
6	鉄婚		40	ルビー婚
7	銅婚		45	サファイア婚
8	青銅婚		50	金婚
9	陶器婚		55	エメラルド婚
10	錫婚		60 または 75	ダイヤモンド婚

印刷関連用語集 1
(主として印刷関連)

[あ]

アート紙(art paper)
　上質紙の表面にコート剤が片面20 g/m² 以上塗られた塗工紙をいう。カタログ、ポスター、写真集など、品質の良さが求められる高級美術印刷物に用いられる。

ISBN(International Standard Book Number)
　国際標準図書番号。全世界すべての書籍に10桁のコード番号が与えられる。裏表紙にバーコードで示されることが多い。

藍(あい)
　プロセスインキの一つで藍色のこと。シアンまたは(C)とも書く。

間紙(あいがみ、かんし、あいし)
　①印刷された紙の乾燥が不充分なとき、インキでの汚れを防ぐためにはさみ込む紙。
　②印刷した紙に区切りを示すために入れる紙。

青焼き(あおやき)
　製版工程で集版されたフィルムの文字やレイアウトをチェックするために、フィルムを感光紙に焼きつけて点検する用紙。用紙の色が青色をしていることから「青焼き」といわれる。色調を見ることはできない。

赤字(あかじ)
　校正紙に校正記号で記された訂正指示のことをいう。一般に赤い筆記具が用いられるので「赤字」といわれる。

アタリ罫(けい)
　版下台紙上に写真などの入る位置、輪郭を示すために引く線のことをいう。製版段階で消され印刷物上に印刷されない。通常の作業では、片仮名で「アタリ」と表示する。

後書き(あとがき)
　書いた後の感想・謝辞など。

後付け(あとづけ)
　付録・索引・後書き・奥付けなどの総称。

孔あけ機(あなあけき)
　カード・ルーズリーフ・パンフレットなどに綴じ込み用の孔をあける機械。
　孔径は3〜5 mm、端から孔中心までの距離は13 mm前後。2孔の場合の標準中心間隔は80 mm。

網(あみ)がけ＝網撮り＝網伏せ
　文字や絵柄に「平網」やグラデーション網を入れること。「チント処理」ともいう。

網点(あみてん)＝ドット(dot)
　凸版印刷やオフセット印刷では写真のように連続的に階調のあるものを、点の大小によって濃度を表す。網点とは、その「点」のことをいう。規則正しく並んでいて網の目のように見えることからこういわれる。

合わせ丁合い(あわせちょうあい)
　1回の丁合いでは1冊に纏めきれない折数の多い丁合いを2〜3回に分けて丁合いした後、各丁合いを纏めて1冊にすること。

アンダーライン(underline)
　①語または文意を強調するため、その語句の下に入れる罫線。
　②原稿または校正刷りに文字書体を指定するため、語・句・文の下に引いた線。

[い]

E-print(イープリント)
　イスラエルのインディゴ社が開発し

用語集

た、電子写真方式のデジタル印刷機。

生き(いき)
　文字校正や製版工程で指示する用語の一つ。レイアウト用紙や版下に入れた罫線などをそのまま残すときに「ケイイキ」という。「生かす」という意味で「いき」という。
　校正時、一度入れた赤字を取り消すときも「イキ」と使う。

板紙(いたがみ)
　厚くややかたい紙。ボール紙の類。上製本の表紙の芯(しん)、製箱・段ボールなどに使う。

イタリック(italic)
　欧文書体のなかで、斜めに傾いたデザインの文字。多くの種類がある。

「一寸の巾」方式(いっすんのはばほうしき)
　種田豊馬が考案した漢字の配列方式。一種の字形別分類方式で、基本部首51種の配列順を「一寸の巾……」と始まる独特の短文に関連づけた順序として、記憶の便にしたところから命名された。
　1920年以後、写真植字機の基本文字配列として普及した。

糸かがり＝糸綴じ
　印刷物を綴じる製本方法の一つ。折丁を糸を使って縫(ぬ)うようにして綴じる。上製本及び一部の並製本に用いられる。

イラストレーション(illustration)
　出版・広告宣伝物などに挿入する挿絵・図解・模様またはその構成。略してイラスト。

色温度(いろおんど)
　普通の電灯光では黄色っぽく見えても蛍光灯のもとでは青く見える。これは光源の色が違うからであるが、それを表す尺度として色温度がある。単位は絶対温度K。

色被り(いろかぶり)
　カラー印刷で、指定どおりの色ではなく、一定の傾向の色を帯びている状態のことをいう。

色校正(いろこうせい)＝カラープルーフ(color proof)
　色指定した部分がそのとおりに刷られているか、また寸法・精度・汚れの有無などを確認する作業をいう。写真版などは正しい色で再現されているかを校正する。本機校正、平台校正、デジタル校正などがある。

色指定(いろしてい)
　カラー印刷において、文字や図版などの色を決め指示すること。色見本チップをつけて指示する場合と、基準色のかけ合わせで指定する場合がある。

色修正(いろしゅうせい)
　カラー原稿を色分解する際に、原稿の色が印刷時によく再現できるように色の修正を行うことをいう。

色濃度(いろのうど)
　色画像の濃度をいう。分光濃度や3色濃度など、目的によって各種の表示方法がある。

色縁文字(いろふちもじ)
　縁どり文字の縁の部分、または影文字の影の部分に色指定した文字。

色分解(いろぶんかい)
　カラー原稿をカメラまたはスキャナーを使って、C版、M版、Y版、Bk版の4色印刷用(2、3色印刷もある)のフィルムを作ることをいう。

色見台(いろみだい)
　印刷物の色を評価するための台で、色評価用蛍光灯で観察面全体が均一な明るさになっている。印刷機のコントロールを行う台と兼用しているのが多い。

色見本帳(いろみほんちょう)
　各インキメーカーが特色インキの色見本帳を出している。この見本帳から切り離したチップで色指定するのがよい。

印圧(いんあつ)
　印刷の際、版面またはブランケット面のインキを紙面などの被印刷面に転移させるための圧力。

印画紙(いんがし)
　一般的には、ネガフィルムなどから写真をプリントする専用の紙のことをいうが、印刷業界では、文字や網点画像などを写して版下などに使う紙のことをいう。

インキ(ink)
　版の画像を被印刷物に転写するための材料。印刷物の版式及び使用目的によりインキの種類が違う。一般には顔料30〜60％、ビヒクル(媒体)35〜65％及び少々の助剤からなる。
　＊印刷に使用するのはインキ、万年筆などに使うのをインクと使いわけるのが普通。

印刷機械(いんさつきかい、printing press)
　印刷のために使われる機械。紙その他の被印刷物を送り込む供給装置、装着された刷版にインキを与えるインキ装置、被印刷物の一定位置に画像部のインキを移し取る転移装置、画像が印刷された被印刷物を取り出す排出装置の4部分からなる。

印刷用紙(いんさつようし)
　印刷用の紙(原紙)には、下記の規格がある。(それぞれ仕上がり寸法より少し大きい。)

　名称　　　原紙寸法(mm)
　A列本判　625×880
　B列本判　765×1,085
　四六判　　788×1,091
　菊判　　　636×939
　ハトロン判　900×1,200

インデックス(index)
　索引。見出し。指標。指数。

インデント(indent)
　本文組版の行頭を標準字詰めより下げて組むこと。和文組版は1行目は全角下がりが一般的である。欧文組版では行の長さによって字下がりが異なる。

［う］

浮き汚れ(うきよごれ)
　インキの乳化が進み過ぎて、オフセット印刷などで印刷用紙全体に微細な汚れのつく現象。

内校(うちこう、ないこう)＝内校正(うちこうせい)
　印刷会社が、発注者に校正紙を提出する前に印刷会社が校正すること。

打ち抜き(うちぬき)機
　紙器あるいは変形カードなどを製造する際、それらの展開図どおりに板紙を切り抜く機械。薄い鋼刃やミシン刃などを埋め込んだ木型で打ち抜く。型抜き機ともいう。

裏うつり
　印刷された紙が積み重ねられたとき、紙の裏面に、その下の印刷物のインキが付着すること。これを防ぐため、パウダーを吹き付けたり、簀(す)の子取りをしたりする。

裏白(うらじろ)
　両面印刷に対して、片面のみ印刷された状態をいう。

裏罫(うらけい)
　太さ0.5mm前後の線。太罫とも。元々は活版印刷で使う罫線であるが、現

在では0.5 mm前後の線のことを指す。
　活版印刷での罫線は片方が細く反対側が太い鉛の板を使う。この太い罫線を裏罫とよび、細いのを表罫とよぶ。活版印刷以外でも、罫線の太さを示す言葉として使われている。

裏抜け(うらぬけ)
　印刷されたインキの油が、紙の裏側までしみ出してしまうこと。

売上(うりあげ)カード(slip)
　小売書店の販売業務のために出版社が作製して書物に差し込んでおく短冊形のカード。「注文シール」ともいう。
　半円形の打抜部分が書籍の上部から坊主頭のように出ているので「坊主」ともいう。

上つき文字
　$4^2 \times 4^3$のように、文字の右上部につける文字あるいは数字をいう。インデックスともいう。

[え]

AGV(Automatic Guidid Vehicle、エージーブィ)
　用紙や刷本あるいは製品の載ったパレットを無人で搬送する自動走行装置。

A判(エーバン)
　JISで定められている紙の仕上がり寸法規格の一つ。A0からA10まであるが、普通はA1～A6が多く用いられている。
　A0(一般にA倍判)＝1 m²。A1(一般にA全という)の寸法は594×841 mm(ゴクシハヨイ、またはゴクヨのヤヨイ)。

判形	寸法(mm)
A0	841×1,189
A1	594×841
A2	420×594
A3	297×420
A4	210×297
A5	148×210
A6	105×148

AB判(エービーバン)＝ワイド判
　天から地までの長さがB5の縦寸法(257 mm)、左右がA4判の横寸法(210 mm)になっているサイズの判。

SI(System International d'Unites)
　国際単位系。

lpi(lines per inch、エルピーアイ)
　1インチ当たりのスクリーン線数。

エンボス(emboss)
　型押しをして凹凸をつけた紙。紙に型押しすることをエンボス加工という。

[お]

追い込み
　改行せずに、前の行に続けること。仕事の締切前で忙しくなることをいう場合もある。

凹版印刷(おうはんいんさつ)
　版の凹んだところにインキをつめて印刷する方式。グラビア印刷、版画エッチングなどに多く使用する。

大見出し(おおみだし)
　新聞・雑誌などで、読者の注意をひくため、記事の最初に入れる大型または太字で組んだ標題。小見出しに対していう。

奥付(おくづけ)
　書名、発行年月日、版数、著者名、発行所名などを記したページ、またはその箇所。一般に書籍の巻末に印刷される。洋書では、扉の裏面や下部などに印刷されることが多い。

踊り字(おどりじ)
　各、愈、益などは、一字で「おのおの」「いよいよ」「ますます」と読むが、この

種の漢字には一般に繰り返し記号「々」をつけることが多い。この繰り返し記号の「々、ヽ、ヾ、ゝ、ゞ」などを総称して踊り字という。

なお、「々」は漢字、「ヽ、ヾ」はカタ仮名、「ゝ、ゞ」はひら仮名に用いる。

帯（おび）
本の表紙から裏表紙にかけて、あるいは外箱に帯のようにつけておく紙。本の内容、著者に関する宣伝が書かれていることが多い。腰帯、帯紙とも。

また、数ページにわたる企画など、全体に統一感を持たせるためにページを通して帯状に横に引いた太罫のこともいう。

オフセット印刷
凹凸のない平らな版の上にインキをつけて印刷する方式。版からゴムのブランケットに転写(OFF)し、更にこの転写したインキを紙にセット(SET)して印刷するのでオフセットという。「平版印刷」ともいう。

オフ輪（オフりん）
オフセット輪転印刷機の略。給紙部、印刷部、乾燥部、熱加工部、折り部、排紙部からなる。

オペーク作業＝オペーキング
フィルムのピンホールを取ったり、マスク作業をいう。

表罫（おもてけい）
太さ0.1〜0.2mm程度の線。細罫とも。元々は活版印刷で使う罫線であるが、現在は太さ0.1〜0.2mm程度の線のことをいう。↔裏罫

折り（おり）
印刷したものを製本するために、ページ順に折りたたむこと。または折ったもの。二・四・八折り、観音折り、蛇腹折り、巻三つ折りなど多くの種類がある。

折り込み（おりこみ）
本の大きさよりも大きい紙を折りたたんでページの間に差し込んだもの。

折丁（おりちょう）
製本のため折りたたまれた刷り本。

折り曲げ（おりまげ）
次行の行頭に組み続けず、前行または次行の段落の空白部に太めのブラケットやブレースなどをかけて組み続ける形式。辞書の組版に用いることが多い。「おりかえし」ともいう。

オン デマンド（on demand）印刷
「必要な時に必要な部数だけ印刷する」という目的で開発された印刷のシステム。コンピュータと印刷機からなり、刷版を用いないデジタル方式の印刷。

［か］

カール（curl）
フィルムや紙は、その表裏によって湿度に対する伸縮性が異なるために巻き（カール）が発生することがある。ロール状のフィルムや紙の巻きぐせもカールという。

外字（がいじ）
活字の文選ケースの分類上の呼称で、使用頻度の少ない文字を「外字」と呼んでいた。現在は、電算写植の漢字キーボードの文字版上にない文字を「外字」と呼んだり、あるいは、JIS漢字・非漢字の範囲以外の文字類を「外字」と呼んでいる。

楷書（かいしょ）
漢字書体の一つ。中国の漢代末期に作られ今にいたる。この書体を漢字の正体と呼び、この崩し字を行書という。

解像度（かいぞうど、resolution）
再現画像がどこまで細かく分解できるかという程度をいう。具体的には、スキャ

ナーなどの入力装置やイメージセッターなどの出力装置の入出力の精度をいう。解像度は入力機では「ppi」、出力機では「dpi」で表現され、その数値が大きいほど細線の再現性がよい。

改ページ(かいページ)
　奇数偶数のいずれからでも新しくページをはじめること。

返し／返しがえし(かえし)
　製版フィルムから一度返して(ポジ→ネガ)、もう一度返し(ネガ→ポジ)、もとの製版フィルムと同じような製版フィルムを作ることをいう。
　多面付で刷版を焼き付けたり、切り貼りした製版フィルムを1枚の原版フィルムにするためにも使う。

返り点(かえりてん)
　漢文に読みをつける記号。一　二　三　四　上　中　下　甲　乙　などの級数の小さな文字が用いられる。

隠しノンブル
　本の制作中、あるいはでき上がってからはページ数に数えられるが、ノンブルそのものが印刷されていないページ。中扉など。

角版(かくはん)
　正方形や長方形の写真や図形。このうちのある部分だけを抜き出して使用することを「キリヌキ」という。

かけ合わせ
　カラー印刷で、2色以上のインキを刷り合わせて必要な色を出すことをいう。

影文字(かげもじ)＝シャドー文字
　影をつけたようにして立体感を出した文字。デジタル処理ではソフトの書体関係のメニューで設定する。アナログ処理では、製版時に文字をズラして焼き付けて作る。

画線部(がせんぶ)＝画像部(がぞうぶ)
　印刷版面のインキの残る部分。すなわち、文字や絵柄の画像部でインキのつく部分。

画像処理(がぞうしょり)
　デジタル画像の階調補正や移動、回転、変倍、変形など種々の処理を行うこと。

片起こし(かたおこし)
　一般に、右開きの本では左ページから、左開きの本では右ページから1ページが始まる。これを「片起こし」という。これに対して、右開きで右から、左開きで左から始まるのを「見開き起こし」という。

カタログ(catalogue)
　製品に関する情報を収録したもの。形状はブックレットを大判にしたものでページ数も多い。

活字(かつじ)
　活版印刷に使われる文字。鉛、錫(すず)などの合金の一端に、鋳造によって凸型の文字を鋳出したもの。字の大きさはポイントまたは号。
　現在では、印刷文字全般の意味で用いられることが多い。

カット(cut)
　印刷物の余白を飾る小さな絵・写真や模様。印刷物の不必要な余白を埋め、またレイアウトに変化やアクセントを与えるために用いる。
　グラフィックデザイン界では、挿絵とカットを区別せずイラストレーションと総称している。

活版印刷(かっぱんいんさつ)
　凸版印刷の一種で、活字を組んで印刷する活字組版印刷の略。

合本(がっぽん)
　同じ雑誌、新聞などを何号分かまとめて1冊にしたもの。

カバー(jacket、dust cover)
　本来は本の表紙であるが、現在では表紙を保護するため、あるいはデザイン的に表紙の上にかける厚手の紙をいう。英語のカバーは表紙の意味で、日本でいうカバーとは別。

かぶり
　感光材料で、未露光の部分が現像処理時に黒化していること。

かまぼこ
　丸背の書籍などの背を保護するためにケース(箱)のなかに入っている半円形の「あて紙」。

紙の伸縮(しんしゅく)
　湿度の変化によって生ずる紙の寸法上の変化。一般に紙の横目は縦目に比べて伸縮度合いが大きい。

紙むけ＝ピッキング(picking)
　印刷インキのついている部分の紙の表面が、細かくむける現象。

紙目(かみめ)
　紙を製造する機械から流れ出る方向を「縦目」、それと直角方向を「横目」といい、これらを「紙目」という。

紙焼き(かみやき)
　文字や写真などを印画紙に焼き付けること、または焼き付けたものをいう。

ガム(ゴム)引き
　PS版を保護したり保存するために薄いゴムを版面に塗布すること。一度印刷に使ったPS版でも、ガム引きすることにより再度使える。

カラー印刷(いんさつ)
　現在多く用いられているオフセット印刷では、一般に、Bk、C、M、Yの4色を順に刷り込んでカラーを表現する。しかし、この4色では表現できない色のためには特殊インキを使ったりする。

カラースキャナー(color scanner)
　一枚のカラー写真を印刷するには、連続した色の変化をC、M、Y、Bkの成分に分けて各成分の濃度変化を0から100%の網点の大小に変換する必要がある。この入出力作業を光学的に処理して色分解する装置。

カラーチャート(color chart)
　プロセスカラー(C、M、Y、Bk)を使って色のかけ合わせを変えて印刷した色の一覧表で、色見本帳の一種。

感圧複写紙(かんあつふくしゃし)
　筆圧によって複写できる加工紙。カーボン紙とノーカーボン紙がある。

簡易校正機(かんいこうせいき)
　でき上がったフィルムを使い、電子的に色校正紙を出す校正機。方式には数種類ある。

寒色(かんしょく)
　暖かい感じのする色に対して、冷たい感じのする色。一般に青系の色をいう。

完全原稿(かんぜんげんこう)
　指定、レイアウトが完全になされていて、すぐに製版にかかれる状態で入稿する原稿。

簡化字(かんかじ)
　簡易化された字体の漢字。1956年、中華人民共和国は簡易を内容とする「漢字簡易化法案」を公布し、515種の簡易字、5,000種の簡易化を発表した。中国では簡体字と呼ぶ。

雁だれ(がんだれ)
　くるみ表紙の前小口を中身よりも大きくしておき、内側に折り曲げて仕上げる製本様式。

観音折り(かんのんおり)
　観音様を納めた厨子(ずし)の戸は手前に両側に開く。このように見開きページの両端を内側に折りたたむ製本様式。

カンプ(comprehensive)＝コンプ
　　印刷の仕上がりを客先へ提出して理解を得るための色付きの提案下絵。

官報(かんぽう)
　　政府が印刷発行する機関紙。A4判。

[き]

黄
　　プロセスインキの一つで黄色のこと。イエローまたは(Y)とも書く。

規格判(きかくばん)
　　JIS規格に定められている印刷物や印刷用紙の寸法のもの。A判やB判など。

菊判(きくばん)
　　A列本判よりやや大きい、JIS規格の寸法636×939 mmの原紙。
　　書籍にも菊判(152×218 mm)がある。

逆版(ぎゃくはん)
　　写真や図版を左右、天地逆に使うこと。故意に逆に使う場合もあり得るが、その場合、誰でもが分かるよう伝達する必要あり。

逆目(ぎゃくめ)
　　製本したとき天地の方向に紙目が通っているのが基本。この場合、背に直角方向に紙目が通っているのを逆目という。

キャプション(caption)
　　写真や図版などの説明文。

級数(きゅうすう)
　　写真植字の文字の寸法設定の基本系。1級＝1/4(Quarter)mmを基本単位寸法とすることから「Q」で表す。現在も和文活字の大きさを表す単位として使われている。

行送り(ぎょうおくり)
　　①文字・記号・スペースなどの加除のため、過不足の結果をページ末の行の次のページ、またはページはじめの行を前ページへ移すこと。
　　②文字の中心点と次の行の文字の中心点との距離。

教科書体(きょうかしょたい)
　　主に小学校などの教科書によく使われる書体。中太で、筆で書かれた楷書のような感じがあり読みやすい。

行間(ぎょうかん)
　　文章の行と行の間の空間距離を指す。

行取り(ぎょうどり)
　　各章・節などの見出しを強調するため、行単位で余白を取ること。例えば、大きな項目では改ページ、章では3行取り、節では2行取り、項では1行取りなどと区分されている。

清刷り(きよずり)
　　活字の組版をアート紙のように白地の滑らかな紙に高い精度で印刷したもの。また、ロゴなどの色や形の標準となる見本を平滑で白い紙に印刷したものをいう。

切り抜き(きりぬき)
　　写真原稿で、必要な人物や商品などの必要部分のみを使い、バックをカットすること。

キロ連量(キロれんりょう)
　　印刷用紙の重さの単位。全判1,000枚を1連として、その重さで表示する。キロ連量で表示する際は、必ず紙の寸法も併記する必要がある。

金赤(きんあか)
　　黄(イエロー)100％と赤(マゼンタ)100％をかけ合わせて得られる赤。黄味赤(きみあか)ともいう。

禁則処理(きんそくしょり)
　　文章の体裁を整えるため、特定の文字(禁則文字)が行頭や行末にこないように調整したり、一連の数字が行をまたがないように調整する処理方法。

禁則文字(きんそくもじ)
行頭や行末にあると読みにくいので禁則を設けた文字や記号。

行末禁則は記号(、〔、『、〝、など。

行頭禁則は、音引き(ー)、記号としては、)、〕、』、?、!、〟、々、、、ゝ、促音(ゅっ)など。

金箔(きんぱく)
本の小口の金付け、表紙の箔押しなどに用いる金の箔。

[く]

口絵(くちえ)
巻頭(書籍の最初のページ)に入れる挿絵・写真など。

句読点(くとうてん)
句点と読点を合わせた呼び名。和文縦組には「。」「、」、横組には句点に「。」「.」、読点に「、」「,」が用いられる。一冊のなかでは統一して用いる必要がある。

組版(くみはん)
活版印刷で、活字を揃えてつくった版のことをいったが、現在では、文字の入力から版下をつくるまでの工程をいうようになっている。

組見本(くみみほん)＝見本組み
注文者の要望に沿った組み方の様式を示すため、原稿の一部を組んだテスト組み。

クライアント(client)
発注者。お客様。

グラデーション(gradation)＝階調(かいちょう)
写真や絵などに見られる、なだらかな調子の変化をいう。印刷で表現するには網点を使う。

グラビア印刷(gravure)
凹版印刷の一種。銅板に焼き付けを施し酸液で腐蝕した版の凹部にインキをためて刷る印刷方式。調子の再現性が良いので、以前は写真のページによく使われたため写真ページをグラビアページと呼んでいたが、今は多くがオフセット印刷になっている。

クラフト紙(kraft paper)
繊維の長いクラフトパルプを原料とした、引っぱり強度の強い包装紙。

繰り返し記号(くりかえしきごう)
同一語・同一音または同一文字を繰り返す際に用いる記号。和文では、表などに「〃」、漢字用として「々」、カタ仮名用として「ヽ、ヾ」、ひら仮名用として「ゝ、ゞ」が用いられることがある。

グループ ルビ(group ruby)
熟語などで、一つひとつの漢字にこだわらずに、そのグループ漢字にわたって入れるルビ。ルビを一つひとつの漢字に入れるのをモノルビという。
例：流石(さすが)、祝詞(のりと)、白粉(おしろい)、斑鳩(いかるが)

くるみ
中身に表紙を取り付ける作業。

クロス(cloth)
木綿・麻などの布地に染料と樹脂などを塗って固め、色彩効果を出した製本の外装用材料。他に紙クロス、ビニールクロス、レザークロスなどがある。

咥え(くわえ)
枚葉印刷機のなかを用紙が通るとき、その用紙をつかむ器具。または、その咥える爪。印刷機の種類により異なるが一般には約 10 mm。この部分には印刷できない。

小さな印刷機では咥えのない機械もある。

[け]

罫（けい）
　線の総称。罫には太さ、形状に様々な種類がある。罫線と飾罫に大別される。

罫生き（けいいき）
　指定のところに引いた罫が仕上がり時に必要な場合、「ケイイキ」と指定する。

軽印刷（けいいんさつ）
　タイプ印刷など比較的安価で簡単に印刷物をつくる印刷方式の総称。軽印刷それ自体を指す印刷方式はない。

螢光インキ（けいこう）
　螢光剤を含んだ顔料を使った特殊インキ。明度、彩度があざやか。

化粧裁ち（けしょうだち）＝仕上げ裁ち（しあげだち）
　印刷製本までは製品寸法よりも大きめのサイズで仕事が進められる。従って、本の中身、またはその他の印刷物を仕上げ寸法に合わせて断裁すること。

毛抜き合わせ
　写真と写真、写真と網などを、毛1本も入らないように合わせること。罫抜き→ケヌキという説もある。

下版（げはん）
　①校了になった組版を製版、印刷工程にまわすこと。
　②校了にすること。

ケバ立ち
　紙の表面が摩擦その他の原因で起毛すること。

ゲラ（galley）
　鉛製の活字を組み込んで版をつくるための浅い盆状の容器。現在では、お客様に提出する校正紙をいうことが多い。

ゲラ刷り＝校正刷り
　ゲラに組み込んだ版を使って校正機にかけたことから、校正刷りのことをいう。

減感（げんかん）インキ
　複写伝票のなかで、複写を必要としない部分に刷り込むインキ。

原稿（げんこう）
　原稿には写真に代表されるような階調原稿（調子をもった原稿）と、文字・図表に代表される線画原稿（調子のない白か黒の原稿）に大別される。
　文字原稿には、手書き・印字・電子原稿がある。

原稿整理（げんこうせいり）
　組版以降で作業が間違いなく進行できるように原稿を整理すること。

献辞（けんじ）
　著者がその書籍を特定の人に捧げる旨を記した言葉。

現像（げんぞう、development）
　印刷工程のなかには、フィルムとPS版及び印画紙並びにマスターペーパーの現像がある。

圏点（けんてん）
　文章のなかで特に注意を促し、またはその部分を強調し、あるいは紛らわしさを避けるため文字の右わきまたは上部につけるしるし物。白丸、二重丸、読点、中黒などがある。

見当合わせ（けんとうあわせ、register）
　2色以上の印刷や、紙の両面に印刷する場合などに、各刷版が印刷される位置関係を合わせること。

検版（けんぱん）
　できあがった版下・フィルム・刷版が、指定どおりに仕上がっているかを検査すること。

検品（けんぴん）
　製品について検査をすること。各工程での抜き取り検査、全数検査などがある。

[こ]

校閲(こうえつ)
　①著者とは別の監修者あるいは第三者が、文書・原稿・校正刷りなどの誤りや不備などを調べて正すこと。
　②校正の熟練者が、一とおり校正の済んだ校正刷りに目を通し、誤りの有無を吟味すること。

号数(ごうすう)
　活字の大きさを表す我が国固有のもの。5号(約3.7mm)を基準とするが、号数は順序を表すのみで大きさを示さない。

校正(こうせい)
　「校」はくらべるという意。組版に誤りがないかどうか確認する作業。一般に、お客様に校正紙を提出して見てもらう。

校正記号(こうせいきごう)
　文字に関する校正を行うための、JISで統一された記号。

孔版印刷(こうはんいんさつ)
　謄写版(とうしゃばん)印刷やシルクスクリーンのように、刷版に細かい孔をあけて、そこにインキを通して紙などに転写させる印刷法。

校了(こうりょう)
　校正の終わった状態。

ゴースト(ghost)
　同じベタ部分でも濃度に差が出る現象。

小口(こぐち)
　本の背を除く三方を小口というが、多くは背の反対側のみをいう。

古紙(こし)
　製本作業工程から出る裁ち落とし及び損紙あるいは不用となった書類・新聞・雑誌並びに反古(ほご)になった紙などをいう。

腰帯(こしおび)=帯紙(おびがみ)=バンド(band)
　書籍あるいは箱に巻いた印刷物。書名・著者名・内容の簡単な紹介などを印刷して帯状にして表紙や箱の腰の部分に巻く。

ゴシック(gothic)
　書体の一つで、縦線も横線も同じ太さの文字。多くの種類がある。

誤植(ごしょく)
　印刷物の文字の間違い。原稿の不完全、作業者の不注意などが原因。

ゴミ
　印刷面にあらわれたゴミのような刷り。

コラム(column)=かこみ
　①判型の大きい場合、二つ以上の段に分けて組版する。その各段のこと。
　②囲み記事のこと。

コレーター(collator)
　刷本を丁合いの順序に集めそろえる機械。

コントラスト(contrast)
　印刷絵柄の調子再現における明暗の対比をいう。その対比の大きいものをコントラスト大あるいは硬調(硬い)といい、小さいものをコントラスト小あるいは軟調(軟らかい)という。

CTP(Computer To Plate、コンピュータ・トゥ・プレート)
　プリプレスで処理された文字・画像のデジタル化された印刷データを直接、刷版に出力するシステム。

CTP(Computer To Press、コンピュータ・トゥ・プレス)
　プリプレスで処理された文字・画像のデジタル化された印刷データを直接印刷物として出力するシステム。

[さ]

再校（さいこう）
　二度目の校正。または校正刷り。

彩度（さいど）
　色のあざやかさを度数で表したもの。

再版（さいはん）
　以前に出版した刊行物を再び出版すること。正しくは、再び製版し直して印刷出版する場合を指すが、一般には保存しておいた初版の原版に訂正を加えて出版する場合も指す。

彩紋（さいもん）
　波状線・弧あるいは円などを組み合わせた精密な幾何的模様。紙幣などの偽造を防ぐためなどの図案に用いられる。

索引（さくいん）（index）
　本文の必要な項目の検出を容易にするため、事項・人名などの項目を、五十音順あるいはアルファベット順などに配列し、その記載ページを示したもの。

作字（さくじ）
　活字あるいはソフトにない文字を加工あるいは画面上で新たに作ること。また、その作られた文字。

挿絵（さしえ）
　文章の内容の説明を補うため、また視覚的な効果を意図して入れた絵画・写真・説明図の類。

刷版（さっぱん）
　印刷機にかけるために、文字などを紙、樹脂版、PS版などに焼きつけた版。

刷了（さつりょう）
　印刷物を全部刷り終えて印刷が終了した状態。

サムネール（thumbnail＝親指の爪）
　発注者からの依頼に対し、デザイナーが作るB5〜A4サイズのスケッチ的な提案。

更紙（ざらがみ、ざらし）
　新聞などに使われている紙。砕木パルプ60％以上、ケミカルパルプが40％以下で、印刷用紙としては下位。

三校（さんこう）
　再校後、更に校正に出すのを三校といい、校正回数が増えるごとに四校〜五校という。

三方裁ち（さんぽうだち）＝三方断裁（さんぽうだんさい）
　本の天、地、小口の三方を仕上げ寸法に断裁すること。表紙と中身を別々に断裁するのと、表紙中身を一緒に断裁する方法がある。

[し]

シーター（sheeter）
　輪転印刷機で巻取紙に印刷後、所定の寸法のサイズに断裁する装置。

シート（sheet）
　枚葉紙の被印刷物。枚葉紙ともいう。巻取紙に対していう。

シール（seal）
　ラベルの一種。商品包装及び封筒の封かん、または装飾のために貼る小印刷物。

仕上げ裁ち（しあげだち）
　印刷、製本後、仕上がり寸法どおりに断裁すること。本の場合は三方裁ちにするのが多い。

地色（じいろ）＝地網（じあみ）
　文字、絵柄以外のバック、すなわち紙白になる部分に均一についた色。

字送り（じおくり）
　①校正によって文字などの加除をした結果、行末の字を次の行に、または行頭の字を前行に移すこと。
　②文字と次の文字との中心間距離。

栞(しおり)
　挟み込む「しおり」の代わりになる、書籍の背の上部からたらしてある紐(ひも)。

字間(じかん)
　文字と文字の間隔。活版では全角、半角、2分あきなどと指定し、写真植字では歯送り数またはポイントによって指定する。
　和文組みのなかに欧文や数字が組み込まれるときは、和文と数字・欧文との間は4分あける。記号のときは、あける場合(例：sin x、100 m、24 h)と、詰めて組む場合(例：100％、25℃、￥500)がある。

紙器(しき、carton)
　板紙を用いて印刷・成形加工した包装容器。

色相(しきそう)
　各波長によって現れる色。同じ波長の色でもその明るさによって現れ方が違う。

字体(じたい)
　文字の基本となる形。字画の骨格のありさまを問題とする。従って、同じ文字でも「学」と「學」では字体が異なるという。

下決め組み(したぎめぐみ)
　行頭を不ぞろいにして、行末をそろえる組版様式。

下つき(したつき)
　「H₂」の2のように、文字や数字の下側につける小さな文字や数字。横書きの場合の句読点も含む。サフィックスともいう。

字詰め(じづめ)
　1行中に収容される文字数。

字面(じづら)
　文字や記号類、図形などの実際に印刷、または表示される部分をいう。

自動殖版機(じどうしょくはんき)＝コンポーザー(composer)
　オフセット用版材にフィルムの絵柄を自動的に多面焼きする露光装置。

指定(してい)
　お客様の意図どおりに印刷するため、原稿に指示を書き加えること。

指定ルビ＝パラルビ
　文章中の漢字のなかで、指定したものにだけつけるルビ。

字取り(じどり)
　見出し・柱など、あらかじめ5字取り7字取りなどの字割りを行うこと。

死に(シニ)
　写真や図を重ねてレイアウトする場合、消去する部分を「シニ」と指定する。

湿し水(しめしみず)
　オフセット印刷で、刷版の非印刷部にインキがつかないようにするために刷版を湿らせる、そのための水。

地紋(じもん)＝地模様(じもよう)
　写真や文字の背景として刷り込む網点、砂目、紋様などをいう。これは装飾の他、偽造防止のためなどに用いられる。

シャープネス(sharpness)
　画像処理において、絵柄の輪郭を強調することをいう。

写植(しゃしょく)
　写真植字の略。

写真植字(しゃしんしょくじ)
　写真の原理を応用した写真植字機によって印画紙に文字や記号を焼き付け、現像処理してできた文字や記号。

写真製版(しゃしんせいはん)
　写真技術を応用して印刷版を製造する技術の総称。

斜体(しゃたい、slant letter)
　変形文字の一種で、左または右に傾斜した文字。もともとは欧文活字のイタ

347

リック体を指した言葉。

シャドー(shadow)
　イラスト、写真などの暗い部分を指す。暗部の印刷再現が悪いことをシャドーがつぶれているという。

集版(しゅうはん、assenbly)
　文字・図形・イラスト・写真などの原稿を1ページに組み立てる作業。プリプレスにおいては、文字と画像のファイルとレイアウト情報のデータを入力してデジタルデータとしてファイルされる。

出校(しゅっこう)＝回校(かいこう)
　刷りの上がった校正紙を印刷所からお客様へ渡すこと。

出張校正(しゅっちょうこうせい)
　お客様が印刷会社まで出向いて校正すること。

消去(しょうきょ)
　平版刷版の修正作業の一つ。不必要な画像を消去液や消去ペンで除去すること。

上質紙(じょうしつし)
　印刷用紙のうち、JIS規格Aに相当するもっとも白色度、平滑度の良い紙。ポスターや書籍の本文などに使われる。

上製本(じょうせいほん)
　糸綴じした中身を仕上げ裁ちしてから厚表紙でくるみ、前後に見返しをつける製本。本製本ともいう。

初校(しょこう)
　発注者が行う最初の校正、またはその校正刷り。

書籍用紙(しょせきようし)
　地合いが均一で、不透明度の高い書籍印刷に適した紙。

書体(しょたい)／フォント(font)
　字体に肉付けして様々な文字のスタイルを形成したもの。日本の印刷業界では、一般的に、特定の共通したデザインの文字群のことを書体といい、フォントともいっている。例えば、楷書、行書、明朝体、ゴシック体など。

序文(じょぶん)
　前口上、序、はしがき、はじめに、前書きなど。

印物(しるしもの)
　記号類のうち、約物以外の参照符・商用記号など。例えば、＊、＠、〒など。

四六判(しろくばん)
　B1よりやや大きい、JIS規格外(旧規格)の寸法788×1,091mmの原紙。また、32裁にした127〜130×188〜190mmの書籍のことをいう。

白抜き(しろぬき)文字
　平網や写真などに重ねた文字を、読みやすくするために白く抜いて入れた文字。

白縁(しろふち)文字＝白くくり文字
　平網や写真などに重ねた文字を、読みやすくするために白く縁どりした文字。

[す]

スキャナー(scanner)
　平面に置いた原稿、または円筒形のドラムに巻き付けた原稿を、反射または透過光の走査(スキャン)によって色ごとの濃淡を電気信号に変えて、分解ネガやポジを得る機械。

スクリーニング(screening)
　画像の濃淡を網点の大小によって表現すること。また、モアレを防ぐため、各色版に対してスクリーン角度をつけること。

スクリーン(screen)
　①網点のついたフィルムやガラス板。数種類あり。
　②電子光学的に発生させた網点。

③孔版印刷に使用される紗(しゃ)。

スクリーン印刷
　シルク(絹)やアクリルの網目(スクリーンメッシュ)を利用してインキを転写する印刷方式。現在では、ステンレスやナイロンの網目なども使われている。

スクリーン角度(かくど)
　網点には一定の向きがあり、これをスクリーン角度という。1個の網点の対角線と水平線の角度で表示する。単色の印刷物では45度で使うが、カラー印刷ではモアレを防ぐため各色ごとに角度をずらして使う。

スクリーン線数(せんすう)＝網線数
　網点が1インチあたり何個あるかをスクリーン線数という(単位 lpi)。同じ50％の網点でも小さな網点の画像の方が、より写真の細部まで表現できる。
　85線、100線、150線、200線などがある。

スタッカー(stacker)
　輪転機の折機のデリバリに出てくる折丁を自動的に突き揃え、所定の員数に積み重ねる装置。

砂目(すなめ)スクリーン
　網スクリーンが規則的で均一な点の分布なのに対し、砂をまいたように不規則な粒状をもつもの。

図版原稿(ずはんげんこう)
　元来はグラデーションのないカット、図の原稿をいうが、現在は文字原稿以外すべてを含む。

すみ
　黒色インキのこと。墨(すみ)インキともいいブラック、Bk、とも書くが、指定に際しては「スミ」と指示することが多い。

素読み(すよみ)
　原稿を離れて、校正刷りを読みながら誤りを発見する方法。「そよみ」ともいう。

刷り色(すりいろ)
　印刷インキの色。「スミ」以外の色は必ず色見本帳によって指定する。

刷り順(すりじゅん)
　印刷するインキの順番。一般には、Bk、C、M、Yの順で印刷する。

刷り出し(すりだし)
　印刷し始めること。また、印刷を始めてすぐに取り出した見本。印刷物の最終確認を行う。

刷り本(すりほん)
　印刷では、刷り上がった印刷物の総称。製本では、本の中身となるべき印刷物で、折りたたむ前の状態。

［せ］

背(せ)
　本を綴じている部分。

正体(せいたい)
　正方の枠のなかに収まる文字。平体・長体・斜体に対していう。

製函(せいかん)
　印刷後、型抜きして、組箱、貼り箱、キャリアバッグなどを作ること。

正誤表(せいごひょう)
　印刷完了後ミスが発見された場合、その誤りを訂正した表。

製袋(せいたい)
　紙袋をつくること。紙袋には、封筒、貼り合わせただけの平袋、横にひだをつけ厚みを持たせたガゼット袋、底をつけ貼り合わせたスーパーバッグなどがある。印刷は製袋前に行う。

製版(せいはん)
　印刷のために原稿から版をつくること。印刷方式により工程や形状が違う。オフセット印刷ではフィルム版をつくる

こと。

製版カメラ
　原稿を撮影して、製版用のフィルムをつくるカメラ。

製本(せいほん)
　刷本を順序に従って取りまとめ、読みやすいように互いに接合したもの。様式により洋本と和本に大別され、洋本は本製本と仮製本に大別される。

責了(せきりょう)＝責任校了
　校正で訂正箇所が少ない場合、印刷会社の責任で修正し校了とすること。

背丁(せちょう)
　製本時の丁合いのため、順序を示すために折丁の背に印刷される文字。書名と折丁の番号などが印刷される。

背標(せひょう)
　背丁と同じ目的で、折丁の背に印刷する記号。段じるしともいう。

背表紙(せびょうし)
　書籍の背の部分に相当する表紙。背文字を印刷することが多い。

セプス(CEPS、Color Electronics Prepress System)
　製版工程で、カラー画像を電子的に処理する電子製版装置のこと。従来のセプスはカラー画像処理専用システムだったが、近年はポストスクリプトをベースに文字・画像を統合処理するシステムが主流。

背文字(せもじ)
　洋装本の背に印刷または箔押しした文字。多くは書物の標題と著者名を入れる。

全判(ぜんばん)
　Ａ１判、Ｂ１判をいう。Ａ０、Ｂ０判は全倍判という。

全角(ぜんかく)
　活字のサイズを表すもので、ボディの天地と左右の寸法が同じもの(正方形)を全角という。天地寸法に対し左右寸法が1/2のもの(長方形)を半角という。
　和文の活字は全角が基準だが、欧文文字は書体や文字によって左右寸法が異なる。

[そ]

装丁(装幀、装釘)(そうてい)
　外箱を含む書籍の体裁を飾り整えること。

造本(ぞうほん)
　書籍をつくること。装幀が主としてデザイン面からの本づくりなのに対し、造本は技術面からの本づくりをいう。

損紙(そんし)
　印刷中に発生する不良紙をいう。俗称「ヤレ紙」。

[た]

耐刷力(たいさつりょく)
　１枚の刷版での適正印刷の範囲の印刷枚数。

台紙(だいし)
　写植などの印画紙や図版などの版下を貼り込む版下用用紙。デジタル方式では、フォーマットを作り文字を流し込んでいくときに台紙を作るということもある。

耐性(たいせい)インキ
　日光、薬品、熱、溶剤などの外的作用により一般のインキでは変色、退色が起きる。これら外的要件に耐性を示すインキ。

ダイレクト製版(せいはん)
　版下から(フィルム工程なしに)直接に刷版を作成することをいう。版材にマスターペーパーなどが用いられる。

台割り（だいわり）
　印刷機に一回にかけられる版面（紙の片面）を1単位として「1台」という。1台16ページ印刷の場合、総ページ数を16で割れば台数が算出される。ただし、端数も1台と数える。
　また、表裏両面に印刷されたものを1単位として「1台」という場合もある。更に台割り表のことをいう場合もある。

台割り表（だいわりひょう）
　表紙から最後の裏表紙まで、ページ順に本の全体を台ごとに一目で分かるように一覧表にしたもの。

裁ち落とし（たちおとし）
　化粧裁ちで裁ち落とすこと。裁ち落とした屑のことも指す。

裁ち代（たちしろ）
　化粧裁ちで裁ち落とされる部分、またはその寸法をいう。通常は3mm。

脱字（だつじ）
　組版の際、組み落とした文字。

縦目（たてめ）
　紙の長辺と平行方向が繊維の流れ方向であるものを「縦目」といい、「T」と略す。

ダブルトーン（double tone）
　写真原稿などを4色分解せずに、2種のグラデーションの違う製版フィルムをつくり、色インキでそれぞれの版を刷り重ねる方法をいう。

タブロイド判（tabloid paper）
　新聞判型の一つ。A3あるいはB4判程度の小型新聞をいう。

多面付け（ためんつけ）
　製版工程において、1枚のフィルム原版から1枚の版材の同一面に複数箇所焼き付けて、多面の版をつくること。一般に殖版機が用いられる。

段間（だんかん）
　2段組み以上の組版で、段と段のあいだ。段間に罫線を入れることもある。

段組み（だんぐみ）
　1ページを2段・3段・4段などに分けて組む組み方。通し組み（1段組み）に対していう。

断裁（だんさい）＝裁断（さいだん）
　大きな用紙を、必要な大きさに切断すること。裁縫などでは切断するのを裁断というが、印刷関連では「断裁」ということが多い。
　枚葉紙を重ねて断裁する平断裁機、書籍の三方の小口を一度に切り落とす三方断裁機、巻取紙をシートに断裁するシートカッターがある。

暖色（だんしょく）
　冷たい感じのする色に対して、暖かい感じのする色。一般に赤系の色をいう。

段ボール（だんぼーる）
　商品などの包装のうち、主に外装用に使われる板紙の一種。

段落（だんらく）
　文章の切れめ。和文組版では一般に、段落の次にくる文章は、特別な指示のない限り別行とし1字下げで組む。

［ち］

地（ち）
　書籍の三方の小口のうち、下部の切り口。

注（ちゅう）
　補助的な説明文。本文の余白の上部に入れるものを「頭注」、下に入れるものを「脚注」、本文の1行分を2行に使って本文のなかに入れるものを「割注」、本の小口寄りにつけられるのを「傍注」、本文の編・章・節などの区分の終わり、また

は巻末にまとめたものを「後注」という。

中質紙(ちゅうしつし)
　科学パルプ(CP)が70%以上、残りは砕木パルプ(GP)の印刷用紙。主として、書籍、チラシなどに使われる。

中性紙(ちゅうせいし)
　pH7前後の中性の紙の総称。経年劣化が少ない。

丁合い(ちょうあい)
　製本の工程で、1冊の本になるように折丁を順番に揃えること。手丁合いと機械丁合いがある。

長体(ちょうたい)
　変形文字の一種。天地はそのままで、左右をつめた縦細の書体。

著作権(ちょさくけん)
　小説、絵画、写真など、思想や感情を創造的に表現した著作物を保護する権利をいい、制作したときに自動的に発生する。

ちらし(leaflet、リーフレット)
　広告を印刷した小形の紙。通常、一枚ものか二つ折で大量に配布するときに用いられる。

チリ(square)
　本の表紙が中身よりも出張った部分。

チント(tint)
　本来は色合いの意味。
　①製版における平網
　②色における白を主体にした淡色。

[つ]

束(つか)
　表紙を取り除いた本の中身の厚さ。

束見本(つかみほん)
　本の束がどれくらいになるかを見て検討するために、実際に印刷する用紙で製本した見本。

付き物(つきもの)
　書籍雑誌に綴じ込み、または差し込まれたり、糊付けされる付属印刷物。売上カード・読者カードなど。

坪量(つぼりょう)
　1m²の紙1枚の重量。g/m²で表す。

詰め組み(つめぐみ)
　文字をベタ組みより更に接近させて組む技法。

つるし組み
　行頭を揃え、行末をなりゆきに任せて不揃いにしておく組版様式。詩歌や目次などにみられる。

[て]

デーエム(DM、Direct Mail)
　直接宛て名広告。印刷物やカタログなどを特定の見込客に郵送すること。

デュープ(duplication)
　デュープリケーションの略。オリジナル写真を複写したフィルム、あるいは製版フィルムからつくった複版のこと。

天(てん)
　書籍の三方の小口のうち、上の部分。あたまともいう。

天綴じ(てんとじ)
　天の部分を綴じること、またそうしてつくった本・伝票・便箋など。

天糊(てんのり)
　メモ帳や用箋のように、天を糊で固め、1枚ずつはぎ取れるように仕立てた製本様式。用箋類では、表紙に白紙を置き背にマーブル紙を用いることが多い。

[と]

トーン カーブ(tone curve)
　原稿の濃度と、これを網点に変換した

網点面積率との関係をグラフ化したもの。

トーン ジャンプ(tone jump)
連絡的に濃度が変化している原稿を網画像に変換するとき、50%前後で網点と網点のつながりが一気に離れたりくっついたりして印刷上でなめらかさが不足することがある。特に肌色(顔)などの調子が不自然に再現することがあり、これをトーンジャンプまたはジャンピングという。

透過原稿(とうかげんこう)
透過した光で画像を見る原稿。ネガフィルム、またはカラーリバーサルフィルムが代表的。ただし、製版ではネガフィルムからでは色分解ができないので使わない。カラーリバーサルフィルムのみを使う。

通し(とおし)
①一定時間内に印刷用紙が印刷機を通る枚数で印刷速度を示す単位としている。
②ある印刷の仕事で、紙を何回印刷機に通すかをいう。例えば、1万枚の紙を単色片面機で裏表を刷ろうとすれば、2万通しになる。
③多色刷りでは、色数×枚数(1面当たり)を通し枚数ということもある。

特殊(とくしゅ)スクリーン(screen)
特殊効果をあげるために使われるスクリーン。

特色(とくしょく)インキ
①プロセスインキ以外の特別な色のインキ。例えば、金・銀・パールなどのインキ。
②プロセスインキでも可能であるが、ある決まった色だけの印刷では、その色を出すインキを配合し1色として印刷する。例えば、金赤色インキ。

塗工紙(とこうし)
白い顔料・塗料などを塗布した紙。白色性・平滑性・インキの発色性が良い。表面の塗料の量により下記に分類される。
スーパーアート紙　上質紙に25 g/m² 以上
アート紙　上質紙に20 g/m² 以上
コート紙　上中質紙に10 g/m² 以上
軽量コート紙　上中質紙に5 g/m² 以上
＊塗布量は表面片面の量

綴じ込み(とじこみ)
付録など本に一緒に綴じて製本すること。

綴じ代(とじしろ)
本を綴じるため、あるいは孔をあけるために必要な、「のど」の部分のスペース。

ドットゲイン
最終版用フィルムの網点の大きさと、印刷物の網点の大きさは一致しない。一般にはフィルムの網点より、印刷物の網点の方が大きくなる。これをドットゲインという。印刷で、印圧がかかるため。

凸版(とっぱん)印刷
版の凸部にインキをつけて印刷する方式。

トナー
コピー機やレーザープリンターなどで使われる、微細な粉状のインキ。

扉(とびら)
書籍の題名他を明示するページ。書名・著者名・タイトル・発行所名などを印刷する。
本扉・中扉がある。

ドブ
裁ち代。

共紙表紙(ともがみひょうし)
折丁の一番外側のページをそのまま表紙とするもの。

ドライ ダウン(dry down)
　印刷直後の色調に比べ、インキの乾燥後に色が沈む現象。

トラッキング(tracking)
　欧文組版において、全体の各文字間のスペースを調整する処理のこと。

取り込み(とりこみ)
　製本作業で、同じ折を二つかそれ以上重複して取ってしまうこと。

トリミング(trimming)
　トリムとは刈り込む意味。主として、写真原稿の画面の必要とされる部分のみを抜き出して使うこと。

DRUPA(International Messe Druck und Papier、ドルッパ)
　印刷及び紙国際見本市(ドイツ ジュッセルドルフ)

トンボ(register mark)
　見当合わせ・折り・断裁などのために版面の外につける目印。「十」字型の中心トンボが昆虫のトンボを連想させるため、こう呼ばれいている。十字型のほかに四隅につける「L」字型の裁ち・含みトンボもある。

[な]

中黒(なかぐろ)＝中点(なかてん)
　区切りのため、文字と文字の間に打つ黒点。天地、左右とも中央に位置する。「・」。

中つき(なかつき)
　漢字の中央に揃えてルビを入れること。

中綴じ(なかとじ)
　製本方式の一つ。本文と表紙を重ねて開いた真ん中の折り目を針金で綴じる。一般に二カ所を綴じるが、この場合、背の長さの1/4の点を綴じるのが標準。例：週刊誌。
　この方式では、ページ数は4ページの倍数が必要。

中吊り(なかづり)
　客車の天井に一定間隔で吊り下げる広告ポスター。A3判用紙が多い。

中扉(なかとびら)
　一冊中に標題が二つ以上ある場合、それぞれの部分につける扉。一般に編名・章名などを印刷する。

中身(なかみ)
　本の表紙以外の部分。

投げ込み(なげこみ)
　本に綴じないで、ページの間にはさんである刷りもの。愛読者カード・正誤表など。

並製本(なみせいほん)＝仮製本(かりせいほん)
　上製本に対していう。心紙やクロスを使った装丁をせず、糸かがりまたは無線綴じした中身を表紙でくるみ、三方を化粧裁ちした本。従って、表紙と本文は同じ大きさになる。

軟調(なんちょう)
　写真の画像で、明度の変化の少ないことや軟らかいことをいう。

ナンバー印刷(numbering)
　伝票・小切手などに一連番号を印刷すること。

[に]

二次原稿(にじげんこう)
　原稿をそのままスキャナーにセットできない場合、いったん写真撮影などしてスキャナーにセットしやすいようにつくられた原稿のこと。

二色製版(にしょくせいはん)
　カラー原稿を二色分解して二色のイン

キで刷ること。ツインカラーともいう。

ニス引き
　印刷物の表面に透明・速乾性のニス塗料を塗布し、印刷面を保護する。艶のあるものとないものとがある。

二分(にぶん、にぶ)
　全角の半分の幅をいう。同じく1/4を四分(しぶ)という。

入稿(にゅうこう)
　指定した原稿を営業から現場に渡すこと。

[ぬ]

抜き(ぬき)
　色や絵柄のなかの文字や罫を白く抜くこと。紙白のままにするのを「白抜き」、色を指定するのを「色抜き」という。小さな文字では、文字の細い部分が消える場合があるので細明朝の使用には留意が必要である。

抜き刷り
　書籍全体のうち、必要な何ページかを特に抜き出して別に印刷製本したもの。論文集などに多い。

ぬり足し
　断裁や三方裁ちで製品に仕上げる際、白地が出ないように含みトンボまで絵柄を続けておくこと。

[ね]

ネガ(negative)
　明暗が実際と逆になっている状態。また、そのフィルム＝ネガティブフィルム。反対語＝ポジ。

念校(ねんこう)
　校了、責了になる前に念のためにする校正のこと。またはその校正紙。

[の]

のせ
　色や写真の上に文字などを重ねること。

のど
　本の綴じ目、あるいは綴じ目に近い部分。

糊しろ(のりしろ)
　本の中身の付き物を本文に貼り込むときの糊をひく幅(2〜3mm)。

ノンブル(仏語：nombre)
　本のページ数を表す番号。体裁上、ノンブルを印刷しないページがある。これを隠しノンブルという。

[は]

歯(は)
　写真植字機(メートル制)における送り量の単位。初期の写真植字機は純機械的駆動だったので、ピッチ0.25mmの歯車系を基準としたためHの記号を用いる。現在の電子方式では、必ずしもHにこだわらない。

ハード カバー(hard cover)
　上製本などの表紙に用いられる厚手の紙。

ハーフ トーン(half tone)
　画像のハイライト(明るい部分)とシャドー(暗い部分)との中間の調子のこと。

ハイ キー(high-key)
　写真などで、画面の多くがハイライトなもの。

ハイ ライト(high-light)
　写真やイラストの画面のなかの、明るい部分。

パウダー(powder)
　印刷後の裏うつり防止のため吹き付け

るデンプン、タルクの微粉。

歯送り(はおくり)
　写真植字の文字指定で、字間や行間を決めること。最小単位は１Ｈ＝0.25 mm。

箔押し(はくおし)
　金箔・銀箔・アルミ箔などを押しつけて印刷すること。箔の代わりにインキや漆(うるし)を圧着するものもある。書名やマークなどに使われる。

箱(はこ)
　本を保護するために用いる差し込み式の紙箱。

柱(はしら)
　ページの上部または下部に記す本の編・章名など。柱の文字は本文の文字級数より２〜３級小さくする。

花布(はなぎれ)＝ヘッドバンド(head band)
　上製本で、補強と装飾のため、背の部分の上下に貼ってある布地。

はめ込み
　写真や模様のなかに、別の写真や模様を入れること。

端物(はもの)＝ペラ
　１枚あるいはページ数の少ない印刷物。

針金綴じ(はりがねとじ)
　針金を使って本を綴じる製本方法。平綴じ、中綴じなど。

貼り込み(はりこみ)
　①写真フィルム・印画紙・版下などをベース・台紙などに貼り付ける作業。
　②折丁の間に別丁を貼りつける作業。

ハレーション(halation)
　フィルム露光時、光が感光層、ベースを通過する際、ベースと空気との境界面から反射し、再び感光層を通過して感光させる現象。

パレタイザー(palletizer)
　バンドラーから移動してくる梱包をパレット上に積み上げる装置。多くは(パレタイジング)ロボットが使われる。

パレット(pallete)
　①紙・刷本・製品などを載せる、主に木製の台。
　②カラーDTPで、カラー値に特定の色を割り当てたカラーテーブルをいう。
　③画像処理方法を理解して指定できるように、一覧にして表示選択できるようにした一覧表や図形の並びをいう。

版(はん)
　①(plate)画像部と非画像部とで構成され、紙などの被印刷物に印刷によって画像部から印刷インキを転移させるもの。形状により凸版・平版・凹版・孔版がある。刷版(さっぱん)ともいう。
　②(edition)書籍・雑誌が何回も印刷発行された場合の、その１回分。第１版・再版・改定版など。

判型(はんけい)
　印刷用紙あるいは印刷製品の大きさ、または寸法の規格。A判、B判、四六判、Ａ４判、Ｂ５判など。

パンクロ フィルム
　パンクロマチックフィルムの略。感光波長域が紫外線から赤外線にわたるフィルムのこと。製版用フィルムの一種。

版材(はんざい)
　まだ露光並びに現像処理していない刷版。刷版材料ともいう。

版下(はんした)
　文字、写真などをレイアウトして組み上げた後、フィルム作成もしくはダイレクト刷版に進められる状態のもの。

反射原稿(はんしゃげんこう)
　写真やイラストで、原稿に反射した光で絵柄を見るもの。ポジが透過原稿なの

に対し、プリントが反射原稿。
（反対語：透写原稿）

版ずれ
二色以上の印刷で、各版がずれて印刷されること。

パンチ台
集版作業で使われるピンと同じ大きさと間隔の孔をあける装置。

版面（はんづら）（はんめん）
組版の印刷される面の大きさ。

バンドラー（bundler）
輪転機から排出される製品を一定量重ねてバンドをかける梱包機械。

パンフレット（pamplet）
少ページ数の印刷物に別の表紙をつけ、または表紙なしのまま綴じた小冊子。

凡例（はんれい）
前付けの一つ。本文中の用語・略語・引例・記号などの説明を箇条書にしたもの。

［ひ］

PS版（ピーエスばん）
Pre-Sensitized（あらかじめ感光性にした）版の略。オフセット印刷の刷版に使われるアルミニウム板。あらかじめ感光剤が塗られており、フィルムをあてて感光させる。

PS版プロセッサー（processer）
焼き付けを終わったPS版の非画像部の感光膜を自動的に溶解除去し水洗乾燥する装置。

B判
JISで定められている紙の仕上がり寸法規格の一つ。Ｂ０からＢ10まであるが、普通はＢ１〜Ｂ６が多く用いられている。
Ｂ０＝1.5m^2。Ｂ１（一般にＢ全という）の寸法は728×1,030 mm（ナニワのトーサン）。

判形	寸法(mm)
Ｂ０	1,030×1,456
Ｂ１	728×1,030
Ｂ２	515×728
Ｂ３	364×515
Ｂ４	257×364
Ｂ５	182×257
Ｂ６	128×182

ppi（pixeis per inch、ピー ピー アイ）
スキャナーで画像を入力するときの入力解像度の尺度。1インチあたりの画素数。

PP貼り（ピーピーはり、film laminating）
印刷後に、透明な薄いPP（ポリプロピレンフィルム）を熱で圧着する加工。この加工をすることにより、印刷物の表面は滑面になるとともに強い防水、耐擦力をもつようになる。ラミネーションの一種。

非画線部（ひがせんぶ）
印刷で、インキが付かない、すなわち印刷されない部分をいう。

ビジネス フォーム（bisiness form）
一定の書式をもった事務用印刷物の総称。狭義には連続フォームをいう。

ビジネス フォーム（bisiness form）印刷
ビジネスフォームの帳票を連続的に印刷する方式。印刷機は輪転方式で、ナンバリングやミシン線などを入れる加工部がある。

左開き（ひだりひらき）
文字を横組みにした本。ページを左に繰っていくことから出た言葉。

ビニール引き
紙の表面に酢酸ビニールと速乾性ニスなどを混ぜた溶液を塗布するコーティング加工。ニス引きよりもやや艶がある。

ビニール貼り
　薄いビニールのフィルムを貼り合わせる加工。ビニール引きより優れている。

表紙(ひょうし)　表紙1〜表紙4
　本の表紙の呼び方で、表紙1は、いわゆる表(おもて)表紙。表紙2は、表紙1を開いた裏側。表紙4は裏表紙で、その内側を表紙3と呼ぶ。

標準光源(ひょうじゅんこうげん)
　印刷物の色を評価するための照明光源は日本印刷学会の基準として5,000°K(ケルビン)と定められている。

標題(ひょうだい、title)
　書籍の題名。

平網(ひらあみ)
　均一な網点の濃度をもつスクリーン、またそれによる印刷の状態。グラデーションのついたスクリーンと区別している。

平網(ひらあみ)ふせ
　地の部分に均一な濃度でインキをのせること。平網ふせ○○%(一般に10〜20%きざみで)と指定する。

平体(ひらたい)(へいたい)
　変形文字の一種で、左右はそのままで、上下をつめて平たくした文字。

平台(ひらだい)印刷＝枚葉印刷
　枚葉紙を使って1枚ずつ刷る印刷方式。輪転に対していう。

平台(ひらだい)校正機
　校正刷り専用の印刷機で、ゴム胴、ローラーなどが組み込まれた架台の往復で印刷が行われ、色校正紙を刷る。

平綴じ(ひらとじ)製本
　本の背に近いのどの部分を針金で綴じて表紙をくるむ並製本の方式。厚手のコミック誌などにみられる。中綴じに対していう。

ピン レジスター(pin register)システム／ピンバー(pin bar)
　見当合わせや製版の効率化のため、各工程に共通したサイズの孔とそれに合うピンを使うシステム。

ピン ホール(pin-hole)
　フィルムあるいは印刷面についた小さな点状のキズをいう。

[ふ]

ファンシー ペーパー(fancy paper)
　多彩な色や柄を用い、豊かな色感や風合いを持たせることにより装飾的効果を与える特殊紙。

フィーダー(feeder)
　被印刷物を、印刷機の印刷装置、または折機などへ供給する装置。

フィニッシュ ワーク(finish-work)
　印刷用完全原稿、またはそれを完成させること。すなわち、レイアウト指定に従って、最終的な版下台紙を作ること。

フィルム ベース(film-base)
　フィルムの写真乳剤や塗工材料の支持体。現在はポリエステルが多く使われている。

封筒(ふうとう)
　一般に既製品を用いる。
①材質(紙厚50〜100 g/m²)
　クラフト紙系統
　上質紙系統(白、カラー)
　特殊紙系統
②大きさ(代表的なもの。寸法は概数)
　長形4　　90×205　　　　　(mm)
　長形3　　120×235
　角形4　　197×267
　角形3　　216×277
　角形2　　240×332
　角形1　　270×382

洋形2　162×114
洋形1　176×120
洋形0　235×120

＊これらの他にも多くの種類がある。

③郵便番号枠
　印刷したものとしていないものあり。

④窓
　窓の大きさ、位置にも多くの種類あり。

⑤糊(括弧内は商品名例)
　糊のついてないもの、糊だけつけたもの(アドヘア)、糊をテープで保護してあるもの(エルコン、クイックシール)など数種類あり。

複写原稿(ふくしゃげんこう)
　写真やイラストのようなビジュアル(視覚に訴える)原稿のオリジナルからデュープした原稿。

複写伝票(ふくしゃでんぴょう)
　複写のとれるように製本した事務用帳票。

袋綴じ(ふくろとじ)
　紙を二つ折りにして、その折目(袋部)でない側を束ねて綴じる製本方法。

袋文字(ふくろもじ)
　文字の輪郭を縁どりした書体。

部首(ぶしゅ)
　漢字の字画の構成要素で、偏・旁(つくり)・冠(かんむり)など。

伏せ字(ふせじ)
　①原稿の読めない字、必要な文字がない場合、仮に打っておく「●」などの符号。
　②公表をはばかる語句の代わりに打つ×□○などの符号。

ブック デザイン(book design)
　著者・制作者などの企画に基づき、制作の初期の段階から書籍の構成条件における最適設計を目指す行為。

ブックレット(booklet)
　8ページまたはそれ以上のパンフレットで、針金綴じしたもの。普通はポケットに入るくらいの大きさ。

ぶら下げ組み
　行末の句読点を、規定の字詰め行末からはみ出させる組版方式。

フラット ベッド スキャナー(flat-bed scanner)＝平面スキャナー
　平面走査で画像を読み取る方式のスキャナー。

ブランケット(blanket)
　オフセット印刷においては、刷版に付着したインキを回転する胴に転位させた後、それを紙に印刷する。この胴に巻きついているものをブランケットという。一般にゴム引き布で作られている。

プリ プレス(pre-press)
　Preは「以前」、Pressは「印刷」。印刷工程以前の工程の総称。一般には、原稿作成段階から刷版作成までの工程の諸作業。

プレート セッター(plate setter)
　コンピュータで処理したデータを直接に刷版(plate)に出力する装置。プレート出力専用に開発されたイメージセッター。

プレゼンテーション(Presentation)
　提示。お客様へ企画書などを提示すること。

プロセス インキ(process ink)
　オフセット印刷で、イエロー(Y)(黄)、マゼンタ(M)(赤紫)、シアン(C)(青)、ブラック(BkまたはK)(黒)の各版に用いる多色刷りの基準になるインキ。

文庫本(ぶんこぼん)
　廉価普及を目的として、古典作品や既刊書を携帯しやすい小形本にした出版物。A6判が多い。

用語集

[へ]

平体(へいたい)文字
　→ひらたい

平版印刷(へいはんいんさつ)
　現在では、一般にオフセット印刷のことをいう。

ページネーション(pagination)
　本来の意味は、ページ番号を加えること、またはそのページ番号をいう。通常、縦組みの本は左ページが奇数番号、横組みのものは右ページが奇数番号となる。
　最近では、DTPの普及により文字図形画像を統合処理することをいう。

ページ物(ページもの)
　ページ数の多い形式の印刷物。端物(はもの)に対していう。

ページ割り
　記事や内容や量により、ページ数及びどの位置に何を入れるかを決めること。

べた
　印刷面に濃淡の差や白く抜けた部分がなく、印刷インキで完全に覆われている部分。

べた組み(べたぐみ)
　字間をあけない組み方。

ペラ(leaf)
　折られていない1枚の印刷物。

[ほ]

補遺(ほい)
　執筆に際して書きもらした追録、または本文刷了後気付いたことなどを巻末に収録した短文。

棒組み(ぼうぐみ)
　書体、大きさ、字間、行間、字詰めだけを決めて、ページに関係なく組み流す組み方。

棒ゲラ(ぼうげら)
　棒組みしたゲラ。

膨張色(ぼうちょうしょく)
　他の色に比べて面積が大きく見える色調のこと。暖色系に多い。

ボール紙
　→板紙

ポイント(point)
　活字の大きさの単位の一つ。1ポイントは1/72インチ≒0.3514 mm。写研システムは級単位。MacintochやWindowsではポイント単位。

ポジ(positive)
　写真画像の明暗が実際と同じ画面。なお、写真原稿でポジといえば、リバーサルフィルムのこと。

ポスター(poster)
　屋内外を問わず、大衆の目にふれる場所に貼り出す大型の広告印刷物。

ポップ(Point Of Purchase advertising、POP)
　パーチェスは購買の意。購買時点、すなわち店頭での購買意欲を促進させようとする広告・看板など、またその広告の総称。

本掛け(ほんがけ)
　ページものを刷る場合の印刷機にかける方法の一つ。表版と裏版と別々に組み付けて印刷し、そのまま折り畳んだとき、ページ順が正しく並ぶような版の掛け方。

本機校正(ほんきこうせい)
　印刷機で校正刷りを刷ること。

本(機)刷り(ほん(き)ずり)
　校了になった版を使って、指定数を印刷すること。

本製本(ほんせいほん)＝上製本(じょうせいほん)
　折丁を糸綴じして化粧裁ちした後、厚

表紙をつける製本方法。表紙は中身よりも少し大きい。

本文（ほんぶん）
見出し、タイトル、キャプション以外の主要な文章をいう。

［ま］

マーブル（marble）
①大理石の意。
②大理石文様の紙。くるみの背に使われる。
③帳簿・書籍などの小口の装飾に用いる大理石文様。

枚葉印刷機（まいよういんさつき）
紙を一枚ずつ印刷する印刷機。凸版、オフセット、グラビアの名を冠するのが普通。印刷機本体は、給紙部（フィーダ）、印刷部、排紙部（デリバリ）から構成されている。

枚葉紙（まいようし）
A判、B判など、ある寸法に断裁された印刷用紙。枚葉印刷機に使用する。

マウント（mount）
写真フィルムなどを挟む厚紙の枠。

前付け（まえづけ）
本文の前に付ける扉、口絵、序文、凡例、目次などの総称。

前扉（まえとびら）
本扉の前にあって書籍の題名のみ印刷する。つけないこともある。

マガジン（magazine）
写真植字機の感光物（印画紙）を装塡する暗箱。

巻取紙（まきとりし、web、web paper、roll）
ロール状に巻いた印刷用紙。輪転印刷に使う。ウェブともいう。枚葉に対していう。

膜面（まくめん）
フィルムの感光膜のある面。絶対にキズをつけてはならない。

増し刷り（ましずり）
一度印刷し納入した印刷物と同じものを、また印刷すること。

マスキング（masking）
①写真製版の工程中に色彩・階調を修正すること。
②写真などの絵柄で、必要のない部分をフィルム、インク、紙型などで覆うこと。

マスター ペーパー（master-paper）
紙をベースにした刷版の総称。ダイレクト製版法に用いられるが、銀塩写真法によるものと電子写真法によるものがある。

マゼンタ（magenta）
プロセスインキの一つで濃赤紫色。Mとも書く。

マット紙（mat paper）
塗工紙のうち光沢のない紙。

窓（まど）
①平網、ベタ、写真、イラストの一部を抜くこと。その部分にインキをのせず白く抜くのを白窓、色をつけるのを色窓という。
②紙器・封筒の一部を切り取ってセロハンなどの透明な材料を貼る窓。

マニュアル（manual）
仕事の進め方、機械の操作法などを記した本。マニュアル操作といえば、手によって操作すること。機械による自動操作の対称語として使われる。

丸窓（まるまど）
円形に抜いた窓。

[み]

ミーリング(mealing)
　無線綴じで糊付けのため、丁合い後背部を約3mm削り取ること。この削り屑をガリという。組版・集版時、このミーリング分を考慮する必要がある。

見返し(みかえし)紙
　表紙の裏側(表紙2)及び裏表紙の裏側(表紙3)に貼られ、本の中身と表紙を結合させる紙。表紙の内側に貼り付けられる方を「きき紙」、ひらひらしている方を「遊び」という。

右開き(みぎひらき)
　ページを右に繰っていく本。本文は縦組みのもの。
　＊学校の研究論文集・紀要などでは約半分を右開き、残りを左開きの本もある。

ミシン目
　入場券などで、半券を取りやすいように入っている切れ目をいう。目打ちともいう。

水なし平版(みずなしへいはん)
　印刷時に水を必要としない平版をいう。版の表面にシリコン層を有する。

溝(みぞ)
　上製本や厚い表紙の本の開閉を容易にするため、背に近いところにつけた溝。

見出し(みだし)
　標題・タイトル(編・章・節・項など)。大見出し、中見出し、小見出しがある。

見開き(みひらき)
　本を開いて左右に並んだ2ページ分をいう。

見開き起こし
　右開きで右から、左開きで左から始まるのを「見開き起こし」という。
　一般には、右開きの本では左ページから、左開きの本では右ページから1ページが始まる。これを「片起こし」という。

明朝体(みんちょうたい)
　漢字書体の一つで書籍の本文に最も多く使われている書体。横の線が細く、縦の線が太い。横線の終筆部にウロコといわれる三角形がある。斜線の起筆部に筆返しと呼ばれる部がある。ただし、常用漢字では取り去られている。
　細明朝体、中明朝体、太明朝体などがあり、更に文字メーカーによる種類がある。

[む]

無線綴じ
①切断式
　印刷物を綴じる(製本)方法の一つ。印刷し丁合いしたものの背部を約3mm削り取り(ミーリング)、同時にギザギザ(ガリ入れ)をつけ糊をつけて表紙でくるむ。一般的に無線綴じという。
②あじろとじ
　印刷物を綴じる(製本)方法の一つ。印刷した紙を、折り目に断続的な切れ目を入れて折り、丁合い後、背に糊を浸透させて固め、表紙でくるむ。
＊紙の種類・本の用途などにより両者を使い分ける必要がある。

[め]

明度(めいど)
　色の明るさを示す基準。

目詰まり(めづまり)
　印刷用紙の繊維や粉が刷版に付着して、網点の間にインキがつまってしまう印刷のトラブル。

目伸ばし(めのばし)
網点で構成されている画像から引き伸ばした画像を作ること。

面付け(めんつけ)
①ページ物を印刷して折ったときに、ページ順に揃うように刷版を配置すること。
②1枚の印刷用紙に同じ面を複数印刷できるように配置すること。2面付、4面付などという。

[も]

モアレ(moire)
幾何学的に規則正しく分布された点または線を重ね合わせるときに生ずる干渉縞(かんしょうしま)。これを無くするため、カラー印刷では各色のスクリーン角度に差をつける。

目次(もくじ)
何ページに何が載っているかのガイド。

文字校正(もじこうせい)
文字が指定どおり打たれているかをチェックすること。訂正にはJIS記号を使い赤字で記入する。

文字のせ
写真、平網、ベタ刷りの部分に文字やロゴなどを刷り重ねること。

モノトーン(monotone)
単色の濃度で表現すること。1色だけの印刷。

モノルビ(mono ruby)
一つひとつの漢字に入れるルビ。
例：表現(ひょうげん)

[や]

焼枠(やきわく)
原稿フィルムと感光材料を重ね合わせて真空下で密着露光するための装置。

約物(やくもの)
文字以外の記述記号。区切り記号、括弧類、つなぎ符、繰り返し記号、リーダー類。例：、。「　」（　）＝々…… など。

ヤレ
いずれかの段階で使用不可になった材料、感材、紙の類。

[ゆ]

UVインキ
紫外線を照射することにより硬化するインキ。

[よ]

要校(ようこう)
校正を必要とすること。再校または3校を要求する語。

洋紙(ようし)
西洋式の製紙方法を起源にして機械で作られる紙。現在流通している紙の大部分は洋紙である。

洋綴じ(ようとじ)
和綴じに対して西洋式に製本したもの。現在は圧倒的に洋綴じが多い。

横目(よこめ)
紙の繊維の流れ方向が長辺に直角なのを「横目」といい、「Y」と略す。

汚れ(よごれ)
非画線部に不要なインキがついて印刷物が汚れること。またそのもの。

読み合わせ校正(よみあわせこうせい)
校正の一方法。二人一組になり、一人

が原稿を読み他の一人が読み声に応じて1字1字校正刷りの誤りを訂正していく方法。

4色分解(よんしょくぶんかい)
　カラー原稿を4色刷りで再現するためイエロー(Y)、マゼンタ(M)、シアン(C)、ブラック(BkまたはK)の4色に分けたフィルムを作ること。

[ら]

ライト テーブル(light table)
　台の表面に「すりガラス」をはめて箱形にし、内部に蛍光灯をつけた作業机。

落丁(らくちょう)
　本のなかの一部の折丁が抜け落ちている状態。

ラップ(lap)
　折丁を折り畳んだときに左右にずれた部分をいう。中綴じ製本では、6～10mmのラップが必要。

ラフ(rough sketch、rough layoet)
　サムネールを仕上がりサイズに拡大し、客先に確認をとるためのもの。

ラベル(label)
　シール、レッテル、ワッペン、ステッカーなどの総称。

ラミネーション(lamination)
　2枚以上の紙またはフィルムを接着剤を使って貼り合わせること。

乱丁(らんちょう)
　本のページ順が一部狂ったり、上下が逆になったりしている状態。

[り]

リバーサル フィルム(reversal film)
　写真用フィルムの一種。撮影し現像するとポジ画像が得られる。ポジフィルム。

リライト(rewrite)
　原稿を推敲(すいこう)し、手を加えて書き改めること。

輪転印刷(りんてんいんさつ)
　巻取紙を用いて連続的に印刷する方式。オフセット方式の場合、オフ輪と略称される。

[る]

ルーズ リーフ(loose leaf binding)
　孔をあけたシートを種々の形式の金具で止めて綴じ、取り外しできるようにした冊子。

ルビ(ruby)
　漢字の脇や上につける振り仮名。指定した箇所につけるのを指定ルビ、文中の漢字全部につけるのを総ルビという。

[れ]

レイアウト(layout)
　文章や写真、イラスト、図版などの各原稿を紙面にどう配置するかを決めること。

レザー(imitation leather)
　製本用皮革の代用品として布または紙に塗工・型付けして、外観を革に似せたもの。

レター ヘッド(letter-head)
　洋風書簡紙上部に団体・会社名などを印刷したもの。

レタリング(letterring)
　文字を書くこと、また書かれた文字のことをいう。印刷関連では、写植や活字書体にない特殊な文字を一定の手法で書くことをいう。

連字(れんじ)
　一綴りを一つの文字として作られた文

字。
例：kg　km　No.。

連続(れんぞく)フォーム(continuous forms)
コンピュータ出力用紙で、ジグザグ状に折り畳まれた500〜3,000枚の連続した伝票。

［ろ］

ローマ数字(roman numerals)
古代ローマの数字。時計数字。
Ⅰ(1)、Ⅴ(5)、Ⅹ(10)、Ｌ(50)、Ｃ(100)など。

ロール紙(roll)
クラフト紙などの片面にのみ艶をつけたもの。包装紙などに使われる。

ロゴタイプ(logotype)
社名、商品名などをデザインして、特有、専用マークとして表現したもの。略してロゴともいう。

［わ］

和紙(わし)
日本独特の製紙方法で作られる紙の総称。洋紙に対していう。

和書(わしょ)
日本語で書かれた日本の出版物。洋書に対していう。

和綴じ(わとじ)
のど部を表紙ともに糸で綴じる、日本での古くからの製本方法。和本。

割り付け(わりつけ)
原稿を指示どおりに印字して版下を作るため、印刷作業にかかる前に、あらかじめ文字の大きさ、字間、行間などを原稿に指定する作業。

割り付け用紙(わりつけようし)
割り付けに使う用紙。

印刷関連用語集 2
(主としてコンピュータ関連)

[ア]

ISO(International Organization For Standardization、アイ エス オー)
　国際標準化機構。工業関連分野の規格統一、標準化を行う国際機関。

RGB(Red Green Blue、アール ジー ビー)
　コンピュータのモニターの表示色を再現するためのR(赤)G(緑)B(青)の光の三原色のこと。この3原色を混合することにより無数の色を作ることができる。

ISDN(Integrated Services Digital Network、アイ エス デー エヌ)
　NTTが1998年から始めた「日本語版サービス総合デジタル通信網」。デジタル回線を使用して各種の通信サービスを統一化し、一つの回線で一元的に提供するもの。

アイコン(icon)
　GUIを採用しているパソコンの画面上に現れるシンボルマークや絵文字のこと。

アウトラインフォント(outline font)
　書体のアウトラインを数学的な線分データや近似の直線または曲線で表したフォント。拡大・縮小・変形を行っても常にきれいな表示や出力が得られる。

アクセス(access)
　「近づくこと」「出入口」の意。
　コンピュータでは、メモリなどにデータを書き込むことや記憶されているデータを呼び出すことをいう。

アクセラレーター(accelerator)
　コンピュータを高速化することを目的とした機能拡張ボードの一種。

アスキー(ASCII、American Standard Code for Information Interchange)
　1963年に米国規格協会が制定した情報交換用標準符号。

アダプター(adapter)
　使用電圧などが異なる装置を接続して使えるようにするための中継装置。

宛て名ラベル印刷
　葉書やタックシールに印刷しやすいように工夫された印刷機能のこと。

アナログ(analog)
　情報をそのまま連続的に値として取り扱う技術をアナログ技術という。針付時計がアナログ、数字表示時計がデジタル。

網かけ
　文章のある部分に網目を重ねる機能。

アプリケーションソフト(application soft)
　アプリケーションとは、適応・応用の意味。アプリケーション・ソフトプログラムの略。パソコンで文章を作る、絵を描く、表計算をするなど、指定の作業目的に応じて使うソフト。

[イ]

イーサネット(ethernet)
　小規模LAN(Local Area Network)向けの通信方式。米国電気電子技術者協会によって定められた通信方式の規格。

E-mail(イー メール)
　電子メールとも呼ばれ、インターネットを中心に、パソコン通信やLANなどのネットワークに備わっている機能。ネット上で指定した相手だけに文章などを送ることができる。

イニシャライズ(initialize)
　コンピュータや周辺機器、プログラムなどが、目的どおりに仕事をするよう、最初に済ませておく手順のこと。初期化、初期設定ともいう。

イメージスキャナー(image scanner)
　画像入力装置の一種。写真や図版などをパソコンに読み込む装置。

イメージセッター(image setter)
　版下作成用に使用する高解像度の出力装置の総称。出力はレーザービームで印画紙またはフィルムに露光させる。

イラストレーター(illustrater)
　米国Adobe System社の線画作成用ドロー系ソフト。デザインや製図を正確に描くのに適している。

インストール(install)
　アプリケーションソフトやシステム、ユーティリティープログラムなどをハードディスクまたはシステム自体に組み込むこと。

インターネット(internet)
　世界中のコンピュータを一つのネットワークで結んだもの。番号がわかっていればつながる電話と同じように、インターネットでは相手のアドレスさえわかっていれば、世界中のどこでも通信ができる。

インターフェース(interface)
　元々は「異なるものどうしの境界」の意。ハードウエアやソフトウエアを相互に接続するための装置、プログラム、規約をいう。

イントラネット(intranet)
　インターネットの環境を企業内での情報の共有化に転用したもの。企業内の情報交換をWWWブラウザや電子メールなどを用いて行うネットワーク形態のこと。

[ウ]

WYSIWYG(ウィズウィグ)
　(What You See Is What You Get)の略。ディスプレイ画面上で見ている情報がそのままのイメージで出力できるという意。

Windows(ウインドウズ)
　米国Microsoft社によって開発された、GUIを持つOS。

[エ]

ATM(Adobe Type Manager、エー ティー エム)
　米国Adobe System社が開発したアウトラインフォントシステム。パソコン本体のハードディスクに収めたPSフォントを、画面とプリンターにほぼ同一の文字形で表示出力する。

エアブラシ(air brush)
　絵具などをスプレーで吹き付ける描画手法、または、その器具、効果をいう。

HTML(Hyper Text Markup Language、エィチ ティー エム エル)
　Webページを記述するための言語で、画像・音声なども扱うことができる。

http(Hyper Text Transfer Protocol、エィチ ティー ティー ピー)
　WWWサーバとWWWクライアントでの、HTML記述のドキュメントを送受信するための通信ルール。

SGML(Standard Generalized Mark up Language、エス ジー エム エル)
　文書の論理構造、意味構造を簡単なマークで記述する言語で、レイアウトの指定はしない。マーク付けは、例えば、文書中に出てくるタイトル、人名など重要な部分にあらかじめ決めたマークを付けておき、後にその部分だけを抜き出して抄録に纏めたり、人名索引を作ることなどに利用できる。
　国際標準言語として注目され、1986年

に「ISO」で認められた。

SPDL(Standard Page Description Language、エス ピー デー エル)
　ポストスクリプトレベル2の機能を持った国際規格のページ記述言語。

MO(Magnetic Optical Disk、エム オー)
　光磁気ディスクのこと。データを消去したり再書き込みができる。

MS-DOS(Microsoft Disk Operating System、エム エス ドス)
　米国Microsoft社によって開発された、パソコンのOS。MSはMicrosoft社の略。

MT(magnetic tape、エム ティー)
　→磁気テープ

LSI(Large Scale Integration、エル エス アイ)
　大規模集積回路。

[オ]

OS(Operating System、オー エス)
　コンピュータを動かす基本のソフトウエア。ソフトウエアとハードウエアの仲介的役割を果たすもの。

OPI(Open Prepress Interface、オー ピー アイ)
　DTPのデジタルデータをCEPS(セプス)に渡すためのルールで、アルダス社が提案したもの。
　そのルールとは、はじめにスキャナーで入力した大容量の高解像度デジタルデータをCEPSに残しておき、その画像からあたり用の小容量の低解像度データをDTPに渡す。
　DTP側では、この低解像度データを用いてレイアウトし、完成後CEPS側にレイアウトデータを渡すと、その時点で残しておいた高解像度データと差し替えが行われる。

オフライン(off line)
　周辺機器や端末装置が、中心になるコンピュータに接続されていない、もしくは使用できない状態をいう。

オンライン(on line)
　周辺機器や端末装置が、中心になるコンピュータに接続されている状態をいう。

[カ]

カーソル(cursor)
　もとは走者という意味。コンピュータ上では、ディスプレイ画面に入力されている文字や記号がどの位置に表示されるかを示すマーク。

解凍(かいとう)
　データ圧縮ソフトで圧縮したデータファイルを元の状態に戻すこと。

拡張子(かくちょうし)
　ファイル名の後に続けて指定する文字列のこと。この文字列はアプリケーションやファイル形式により決められる。

画素(がそ)
　→ピクセル

画像処理(がぞうしょり)
　コンピュータによって画像データを加工すること。

JIS漢字コード(ジスかんじコード)
　JISとは「Japanese Industrial Standards」の略で、「日本工業規格」の意味。
　コンピュータ関係では、データ伝送の基礎となる符号の標準化を目的として、漢字関係について「JIS X0208」が制定されている。漢字・非漢字あわせて6,879字に、固有のコードをつけたもの。

[キ]

キーボード(key board)
　元々はピアノやタイプライターの鍵盤の意。
　キーを押すことにより、コンピュータにプログラムやデータを入力する装置。

ギガ バイト(GB)
　1 GB＝2^{30} バイト

CAD(Computer Aided Design、キャド)
　設計作業をコンピュータで行うためのシステム。主に機械設計、建築設計、回路設計などに使われている。

キャプチャー(capture)
　パソコンのモニターに表示されている画面やビデオ画像などを、デジタル画像データとして保存すること。

キャラクター(character)
　文字をはじめ記号、数字などのすべて。コンピュータでは、すべて2進法の符号に変換されている。

キャリブレーション(calibration)
　測定機器の読みを補正すること。印刷業では、カラースキャナーやパソコンのディスプレイ上に表示される数値を実際の出力値に合わせることで、「設定値の補正」をいう。システムの経時変化を調整し直すこともいう。

キロ バイト(KB)
　1 KB＝2^{10} バイト

[ク]

クォーク エクスプレス(Quark XPress)
　米国Quark社が開発したプロ向けの高級レイアウトソフト。

区点コード
　JIS漢字コードにふられた10進数の体系の名。一般にワープロで採用されている。パソコンでは16進数で表したシフトJISコードが多く使われている。

グラフィック データ(graphic data)
　写真・イラスト・図版などのデータをいう。

クリア(clear)
①「はっきりした」「透明な」の意。
②メモリなどに記憶されているデータを消すこと。
③画面に表示されている内容を消すこと。

[コ]

コーディング(coding)
　プログラム言語を用いてプログラムを作ること。

コード(code)
　もとは規約、信号法の意。
　「JIS漢字コード」は、情報交換用漢字符号系ともいう。

コード変換(へんかん)
　ある体系での文字のコードを別の体系のコードに変換すること。

コピー(copy)
①写し。
②コピー機を使っての紙での複写。
③コンピュータではデータなどをFDなどに複写することを指すことが多い。
④広告文。宣伝文句。
⑤模造品。

コネクター(connector)
　二つの装置をつなぐための接続部分。「端子」とも。

コンバート(convert)
　変換するということ。コンピュータ関連では、データやプログラムを別の形式のフォーマットに変換すること。その装置はコンバーター(converter)という。

用語集

コンピュータ(computer)

　直訳すれば「計算するもの」の意だが、「電子計算機」と訳されている。

　電気を利用し、計算をはじめとするいろいろなデータを処理する装置、あるいはそのシステムをいう。

　実際には計算以外にも幅広い用途に利用されている。

コンピュータウイルス(computer virus)

　ネットワークなどを通してコンピュータ・システムに密かに潜入し、ディスクの内容などを破壊してしまうプログラムのことをいう。

コンピュータグラフィックス(Computer Graphics、CG)

　コンピュータ処理によって作られた図形や自然画やアニメーション画像、特に形状、陰影、表面材質感などの変化、特殊効果に威力を発揮している。略して「CG」。

[サ]

サーバー(server)

　LANなどのネットワーク環境で、アプリケーション、データ、プリンター、モデムなどの共有を可能にするシステムの中心となるマシン。またはそのシステムのこと。

　サーバーを利用するネットワーク方式は、クライアントサーバー方式と呼ばれ、データを集中化して管理する。

サーチ(search、検索)

　コンピュータに記録されているデータから、目的のデータを探し出すこと。

サイテックス(Scitex)

　イスラエルのコンピュータメーカー。

[シ]

CRT(Cathode Ray Tube、シー アール ティ)

　ブラウン管。家庭用テレビやパソコンの画面部分に最も多く使われている表示方式が、CRTディスプレイである。携帯用パソコンなどに使われているのは液晶方式である。

CCD(Charge Coupled Device、シー シー デー)

　画像を電気信号に変換する半導体素子で、イメージセンサーのこと。ビデオカメラ、デジタルカメラ、OA機器、フラットベッドスキャナーなどに使われている。

CG(Computer Graphics、シー ジー)

　→コンピュータグラフィックス

CD-ROM(Compact Disc-Read Only Memory、シー ディー ロム)

　コンパクトディスク(CD)をコンピュータの読み出し専用メモリー(記憶領域)に使う方法、またはそのもの。

CPU(Central Processing Unit、シー ピー ユー)

　「中央演算処理装置」の意。

CUI(Character User Interface)

　パソコンにおいて、コマンド入力で行うインターフェイス。

GUI(Graphical User Interface、ジー ユー アイ、または グイ)

　キーボード方式ではなく、絵を介してコンピュータと人が対話するインターフェース、またはそれを実現するソフトウエア。

磁気ディスク(magnetic disk)

　表面に特殊な加工をして、磁気によってデータを記録したり、記録したデータを呼び出したりできる円盤。単に「ディ

スク」とも。
　フロッピーディスクとハードディスクに大別される。

磁気テープ(magnetic tape、MT)
　表面に特殊な加工をして、磁気によってデータを記録したり、記録したデータを呼び出したりできるテープ。
　オープンリール式のものと、カセットになったものがある。

磁気ヘッド(magnetic head)
　磁気ディスクや磁気テープなどの記憶媒体の記録及び読み出しを行う装置。

システム(system)
　もとは組織、系統、規則などの意。
　コンピュータでは、ある目的を遂行するために作られたハード、ソフトあるいは、その両方の仕組みをいう。

システムエンジニア(system engineer)
　コンピュータシステムの開発・設計を担当する技術者。略称「SE」。

シフト(shift)
　①移動すること。
　②文字の並びを左または右に移動すること。
　③キーボードで、シフトキーを押すこと。

ジャギー(jaggy)
　ギザギザという意味。低ドットフォントの曲線部分などは滑らかにならずギザギザになっている。

出力装置(しゅつりょくそうち)
　コンピュータで処理されたデータを取り出す装置。プリンター、イメージセッター、プロッターなどが代表的。

周辺機器(しゅうへんきき、peripheral device)
　コンピュータ本体以外の、モニター、キーボード、マウス、プリンターなどのコンピュータに関係するハードウエア。

ジョブ(job)
　仕事。コンピュータにまかせる、あるまとまった仕事。

[ス]

スクリーンフォント(Screen font)
　パソコンの画面表示用のフォント。

スクロール(scroll)
　もとは「巻物」の意。ディスプレイ画面の表示を、上下左右に動かすこと。

スタンドアロン(stand alone)
　コンピュータが他のコンピュータに接続されておらず、独立して動く状態を指す。

3D(3Dimension、スリー ディー)
　二次元のコンピュータの画面上で、擬似的に三次元空間(立体的画像)を表示することをいう。

[セ]

セプス(CEPS、Color Electronic Pre-press System)
　製版工程で、カラー画像を電子的に処理するシステムのこと。従来のセプスはカラー画像処理専用システムだったが、近年はポストスクリプトをベースに文字・画像を統合処理するシステムが主流。
　入力ステーション、画像編集ステーション、出力ステーションなどいくつかのユニットで構成されている。

[ソ]

ソート(sort)
　不規則に並んでいるデータを、一定の基準に従って並べ替えること。

ソフトウェア(software)
　コンピュータを構成する要素のうちプログラム部分をいう。ハードウエアに対していう。

[タ]

ターミナル(terminal)
　コンピュータと離れた場所にあって、コンピュータとデータのやりとりをするための装置。一般には、ディスプレイ装置、キーボード、プリンターなどで構成されている。

ダウンロード
　ネットワークにおいて、上位(ネットワーク側)のコンピュータから、下位(自分の端末側)のコンピュータへデータを送ることをいう。また、パソコン通信などでは、ホストからメッセージやプログラムなどを読み出すことをいう。

タックシール(tack seal)
　宛て名印刷をするためのシール。

WWW(World Wide Web、ダブリュー ダブリュー ダブリュー)
　インターネット上に蓄積された情報が、たがいに参照できるような形で提供されているものの総体、または情報検索システムをいう。
　Webとは蜘蛛の巣状のものを意味する。従ってWWWとは、世界中を蜘蛛の巣状に結んでいるというような意味。

[ツ]

ツール(tool)
　工具・道具という意味。
　日常の作業で使用頻度が高く、汎用性のあるプログラムをいう。

[テ]

データベース(database)
　コンピュータを使って、様々な情報を保存するためのソフトを使って作成した情報の集まり。情報をデータベースにしておくと、サーチ(検索)やソート(並べ替え)加工などが容易になる。

データ圧縮データ(あっしゅく、data compression)
　データの冗長性を除くことにより、データ量を削減する技術。データを格納するファイル容量を減らしたり、通信回線経由でデータを送る時間を短縮することができる。

DTP(DeskTop Publishing、ディー ティー ピー、デスクトップ パブリッシング)
　印刷業界における写植・組版・印刷を、デスクトップパソコンやワークステーションとその周辺機器を用いて実現しようとするシステム。

dpi(dots per inch、ディー ピー アイ)
　1インチ当たりのドット数で、各機器における画像などの出力の解像度の尺度。この数値が高いほど高解像度を意味する。

DDCP(Direct Digital Color Proofing、ディー ディー シー ピー)
　デジタルカラー校正。CEPSで作成した画像のデジタルデータから、直接に校正プリントを出すシステム。

テキスト ファイル(text file)
　文字の大きさや書体などのレイアウト情報を含まずに、文字だけからなるデータ。

デジタル(digital)
　コンピュータが情報を扱う際の、あらゆる物理的な量や情報を数字として扱う方式をいう。

デジタルカメラ(digital camera)
　静止画像を電子的に記録するカメラ。

ディスプレイ装置(display unit)
　コンピュータから送られた文字や図形をテレビ画面に表示する装置。表示部をモニターということから、装置そのものをモニターということもある。

デジタルフォント(digital font)
　字形の情報をデジタルデータとして保持しているフォントをいう。
　一般的なデータ形式としては「ビットマップフォント」や「アウトラインフォント」などがある。

デスクトップ(desktop)
①Apple Computer社のMacintoshやMicrosoft社のWindowsなどの基本画面。
②机上据置型パソコン。

テキスト(text)
　文字・数字・記号で構成される文章をいう。

電算写植(でんさんしゃしょく)
　コンピュータを使った写真植字の組版システム。入力装置・組版処理装置・出力装置などで構成される。

電子組版(でんしくみはん)
　ワープロから発展し、組版用としての機能を高めたシステム。

電子出版(でんししゅっぱん)
①出版の工程(編集・製版・印刷)をコンピュータで行う出版形式。
②CD-ROMなどのマルチメディアでの出版。

[ト]

DOS(Disk Operating System、ドス)
　ディスク制御とファイル処理を主とした小規模なOS(Operating System)のこと。パソコン分野では、米国Microsoft社が開発したMS-DOSの略号として使われる場合がほとんど。

DOS-V(ドス ブイ)
　IBM社のPC/AT互換機。特別なハードウエアを付加せずに日本語を利用できるようにしたDOS。

ドット(dot)
　一つひとつの点のこと。普通、ディスプレイ画面上の文字や図形は、点が集まったものとして表示される。

ドロー系ソフト
　パソコンでグラフィックスを描くソフトウエア。グラフィックスを直線や曲線を表す数値データとして扱うので、移動・反転・拡大・縮小などを処理する上で自由度が高い。

[ニ]

2バイト文字
　1文字を表現するのに、メモリ上で2バイトを必要とする文字。一般的には全角の日本語文字。

[ネ]

ネットワーク(network)
　複数台のコンピュータをケーブルや電話回線などで接続し、相互にデータの送受信ができるようにした通信網のこと。

[ハ]

バーコード(bar code)
　情報を機器で読み取ることができるようにした数字を表す棒状の符号の集合体。

バージョン(version)

　「翻訳」「版」のこと。コンピュータ分野では、内容や仕様が改定された回数を示す指標として使われる。Ver.2.2といった小数点を含んだ数字が使われ、前の数字が大きな改変、小数点以下の数字が小さな改変を表している。

パーソナルコンピュータ(personal computer)

　主に個人が利用する目的で作られたコンピュータ。パソコンあるいはPCという。

ハードウエア(hardware)

　もとは「金物」の意。コンピュータでは、装置や機械そのものの総称。略して「ハード」という。

ハードコピー(hard copy)

　①プリンターにより紙に打ち出されたコンピュータの出力。

　②モニター上の映像を、紙などの上に画像として写しとったもの。

ハードディスク(hard disk、HD)

　コンピュータの外部記憶装置の一つ。磁性体を塗った金属の円盤。記憶媒体として、大量のデータを高速で読み書きできる。固定ディスク。

媒体(ばいたい、media)

　コンピュータで処理するデータを記録するもの。

　磁気テープ(カセット、オープンリール)、磁気ディスク(フロッピー、ハード)他。

バイト(byte)

　コンピュータが1単位として扱うビットの数を集めた基本単位。1バイトは8ビットに当たる。一般にメモリーやディスクの容量を表す単位にも使われる。

　パソコン用2HD3.5インチFDの容量は1.25または1.44、MOは128または230MB。

バイナリー(binary)

　0と1の2進法のこと。

バグ(bug)

　もとは「虫」の意味。コンピュータでは、主にソフトウエアにおける欠陥を指す。バグを発見し修正することをデバッグという。

バックアップ(back-up)

　ディスクの紛失や故障などで貴重なデータの消失を防ぐために、データを他の場所にコピーしておくこと。

バッチ処理(バッチしょり、batch processing)

　複数のコマンドを纏めて一度に処理する方法。一括処理。

ハングアップ(hang-up)

　通常の操作画面を表示しているが、マウスクリックやキーボードの入力にまったく反応しなくなる現象。

半導体(はんどうたい)

　銅線など電気をよく通す「導体」と、ガラスなど電気を通さない「絶縁体」の中間の性質をもつ物質。

　シリコンやゲルマニウムなどがある。厚さ0.4mm程度、大きさ5～8mm角程度のシリコンチップに、トランジスターやコンデンサーなどの回路素子を多数作り込み電子的動きを持たせたものがIC。IC自体を「半導体」と呼ぶことが多い。ICは「メモリー」と「ロジック」に分けられる。その集積度を高めたものがLSI(大規模集積回路)。

[ヒ]

PHS(Personal Handyphone System、ピー エッチ エス)

　携帯型のデジタル簡易電話システム。

インターネットにアクセスもでき、ノートパソコンやモバイル・コンピュータと組み合わせて使うこともできる。

PDL(Page Description Languag、ピーディー エル)

「ページ記述言語」の意味で、出力装置で印刷される文章(テキスト)と画像(グラフィックス)の文章の体裁を整えるためのプログラム言語のこと。

その一つ、米国Adobe System社の「Post Script」は、DTP関連業界における事実上の標準になっている。

BBS(Bulletin Board System)

電子掲示板システム。コンピュータを利用したメッセージ交換システムの一形態で、パソコン通信サービスが提供するメニューの一つ。

bpi(bit per inch)

MT(magnet tape)の記録密度を現す単位。テープ1インチ当たりに記録できるビット数。

bps(bits per second、ビー ピー エス)

電話回線などにおける通信速度の単位。1秒間に送信するビット数。

ピクセル(pixel)＝画素(がそ)

デジタル画像を構成する最小単位の点。ディスプレイでは、画面を構成する最小単位の点(ドット)を指す。

bit(ビット)

binary digit(2進数字)の略。コンピュータの情報量の最小単位。8ビットを単位としてデータを表現することが多い。この8ビットを1バイトと呼ぶ。

ビットマップフォント(bit map font)

点(画素)で構成されているフォントや図形のこと。

[フ]

ファイル(file)

一定の関連のあるデータの集まり。

一般には、コンピュータで処理するいろいろなデータを記録してあるデータファイルを指す。

ファイルサーバー(file server)

LANシステム内のワークステーションやパソコンが共有する磁気ディスク装置。

VIP(Visionary Interpreter、ブィ アイ ピー)

DTPによるレイアウトデータをサイテックスに送るための変換ソフト。

＊VIPには、要人(very important person)という意味もある。

フェップ(FEP、Front End Processor)

日本では、キーボードから入力された仮名を漢字に変換するプログラムをさす場合が多い。エフイーピーとも呼ぶ。

フォーマット(format)

①ディスクの初期化のこと。イニシャライズ。

②ディスクへの記録形式や印刷の書式のこと。

フォト CD(photo compact disc)

35mmフィルムの写真データをCDに収録したもの。

フォトショップ(photoshop)

米国Adobe System社のフルカラー対応の画像編集ソフト。ビットマップを使うペイント系ソフト。画像の合成や色の補正、各種フィルターを使用しての画像加工など、幅広い画像処理が可能。

フォルダー(folder)

ファイル管理に使用されるもので、階層構造を視覚的に表している。

フォント(font)

　もともとは同一書体、同一サイズの文字のセットをフォントと呼んでいたが、現在では、書体を利用するために記録媒体に記録した文字の形をフォントと呼んでいる。現状ではフォントと書体とは厳密には区別されていない。

プリプレス(prepress)

　印刷以前の工程全般をいう。しかし、現在では、プリプレスシステム(prepress system)の意味で使われることが多い。

プリンター(printer)

　コンピュータが記憶している内容や計算などの結果、あるいはディスプレイ画面の文字や図形を紙に印刷する装置。
　インパクト方式(ドットプリンター)とノンインパクト方式(熱転写プリンター、インクジェットプリンター、レーザープリンター)に大別される。

プログラミング(programming)

　コンピュータに目的の仕事をさせるためのプログラムを作成する作業。

プログラマー(programmer)

　プログラムを作る人。

プログラム(program)

　コンピュータに目的の仕事をさせる手順のこと。コンピュータは、これにより作動する。

フロッピーディスク(Floppy Disk、FD)

　表面に特殊な加工をして、磁気によってデータを記憶できるようにした薄いペラペラの円盤で1枚単位で使う。
　フロッピーとはペラペラなという意味。キズやホコリがつきやすいので、普通は四角い保護ジャケットに入っている。大きさや記録密度によって何種類もあるが、多く使われているのは3.5インチタイプである。
　2DD(両面倍密度倍トラック)　記憶容量 720 KB
　2HD(両面高密度倍トラック)　記憶容量 1.44 MB

プロバイダー(provider)

　供給者あるいは提供者の意。
　コンピュータ用語としては、インターネットへの接続サービスなどを提供するインターネットプロバイダーのことをいうことが多い。

[ヘ]

ページネーション(pagination)

　DTPでは、文字、図版、写真などいろいろなものをコンピュータの画面上で処理することをいう。

ページメーカー(pagemaker)

　アルダス社が1985年に発表した、DTPという概念をコンピュータの世界に持ち込んだ記念的なソフト Quark Xpressとともに二大レイアウトソフトといわれている。現在の発売元は Adobe System 社。

[ホ]

ポストスクリプト(PS、Post Script)

　米国の Adobe System 社が開発した、ページプリンターやディスプレイに出力するテキスト、図形、イメージのページ表記を記述するためのページ記述言語。

[マ]

マウス(mouse)

　ディスプレイ上に表示されたポインターの位置を入力するのに用いられる装置。外観がねずみの形に似ていることからマウスの名称がある。

Macintosh(マッキントッシュ、Mac、マック)
　米国 Apple Computer 社が 1984 年に発表したパソコン。

マニュアル(manual)
　①手動の。マニュアル操作といえば、手によって操作すること。
　②手引き。機器の操作・利用方法を説明してある本。

マルチウインドウ(multi-window)
　パソコンやワークステーションの画面を複数の領域に分割し、同時に複数の仕事の表示を見られるようにした機能。

マルチメディア(multi media)
　文字・画像・図形・音声・動画など多種類の情報媒体を統合的に扱うこと。

[メ]

メガバイト(MB)
　1 MB＝2^{20} バイト

メディア(media)
　媒体。手段。特にマス・コミュニケーションの媒体。

メニュー(menu)
　①献立表。料理。
　②ソフトやプログラムで、あらかじめ設定されている基本的な作業内容の一覧表。
　例えば、ワープロソフトでは、新規、更新、印刷などのメニューが表示されているので、そこから目的の作業を選び作業を進める。

メモリ(memory)
　コンピュータを動かすプログラムデータなどを記憶するIC。データの読み出しも書き込みも可能だが電源を切るとデータが消える RAM と、データを読み出すことしかできないが、電源を切ってもデータが消えない ROM がある。

[モ]

モデム(MODEM modulator-demodulator)
　アナログの電話回線を使ってデータ通信するために、デジタル信号をアナログ信号に変え、また、その逆にする変換装置のこと。

[ユ]

ユーティリティー(utility)
　システムやアプリケーションソフトに用意されていない機能を追加する目的で作られているプログラム。

[ラ]

ライトプロテクト(write protect)
　フロッピーディスクに新たなデータを記録できないようにする仕掛け。書きこみ防止。

ラスター(raster)
　テレビ画像の走査線や、光または電子ビームなどで画像や物体を走査する走査線。

RAM(Random Access Memory、ラム)
　高速に何度でも読み書きできるメモリー。電源を切るとデータは消える。

LAN(Local Area Network、ラン)
　同一の建物内あるいは同一敷地内などの比較的狭い地域に分散設置されたパソコンやプリンターなどの各種コンピュータを結ぶ、構内ネットワークシステム。

[リ]

リアルタイム処理(リアルタイムしょり、real time processing)
　端末から入力されたデータを即座に中央のコンピュータで処理し、結果を端末に送り返す方式。実時間処理。銀行の預金の出し入れなどが、この方式。

リセット(reset)
①セットし直すこと。
②装置やプログラム等を初期状態に戻すこと。

RIP(Raster Image Processer、リップ)
　文字や図形、画像データが記されたページ記述言語(PDL)を受け取り、プリンターやイメージセッターあるいはディスプレイなどに描画するために、出力デバイスの解像度に合った画素情報(ラスターデータ)に変換する装置。

[レ]

レタッチ(retouching)
　製版時に写真の傷を取ったり露出補正をすること。従来は手作業が多かったが、現在では画面上で行われることが多い。

[ロ]

ROM(Read Only Memory、ロム)
　読み出し専用の記憶装置で、電源が切れても、その内容が残っている。何回でも読み出し可能なメモリで、プログラムやフォントを記憶させておくのに使われる。

[ワ]

ワークステーション(work station)
　本来は、パソコンの上位に位置するコンピュータシステムで、多機能性、統括性に優れているものを指していた。
　最近では、「作業領域」という意味でも使われ、組版作業を行う「組版ワークステーション」や、デザインを行う「デザインワークステーション」のように使われている。

ワードプロセッサー(word processor)
　コンピュータを利用して文書を作るシステム。略してワープロという。

参 考 資 料

I 葉書・カード

はじめに

　葉書を分類すると、個人の便り・年賀状・社交文書など、いろいろあるが、印刷会社が受注するのは、主として年賀状及び社交文書である。
　以下に葉書・カード及びそれに用いる社交文書の基本について記す。

1　葉書の利用

　社交文書の正式なものは手紙形式が普通であるが、略式として官製または私製の葉書ないしカードが用いられる。
　葉書はスペースが小さいので、長文になる社交文書には適しない。従って、葉書を使っての社交文書には下記が多い。
　なお、葉書よりも丁寧さを上げるためカードを使うこともある。カードは一般に角が丸みを帯びている。これは洋封筒に入れて投函する。

　1）転居
　2）転職・退職・役職変更
　3）結婚
　4）案内（祝賀・落成・周年・周忌・説明・催しなど）
　5）会社設立・支店開設・社名変更
　6）お礼
　7）その他

2　葉書・カードの大きさ及び版面

1）葉書

(1) 大きさ

　郵政省のいう葉書の大きさは、90〜107×140〜154 mm であるが、一般に印刷に使われる官製・私製葉書とも 100(横)×148(縦) mm である。従って、特に指示のない場合には、このサイズでトンボを切る。官製往復葉書は、この倍である。
　なお、長3封筒サイズの特殊葉書などもある。

(2) 本文の版面

　本文の版面は、縦に使う場合、体裁を考えると 80(横)×115(縦) mm くらいが良く、縦は長くても 120 mm に抑えるべきである。
　左右のアキは同じくするのが原則。上下のアキは、等しくすると下が広く見えがちなので、上アキを 17〜18 mm、下アキを 15〜16 mm とするのがよい。
　写真・イラスト・大きな飾り罫線などが入る場合はバランス良く配置する。文章がそれらにかからないよう（敢えて絵や写真にかけることもあるが……）配置するのが原則である。絵入り葉書（さくら・かもめーるなど）の場合は、文章が絵柄にかかっ

てもよいかどうか確認してから着手のこと。
(3) 厚さ・重さ
　　郵便局では、通常葉書の重さは2～6gとしてあるので、換算すると紙厚は135～400 g/m² となる。一般には、読者カード用としては135 g/m² 前後、その他の葉書用としては240 g/m² くらいのものが多く使われている。

2）カード
　カードは、銘柄により大きさが異なる。多く使われている2例を示す。

(単位：mm)

メーカー	カード A社	カード B社	洋封筒 A社	洋封筒 B社
2号	103×153	106×155	115×162	114×162
2号×二つ折	206×153	212×155		
2号×三つ折	309×153	318×155		
特1号		109×160		120×170
1号	109×161	115×170	120×176	120×176
1号×二つ折	218×161	230×170		

　カード一面の版面は概ね葉書に準じて組む。ただし、二～三つ折のカードを使う場合は、喉の部分のアキが少々小さくなってもよい。

3　縦書き・横書き
　葉書を縦長に使い、縦書きにするのが多い。
　ただし、最近では、ビジネス向け及び結婚挨拶状などに、縦長横書きにするのもいくらかある。
　結婚祝賀会案内状などは、特殊な横長二つ折カードを使うのが流行している。この場合には横書きにするのが多い。
　いずれにしても、何を使い縦横どちらにするかは、お客様の希望により使い分ける。

4　文字の大きさ・書体
1）葉書の文字
　一般に文章には15 Q (10.5 P)～16 Q (11 P) くらいが多く使われているが、文章量によっては20 Q (14 P) くらいの文字も使うことがある。
　住所などは13 Q (9 P)、氏名は24 Q (16 P) 前後を使うことが多い。もちろん、必要によっては、長体・平体を使ってもよい。ただし、文字の大きさは基本的には版面と文章量を勘案して、見た目に落ちついた形になるように決める。

2）カードの文字
　二～三つ折カードで、役員の交替などを告げる場合には、一面に挨拶文と会社・社長名、二～三面に役員名のみが書かれることが多い。この場合、会社名・役員名などの大きさは24 Q (16 P)～28 Q (20 P)、肩書は13 Q (9 P)～14 Q (10 P) にするのが多い。

見た目に落ちついた形になるようにすることが必要である。
3）年月日
本文よりも一回り小さい文字を使う。行頭から2字下げくらいが適当。

なお、年月日すべてを入れる場合と、日付を「吉日」とする場合及び年月だけの場合がある。
4）書体
書体は楷書が多いが、たまに明朝・ナール系統も使われる。

5　文章
お客様の原稿どおりにするのを原則とする。

ただし、下記を参考にしてお客様にアドバイスするのがよい。
1）句読点
一般文章は句読点を打つのが普通であるが、葉書文章では、句読点を一切用いない文章とすることがある。これは、昔の日本語文章では句読点を打たないのが普通だった名残りである。句読点を打つか打たないかはお客様の指示による。
2）行頭揃え
一般文章では、改行ごとに一字下げて書き（打ち）出すが、1〜3行毎に改行する葉書文章では、その都度一字下げした文章は非常に見づらい。従って、文章量の少ない葉書では、行頭揃えにするのが望ましい。
3）私こと
転勤挨拶などで、時候挨拶・起居伺いなどの前文のあと改行して、「私こと」または「私儀」を入れることがあるが、この「私こと」「私儀」は本文よりも一回り小さい文字で1行を使い、行の最下段に入れるのを原則とする。
4）仮名遣い・送り仮名
　(1)　賜り
　　　挨拶状的なものでは、原稿に「賜り」「賜わり」が出てくるが、「賜り」が正しい。ただし、「賜わり」も許容として認められている。

　　　「賜」の訓は「たまわ」であるから「たまもの」はひらかなが原則である。だが、「賜物」と書いても許容されている。
　(2)　行う
　　　「行う」「行なう」の両方が出てくるが、「行う」が正しい。ただし、「行なう」も許容として認められている。
　(3)　御
　　　「御」の音訓は「ゴ・ギョ・おん」である。従って、「御礼」はよいが、「お願い」などの「お」には使えないのが原則である。また、「ご鞭撻・ご指導・ご挨拶・ご懇情・ご清栄」の「ご」に「御」を使ってもよいが、最近は使わない原稿が多い。

　　　「御」「ご」「お」は、行末に入れないで、行頭にくるように組むのが望ましい。
　(4)　もって
　　　原稿に「書中を以って」「書中を以て」の両方が出てくる。昔風に書けば「以て」で

よいが、今は「もって」とひらがなにするべきである。
　(5)　変
　　　原稿に「変わらぬ」「変らぬ」の両方が出てくる。「変わらぬ」が正しいが、「変らぬ」も許容として認められている。
　　＊いずれにしても、現代仮名遣い・送り仮名で、あるいは許容のどちらかで統一する必要がある。

5）起辞（きじ）・結語（けつご）

(1)　「拝啓」「謹啓」などを起辞といい、必ず文頭にもってくる。これに対し「敬具」「敬白」などは結語といい必ず文末に書く。下記のようにそれぞれ対をなしているものである。
　　　「拝啓・謹啓・粛啓・謹呈↔敬具・敬白・謹白・謹言」……一般
　　　「前略↔草々」「冠省↔不一」　　　　　　　　　　……前文を省略する場合
　　　＊火急の文章あるいはお客様の考えによっては起辞・結語をつけないこともある。

(2)　お客様の原稿のなかで最も多い不備は、起辞のみがあって結語が忘れられていることである。この場合、上記に準じて結語を挿入し、その旨を付して校正に出すべきである。

(3)　起辞・結語とも、謹んで申し上げます（ました）という意味なので、これだけでそれぞれ1行を使ってもよい。このときは、どちらも三字取りにするのが良い。
　　　起辞を頭揃えにしたら結語も下揃えに、起辞を1字下げにしたら結語も1字上げ、要するに、起辞・結語の配置を対にするのが望ましい。

(4)　文章量の関係で、起辞の下に時候挨拶を続ける場合は二字取りにし、1字あけて時候挨拶を入れる。この場合には結語も二字取りにして最終行に入れ下揃えにするのが望ましい。

6）宛名

　一般の葉書・カードの文章面には宛名を入れないが、不特定多数の方に出す場合、「各位」を入れることがある。この場合、「各位」とはするが「各位様」とはしない。原稿に様がついていても取ること。＊各位には～様の意味があるからである。

7）発信者名

　住所・電話番号は12～13Q（8～9P）くらい。
　社名は18～22Qくらい。
　氏名は24Qくらい。下揃え、または本文から1字上げくらいが望ましい。

6　往復葉書の注意

　官製往復葉書は必ず右綴じスタイルで、表紙1が往信の宛名部、その裏が往信の文章面、表紙4が返信の文章面、その裏が返信の宛名面になっているから、組版に注意のこと。

```
        表（外）面                              裏（内）面

   ┌─────┬─────┐            ┌─────┬─────┐
   │ 往信 │ 返信 │            │ 返信 │ 往信 │
   │      │      │            │      │      │
   │(咬) 宛 │  文  │          │(咬) 宛 │  文  │
   │      │      │            │      │      │
   │    名 │  章  │          │    名 │  章  │
   │      │      │            │      │      │
   │(表紙1)│(表紙4)│          │(表紙3)│(表紙2)│
   └─────┴─────┘            └─────┴─────┘
```

　＊上記咬位置は標準位置。咬しろは7mm必要であるから、どの辺かに必ず7mm以上の咬しろがなければならない。（咬を必要としない印刷機もある）

7　葉書の表面

　私製葉書を作るにあたり、葉書の表面に記号や宛名を印刷することがある。

1）郵便はがき

　私製葉書では、縦書・横書とも上端中心に「郵便はがき」または「Post Card」と書かねばならない。

2）郵便番号記入枠（7桁）

　私製葉書では、郵便番号を書き入れるための枠を入れる。
　ただし、既成の私製葉書には印刷されているのが多い。

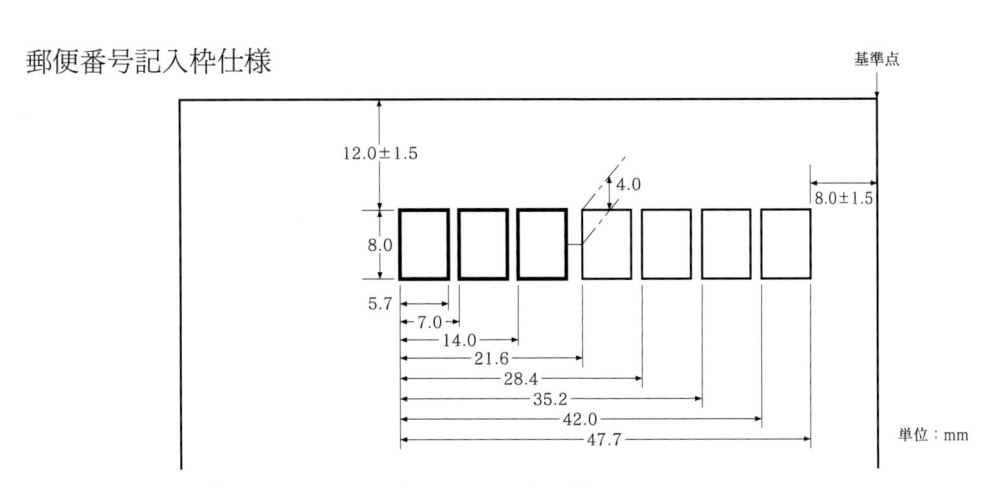

郵便番号記入枠仕様　　　　　　　　　　　　　　　　　　　　　　基準点

（枠仕様図：12.0±1.5、8.0、4.0、8.0±1.5、5.7、7.0、14.0、21.6、28.4、35.2、42.0、47.7　単位：mm）

注1）7けた1段とし、3けた目と4けた目の間にハイフォンを入れる。

注2) 番号枠の仕様は上記のとおり。
注3) 郵便番号記入枠のうち、上3けたの枠及びハイフォンの太さは0.4～0.6 mm、下4けたの枠の太さは0.2～0.4 mmとする。
注4) 図に示す寸法のうち、上端から記入枠までの12.0 mmと、右端から記入枠までの8.0 mmの許容寸法誤差は±1.5 mmとする。
　　　また、記入枠とその相互間の寸法は、標準寸法とする。なお、枠の寸法を測る場合は枠線の内側を基点とする。
注5) 郵便番号記入枠及びハイフンの色は、朱色または金赤色とする。ただし、黒または青系統のインキを混入しないものに限る。

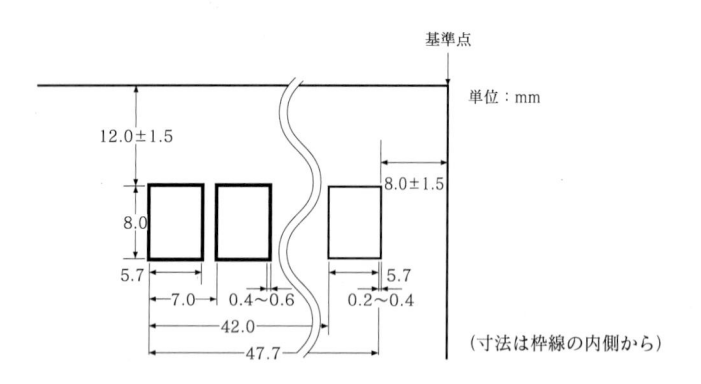

3) 切手（私製葉書）位置（次図参考）

縦書きでは左上部、横書きでは右上部に、切手貼付位置を示す枠を罫線(実線、鎖線、飾り罫線)で引く。

既成の私製葉書には印刷されているのが多い。

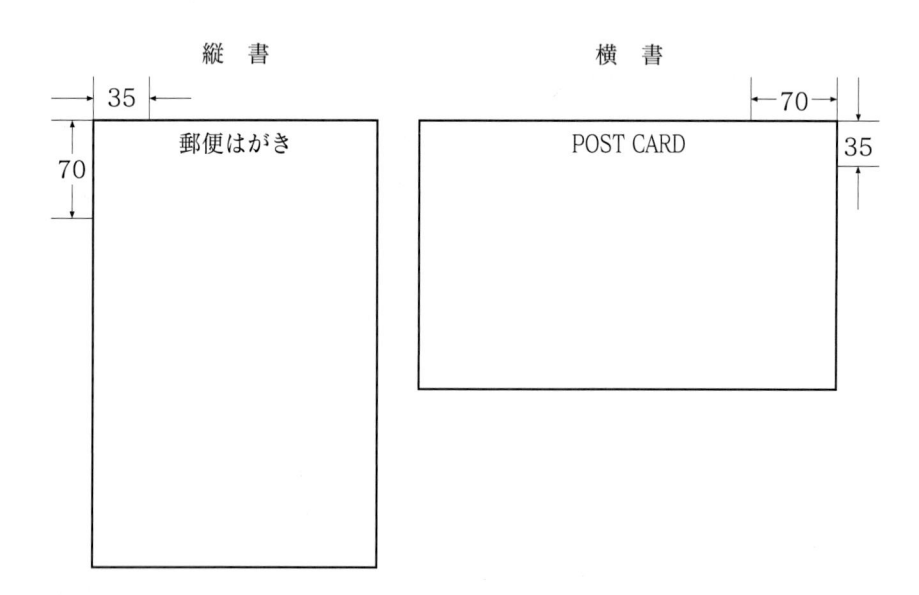

注1) 切手位置を示す場合は、上図のごとく35×70 mmの消印領域内に入れる。
注2) この範囲内には不要な文字・記号を入れてはならない。

4） 表面への宛名・文章などの記入

　官・私製とも、表面の宛名の下に、発信者の住所・氏名、宣伝文章、通信文などを印刷することができる。ただし、
　(1) 宛名以外の文章などは、葉書表面の 1/2 以内、すなわち縦書では下半分、横書では左半分以内が原則である。ただし、このルールは見た目で半分という非常に曖昧な表現なので、次の(2)～(4)のルールを守る限り、1/2 を少々オーバーしてもよいと考えられる。
　(2) 切手領域には記入しない。
　(3) 縦書では上端から 35 mm、横書では右端から 35 mm 内に記入しない。
　(4) 宛名とそれ以外の文章などが、容易に区別して判読できること。
　(5) 咬しろを考慮のこと。

5） 返信用葉書の宛て名

　官・私製とも、返信用葉書表面に返信先住所・氏名を印刷することがある。
　(1) 書体
　　書体は楷書が多いが、明朝・ナール・ゴシック系も使われる。裏面も印刷する場合であればバランスを考えるべきである。
　(2) 文字の大きさ
　　文字の大きさは文字数にもよるが、住所は、28～32 Q (20～22 P) くらい、名前は 32 Q (22 P)～38 Q (26 P) くらい。
　(3) 敬称
　　宛名には敬称の「様」をつけず、改行して名前の下端下に二回りくらい小さい文字で「行」を入れる。会社宛ての場合には「御中」を入れることもある。
　　もちろん文字数その他の条件により、全体の体裁を考慮して Q (P) 数を変えバランス良く。

8　諸会合出欠返信用文書

　諸会合への案内に同封する返信葉書、または往復葉書の出欠返信文章を印刷することがある。主に会の名前・出欠・差出人の住所氏名などが多い。

　書体は楷書が多いが、明朝・ナール系も使われる。

　文字の大きさは文字数にもよるが、会の名前は、20～28 Q (14～20 P) くらい。「出席」「欠席」は 24～32 Q (16～22 P) くらい。住所・氏名は 15～16 Q (10.5～11 P) くらい。

　いずれにしても文字数と字詰めを考えてバランス良く。

　　　従来は、出欠欄に
　　　　　ご出席
　　　　　　　　　（いずれかに○をおつけ下さい）
　　　　　ご欠席
　　　と印刷するのが多かったが、最近では、
　　　　　出席します
　　　　　欠席します

と印刷することが多い。

9　洋封筒

　カードを入れる洋封筒に、発信者の住所・氏名などを入れるときは、縦使いでは裏面の向かって左側、中心からやや下方に、横使いでは裏面の向かって右側、中心からやや下方に収まるようにし、カードに入れた住所・氏名と同等程度のレイアウトのものを打つのを原則とする。

　いずれも文字が糊しろにかからぬようレイアウトするべきである。

　結婚祝賀会用などに使う特殊封筒にはいろんな種類がある。見本をよく見てレイアウトを考えること。

洋封筒裏の住所氏名位置

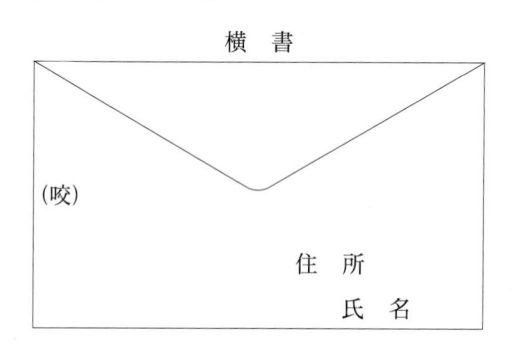

縦書　　　　　　　　　　　横書

(咬)　　　　　　　　　　　(咬)

住所　　　　　　　　　　住　所
氏名　　　　　　　　　　氏　名

10　カスタマバーコード

　1998年2月から、郵便配達の能率アップのため、郵便局ではカスタマバーコードを採用した。発信する側で、これを印刷して発送すると割り引きされる制度である。

　印刷するのは葉書・封筒・シールの宛て名欄である。

1）カスタマバーコードの形　　　単位：mm

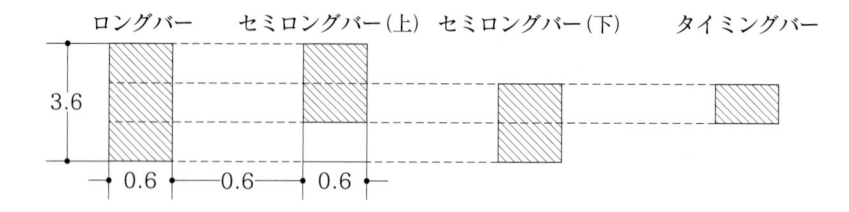

ロングバー　セミロングバー(上)　セミロングバー(下)　タイミングバー

3.6

0.6　0.6　0.6

2）カスタマバーコードの体系

　バーコード2～6本を組み合わせて、数字及びアルファベットなどを現す。

3）カスタマバーコードの印刷位置

　バーコードは葉書・封筒の表面に、縦書横書いずれの場合も左から右に横に記入する。　消印領域及び端から15mmの間には記入しない。

4） カスタマバーコードの例

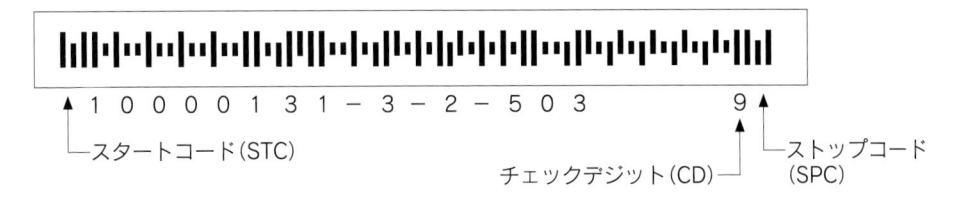

```
|i|i|i|·-|·|i|i|-|·|·|i|·|·|-|i|i|·|·-|·|i|·|i|-|i|i|i|·|-|·|·|i|·|-|·|i|i|i|
 ▲1 0 0 0 0 1 3 1 - 3 - 2 - 5 0 3        9▲
 └スタートコード(STC)              チェックデジット(CD)┘  └ストップコード
                                                    (SPC)
```

5） 1998年2月以降の料金受取人払いの申請

　1998年2月以降に料金受取人払い葉書の申請をするときは、カスタマバーコードも印刷したもので申請書を出す必要がある。

11　特殊郵便

　一度に多数の葉書や封書を出す場合、一つひとつに切手を貼らず、料金を別に納めたり後日納めたり、あるいは広告文字を入れたりすることができる、また、返信用葉書代金を受信者が支払う制度がある。いずれも種々の条件や制限があるので、郵便局に確認してから着手する必要がある。

　　①料金別納郵便　　　大量の郵便物を出す場合、切手をはる手間が省ける。
　　　　　　　　　　　　10通以上。料金を一括して払える。
　　②料金後納郵便　　　切手をはる手間が省ける。料金を1カ月分纏めて払える。
　　　　　　　　　　　　毎月50通以上。
　　③市内特別郵便　　　同一郵便区区内発着に限る。切手をはる手間が省ける。
　　　　　　　　　　　　100通以上。割引が受けられる。
　　④料金受取人払郵便

1）①②③のスタンプ

　円形または四角形　郵便の種類により線・文字に条件がある。寸法他は下図参照

　(1)　円形の表示の大きさは、直径2〜3cm。
　(2)　四角形の表示の大きさは、縦・横それぞれ2〜3cm。
　(3)　差出局名の下に2本線がある場合（送達に余裕承諾をした場合の表示）は、その間隔が1〜2mmまで。
　(4)　広告を掲載できる大きさは、表示の下部2分の1以内。

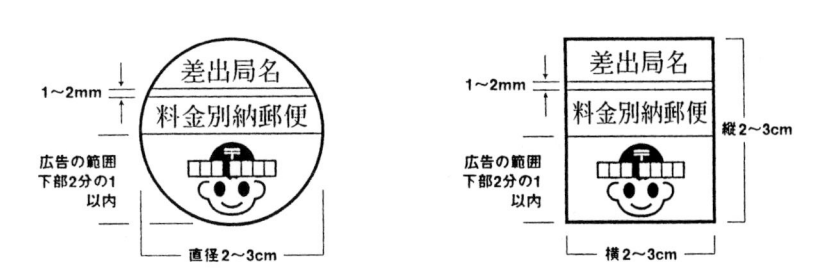

　(5)　市内特別郵便物については配達局に差し出す場合、その他の郵便物については郵便物の外部に差出人の氏名、住所等を明瞭に記載した場合には、差出局名を省略で

きる。
(6) 次に該当する場合は、差出人の業務を示す広告として記載することができない。
　(1)公の秩序または善良の風俗に反するもの
　(2)法令の規定に違反するもの（商標法、不当景品類、不当表示防止法など）
　(3)郵便事業の信用または品位を害するもの
　(4)その他不適当と認められるもの

料金別納郵便物

1　下記以外の郵便物

2　3日程度の余裕承諾をした広告郵便物、利用者区分郵便物、書留通常郵便物（特割）

3　1週間程度の余裕承諾をした広告郵便物、利用者区分郵便物（特特）

料金後納郵便物

1　下記以外の郵便物

2　3日程度の余裕承諾をした広告郵便物、利用者区分郵便物、書留通常郵便物（特割）

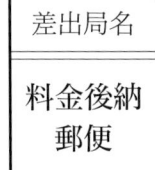

3　1週間程度の余裕承諾をした広告郵便物、利用者区分郵便物（特特）

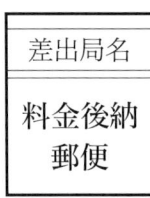

市内特別郵便物

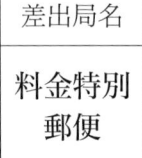

2）④料金受取人払郵便のスタンプ他
(1)　スタンプ
　　1　枠線の外側の大きさは、縦22.5 mm、横18.5 mmで、枠の太さは、0.5 mm以上。また、料金後納とする場合は、枠の内側にもう一つの枠を設け二重枠とする。
　　2　承認番号の大きさは、12ポイント以上とする。
　　3　表示と郵便番号記入枠との間隔は、5 mm以上とする。
　　4　「速達」とする場合は、表面右上部に朱色の横線（横に長く使用する場合は、右側部に朱色の縦線）を表示する。
(2)　印刷色は青・緑・黒とする。
(3)　差出有効期間は最高2年とする。
(4)　バーコードの表示を必要とすることがある。

12 葉書見本

```
┃┃┃
料金受取人払
芝局承認
50
差出有効期限
平成00年12月
31日まで
```

〒 105-0000

（受取人）
東京都港区新橋1丁目0番0号

世界○○社　御中

線の太さ1.0〜1.2mm
各線の中心部の間隔2.0mm

|←20mm→|
```
┃┃┃
料金受取人払
赤坂局承認
800
```

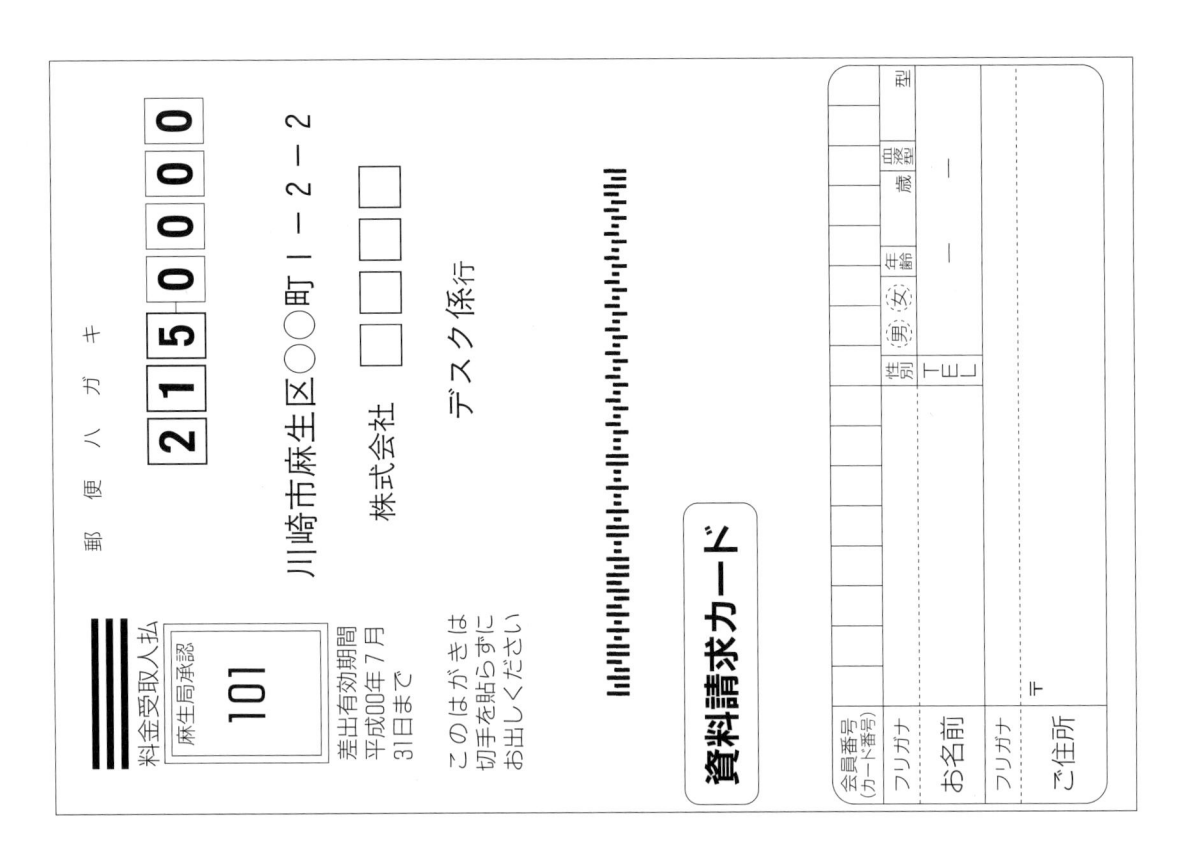

郵便ハガキ（料金受取人払）例1

郵便ハガキ　２１５－００００

川崎市麻生区〇〇町１－２－２

株式会社　□□□□

デスク係行

資料請求カード

料金受取人払
麻生局承認
101
差出有効期間
平成00年7月31日まで
このはがきは切手を貼らずにお出しください

会員番号（カード番号）
フリガナ
お名前
フリガナ
ご住所　〒
性別（男・女）　年齢　　歳　血液型　　型
TEL　－　－

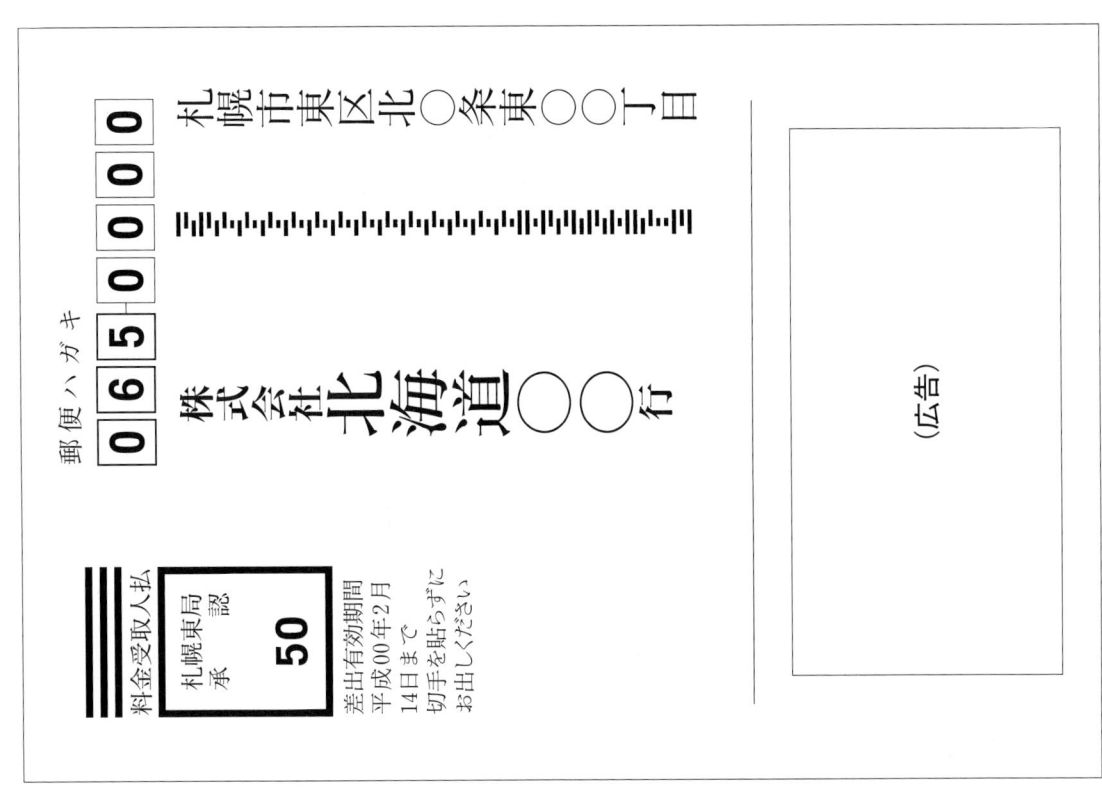

郵便ハガキ（料金受取人払）例2

郵便ハガキ　０６５－００００

札幌市東区北〇条東〇〇丁目

株式会社北海道〇〇行

（広告）

料金受取人払
札幌東局承認
50
差出有効期間
平成00年2月14日まで
切手を貼らずにお出しください

謹啓　春暖の候益々ご清祥のこととお慶び申し上げます
さて この度〇〇院釋尼妙喜（俗名　佐々木〇子）の一周忌法要を左
記にて取り行うことに致しました
ご多忙のところ誠に恐縮とは存じますがご出席賜りますようご案内申
し上げます
　　　　　　　　　　　　　　　　　　　　　　　　　　敬具
　　　平成〇年五月

　　日　時　平成〇年六月十一日（日曜日）十二時
　　場　所　札幌市中央区大通〇丁目
　　　　　　札幌〇〇ホテル
　　　　　☎〇一一ー二二一ー〇〇〇〇

　　　　　　　　　　　〒㉾　札幌市中央区南〇条西〇〇丁目二ー十二
　　　　　　　　　　　　　　佐々木　〇
　　　　　　　　　　　　　☎〇一一ー五六二ー〇〇〇〇

ご都合のほどを五月二十五日までにご一報下さるようお願い致します
尚　当日は平服にてご出席下さい

〒〇〇〇ー〇〇〇〇

札幌市中央区南〇条西〇〇丁目二ー十二

佐々木　〇　行

謹啓　時下ますますご清栄のこととお慶び申し上げます
さて　私儀
この度〇〇〇〇〇〇〇〇〇サービス株式会社代表取締役を退任することになりました　□□□株式会社在職中より今日まで永年に亘り公私共に賜りました格別のご懇情に対し厚く御礼申し上げますと共に今後共何卒よろしくご厚誼ご指導の程お願い申し上げます
まずは略儀ながら書中をもちまして御礼かたがたご挨拶申し上げます
敬具

平成〇年五月

〇　原　〇　〇

謹啓　時下ますますご清栄のこととお慶び申し上げます
さて　私儀
この度〇原〇〇の後任として代表取締役社長に選任され就任いたしました　つきましては微力ながら専心業務に努力いたしたいと存じますので何卒前任者同様格別のご指導ご鞭撻を賜りますようお願い申し上げます
まずは略儀ながら書中をもってご挨拶申し上げます　敬具

平成〇年五月

〇〇〇〇〇〇〇〇〇サービス株式会社
代表取締役社長　桑　〇　〇　雄

謹啓　春暖の候益々ご健勝のこととお慶び申し上げます
　この度　株式会社○○○○○○本店営業部勤務を命ぜられ過日着任致しました　○○○○○支店営業部門営業推進担当在勤中は公私共に格別のご厚情とご指導を賜り心から厚くお礼申し上げます
微力ではございますが新任地におきましても一生懸命努力致す所存でございますので今後ともより一層のご指導とご鞭撻を賜りますようよろしくお願い申し上げます
まずは略儀ながら書中をもってお礼かたがたご挨拶申し上げます　敬具
　平成○年五月
　　　勤務先　〒100-0000　東京都新宿区○○○一一三四一一
　　　　　　　　　　　株式会社○○○○○○本店営業部
　　　　　　　　　☎（○三）五三一一一○○○○
　　　自　宅　〒185-0000　東京都国分寺市○○二一四一一
　　　　　　　　　☎（○四二三）二四一○○○○
　　　　　　櫻　　○　○　○

謹啓
時下益々ご清祥のこととお慶び申し上げます。
さて、高徳院○○○○居士（俗名　佐藤○○）永眠の際はご懇篤なるご弔詞を頂き、かつ、ご丁重なるご芳志を賜りまして、ご厚情のほどご誠にありがたく厚くお礼申し上げます。
先般、お陰をもちまして、七七忌の法要も滞りなく相営み忌明け致しました。
ここに、故人生前中に賜りましたご厚誼に対しまして、改めて心からお礼申し上げます。
早速に拝眉の上、親しくお礼申し上げるべきところでございますが、略儀にて失礼ながら、書中をもって謹んでご挨拶申し上げます。
　　　　　　　　　　　　　　　　　　　　　敬具
　平成○年二月
　　　　〒006-0000　札幌市手稲区星置○条○丁目一八番一六号
　　　　　　佐　藤　　○　○

拝啓　春暖の候益々ご清祥のこととお慶び申し上げます。さて、私こと三月三十一日をもちまして㈱北海道〇〇〇〇センターを退職いたしました。顧みますと、昭和〇〇〇年六月、□□□□□㈱より転職して十九年九カ月にわたり、良き人々との出会いに恵まれて充実した日々を送ることが出来ましたことは、偏に皆様のご指導とご厚情のたまものと心から感謝いたし厚く御礼申し上げます。
　これからは、自分なりに心身のリフレッシュをはかり、有意義な人生を過ごしたいと念願しておりますので、今後とも変わらぬご交誼とご指導をお願い申し上げます。末筆ではありますが、皆様のご健勝とご多幸をお祈り御礼とご挨拶といたします。
　　　　　　　　　　　　　　　　　　　　　　　　　　　　敬具
　　平成〇年四月
　　〒063-0000　札幌市西区発寒〇条〇丁目二番一
　　　　　　　　　電話（〇一一）六六四—〇〇〇〇
　　　　　佐々木　〇　〇

謹啓　そろそろ雪の便りもきかれる頃となりましたが益々ご清栄のこととお慶び申し上げます。
　　　　　　　　　　　　　　　　　　　　　　　　　　　　　私こと
このたび平成〇年度秋の叙勲の栄に浴しましたところ、早速にご丁重なご祝詞など頂戴いたしましてまことに有難うございました。
　私自身何よりも健康でこのときを迎えましたことを心から喜んでおりますが、この栄誉はひとえに永年にわたる皆様のご指導ご厚情のたまものと深く感謝申し上げます。
　これからも地域社会のために微力を尽くして参りたいと存じますので、一層のご交誼を賜りますようお願い申し上げます。
　皆様のますますのご繁栄を祈念し書中をもってお礼のご挨拶といたします。
　　　　　　　　　　　　　　　　　　　　　　　　　　　　敬具
　　平成〇年十一月吉日
　　　　　中　村　〇　〇

拝啓　時下ますますご清祥に渉らせられお喜び申し上げます
平素は格別のお引き立てを賜りますことに有り難く厚く御礼申し上げます
さて去る六月二十九日開催の弊社第一三二回定時株主総会におきまして新たに監査役として□□□□□株式会社取締役有○○男氏が選任され就任致しました
つきましては何卒ご高承のうえ今後とも倍旧のご愛顧とご支援を賜りますようひとえにお願い申し上げます
まずは略儀ながら書中をもってご挨拶申し上げます　敬具

平成○年六月
　　　　　○○○○○○商事株式会社
　　　　　　代表取締役社長　栗　○　○　○

謹啓　時下益々ご清祥に渉らせられお喜び申し上げます
さて私こと
この度監査役に選任され就任いたしました
微力ではありますが新職務に精励いたす所存でございますので何とぞご支援とご鞭撻を賜りますようお願い申し上げます
なお□□□□□株式会社取締役の職務については従来どおり変更はございません
まずは右略儀ながら書中をもってご挨拶申し上げます　敬具

平成○年六月
　　　　　○○○○○○商事株式会社
　　　　　　監査役　有　○　○　男

謹啓　時下新緑の候ますますご隆昌のこととお慶び申し上げます
平素は格別のご高配を賜り厚く御礼申し上げます
さて　四月二十五日開催の弊社定時株主総会及び取締役会におきまして左記のとおり役員が選任され就任いたしました
つきましては新たな陣容をもちまして社業の発展に専心努力いたす所存でございますので今後とも一層のご指導ご鞭撻を賜りますようお願い申し上げます
まずは略儀ながら書中をもってご挨拶申し上げます　　　敬具

平成○年五月

　　　　　　　　　　○○○株式会社
　　　　　　　　　　代表取締役社長　○野○一

記

取締役会長　　　　　　　○○野○○
代表取締役社長　　　　　○野本○一
専務取締役（総務部長兼務）　○本○○
取締役（製造部長）　　　　○○○清
取締役（特販部長）　　　　○原○雄
取締役（営業部長）　　　　佐藤○○　新任
監査役　　　　　　　　　　○田○司　新任

追伸　監査役○○○○は退任いたしました

拝啓
初夏の候ますますご清祥のこととお喜び申し上げます
さて先般　母〇〇子
　〇〇院〇〇〇要清大姉
の葬儀に際しましてはご懇篤なるご弔意を頂き、且又ご丁重なるご芳志を賜りご厚情誠に有難く厚く御礼申し上げます
お蔭をもちまして四月二十九日　近親相集い　妹〇子の分骨とともに母の納骨を無事相済ませました

就きましてはいささか追善の微意を表したく心ばかりの品を拝呈申し上げましたので何とぞご受納下さいますようお願い申し上げます
ご拝眉の上お礼申し上げるべき処甚だ失礼ですが書中をもって謹んでご挨拶申し上げます

敬具

平成〇年六月

杉　〇　〇　〇

II 日本図書コード・書籍 JAN コード（抄）

1 日本図書コードの作り方

ISBN4－(出版者記号)－(書名記号)－(チェック数字) C(分類コード) ¥(本体価格)E

- ISBN4 → コード管理センターから与えられる
- (出版者記号) → 与えられた桁数の範囲で自社の整理番号をふる
- (書名記号) → 与えられた桁数の範囲で自社の整理番号をふる
- (チェック数字) → 計算する
- (分類コード) → 分類コード表から選ぶ

2 日本図書コードから書籍 JAN コードへの変換

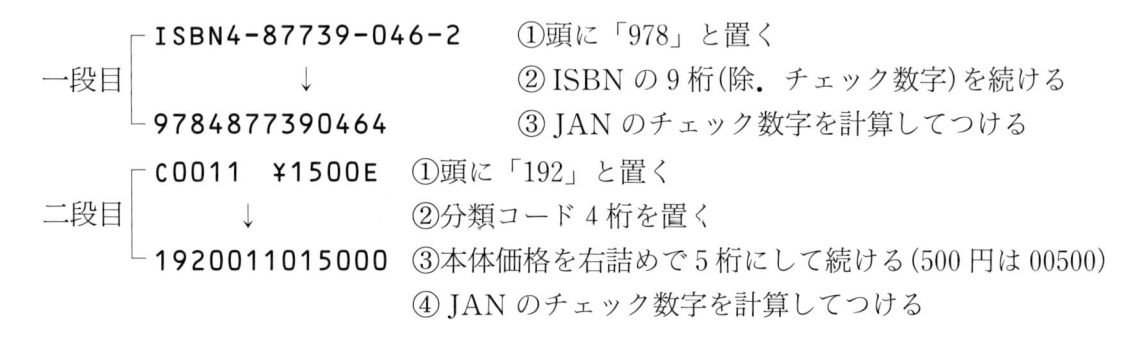

一段目
- ISBN4-87739-046-2
- ↓
- 9784877390464

①頭に「978」と置く
②ISBN の 9 桁(除. チェック数字)を続ける
③JAN のチェック数字を計算してつける

二段目
- C0011　¥1500E
- ↓
- 1920011015000

①頭に「192」と置く
②分類コード 4 桁を置く
③本体価格を右詰めで 5 桁にして続ける(500 円は 00500)
④JAN のチェック数字を計算してつける

3 表示の場所・かたち

	表示の場所	表示のかたち	利用の目的
I	現品の一番外側（表四側）	OCR-B と書籍 JAN コードの両方	書店・取次会社などの流通現場で機械的にコードを認識するため（読取機で現品からコードを読みとり、書名や定価を認識する）売上、在庫、注文、送品、返品などの情報化・自動化
	注文スリップ	OCR-B	
II	奥付	普通活字	書誌データとして認識する

○書店で販売する書籍には、上記すべてを表示する。
○書店で販売しない書籍には、上記Ⅱのみの表示でよい。(その場合、表示内容は ISBN 番号だけでよい。)
○電子出版物など、再販外の商品の場合は、分類コードと定価を省略してもよい。

参考資料

4　書籍の外側(表4側)のコード表示の標準

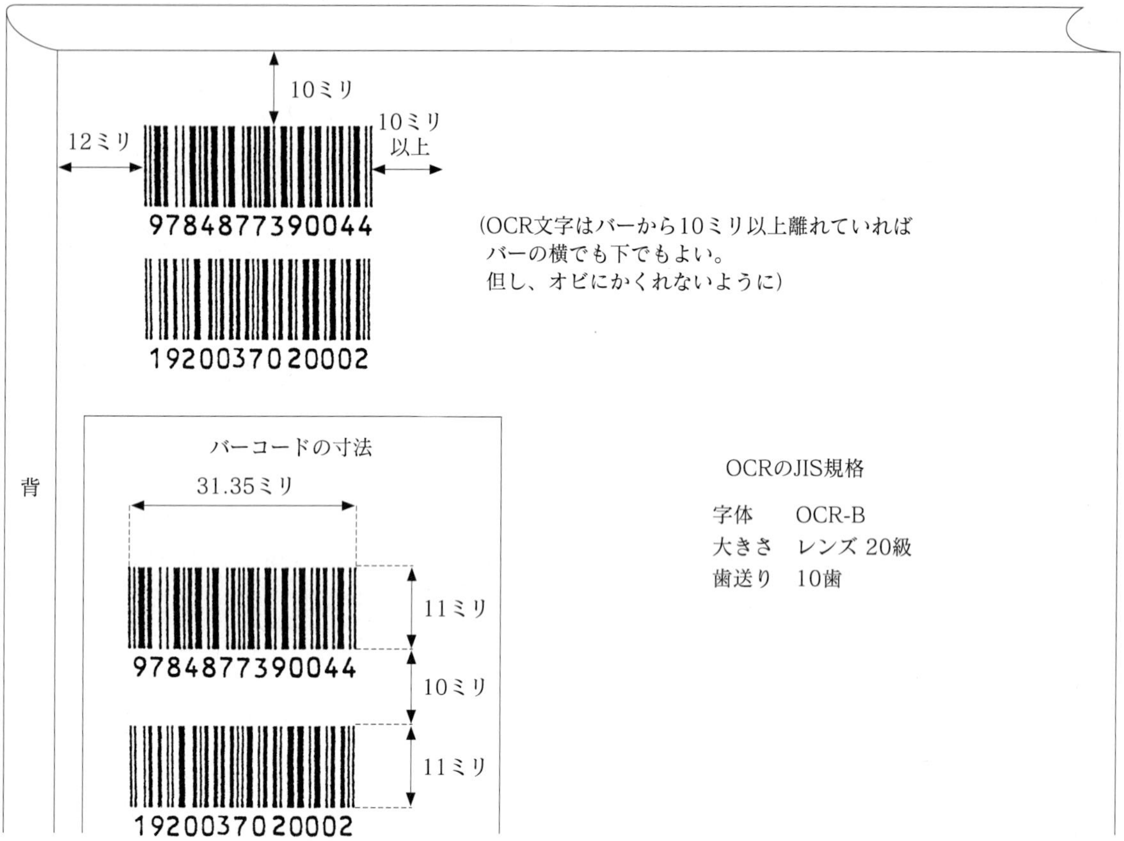
10ミリ
12ミリ
10ミリ
以上
9784877390044
1920037020002
(OCR文字はバーから10ミリ以上離れていれば
バーの横でも下でもよい。
但し、オビにかくれないように)
背
バーコードの寸法
31.35ミリ
11ミリ
9784877390044
10ミリ
11ミリ
1920037020002
OCRのJIS規格
字体　OCR-B
大きさ　レンズ 20級
歯送り　10歯

5　注文スリップの標準仕様

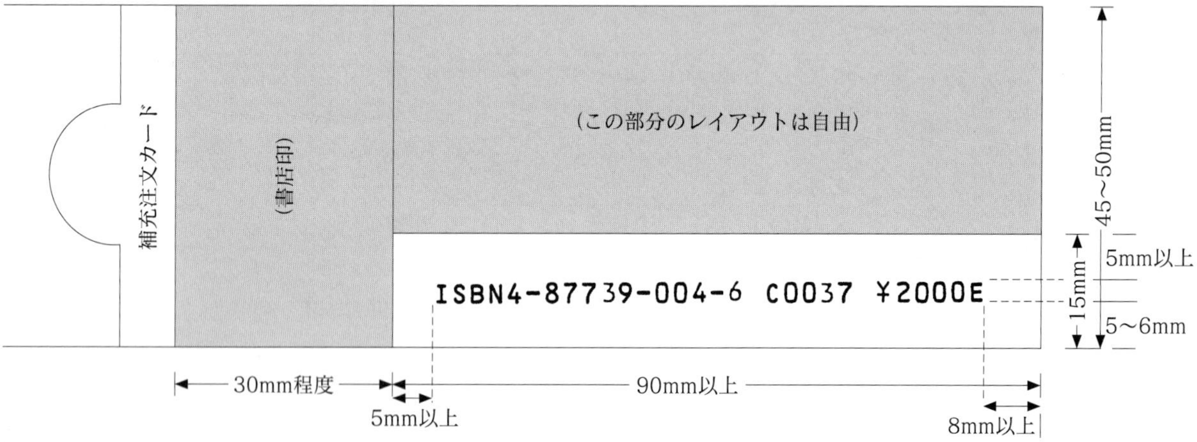
補充注文カード
(書店印)
(この部分のレイアウトは自由)
ISBN4-87739-004-6 C0037 ¥2000E
45～50mm
5mm以上
15mm
5～6mm
30mm程度
90mm以上
5mm以上
8mm以上

1．注文スリップは、すべて取次会社の高速リーダーで処理されるので、必ず上記の標準仕様通りに作成する。

2．コード欄(15ミリ×90ミリ以上)には、コードの文字以外一切入れない。下辺の罫線も不要。

3．用紙は白上質か市販の色上質の中厚程度が望ましい。
4．コード文字は原則としてスミ。地色はグレー・ブルーを除く白・色上質
5．コードの文字(OCR-B)の仕様は JIS 規格。

日本図書コード・書籍 JAN コード・標準 JAN コード

名　称	内　容	表　記	シンボル
日本図書コード	ISBN＋分類コード＋定価	OCR-B フォント	ISBN4-87739-004-6　C0037 ¥2000E
書籍JANコード(書籍EANの日本版)	978 ＋ISBN＋チェック数字 (3桁)　(9桁)　　(1桁) 192 ＋分類コード＋本体価格 (3桁)　　(4桁)　　　(5桁) ＋チェック数字 　(1桁)	JAN バーの 2 段 (日本図書コードをJAN バーで表現したもの。)	9784877390044 1920037020002
標準JANコード(EANの日本版)	49 ＋メーカー＋ 品番 (2桁)　(5桁)　　(5桁) ＋チェック数字 　(1桁) (日本)	JAN コード 日用雑貨で一般的	4 934567 123404

書籍 JAN コードは一般の標準 JAN コードと一緒に使える

　書籍 JAN コードのバー(縞模様)は、加工食品や日用雑貨に付いているバーコード(標準 JAN コード)と全く同じ構造である。

　書籍 JAN コードは二段になっているが、その一段目は標準 JAN コードと同じく、その商品の単品番号であるから、その機能も全く同じである。

　したがって、書籍 JAN コードは一般の標準 JAN コードと同じ POS レジで使える。現に文庫などには書籍 JAN コードがついていて、コンビニエンスストアなどで標準 JAN コードがついている品物と一緒に POS レジで使われている。

参考資料

書籍 JAN コードの印刷定位置（背・天からの寸法）

日本図書コード（OCR 文字）は、表四の上半部で JAN コードから 10 ミリ以上離れていれば位置は固定しない。また、1 段表記でも 2 段表記でもよい。

◎「地色が濃い場合」のマドの開け方の事例

III　表外漢字の印刷標準字体

平成12年12月9日　国語審議会答申

表の見方

　印刷標準字体は、音読みの順で並べてある。音読みがない場合は訓読みを示している。一般に簡略な字体が十分定着していて、印刷標準字体にかえて使っても差し支えないとされる簡易慣用字体の22字も示した。
（＊印　簡易慣用字体は最終に別掲）
　印刷標準字体のなかにある二点しんにゅう（辶）、しめすへん（示）、しょくへん（食）は現に（辶）、（ネ）、（飠）を印刷文字として使っている場合は印刷標準字体への変更は求めない。（＊2000年12月9日　朝日新聞より）
[　]内漢字　JIS漢字にはこの文字しかない。

[あ]			イ		彙	エイ		曳	エン	嚥
ア	[唖]＊	啞	イ	[飴]	飴	エイ		洩		
ア		蛙	イ		謂	エイ		裔	**[お]**	
ア	[鴉]	鴉	イ		闈	エイ	＊	穎	オ	嗚
アイ		埃	イツ	[溢]	溢	ェイ		嬰	オウ	凰
アイ		挨	いわし	[鰯]	鰯	エイ		翳	オウ	嘔
アイ		曖	イン		尹	エキ		腋	オウ	鴨
アイ		靄	イン		咽	エツ		曰	オウ	甕
アツ		軋	イン		殷	エン		奄	オウ	襖
アツ		斡	イン	[淫]	淫	エン		宛	オウ	謳
アン		按	イン		隕	エン		怨	オウ	鶯
アン		庵	イン		蔭	エン		俺	オウ	[鴎]＊ 鷗
アン		鞍				エン	[冤]	冤	オウ	鸚
アン		闇	**[う]**			エン		袁	オク	臆
			ウ		于	エン		婉	おもかげ	俤
[い]			ウ	[迂]	迂	エン		焉		
イ		已	ウ		盂	エン		堰	**[か]**	
イ		夷	ウ		烏	エン		淵	カ	瓜
イ		畏	ウツ		鬱	エン	[焔]	焔	カ	呵
イ		韋	ウン		云	エン		筵	カ	苛
イ		帷	ウン		暈	エン		厭	カ	珂
イ		萎				エン		鳶	カ	[迦] 迦
イ		椅	**[え]**			エン		燕	カ	訛
イ		葦	エ		穢	エン		閻	カ	訶

407

カ		迦	カク		攪*	ガン		癌	キュウ		嗅
カ		嘩	ガク		愕	ガン		贋	キュウ		舅
カ		瑕	ガク		萼				キョ		炬
カ		榎	ガク		諤	**[き]**			キョ		渠
カ		窩	ガク		顎	キ		几	キョ		裾
カ		蝦	ガク		鰐	キ		卉	キョ	[嘘]	噓
カ		蝸			かし	キ		其	キョ		墟
カ		鍋			かすり	キ	[祁]	祁	キョ		鋸
カ		顆	カツ		筈	キ		耆	キョ		遽
ガ	[牙]	牙	カツ	[葛]	葛	キ		埼	キョ		欅
ガ		瓦	カツ		闊	キ		悸	キョウ		匈
ガ		臥			かつお	キ		揆	キョウ		怯
ガ		俄			かや	キ		毀	キョウ	[侠]	俠
ガ		峨	カン		奸	キ		箕	キョウ		脇
ガ	[訝]	訝	カン		串	キ		幾	キョウ		莢
ガ		蛾	カン		旱	キ		窺	キョウ		竟
ガ		衙	カン		函	キ		諱	キョウ	[卿]	卿
ガ		駕	カン		咸	キ		徽	キョウ		僑
カイ		芥	カン		姦	キ		櫃	キョウ		嬌
カイ		乖	カン		宦	ギ		妓	キョウ		蕎
カイ		廻	カン		柑	ギ	[祇]	祇	キョウ		鋏
カイ		徊	カン		竿	ギ		魏	キョウ	[頬]	頰
カイ	[恢]	恢	カン		悍	ギ		蟻	キョウ		橿
カイ	[晦]	晦	カン		桓	キク		掬	キョウ		疆
カイ		堺	カン		涵	キク	[麴]*	麴	キョウ		饗
カイ		潰	カン		菅	キツ		吃	キョク		棘
カイ		鞋	カン		嵌	キツ		屹	キョク		髷
カイ		諧	カン		鉗	キツ		拮	キン		巾
カイ		檜	カン		澗	ギャク		謔	キン	[僅]	僅
カイ		蟹	カン	[翰]	翰	キュウ		仇	キン		禽
ガイ		咳	カン		諫	キュウ		臼	キン		饉
ガイ		崖	カン		瞰	キュウ	[汲]	汲			
ガイ		蓋	カン		韓	キュウ		灸	**[く]**		
ガイ		溉	カン		檻	キュウ		咎	ク		狗
ガイ		骸	カン		灌	キュウ		邱	ク		惧
ガイ		鎧	ガン		玩	キュウ		柩	ク	[軀]	軀
カク		喀	ガン		雁	キュウ	[笈]	笈	ク		懼
カク		廓	ガン	[翫]	翫	キュウ		躬	グ	[俱]	俱
カク	[摑]	摑	ガン		頷	キュウ	[厩]	厩	くう	[喰]	喰

408

グウ		寓	ゲン		呟	コウ		腔	サ		嗟
クツ		窟	ゲン		眩	コウ		蛤	サ		蓑
くめ		粂	ゲン		舷	コウ		幌	サ		磋
			ゲン	[諺]	諺	コウ		煌	ザ		坐
[け]						コウ		鉤	ザ		挫
ゲ		偈	**[こ]**			コウ		敲	サイ		晒
ケイ		荊	コ		乎	コウ		睾	サイ		柴
ケイ		珪	コ		姑	コウ		膏	サイ		砦
ケイ		畦	コ		狐	コウ		閣	サイ		犀
ケイ		脛	コ		股	コウ		膠	サイ		賽
ケイ		頃	コ		涸	コウ	[篝]	篝	サイ		鰓
ケイ		痙	コ		菰	コウ		縞	さかき	[榊]	榊
ケイ		詣	コ		袴	コウ		薨	サク		柵
ケイ		禊	コ		壺	コウ		糠	サク		炸
ケイ		閨	コ		跨	コウ		藁	サク		窄
ケイ		稽	コ		糊	コウ		鮫	サク		簀
ケイ		頸	ゴ		醐	コウ		壙	サツ		刹
ケイ		髻	ゴ		齬	コウ		曠	サツ		拶
ケイ		蹊	コウ		亢	ゴウ		劫	サツ		紮
ケイ		鮭	コウ		勾	ゴウ		毫	サツ		撒
ケイ		繋	コウ		叩	ゴウ		傲	サツ	[薩]	薩
ゲイ		睨	コウ		尻	ゴウ		壕	サン		珊
ゲキ		戟	コウ		吼	ゴウ		濠	サン	[餐]	餐
ゲキ		隙	コウ		肛	ゴウ	[噛]*	嚙	サン		簒
ケツ		抉	コウ		岡	ゴウ		轟	サン		霰
ケツ		頁	コウ		庚	コク		剋	サン	[攢]	攢
ケツ		訣	コウ		杭	コク		哭	サン		讃
ケツ		蕨	コウ		肴	コク		鵠	ザン		斬
ケン	[姸]	妍	コウ		咬	コツ		乞	ザン		懺
ケン		倦	コウ		垢	コツ		忽			
ケン		虔	コウ	[巷]	巷	コツ		惚	**[し]**		
ケン		捲	コウ		恍	コン		昏	シ		仔
ケン		牽	コウ		恰	コン		痕	シ		弛
ケン		喧	コウ		狡	コン		渾	シ		此
ケン		硯	コウ		桁	コン		褌	シ		址
ケン		腱	コウ		胱				シ		祀
ケン		鍵	コウ		崗	**[さ]**			シ		屍
ケン		瞼	コウ		梗	サ		叉	シ		屎
ケン	[鹼]*	鹹	コウ		喉	サ		些	シ		柿

409

シ	[茨]	茨	シャク		綽	ジョ		汝	ショク	燭
シ		恣	シャク		錫	ジョ		抒	ショク	褥
シ		砥	ジャク		雀	ジョ		鋤	シン	沁
シ		祠	ジャク		惹	ショウ		妾	シン	芯
シ		翅	シュ		娶	ショウ	[哨]	哨	シン	呻
シ		舐	シュ		腫	ショウ	[秤]	秤	シン	宸
シ		疵	シュ		諏	ショウ		娼	シン	疹
シ		趾	シュ		鬚	ショウ		逍	シン	蜃
シ		斯	ジュ		呪	ショウ		廂	シン	滲
シ		覗	ジュ		竪	ショウ		椒	シン	賑
シ		嗜	ジュ		綬	ショウ		湘	シン	鍼
シ		滓	ジュ		聚	ショウ		竦	ジン	壬
シ		獅	ジュ		濡	ショウ		鈔	ジン	訊
シ		幟	ジュ		襦	ショウ		睫	ジン	腎
シ		摯	シュウ		帚	ショウ	[蛸]	蛸	ジン	靭
シ		嘴	シュウ	[酋]	酋	ショウ		鉦	ジン	塵
シ		熾	シュウ		袖	ショウ	[摺]	摺	ジン	儘
シ		髭	シュウ		羞	ショウ	[蒋]*	蒋		
シ		贄	シュウ		葺	ショウ		裳	**[す]**	
ジ		而	シュウ		蒐	ショウ		誦	ス	笥
ジ		峙	シュウ		箒	ショウ		漿	スイ	崇
ジ		痔	シュウ		皺	ショウ		蕭	スイ	膵
ジ	[餌]	餌	シュウ		輯	ショウ		踵	スイ	誰
ジク		竺	シュウ		鍬	ショウ	[鞘]	鞘	スイ	錐
しずく		雫	シュウ	[繍]*	繡	ショウ		篠	スイ	雛
シツ		叱	シュウ		蹴	ショウ		聳	ズイ	隋
シツ		悉	シュウ		讐	ショウ		鍾	ズイ	隧
シツ		蛭	シュウ		鷲	ショウ	[醤]*	醬	スウ	芻
シツ		嫉	ジュウ		廿	ジョウ		囁	スウ	趨
シツ		膝	ジュウ		揉	ジョウ		杖	すし	鮨
シツ	[櫛]	櫛	ジュウ		絨	ジョウ		茸		
シャ		柘	シュク		粥	ジョウ		嘗	**[せ]**	
シャ		洒	シュツ		戌	ジョウ		擾	セイ	井
シャ		娑	ジュン		閏	ジョウ		攘	セイ	凄
シャ	[這]	這	ジュン		楯	ジョウ		饒	セイ	栖
シャ		奢	ジュン		馴	ショク		拭	セイ	棲
ジャ		闍	ショ		杵	ショク		埴	セイ	甥
シャク	[杓]	杓	ショ	[薯]	薯	ショク		蜀	セイ	贅
シャク	[灼]	灼	ショ	[藷]	藷	ショク	[蝕]	蝕	セイ	蜻

セイ		醒		[そ]		そま		杣	タン		憚
セイ	[錆]	錆	ソ		狙	ソン	[遜]	遜	タン		歎
セイ		臍	ソ		疽	ソン	[噂]	噂	タン	[簞]	簞
セイ	[濟]	濟	ソ		疏	ソン	[樽]	樽	タン		譚
セイ	[鯖]	鯖	ソ		甦	ソン	[鱒]	鱒	タン		灘
ゼイ		脆	ソ		楚						
ゼイ		贅	ソ		鼠	[た]			[ち]		
セキ		脊	ソ	[遡]	遡	タ		侘	チ		雉
セキ		戚	ソ		蘇	タ		咤	チ		馳
セキ		晰	ソ		齟	タ		詫	チ		蜘
セキ		蹟	ソウ		爪	ダ		陀	チ		緻
セツ		泄	ソウ		宋	ダ		拿	チク		筑
セツ	[屑]	屑	ソウ		炒	ダ		茶	チツ		膣
セツ		浙	ソウ		叟	ダ		唾	チュウ		肘
セツ		啜	ソウ		蚤	ダ		舵	チュウ		冑
セツ		楔	ソウ	*	曾	ダ		楕	チュウ		紐
セツ		截	ソウ		湊	ダ	[驒]	驒	チュウ		酎
セン		尖	ソウ		葱	タイ		苔	チュウ		厨
セン		苫	ソウ	[掻]*	掻	タイ		殆	チュウ		蛛
セン	[穿]	穿	ソウ		槍	タイ		堆	チュウ		註
セン		閃	ソウ		漕	タイ		碓	チュウ		誅
セン		陝	ソウ		筝	タイ	[腿]	腿	チュウ		疇
セン		釧	ソウ	[噌]	噌	タイ		頽	チュウ		躊
セン		揃	ソウ		瘡	タイ		戴	チョ		佇
セン		煎	ソウ	[瘦]*	瘦	ダイ		醍	チョ		楮
セン		羨	ソウ		踪	タク		托	チョ	[箸]	著
セン		腺	ソウ		艘	タク		鐸	チョ	[儲]	儲
セン		詮	ソウ		薔	たこ		凧	チョ	[瀦]	瀦
セン	[煽]	煽	ソウ	[甑]	甑	たすき		襷	チョ		躇
セン		箋	ソウ		叢	タツ		燵	チョウ		吊
セン	[撰]	撰	ソウ		藪	タン		坦	チョウ		帖
セン		箭	ソウ		躁	タン		疸	チョウ		喋
セン		賤	ソウ		囃	タン		耽	チョウ		貼
セン	[蟬]	蟬	ソウ		竈	タン		啖	チョウ		牒
セン		癬	ソウ		鯵	タン		蛋	チョウ		趙
ゼン		喘	ソク		仄	タン		毯	チョウ		銚
ゼン		膳	ソク		捉	タン		湛	チョウ		嘲
			ソク		塞	タン		痰	チョウ		諜
			ゾク		粟	タン		綻	チョウ		寵

チョク	[捗]	捗	デン		臀	におう		匂	ハツ		捌
チン		枕				にら		韮	ハツ		撥
			[と]						ハツ	[溌]	潑
[つ]			ト		兎	**[ね]**			ハツ	[醗]	醱
ツイ	[槌]	槌	ト		妬	ネ		涅	バツ		筏
ツイ	[鎚]	鎚	ト		兜	ネ	[祢]	禰	バツ		跋
つじ	[辻]	辻	ト	[堵]	堵	ネツ		捏	はなし		噺
			ト	[屠]	屠	ネン		捻	ハン		氾
[て]			ト	[賭]	賭	ネン		撚	ハン		汎
テイ		剃	トウ		宕				ハン		阪
テイ		梃	トウ		沓	**[の]**			ハン	[叛]	叛
テイ		釘	トウ		套	ノウ		膿	ハン		袢
テイ		掟	トウ	[疼]	疼	ノウ	[嚢]	嚢	ハン		絆
テイ		梯	トウ		桶				ハン		斑
テイ		逞	トウ		淘	**[は]**			ハン		槃
テイ		啼	トウ		萄	ハ		杷	ハン		幡
テイ		碇	トウ	[逗]	逗	ハ		爬	ハン		攀
テイ		鼎	トウ		棹	ハ		琶	バン		挽
テイ		綴	トウ	[樋]	樋	ハ		頗	バン		磐
テイ	[鄭]	鄭	トウ		蕩	ハ		播	バン		蕃
テイ		薙	トウ		鄧	バ		芭			
テイ		諦	トウ		橙	バ		罵	**[ひ]**		
テイ		蹄	トウ		濤	バ		驀	ヒ		屁
テイ		鵜	トウ		檮	ハイ		胚	ヒ		庇
テキ		荻	トウ		櫂	ハイ		徘	ヒ		砒
テキ	[擢]	擢	トウ	[祷]*	禱	ハイ		牌	ヒ		脾
デキ	[溺]	溺	トウ		撞	ハイ		稗	ヒ		痺
テツ		姪	ドウ			バイ		狽	ヒ		鄙
テツ		轍	トク		禿	バイ		煤	ヒ		誹
テン	[讪]	呫	トク	[涜]	瀆	ハク		帛	ヒ		臂
テン		唸	とち		栃	ハク		柏	ビ		枇
テン	[填]	塡	トツ		咄	ハク	[剥]	剝	ビ		毘
テン		篆	トン		沌	ハク		粕	ビ		梶
テン	[顛]	顚	トン	[遁]	遁	ハク		箔	ビ		媚
テン		囀	トン		頓	バク		莫	ビ		琵
テン		纏	ドン	[呑]	吞	バク		駁	ビ		薇
デン		佃	ドン		貪	バク		瀑	ビ		靡
デン		淀				バク		曝	ヒツ		疋
デン		澱	**[に]**			はたけ		畠	ヒツ		畢
デン			ニ		邇						

412

ヒツ	[逼]	逼	ヘキ		僻	ほえる		吠	**[や]**		
ビュウ	[謬]	謬	ヘキ		璧	ボク		卜	ヤ		揶
ヒョウ	[豹]	豹	ヘキ		襞	ボツ		勃	ヤ		爺
ヒョウ		憑	ベツ	[蔑]	蔑	ボン		梵	やり	[鑓]	鑓
ヒョウ		瓢	ベツ	[瞥]	瞥	**[ま]**			**[ゆ]**		
ビョウ	[屏]*	屏	ヘン	[扁]	扁	マイ		昧	ユ		喩
ビョウ		廟	ヘン	[篇]	篇	マイ		邁	ユ		揄
ヒン		牝	ヘン	[騙]	騙	ます	*	枡	ユ	[愈]	愈
ヒン		瀕	ベン		娩	また		俣	ユ		楡
ビン		憫	ベン		鞭	マツ		沫	ユウ		尤
ビン		鬢	**[ほ]**			まで	[迄]	迄	ユウ		釉
[ふ]			ホ		哺	マン		曼	ユウ	[栖]	栖
フ		斧	ホ		圃	マン		蔓	ユウ	[猷]	猷
フ		阜	ホ		蒲	マン		瞞	**[よ]**		
フ		訃	ボ		戊	マン		饅	ヨ		飫
フ		俯	ボ		牡	マン		鬘	ヨ		輿
フ		釜	ボ		姥	マン		鰻	ヨウ		孕
フ		腑	ボ		菩	**[み]**			ヨウ		妖
フ		孵	ホウ		呆	ミツ		蜜	ヨウ		拗
フ		鮒	ホウ		彷	**[む]**			ヨウ		涌
ブ		巫	ホウ	[匏]	庖	ム		鵡	ヨウ		痒
ブ		葡	ホウ		苞	**[め]**			ヨウ		傭
ブ		撫	ホウ		疱	メイ		冥	ヨウ		熔
ブ		蕪	ホウ		捧	メイ		瞑	ヨウ		瘍
フウ		諷	ホウ	[逢]	逢	メイ		謎	ヨウ		蠅
フツ		祓	ホウ		蜂	メン	[麺]*	麺	ヨク		沃
フン		吻	ホウ	[蓬]	蓬	**[も]**			**[ら]**		
フン		扮	ホウ		鞄	モウ		蒙	ラ		螺
フン		焚	ホウ		鋒	モウ		朦	ライ	[萊]	萊
フン		糞	ホウ		牟	モチ		勿	ライ		蕾
			ボウ	[芒]	芒	もみ	[籾]	籾	ラク		洛
			ボウ		茫	モン		悶	ラチ		埒
[へ]			ボウ		虻				ラツ		拉
ヘイ	[并]*	并	ボウ		榜				ラツ		辣
ヘイ		聘	ボウ		膀				ラン		瀾
ヘイ	[蔽]	蔽	ボウ		貌				ラン		爛
ヘイ	[餅]	餅	ボウ		鉾						
ヘイ		斃	ボウ		謗						
ベイ		袂	ボウ								

ラン		鸞	レン		攣	簡易慣用字体が示された 22 字

[り]			**[ろ]**		
リ		狸	ロ		賂
リ		裡	ロ		魯
リ		罹	ロ	*	濾
リ		籬	ロ		廬
リク		戮	ロ		櫓
リツ		慄	ロ	*	蘆
リャク		掠	ロ		鷺
リュウ		笠	ロウ		弄
リュウ		溜	ロウ		牢
リュウ		榴	ロウ		狼
リュウ		劉	ロウ		榔
リュウ		瘤	ロウ		瘻
リョ		侶	ロウ		臈
リョウ		梁	ロウ		臘
リョウ		聊	ロウ		朧
リョウ		菱	ロウ	[蝋]*	蠟
リョウ		寥	ロウ		籠
リョウ		蓼	ロウ		聾
リン		淋	ロク		肋
リン		燐	ロク		勒
リン		鱗	ロク		漉
			ロク		麓

[る]			
ル	[屢]	屢	

[わ]		
ワ		窪
ワイ		歪
ワイ		猥
ワイ		隈
ワク		或
わな		罠
ワン		椀
ワン		碗
ワン	*	彎

[れ]			
レイ		蛉	
レイ		蠣	
レキ		櫟	
レキ		礫	
レキ		轢	
レン	[煉]	煉	
レン	[漣]	漣	
レン		憐	
レン	[簾]	簾	
レン		鰊	

簡易慣用字体が示された 22 字

	印刷標準字体	簡易慣用字体
あ	啞	唖
エイ	穎	頴
オウ	鷗	鴎
カク	攪	撹
キク	麴	麹
ケン	鹼	鹸
ゴウ	齧	嚙
シュウ	繡	繍
ショウ	蔣	蒋
ショウ	醬	醤
ソウ	曾	曽
ソウ	搔	掻
ソウ	瘦	痩
トウ	禱	祷
ビョウ	屛	屏
ヘイ	幷	并
ます	枡	桝
メン	麵	麺
ロ	濾	沪
ロ	蘆	芦
ロウ	蠟	蝋
ワン	彎	弯

414

参考文献

増補版　印刷事典	印刷局朝陽会	1994.12	初版 3 刷
1998 年　増補版　印刷事典	印刷局朝陽会	1998.1	第 1 版
記者ハンドブック	㈱共同通信社	1992.4	第 6 版
用語の手びき	㈱朝日新聞社	1992.1	第 9 刷
新字源	㈱角川書店	1985.12	239 版
広辞苑	岩波書店	1998.11	第 5 版
郵便情報源 2000 年版	郵便局	2000.04	
朝日新聞		2000.12.9	

あ と が き

　印刷会社に勤めてみて、若い人が漢字や熟語を思いのほか知らないこと、また一方、現在使われている漢字・仮名が思いのほか乱れていることに今更のように驚いた。

　例えば、未と末、遣と遺の間違いも再三あった。また、ドックがドッグになっていたり、ボウリングがボーリングになっていたこともある。もっとも、原稿が間違っていることも多いのだが、それを正すことができないからだった。

　あるいは、国は常用漢字を使うことを奨励しているが、学校では新旧字体の違いまでは必ずしも教わらないから、原稿に旧字が出てきても読めない者が多い。

　更に、常用漢字表外字とワープロソフトにもあるJIS漢字とは必ずしも同じ字体ではなく、惑わされることも屢々だった。

　一般のクライアントの原稿で、送り仮名が統一して書かれたのを見ることは珍しかった。また、「拝啓」があって「敬具」のない挨拶状の原稿のいかに多いかが気になった。

　これらの参考にするために作ったテキストが何冊か溜っていたところ、㈱アイワードの木野口社長さんから一冊に纏めてみてはとアドバイスを戴いた。

　いざ編集を始めると、あれもこれもとなり文字以外の資料も多くなってしまった。印刷会社に勤める方々に少しでも参考になれば幸いである。

　本書編集にあたり、木野口社長さんはじめ多くの方々からアドバイスとご協力を戴いた。厚くお礼を申し上げる次第である。

2001年4月

　　　　　　　　　　　　　　　　　　　　　　　　　　佐々木光朗

編者略歴

1924年生。1946年北大機械工学科卒業後函館ドック㈱入社、札幌支社長等を歴任。のち㈱釧路製作所常務取締役退任後、㈱アイワードに入社。副社長・相談役を勤めて1999年退任。現住所、札幌市西区。

漢字・仮名・記号テキスト	付録:印刷関連用語集・葉書・カード他
発 行 日	2001年4月24日
編　　者	佐々木　光朗
発 売 元	株式会社共同文化社 〒060-0033　札幌市中央区北3条東5丁目 TEL(011)251-8078　FAX(011)232-8228
印刷・製本	株式会社アイワード
定　　価	本体価格1,800円+税

ISBN4-87739-052-9
Ⓒ 2001　MITHURO SASAKI
作者に無断にて本書の図版を転載・複製することを禁じます。

この書籍は環境にやさしい再生紙を使用しております。

秋者春路恒義室
興闘心展久夜
調久辺
夜

共同文化社